方李邦琴北京大学人文学科文库出版基金赞助

北大考古学研究丛书

礼以玉成
早期玉器与用玉制度研究

The Translucent Perfection
Essays on Early Jades and
the Rituals Associated with Jade

孙庆伟 著

北京大学出版社
PEKING UNIVERSITY PRESS

图书在版编目(CIP)数据

礼以玉成：早期玉器与用玉制度研究/孙庆伟著.—北京：北京大学出版社，2022.5

（北京大学人文学科文库·北大考古学研究丛书）

ISBN 978-7-301-24771-6

Ⅰ.①礼… Ⅱ.①孙… Ⅲ.①古玉器—文化研究—中国 Ⅳ.①K876.84

中国版本图书馆 CIP 数据核字(2022)第 060695 号

书　　　名	礼以玉成：早期玉器与用玉制度研究 LIYIYUCHENG：ZAOQI YUQI YU YONGYUZHIDU YANJIU
著作责任者	孙庆伟 著
责任编辑	张　晗
标准书号	ISBN 978-7-301-24771-6
出版发行	北京大学出版社
地　　　址	北京市海淀区成府路 205 号　100871
网　　　址	http://www.pup.cn　新浪微博：@北京大学出版社
电子信箱	pkuwsz@126.com
电　　　话	邮购部 010-62752015　发行部 010-62750672 编辑部 010-62767315
印　刷　者	三河市北燕印装有限公司
经　销　者	新华书店
	965 毫米×1300 毫米　16 开本　30.25 印张　420 千字 2022 年 5 月第 1 版　2022 年 5 月第 1 次印刷
定　　　价	118.00 元

未经许可，不得以任何方式复制或抄袭本书之部分或全部内容。
版权所有，侵权必究
举报电话：010-62752024　电子信箱：fd@pup.pku.edu.cn
图书如有印装质量问题，请与出版部联系，电话：010-62756370

总　序

袁行霈

人文学科是北京大学的传统优势学科。早在京师大学堂建立之初，就设立了经学科、文学科，预科学生必须在5种外语中选修一种。京师大学堂于1912年改为现名，1917年，蔡元培先生出任北京大学校长，他"循思想自由原则，取兼容并包主义"，促进了思想解放和学术繁荣。1921年北大成立了四个全校性的研究所，下设自然科学、社会科学、国学和外国文学四门，人文学科仍然居于重要地位，广受社会的关注。这个传统一直沿袭下来，中华人民共和国成立后，1952年北京大学与清华大学、燕京大学三校的文、理科合并为现在的北京大学，大师云集，人文荟萃，成果斐然。改革开放后，北京大学的历史翻开了新的一页。

近十几年来，人文学科在学科建设、人才培养、师资队伍建设、教学科研等各方面改善了条件，取得了显著成绩。北大的人文学科门类齐全，在国内整体上居于优势地位，在世界上也占有引人瞩目的地位，相继出版了《中华文明史》《世界文明史》《世界现代化历程》《中国儒学史》《中国美学通史》《欧洲文学史》等高水平的著作，并主持了许多重大的考古项目，这些成果发挥着引领学术前进的作用。目前北大还承担着《儒藏》《中华文明探源》《北京大学藏西汉竹书》的整理与研究工作，以及《新编新注十三经》等重要项目。

与此同时,我们也清醒地看到,北大人文学科整体的绝对优势正在减弱,有的学科只具备相对优势了;有的成果规模优势明显,高度优势还有待提升。北大出了许多成果,但还要出思想,要产生影响人类命运和前途的思想理论。我们距离理想的目标还有相当长的距离,需要人文学科的老师和同学们加倍努力。

　　我曾经说过:与自然科学或社会科学相比,人文学科的成果,难以直接转化为生产力,给社会带来财富,人们或以为无用。其实,人文学科力求揭示人生的意义和价值、塑造理想的人格,指点人生趋向完美的境地。它能丰富人的精神,美化人的心灵,提升人的品德,协调人和自然的关系以及人和人的关系,促使人把自己掌握的知识和技术用到造福于人类的正道上来,这是人文无用之大用!试想,如果我们的心灵中没有诗意,我们的记忆中没有历史,我们的思考中没有哲理,我们的生活将成为什么样子?国家的强盛与否,将来不仅要看经济实力、国防实力,也要看国民的精神世界是否丰富,活得充实不充实,愉快不愉快,自在不自在,美不美。

　　一个民族,如果从根本上丧失了对人文学科的热情,丧失了对人文精神的追求和坚守,这个民族就丧失了进步的精神源泉。文化是一个民族的标志,是一个民族的根,在经济全球化的大趋势中,拥有几千年文化传统的中华民族,必须自觉维护自己的根,并以开放的态度吸取世界上其他民族的优秀文化,以跟上世界的潮流。站在这样的高度看待人文学科,我们深感责任之重大与紧迫。

　　北大人文学科的老师们蕴藏着巨大的潜力和创造性。我相信,只要使老师们的潜力充分发挥出来,北大人文学科便能克服种种障碍,在国内外开辟出一片新天地。

　　人文学科的研究主要是著书立说,以个体撰写著作为一大特点。除了需要协同研究的集体大项目外,我们还希望为教师独立探索,撰写、出版专著搭建平台,形成既具个体思想,又汇聚集体智慧的系列研究成果。为此,北京大学人文学部决定编辑出版"北京大学人文学科文库",旨在汇集新时代北大人文学科的优秀成果,弘扬北大人文学科的学术传统,展示北大人文学科的整体实力和研究特色,为推动北大世界一流大学建设、促进人文学术发展做出贡献。

我们需要努力营造宽松的学术环境、浓厚的研究气氛。既要提倡教师根据国家的需要选择研究课题,集中人力物力进行研究,也鼓励教师按照自己的兴趣自由地选择课题。鼓励自由选题是"北京大学人文学科文库"的一个特点。

我们不可满足于泛泛的议论,也不可追求热闹,而应沉潜下来,认真钻研,将切实的成果贡献给社会。学术质量是"北京大学人文学科文库"的一大追求。文库的撰稿者会力求通过自己潜心研究、多年积累而成的优秀成果,来展示自己的学术水平。

我们要保持优良的学风,进一步突出北大的个性与特色。北大人要有大志气、大眼光、大手笔、大格局、大气象,做一些符合北大地位的事,做一些开风气之先的事。北大不能随波逐流,不能甘于平庸,不能跟在别人后面小打小闹。北大的学者要有与北大相称的气质、气节、气派、气势、气宇、气度、气韵和气象。北大的学者要致力于弘扬民族精神和时代精神,以提升国民的人文素质为己任。而承担这样的使命,首先要有谦逊的态度,向人民群众学习,向兄弟院校学习。切不可妄自尊大,目空一切。这也是"北京大学人文学科文库"力求展现的北大的人文素质。

这个文库目前有以下17套丛书:

"北大中国文学研究丛书"(陈平原 主编)
"北大中国语言学研究丛书"(王洪君 郭锐 主编)
"北大比较文学与世界文学研究丛书"(张辉 主编)
"北大中国史研究丛书"(荣新江 张帆 主编)
"北大世界史研究丛书"(高毅 主编)
"北大考古学研究丛书"(沈睿文 主编)
"北大马克思主义哲学研究丛书"(丰子义 主编)

"北大中国哲学研究丛书"（王博 主编）
"北大外国哲学研究丛书"（韩水法 主编）
"北大东方文学研究丛书"（王邦维 主编）
"北大欧美文学研究丛书"（申丹 主编）
"北大外国语言学研究丛书"（宁琦 高一虹 主编）
"北大艺术学研究丛书"（彭锋 主编）
"北大对外汉语研究丛书"（赵杨 主编）
"北大古典学研究丛书"（李四龙、彭小瑜、廖可斌 主编）
"北大人文学古今融通研究丛书"（陈晓明、彭锋 主编）
"北大人文跨学科研究丛书"（申丹、李四龙、王奇生、廖可斌主编）①

这 17 套丛书仅收入学术新作，涵盖了北大人文学科的多个领域，它们的推出有利于读者整体了解当下北大人文学者的科研动态、学术实力和研究特色。这一文库将持续编辑出版，我们相信通过老中青学者的不断努力，其影响会越来越大，并将对北大人文学科的建设和北大创建世界一流大学起到积极作用，进而引起国际学术界的瞩目。

2020 年 3 月修订

---

① 本文库中获得国家社科基金后期资助或入选国家哲学社会科学成果文库的专著，因出版设计另有要求，会在后勒口列出的该书书名上加星号注标，在文库中存目。

丛书序言

赵 辉

和历史学、哲学、文学等学科相比,考古学在人文学科中是个年轻的学科。在西方,考古学自诞生以来到今天仅一百五六十年。在中国,新文化运动启发了中国学术界对传统上古史体系深深的怀疑,从而提出重建上古史的任务。于是,考古学这门产生于西方的学问始为中国学术界接受,并被视为摆脱重建历史时缺少材料的窘境的主要办法,被寄予厚望。从那个时候始算,中国考古学发展至今刚刚接近百年。

当人们还在四处寻觅重建历史的办法时,常领风气之先的北京大学在1922年就在国学门下成立了考古学研究室。这是中国第一个考古学研究机构。自此,北大考古学人在动荡时局中,尽其所能地开展考古活动,择其要者,如1927年与斯文赫定博士共组"中瑞西北科学考察团",在新疆开展了深入的考古历史考察。又如1944年与中央研究院历史语言研究所等四单位共组西北科学考察团,于甘肃各地开展史前和诸历史时期的田野考古,收获甚丰。如此等等。1946年起,北大史学系由裴文中先生首开考古学课程,招收研究生,建立博物馆,志在建设一个完备的考古学大学教育研究机构。

然而,真正系统的学科建设则是晚至1952年才开始的。是年,北大历史系成立了考古专业,著名考古学者苏秉琦先生出任专业第一任主任,宿白先生担任副主任,延揽群贤,筚路蓝缕，开启山林。前途虽然远非平坦，但几代学人风雨同舟，群策群力，艰苦奋斗，终于将考古专业发展成为学科门类齐全、专业领域覆盖完整的考古文博学院。一时之间，北大考古学名师荟萃，人才济济，学术拔群，为全国高校之牛耳，中国考古之重镇，在国际上也有极大的影响力。

北大考古学的历史和中国考古学的历史一样长，中国考古学的每次重大进展，都有北大考古人的贡献，北大考古学的发展可谓是中国考古学术发展的代表和缩影。1954年起，北大考古人陆续编写出各时段的中国考古学教材，广为传播，被国内其他高校采用或摹写，教材架构的中国历史的考古体系，也深植学界之中，成为共识。邹衡先生构建的三代考古学文化的基本体系，以及严文明先生有关新石器的分期和区系体系等，皆为该时段历史文化的基本框架，沿用至今，并由苏秉琦先生集大成为中国考古学区系类型学说。根据这个学说，考古学首次总括提出上古中国文化发展为多元或多元一体式格局的认识，从根本上改变了中国历史以黄河流域为中心的传统认识。1973年，在极端困难的情况下，北大继社科院考古所之后建立起全国高校中第一座第四纪地质与考古年代学实验室，立即在考古资料的年代学研究上发挥了重要作用，并以实验室为依托，开展了多项现代自然科学技术应用于考古学的尝试，为日后自然科学技术大量引入考古学研究做了前瞻性积累。上个世纪80年代初，北大考古学人即敏锐洞察到学科即将发生的从物质文化史研究向全面复原古代社会研究的深刻转型，持续开展聚落考古。到今天，北大考古学人通过聚落形态研究古代社会，取得一系列重要成绩。其在长期聚落考古实践中摸索形成的田野考古技术方法和理念，业已转化为国家文物局指导新时期全国考古工作的规范标准。

根植于深厚的学术传统，当前的北大考古学研究欣欣向荣，在传统领域不断深耕细作，在前沿领域不断开拓创新，在现代人及其文化的产生、新石器至青铜时代早期的精确年代测定、植物考古和农业起源及其发展、聚落演变和早期文明、新石器和青铜时代欧亚草原上的文化交流、冶金技术的起源和中国冶金技术体系的形成与发展、周原聚落与西周国家形态、基于材料分析的古代手工业体系分布和产品流通研究、丝绸之路上的文化与社会、考古所见汉唐制度、古代瓷业及产品的海外贸易等一系列前沿课题上取得和正在取得重要研究成果。凭借这些厚重的学术成果,北大考古学继续扮演着学术引领者的角色。

  2016年,北京大学人文学部筹划了"北京大学人文学科文库"建设计划,"北大考古学研究丛书"是这个文库的一个组成部分。丛书为刊布北大考古研究成果提供了一个极好的平台,尤其得到当前活跃在学术一线的北大考古学人的重视,以把自己最得意的研究成果发表在这个平台上为荣。所以,"北大考古学研究丛书"势将成为一个引起国内外学术界广为关注、高质量的学术园地。对此,我满怀信心!

2017年6月25日于桂林榕湖

目 录

绪　言　巫玉、史玉与德玉：中国早期玉器传统的损益……… 1
第一章　玉之辨 ………………………………………………… 17
　　从《说文·玉部》看先秦两汉时期的相玉 ……… 19
　　释"珏"——兼论商周时期玉器的计量单位 ……… 29
　　两周"佩玉"考 ……………………………………… 39

第二章　玉之用 ………………………………………………… 51
　　《考工记·玉人》的考古学研究 ………………… 53
　　《左传》所见用玉事例研究 ……………………… 95
　　周代祭祀及其用玉三题 ……………………………… 180
　　周代金文所见用玉事例研究 ………………………… 202
　　尚盂铭文与周代的聘礼 …………………………… 231
　　从葛陵楚简看楚地的祭祷用玉 …………………… 243

第三章　玉之埋 ………………………………………………… 259
　　西周"葬玉"的若干认识
　　　　——以虢国墓地 M2001 为中心 ………… 261
　　晋侯墓地出土玉器研究札记 ………………………… 290
　　虢国墓地玉器及其用玉制度 ………………………… 312
　　东周楚系贵族墓葬用玉制度研究 ………………… 330
　　俘玉与分器——周代墓葬中前代玉器的
　　　　来源与流传 …………………………………… 368

第四章　玉之史 ………………………………………… 377
　　由物见人：芮国玉器折射出的芮国史事 ……… 379
　　礼失求诸野——试论"牙璋"的源流与名称 …… 405
　　再论"牙璋"为夏代的"玄圭" ………………… 441
　　重与句芒：石家河遗址几种玉器的
　　　　属性及历史内涵 ……………………………… 449

附　录 ……………………………………………………… 459
　　中国古玉研究的新工具——介绍赵朝洪主编的
　　　　《中国古玉研究文献指南》 ………………… 461
　　认识古玉的必备工具——介绍吴棠海
　　　　《中国古代玉器》 ……………………………… 467

后　记 ……………………………………………………… 471

绪　言　巫玉、史玉与德玉：中国早期玉器传统的损益

孔子在论及三代礼制时曾经说，"殷因于夏礼，所损益，可知也；周因于殷礼，所损益，可知也；其或继周者，虽百世可知也"。(《论语·为政第二》)表面上看，孔子是强调三代礼制的变化，但实际上孔子是想要剥开损益的外衣，把握历史进程中那些恒久不变的因素。

礼是中国传统社会的核心内容，王国维曾作《释礼》一文，谓"礼"的本义是"盛玉以奉神人之器"，所以"古者行礼以玉"。[①] 验之考古材料，可知中国早期玉器不仅是礼制的重要组成部分，而且几经损益，渐进地形成了巫玉、史玉和德玉三个传统，以下试做分析。

一、史前时期：巫玉传统的兴起

一般而言，中国古代的用玉传统发端于新石器时代——

---

① 王国维：《观堂集林》，北京：中华书局，1959 年，第 291 页。近年有学者对王国维关于"礼"字的阐释有所补正，如裘锡圭先生指出"礼"字本是一种鼓的名称，但可能是"用玉装饰的贵重大鼓"，参见裘锡圭：《甲骨文中的几种乐器名称》，《中华文史论丛》1980 年第二辑(总第十四辑)，上海：上海古籍出版社，1980 年，第 72 页；而郑杰祥先生不仅认为"礼"字本从鼓从珏，更指出其"意即古人在鼓乐声中以玉来祭享天地鬼神之状"，参见郑杰祥：《释礼、玉》，田昌五主编：《华夏文明》第一集，北京：北京大学出版社，1987 年，第 355—367 页。

新石器时代早期是玉器的萌芽期,新石器时代中期是玉器的发展期,新石器时代晚期则形成了用玉的第一次高峰。①

考古材料显示,在这一波用玉高峰中出现了多个用玉中心,邓淑苹将其概括为中国古代玉器文化的三个源头,即:以红山文化与大汶口及龙山文化为代表的"东区"、以良渚文化为代表的"东南区"以及分布在黄河上中游地区的"华西区"。② 不过,论渊源有自,这一时期的玉器传统主要有二,即北方的红山文化玉器和南方的良渚文化玉器,前者继承查海、兴隆洼文化玉器而来,后者则与长江流域的崧泽、马家浜和凌家滩诸文化的用玉传统密切相关。相比之下,"华西区"玉器传统的形成时间要略晚一些,而且在目前也还未见牛河梁、反山一类代表当时用玉最高境界的遗址,故而也有学者主张中国史前玉器当分为良渚与红山的南北两区。③

长期以来,红山文化分布范围内屡有玉器零星出土。20 世纪 70 年代末以及 80 年代初,在辽西地区的建平牛河梁以及喀左东山嘴等地发现大型红山文化遗址,其中有女神庙或积石冢等礼制性遗存。在这些积石冢中部又建有中心大墓,其中只用精美玉器随葬,有学者称这种现象为"惟玉为葬",常见器类有玉猪龙、勾云形佩、马蹄形器、带齿兽面纹佩、璧和玉环等。④ 毋庸置疑,这些积石冢中心大墓的墓主人必然

---

① 近年更有学者援引考古材料,主张中国历史上曾经存在一个玉器时代,玉器可以视为中华文明的一个重要标志物。参见牟永抗、吴汝祚:《试谈玉器时代——中华文明起源的探索》,《中国文物报》1990 年 11 月 1 日;《试论玉器时代——中国文明时代产生的一个重要标志》,《考古学文化论集》(四),北京:文物出版社,1997 年,第 164—187 页。

② 邓淑苹:《中国古代玉器文化三源论》,中华文物学会 1995 年年刊;《"华西系统玉器"观点形成与研究展望》,《"故宫"学术季刊》(台北)2007 年第 25 卷第 2 期,第 1—54 页。

③ 黄宣佩:《略论我国新石器时代玉器》,《上海博物馆集刊》第 4 期,1987 年,第 150—170 页。

④ 郭大顺:《红山文化的"唯玉为葬"与辽河文明起源特征再认识》,《文物》1997 年第 8 期,第 20—26、99 页;辽宁省文物考古研究所:《牛河梁——红山文化遗址发掘报告(1983—2003 年度)》,北京:文物出版社,2012 年。

是红山社会中的最高层,玉器既是其权力和财富的象征,也可能是他们沟通神人的专属工具。

玉器在良渚文化分布范围内也广泛存在,一些高等级的墓葬也出现了类似于红山文化"唯玉为葬"的现象,有学者称之为良渚文化的"玉敛葬"。① 尤其是在反山、瑶山和福泉山这类集祭坛与墓地功能于一体的核心遗址内,"玉敛葬"的现象表现得极为突出,如被誉为良渚"王陵"的反山墓地,随葬品中玉器所占比例超过百分之九十,反映了玉器在良渚社会生活中格外尊崇的地位。② 而就器类而言,良渚早期以璜、镯、管、珠等饰物为主,到良渚中期,琮、钺、璧等礼器,冠形器、三叉形器、锥形器、璜、管、镯、带钩等装饰品以及龟、鸟、鱼、蝉等动物造型器物交相辉映。相比红山玉器多素面无纹的特征,琮、钺、璧等良渚玉礼器上所见雕刻细致的神人兽面纹显得异常醒目,可惜学术界对其内涵的认识远未达成一致。

此一时期的华西地区,虽然没有出现牛河梁、反山、瑶山一类的用玉"高地",但华西系统玉器已现端倪,如宁夏菜园文化、甘青地区马家窑文化以及宗日文化所见的琮、璧、璜、联璧等礼器及装饰物,以及斧、锛、凿、刀等工具类玉器,这些翔实的考古材料证明在新石器时代晚末期华西地区确有其独特的用玉传统。③

从各自的器物种类乃至玉石原料来看,上述三个用玉传统无疑是独自发展起来的,但也表现出相当的共性,即三个地区的玉器均呈现出礼仪用器与日常生活用器的明显分化。具体而言,红山文化的玉猪龙,良渚的琮与钺,华西地区的琮与璧均体现出超越一般器物之上的尊崇

---

① 汪遵国:《良渚文化"玉敛葬"述略》,《文物》1984年第2期,第23—26页。
② 浙江省文物考古研究所:《反山》,北京:文物出版社,2005年;浙江省文物考古研究所:《瑶山》,北京:文物出版社,2003年;上海市文物管理委员会:《福泉山——新石器时代遗址发掘报告》,北京:文物出版社,2000年。
③ 有关上述考古学文化所见玉器参见邓淑苹:《"华西系统玉器"观点形成与研究展望》。

地位。良渚文化在这一方面又表现得尤其突出,不仅出现了琮、钺这样的主礼器,而且它们与至高无上的神人兽面纹形成了稳定的搭配。从这层意义上讲,良渚玉文化堪称同时期三大用玉传统中的最高峰。由此再来审视良渚古城,必然要将其视为"古国"的一种表现形式,而无论是红山抑或华西,尚无充分证据能够证明此时也有类似的古国存在。

若从具体器类而言,虽然三大用玉传统在日常用器上表现出明显的不同,但在实质上却是一致的,它们无一例外都以装饰用器为主,即以玉饰其身。玉本是"石之美有五德者",人类在自身发展过程中,长时段生活在石器时代,最容易滋生出"石崇拜",对各种石料的特性也最为了解,由此对"石之美"者情有独钟并用以装饰自我几乎是人类的本能。①

史前时期装饰用器与礼仪用器并重局面的形成其实是古人"推己及神"的具体表现。司马迁在《史记·礼书》中曾谓,"余至大行礼官,观三代损益,乃知缘人情而制礼,依人性而作仪,其所由来尚矣"。这就是说,自古以来侍奉神灵其实全凭人类自己的喜好,具体来讲就是:

> 人体安驾乘,为之金舆错衡以繁其饰;目好五色,为之黼黻文章以表其能;耳乐钟磬,为之调谐八音以荡其心;口甘五味,为之庶羞酸咸以致其美;情好珍善,为之琢磨圭璧以通其意。

礼仪之作的根本动机在于事神求福,祭祀是其核心手段,所以祭祀必然以"媚神"和"娱神"为鹄的。要达此目标,古代先民自然要把自己眼中最美好的事物贡献给神灵,以满足神灵的各种感官欲望——车马、服饰、音乐、牺牲、粢盛、酒醴和珍玩皆由此而起。而在史前时代,最美好圣洁的"珍善"非玉莫属,所以玉器成为最早的礼器实在是历史的必然。

由于事神活动在早期社会中不可或缺的地位,所以很早就出现了专门的神职人员——巫。所谓"巫"者,按《国语·楚语下》观射父的解

---

① 张辛:《玉器礼义论要》,《中国历史文物》2003 年第 6 期,第 28—37 页。

释,是"民之精爽不携贰者",他们"在男曰觋,在女曰巫",其职责就是"是使制神之处位次主,而为之牲器时服,而后使先圣之后之有光烈,而能知山川之号、高祖之主、宗庙之事、昭穆之世、齐敬之勤、礼节之宜、威仪之则、容貌之崇、忠信之质、禋絜之服而敬恭明神者,以为之祝"。《说文·玉部》则释"靈"为"以玉事神"之"巫",可见作为神职人员的巫者有两个基本特征:首先是要天赋异禀,具有超越一般人的灵性,即必须是"民之精爽不携贰者";其次是要掌握沟通神灵的手段,其中最主要者就是"以玉事神"。因此,我们不妨称史前的玉礼器为古之巫玉,而以这种眼光审视红山的玉猪龙和良渚玉器上的神人兽面纹,便会发现它们无不充满了史前巫术气息。

在中国早期社会,王为巫首已经成为学者的共识,相关记载不绝于书,著名者如颛顼"依鬼神以制义"(《大戴礼记·五帝德》)并"绝地天通"(《国语·楚语下》),"巫步多禹"(《法言·重黎》)以及汤"以身祷于桑林"(《吕氏春秋·季秋纪》)等皆是,所以李泽厚认为"中国上古思想史的最大秘密"就在于"'巫'的基本特质通由'巫君合一''政教合一'途径,直接理性化而成为中国思想大传统的根本特色"。[①] 而从红山和良渚文化的用玉情况来看,呈现出明显的等级差别,数量最多、质量最高以及某些特殊的玉器仅见于牛河梁和反山这类最高等级的墓地中,这无疑可以用作当时社会"巫君合一"的最佳诠释。[②]

二、龙山时代:巫玉传统向史玉传统的转变

如果说新石器时代晚期用玉传统为三足鼎立之势,那么到了龙山

---

① 李泽厚:《说巫史传统》,上海:上海译文出版社,2012年,第10—13页。
② 但杨伯达则认为,"这些出土的史前玉器的占有者是巫觋,其功能是为巫觋事神所用,是玉神器。史前玉器似乎不太可能掌握在世俗性的处理公共事务的首长手中,不可能用于打扮美身或标志身份的世俗生活之中,也不可能作为财富而贮存起来",这一解读则未免过于绝对。参见杨伯达:《巫玉之光·续集》自序,北京:紫禁城出版社,2011年。

时代这种格局则发生了剧烈的变化。伴随着良渚与红山文化的衰落，黄河上中下游的齐家、陶寺、龙山诸文化和长江中游的石家河文化均发展出发达的用玉传统。

在前一阶段的三大玉器传统中，相比红山和良渚而言，华西玉器系统明显居于弱势地位。但进入龙山时代，前两者急剧衰落而后者则得以持续发展，齐家文化玉器即其代表。如邓淑苹所说，在正式发掘的齐家文化遗址当中，以甘肃天水师赵村和青海民和喇家遗址出土玉器最值得关注。[1] 其中师赵村 M8 随葬的一件玉璧和玉琮，质料极为接近，很有可能是以同一块玉料制作而成；[2]喇家 M17 位居遗址广场中的祭坛之上，显示出其独特的地位，而该墓随葬品除 15 件玉器之外，别无他物，玉器中则包括三璜联璧和璧各 2 件；[3]与此同时，在喇家遗址 F4 房址的墙壁下也发现摆放有两件玉璧，同样说明璧对于喇家居民而言具有特殊的意义；[4]此外，在甘肃静宁后柳河村一座祭祀坑中发现了 4 件齐家文化的玉琮与 4 件玉璧的组合。[5] 如果再结合甘青宁各地博物馆所征集的同类器物，[6]可以断言齐家文化确实存在一个以璧、琮为主体的玉器传统。

沿黄河顺流而下，晋南地区龙山时代的陶寺文化也有了发达的玉器，如在陶寺遗址 1970 年代和 1980 年代发掘的 1300 余座墓葬中，随

---

[1] 邓淑苹：《"华西系统玉器"观点形成与研究展望》；《万邦玉帛——夏王朝的文化底蕴》，《夏商都邑与文化》（二），北京：中国社会科学出版社，2014 年，第 145—246 页。

[2] 中国社会科学院考古研究所：《师赵村与西山坪》，北京：中国大百科全书出版社，1999 年，第 175 页。

[3] 中国社会科学院考古研究所甘青工作队等：《青海民和喇家遗址发现齐家文化祭坛和干栏式建筑》，《考古》2004 年第 6 期，第 3—6 页。

[4] 中国社会科学院考古研究所甘青工作队等：《青海民和县喇家遗址 2000 年发掘简报》，《考古》2002 年第 12 期，第 15、22 页。

[5] 邓淑苹：《万邦玉帛——夏王朝的文化底蕴》，第 145—246 页。

[6] 有关资料可参看前引邓淑苹两文，以及曹芳芳：《龙山时代玉器与用玉传统的嬗变——以黄河流域为中心》，北京大学考古文博学院硕士学位论文，2014 年。

葬有玉器者多达 200 余座。① 从已有材料来看，陶寺文化主要以玉钺为礼器，而装饰用器则以璧、琮、璜、联璧为主。据高炜介绍，陶寺墓地 1970—1980 年代出土玉钺超过 80 件，一般是一墓一件，且绝大多数见于男性墓；出土的玉璧数量也超过 80 件，绝大部分都是放置在墓主胸腹部或见于臂部和腕部，显然是佩饰之物；这里出土的 13 件玉琮也大多见于墓主的臂部，每墓一件，也多出在男性墓中。而迄今为止陶寺玉器最重要的发现则见于 2003 年清理的陶寺中期大墓 IIM22，该墓虽遭严重破坏，但从墓室未扰动部分仍出土玉石器 18 件套，分别为玉钺 5、玉戚 3、玉琮 1、玉璧 1、玉璜 3 组、玉兽面 1 组以及青石大厨刀 4 件，其中多件玉钺还带有彩绘的漆柄，其器类构成与此前陶寺墓地所见者基本相同。② 陶寺遗址之外，诸如临汾下靳③和芮城清凉寺④等陶寺文化墓地中，也同样流行钺、璧、琮、联璧、牙璧和玉璜等物，说明陶寺文化的玉器构成较为稳定。

黄河下游地区的龙山文化则以玉钺和玉刀为礼器，这一点在临朐西朱封墓地表现得尤为突出。⑤ 这里的 M202 与 M203 是目前所见规模最大的龙山文化墓葬，其中 M202 随葬玉器包括钺 2、刀 1、冠饰 1、簪 1、坠饰 4、绿松石串饰 18 以及绿松石片 980 多件，M203 则有钺 3、环 1、

---

① 高炜：《陶寺文化玉器及相关问题》，邓聪主编：《东亚玉器》I，香港：香港中文大学中国考古艺术中心，1998 年，第 192—200 页。

② 中国社会科学院考古研究所山西队等：《陶寺城址发现陶寺文化中期墓葬》，《考古》2003 年第 9 期，第 771—774 页。

③ 宋建忠：《山西临汾下靳墓地玉石器分析》，北京大学中国考古学研究中心、北京大学震旦古代文明研究中心编：《古代文明》第 2 卷，北京：文物出版社，2003 年，第 121—137 页。

④ 山西省考古研究所等：《山西芮城清凉寺新石器时代墓地》，《文物》2006 年第 3 期，第 4—16 页；《山西芮城清凉寺史前墓地》，《考古学报》2011 年第 4 期，第 525—560 页；《山西芮城清凉寺墓地玉器》，《考古与文物》2002 年第 5 期，第 3—9 页。

⑤ 有关山东龙山文化用玉状况的研究，可参看曹芳芳：《山东龙山文化用玉制度的考古学考察》，北京大学中国考古学研究中心、玉器与玉文化研究中心编：《玉器考古通讯》2013 年第 2 期，第 60—86 页。

绿松石坠饰 5 和绿松石片 95 件。① 另一处出土玉器较多的龙山文化遗址是五莲丹土,历年来在该遗址先后采集到玉石器 36 件,其中包括玉钺 18 件和玉刀 4 件,由此也可看出这两类器物在龙山文化玉器中所占的地位与比重。② 不过,引起学术界高度关注的却是在山东龙山文化遗址中采集到的另两类器物:一是两城镇遗址出土的神面纹玉圭,另一类则是临沂大范庄、海阳司马台、五莲上万家沟和沂南罗圈峪等遗址出土的牙璋。以往学者多将这两类器物视为山东龙山文化最主要的玉礼器,但近年来也出现了不同意见,如有学者认为两城镇的玉圭很有可能是长江中游石家河文化的产物;③而笔者则主张牙璋并非海岱地区的固有之物,它的发源地最有可能在中原地区,实际上是夏王朝的主礼器——玄圭。④

说到牙璋,则不能不提到以神木石峁为代表的陕北地区出土玉器。从已有材料来看,这一地区的玉器器类以牙璋、大刀以及牙璧最为突出,尤其是前者,据邓淑苹的统计,海内外公私藏品中石峁牙璋的总数已然超过 100 件,所以她主张石峁是牙璋的重要起源地。⑤ 但应引起注意的是,陕北地区固然出土了数量众多的玉器,⑥但却表现出浓烈的

---

① 中国社会科学院考古研究所山东工作队:《山东临朐朱封龙山文化墓葬》,《考古》1990 年第 7 期,第 587—594 页。

② 杨波:《山东五莲县丹土遗址出土玉器》,《"故宫"文物月刊》(台北)1996 年总第 158 期。

③ 朱乃诚:《时代巅峰 冰山一角——夏时期玉器一瞥》,中华玉文化中心等编:《玉魂国魄——玉器·玉文化·夏代中国文明展》,杭州:浙江古籍出版社,2013 年,第 58—64 页。而邓淑苹则认为有可能是龙山和石家河文化交流的结果,参见邓淑苹:《万邦玉帛——夏王朝的文化底蕴》。

④ 孙庆伟:《礼失求诸野——试论"牙璋"的源流与名称》,陈光祖主编:《金玉交辉——商周考古、艺术与文化论文集》,台北:"中研院"历史语言研究所,2013 年,第 467—508 页。

⑤ 邓淑苹:《万邦玉帛——夏王朝的文化底蕴》。

⑥ 段双印、张华:《延安出土史前玉器综合考察与研究——以芦山峁出土玉器为中心》,北京大学中国考古学研究中心、玉器与玉文化研究中心编:《玉器考古通讯》2013 年第 2 期,第 15—38 页。

外来倾向,如良渚的玉琮、海岱地区的牙璧、石家河文化的玉兽面与鹰形玉笄以及齐家风格的琮与璧均在此发现,异彩纷呈的背后其实是本地玉器传统的缺失。如果再联系到新近确认的规模宏大的石峁城址,①石峁玉器包括数量众多的牙璋在内最有可能是交流或劫掠的结果,而未必一定是当地的土著产品。

进入龙山时代,伴随着良渚文化的衰落,长江流域的玉器中心也转移到中游地区的石家河文化。目前石家河玉器主要见于肖家屋脊遗址的瓮棺葬中,最具特色的器物是带獠牙的玉神像以及多种动物造型的器物如鹰、凤、虎和蝉等。② 从渊源上讲,因石家河玉器在当地的先行文化如大溪和屈家岭文化中并未见到祖型而稍嫌突兀,但上述器物在同时期其他考古学文化中也难找到相似之物,因此不妨视为当地发展起来的玉器传统。

综上,可以看出龙山时代用玉传统的一个显著变化,即在黄河中下游地区盛行钺、刀、牙璋等显示世俗权力的玉礼器,旧传统的典型器物琮与璧则流行于华西地区的齐家文化,而新兴的石家河玉器传统则充满了巫玉之风。换言之,在龙山时代出现了新旧两种用玉传统对峙的形象——以陶寺、山东龙山文化为代表的史玉传统和以齐家、石家河文化为代表的巫玉传统。

在中国早期社会,巫、史本为一家,故《国语·楚语下》载观射父之语曰:"及少皞之衰也,九黎乱德,民神杂糅,不可方物。夫人作享,家为巫史,无有要质。"但随着社会的发展,巫发生分化,形成了"祝宗卜史"四官——祝掌祭祀,宗掌世系,卜掌占卜,而史掌记事。但即便如此,早期文献中仍常常将"巫"与"祝""宗""卜""史"连言,如"巫祝"

---

① 陕西省考古研究院等:《陕西神木县石峁遗址》,《考古》2003 年第 7 期,第 15—24 页。
② 荆州博物馆:《石家河文化玉器》,北京:文物出版社,2008 年。

"巫史"和"巫卜"一类,清楚地反映了它们之间的密切关系。①

由巫而史,固然是一个理性化的过程,但实际上代表了神权向王权的演变。巫的主要职责是事神求福,反映了神权在社会生活中仍居于主要地位;而史的职责则如司马迁所说,是"究天人之际"和"通古今之变"(《汉书·司马迁传》),即既要通天道,更要知人道。一言以蔽之,史官的根本职责在于"资政",因此必然重于人事而慢于鬼神,相应地,作为事神求福的主要手段——祭祀,其主要功能也转变为观射父所说的"昭孝息民,抚国家,定百姓也"(《国语·楚语下》)。因此我们可以说,巫玉传统反映的是神权高涨,而史玉传统折射的是王权的崛起。

三、夏商周:德玉传统的确立

中国历史上的夏王朝如何与某支考古学文化或与考古学上的某个时段对应,是中国考古学最具争议的话题之一。不过,越来越多的学者开始倾向于主张龙山时代的晚段已然进入夏王朝的纪年范围,其中最具代表性的论述是:

> 以登封王城岗遗址大城为代表的河南龙山文化晚期遗存、以新密新砦遗址二期为代表的新砦期遗存、以偃师二里头遗址为代表的二里头文化代表了二里头文化的早、中、晚期的发展轨迹,王城岗大城可能是史籍中"禹都阳城"的阳城,新砦期遗存可能是"后羿代夏"时期的夏文化,二里头文化则可能是"少康中兴"以后直至夏桀灭国时期的夏文化。②

《礼记·表记》载孔子之语曰,"夏道尊命,事鬼敬神而远之,近人而忠焉",这是说夏人已然开始重人事而轻鬼神。而如上文所分析,龙

---

① 李零:《先秦两汉文字资料中的"巫"》(上、下),《中国方术续考》,北京:东方出版社,2000年,第41—79页。

② 李伯谦:《文明探源与三代考古论集》前言,北京:文物出版社,2011年。

山时代黄河中下游地区盛行的正是反映王权的史玉传统,如此似也可以从一个侧面支持龙山时代晚段已然进入夏王朝的说法。

如果以更无争议的二里头文化论,二里头遗址出土玉器中玉戚与牙璋无疑占据了最为显著的地位。① 戚为钺类,最有可能源自生产工具类的斧类器物,但二里头文化中的玉戚究竟源于陶寺或山东龙山文化,还是秉自豫西地区的史前传统,如灵宝西坡墓地的同类器物,并不容易遽断。② 相比之下,牙璋的出现则可谓是石破天惊,这种造型奇特的器类必然是出于某种礼仪需求而特意设计的,因此它只可能来自一个源头而不会是不同区域各自发生的。就目前材料而言,虽然豫西地区出土牙璋的数量及其年代均居于弱势地位,但笔者依然坚信所谓牙璋就是夏后氏的核心礼器——玄圭。随着夏文明的强势扩张,玄圭也散布到四夷,如陕北、山东和成都平原。③

汤放夏桀,殷商王朝对夏代玉器既有继承又有发展——夏代的牙璋被商代的玉戈所取代。牙璋是夏人的玄圭,而玉戈则是商人的玉圭。经过夏商王朝的更替,圭作为主礼器的地位得到继承,但在具体形制上又有创新,这是夏商礼制损益的具体表现。而当中原地区的牙璋被玉戈所取代,牙璋这一器形却在成都平原的三星堆文化中顽强地存在,甚至不惜将典型的商式玉戈改制为牙璋,堪称是"礼失求诸野"的极佳典范。更重要的是,随着玉戈(圭)地位的进一步稳固,玉钺(戚)在商代趋于式微,无论在数量还是体量上,商代玉钺均远逊于同时期的玉戈。不仅如此,商代玉戈似乎已经有了等级差别,身份地位越高者,其所拥有的玉戈体量也越大,如目前长度最长(96厘米)的一件商代大玉戈即

---

① 中国社会科学院考古研究所:《偃师二里头》,北京:中国大百科全书出版社,1999年;偃师县文化馆:《二里头遗址出土的铜器和玉器》,《考古》1978年第4期,第270—300页。

② 马萧林等:《灵宝西坡仰韶文化墓地出土玉器初步研究》,《中原文物》2006年第2期,第69—73页。

③ 孙庆伟:《礼失求诸野——试论"牙璋"的源流与名称》。

出土于盘龙城李家嘴 M2 中,而该墓则是早商时期规模最大的墓葬之一。①

概言之,史玉传统在夏商两代得以稳固与发展,其标志就是玉圭(具体器形即牙璋与玉戈)逐渐成为压倒一切的主礼器;与此相应的是,玉琮这种历史悠久的巫玉在夏商时期则趋于消亡。圭兴琮亡的背后正是王权对神权的压倒性胜利。

武王克商于中国历史上的意义不在于殷周王朝的更替,而在于周公的制礼作乐以及由此奠定的中国文化大传统中的礼乐基因。礼既兴,则礼器作。虽然自夏代以降,青铜鼎彝已经成为贵族们的新宠,但严格地讲,鼎俎笾豆皆是行礼之器,而非敬献给神灵的礼物,事神求福的礼器依然非玉莫属。②

如按文献记载,周代的玉礼器主要是"六瑞"和"六器"。《周礼·春官·大宗伯》记:"以玉作六瑞,以等邦国,王执镇圭,公执桓圭,侯执信圭,伯执躬圭,子执穀璧,男执蒲璧。"又说:"以玉作六器,以礼天地四方,以苍璧礼天,以黄琮礼地,以青圭礼东方,以赤璋礼南方,以白琥礼西方,以玄璜礼北方,皆有牲币,各放其器之色。"所以《周礼·春官·典瑞》载典瑞的职责为"掌玉瑞、玉器之藏,辨其名物与其用事,设其服饰"。《周礼》之所以将"瑞"和"器"对举,就是要显示二者的区别。

---

① 湖北省文物考古研究所:《盘龙城:1963—1994 年考古发掘报告》,北京:文物出版社,2001 年。

② 可参看拙著《周代用玉制度研究》,上海:上海古籍出版社,2008 年;以及以下拙文:(1)《〈考工记·玉人〉的考古学研究》,北京大学考古文博学院、北京大学中国考古学研究中心编:《考古学研究》四,北京:科学出版社,2000 年,第 115—139 页;(2)《〈左传〉所见用玉事例研究》,北京大学中国考古学研究中心、北京大学震旦古代文明研究中心编:《古代文明》第 1 卷,北京:文物出版社,2002 年,第 310—370 页;(3)《周代祭祀及其用玉三题》,《古代文明》第 2 卷,北京:文物出版社,2003 年,第 213—229 页;(4)《周代金文所见用玉事例研究》,《古代文明》第 3 卷,文物出版社,2004 年,第 320—342 页。

如依《周礼》的说法,六瑞其实只是圭、璧两类器物,而六器则包括圭、璋、璧、琮、琥、璜等六种器物。验之考古材料,周代最核心的玉礼器当是圭、璋和璧三类。圭是夏代以来的主礼器,璧的历史则更为久远,早在新石器时代诸文化中已经流行。周代的玉璋,不仅见载于传世文献,也见诸彝铭,然而究竟哪种玉器是周代的玉璋,则迄今仍是个谜,不过多数学者认为考古中所习称的柄形器就是玉璋。柄形器初起于二里头文化时期,商代袭用,到了西周有了两个明显的变化,一是在有些器柄上加琢了凤鸟纹或龙纹,二是在柄前端缀以绿松石、小玉片或蚌片等牙饰。以柄形器的精致与普及程度而言,它与璋的尊崇地位确实是可以相匹配的。

周代用玉传统中的另一个重要特征是瑞与器的互用。圭、璋、璧三种器物不仅是贵族之间相互使用的礼瑞器物,如天子册命诸侯、诸侯或贵族觐见周天子以及贵族的相互聘问,圭、璋都是不可或缺之物;①但同时它们也是最重要的礼神之器,如周公祷告祖先,即"植璧秉圭"(《尚书·金縢》),而宣王祭天,也要"圭璧既卒"(《诗经·大雅·云汉》)。所以汉儒郑玄解释两者之间的区别是"人执以见曰瑞,礼神曰器"(《周礼·春官·典瑞》郑注),瑞、器互用,其实也是古人"推己及神"的具体表现。除此之外,周代祭祀遗存如侯马盟誓遗址中出土的祭祀用玉,其玉器器类早已超出了"六器"的范畴,举凡玉环、玉璜、带钩、龙形佩饰、人形佩饰乃至残玉片无不可以用作礼神之物,由此可见周人更多的是关注玉的材质,而非器的造型,这也正是《礼记·郊特牲》强调"礼之所尊,尊其义也。失其义,陈其数,祝史之事也"的关键所在。

相比夏商两代,周代玉器的一大进步在于用玉的系统化,即以圭、璋、璧为主体的瑞玉系统,以多璜组玉佩和梯形玉牌串饰为主的佩玉系

---

① 孙庆伟:《尚孟铭文与周代的聘礼》,北京大学考古文博学院、北京大学中国考古学研究中心编:《考古学研究》十,北京:科学出版社,2012年,第506—514页。

统,以及以玉覆面为代表的丧玉系统。然而,最能代表周代玉文化发展高度的则是寓玉以德,从而缔造出中国古代用玉传统的最高峰——德玉传统。

郭沫若曾经指出,"德"是周人所独有的思想,它不仅包括着主观方面的修养,同时也包括着客观方面的规模——后人所谓的"礼"。① 周人德孝并称,德以对天,孝以对祖,故"有孝有德"(《诗·大雅·卷阿》)是贯通周代文明社会的道德纲领,也是周代维新在思想史上的一大进步。② 同样,李泽厚也认为,巫术礼仪在周初彻底分化,"一方面,发展为巫、祝、卜、史的专业职官,其后逐渐流入民间,形成小传统",而另一方面,"则是经由周公'制礼作乐'即理性化的体制建树,将天人合一、政教合一的'巫'的根本特质,制度化地保存延续下来,成为中国文化大传统的核心",而"德和礼是这一理性化完成形态的标志"。③

春秋以降,周代礼乐文明的人文主义气质进一步发展,"德"的观念得到前所未有的强调,故春秋时代实已成为"德行的时代"。④ 但周人论德,并不虚妄,而是最终要落实到特定的人身上,这类特殊人群就是君子。特别是到了春秋时代,"君子"的观念已经发生一大突破,它所代表的道德理想和它的社会身份——儒家所说的"德"与"位"之间——已无必然的关系,"君子"正式成为一种道德的理想,所以《白虎通·君子为通称》解释"或称君子何?道德之称也"。

《礼记·聘义》载孔子之语曰,"夫昔者君子比德于玉焉"。君子与玉何涉?关键就在于它们各有其德——玉是自然界中最具天地之德的圣洁之物,而君子则是人世间道德的化身,于是玉与君子可以互喻,故

---

① 郭沫若:《青铜时代·先秦天道观的进展》,《郭沫若全集·历史编》第1卷,北京:人民出版社,1982年,第317—376页。
② 侯外庐等:《中国思想通史》第1卷,北京:人民出版社,1957年,第91—94页。
③ 李泽厚:《说巫史传统》,第27—35页。
④ 陈来:《古代思想文化的世界——春秋时代的宗教、伦理与社会思潮》,北京:生活·读书·新知三联书店,2002年,第12—16页。

曰"言念君子,温其如玉"(《诗经·秦风·小戎》),中国玉文化中的德玉传统也由此而生。

孔子曾经感慨,"虞夏之质,殷周之文,至矣"(《礼记·表记》)。就中国早期玉器而言,夏商的史玉传统与周代的德玉传统,均无愧于"至矣"的评价。而两周以降的玉器与玉文化,或不如虞夏之质朴,或逊于殷周之文质彬彬,因此就总体而言,玉文化在周代以后是损多而益少,再也无法重现三代玉器的荣光。所可幸者,华夏民族崇玉、爱玉传统得以延续和保存,而所崇者皆系于玉之德,这即是中国用玉传统中永恒未变的因素。

（本文原载浙江省文物考古研究所、北京大学考古文博学院、北京大学中国考古学研究中心等编:《权力与信仰:良渚遗址群考古特展》,北京:文物出版社,2015年;又载北京大学中国考古学研究中心、玉器与玉文化研究中心编:《玉器考古通讯》2015年第1期）

第一章　玉之辨

从《说文·玉部》看先秦两汉时期的相玉

因出土资料日渐丰富的缘故,中国古玉研究在最近二三十年间勃兴,而研究的深入却又使学者面临着一个极其尴尬的境地:一方面,考古报告所谓的"玉器",大抵出于发掘者的目测而缺乏令人信服的依据,而另一方面,出土资料却显示中国古代玉石器原料来源是十分广泛的。如据一项不完全的统计,早在新石器时代用来制作工艺装饰品的矿物岩石就有24种之多;①在殷墟妇好墓出土的755件玉器中有13件标本经过成分鉴定,其中包括透闪石软玉、硅质大理岩、玛瑙、孔雀石和绿松石等类,但以前者为主;②而张家坡西周墓地出土的玉石器几乎都经过矿物学专家的鉴定,结果表明透闪石软玉占总数的64.9%,其次是蛇纹石和大理石,分别占18.1%和9.2%,其他还有碳酸岩、砂岩、绿松石、石灰岩、接触岩、千枚岩、白云岩、石英岩、红玉髓、滑石、生物灰岩、页岩和炭精等,所占比例在0.1%—1.6%不等。③ 至于在这些矿物当中,哪种或哪几种在中国古代是可以被界定为"玉"的,学术界的意

---

① 唐锡仁、杨文衡主编:《中国科学技术史·地学卷》,北京:科学出版社,2000年,第34页。

② 张培善:《安阳殷墟妇好墓中玉器宝石的鉴定》,《考古》1982年第2期,第204—206页。

③ 中国社会科学院考古研究所:《张家坡西周墓地》,北京:中国大百科全书出版社,1999年,第236页。

见就更为分歧。

长期以来,地质和矿物学家就企图解决这一问题。如近一个世纪以前,章鸿钊先生就指出文献所说的琼瑶、珣玗琪、玛瑙或赤玉者可能就是玛瑙,而古代所谓的璆琳、瑾瑜等物则可能是琉璃一类。① 1993年,闻广等人经过研究发现,从新石器时代以来,高等级墓葬出土玉器中均以透闪石软玉为主体,而且等级越高的墓葬,其中透闪石玉的比例也相应增加,反之,低等级墓葬中则少见或不见透闪石软玉。据此他们主张把中国古代的玉区分为真玉和假玉两类,所谓的真玉,"只包括两种链状硅酸盐单斜晶系的辉闪石矿物结合体,即角闪石族钙角闪石组透闪石-阳起石系列的具交织纤维结构的变种软玉,以及辉石族钠辉石组的硬玉翡翠",除此之外则为假玉。② 但这一观点在矿物学界远未取得共识,如有矿物学家就明确指出"不宜采用把玉称为真玉,而其他玉石则称为假玉或非真玉的概念",而主张举凡绿松石、玛瑙、水晶、车渠(贝壳)和琉璃都应归入玉器类,③两者差异之大是显而易见的。

闻广先生的上述发现无疑是有积极意义的,因为它证明了透闪石软玉应是中国古代"玉"的一种,但是并不能由此就推断出透闪石软玉为"真玉",而其他矿物为"假玉"的这种排他性结论。事实上,无论如何界定"真玉"和"假玉",我们首先应该检视研究者是否有将现代矿物学观念强加给古人的嫌疑,换言之,当我们要肯定或否定一件绿松石或玛瑙器是否就是古人所说的"玉",只能从古人那里而不是从现代观念中来寻找证据。

---

① 章鸿钊:《石雅·宝石说》,上海:上海古籍出版社,1993年,第152—153页。
② 闻广、荆志淳:《沣西西周玉器地质考古学研究——中国古玉地质考古学研究之三》,《考古学报》1993年第2期,第251—280页。
③ 栾秉璈等:《虢国墓出土玉器玉质的初步鉴定》,《三门峡虢国墓》第一卷附录四,北京:文物出版社,1999年,第574—581页。

1930年，陈寅恪先生在给冯友兰《中国哲学史》上册的审查报告中写到："凡著中国古代哲学史者，其对于古人之学说，应具了解之同情，方可下笔……吾人今日可依据之材料，仅为当时所遗存最小之一部；欲藉此残余断片，以窥测其全部结构，必须备艺术家欣赏古代绘画雕刻之眼光及精神，然后古人立说之用意与对象，始可以真了解。所谓真了解者，必神游冥想，与立说之古人，处于同一境界，而对于其所持论所以不得不如是之苦心孤诣，表一种之同情，始能批评其学说之是非得失，而无隔阂肤廓之论。"①陈氏的论述虽从研究中国古代哲学史出发，但即使把它看作古史研究中所应遵循的一般原则，也并不为过。

玉器研究只是古史研究中极小而又极具体的一个题目，因此在研究方法上，便不能有超出古史研究一般原则之理由，同样必须"神游冥想，与立说之古人，处于同一境界"，才不至于以今人之心来穿凿附会古人之意。基于这种认识，笔者曾经尝试站在古人的立场，通过对有关文献所载用玉事例的具体分析来追寻玉器在古代中国的某些实际使用，并取得了初步的效果。②而对于古代先民如何分辨玉石的问题，作者也想重施故技，希望借助文献记载来了解先秦两汉时期人们区分玉石的手段和标准。

根据文献记载，在先秦两汉时期对玉石的辨别已经发展成为一种专门的技能，称为"相玉"，并已经有相玉、治玉的专业人士——玉人。"相玉"是当时诸多"相术"的一种，至少在汉代，这些相术大抵上都已经总结出丰富的经验，从而形成了专书，其中仅《汉书·艺文志》形法类所载的相书就包括《山海经》《国朝》《宫宅地形》《相人》《相宝剑刀》和《相六畜》等六家百二十二卷。另外，马王堆汉墓出土的《相马经》也

---

① 冯友兰：《中国哲学史》附录之审查报告一，上海：华东师范大学出版社，2000年。
② 孙庆伟：《〈左传〉所见用玉事例研究》，北京大学中国考古学研究中心、北京大学震旦古代文明研究中心编：《古代文明》第1卷，北京：文物出版社，2002年，第310—370页。

是一种相书。①

　　玉是先秦两汉时期世俗和礼仪生活中不可或缺之物,当时相玉之术自然十分发达,所以也出现了相玉的专书——《相玉书》。《相玉书》不见载于《汉书·艺文志》,但郑玄注《周礼》时引用了该书内容,所以它的成书年代不会晚于东汉。② 因《相玉书》已经散佚,所以作者退而求其次,拟从《说文解字·玉部》所载的相关内容来考察先秦两汉时期的相玉情况。之所以选择《说文》,是因为相比其他文献而言,作为字书的《说文》具有更强的系统性和更高的客观性。许慎在《说文解字》自叙中对该书的编撰宗旨有明白的交代:"盖文字者,经艺之本,王政之始,前人所以垂后,后人所以识古,故曰本立而道生,知天下之至赜而不可乱也。今叙篆文,合以古籀,博采通人,至于小大,信而有证,稽撰其说,将以理群类,解谬误,晓学说,达神恉,分别部居,不相杂厕也。"《说文》为历代学者所重视,清代王鸣盛甚至认为"《说文》为天下第一种书,读遍天下书,不读《说文》,犹不读也"(《说文解字正义》序),此说未免极端,但客观来讲,《说文》可以作为我们了解先秦两汉时期人们古玉知识的重要资料。为了避免陷入单纯的考据,本文有关《说文》的征引以清代研究《说文》成就最大的两种著作——段玉裁《说文解字注》(上海书店1992年,以下简称段注)和桂馥《说文解字义证》(中华书局1987年,以下简称义证)为主。③

　　《说文》玉部共收字124个,首字即是"玉"字,《说文》释之曰:

　　　　石之美有五德者。润泽以温,仁之方也;䚡理自外可以知中,

----

①　谢成侠:《关于长沙马王堆汉墓帛书相马经的探讨》,《文物》1977年第8期,第23—26页。

②　《周礼·考工记·玉人》:"大圭长三尺,杼上,终葵首,天子服之。"郑玄注引《相玉书》云:"珽玉六寸,明自灺。"

③　段玉裁、桂馥、王筠和朱骏声素称清代的"说文四大家",其中段、桂两氏成就尤为显著,如张之洞叙《说文解字义证》说:"国朝经师类皆覃精小学,其校释辩证说文之书最显者十余家而以段注本为甲,习闻诸老师言段书外惟曲阜桂氏义证为可与抗颜行者。"

义之方也;其声舒扬专以远闻,智之方也;不挠不折,勇之方也;锐廉而不忮,洁之方也。象三玉之连,丨其贯也。凡玉之属皆从玉。

《说文》的释义可以看作是先秦两汉时人对"玉"的权威解释,由此揭示出玉在当时是被视为具有"五德"之美石这一事实,也就是说,"五德"是区分玉、石的标准,有之为"玉",无之则为"石",但归根结底,"玉"只是"石"之一种。

《说文》释"玉"所提及的"五德",如果抛开其中所附会的儒家观念不论,它其实反映的是玉石的物理特征:"润泽以温"形容玉之润泽有光;"䚡理自外可以知中"形容玉之整体细腻;"其声舒扬专以远闻"形容玉之清脆坚硬;"不挠不折"形容玉之韧性;"锐廉而不忮"形容玉之无柳无裂。① 也就是说,在先秦两汉时期,相玉是从玉石的色泽、质感、致密度、硬度和韧性等方面来着手的。

段玉裁在《说文》玉部注之后著有一段按语,对"玉"字以下的123个字进行了归纳条理,他说:

> 自璙已下皆玉名也;瓉者,用玉之等级也;瑛,玉光也;璻已下五文记玉之恶与美也;璧至瑞皆言玉之成瑞器者也;璥、珩、玦、珥至瓃皆以玉为饰也;玼至瑕皆言玉色也;琢、琱、理三文言治玉也;珍、玩二文言爱玉也;玲已下六文玉声也;璐至玖石之次玉者也;珷至瑎石之似玉者也;琨、珉、瑶,石之美者也;玓至珊皆珠类也;琀璧二文,送死玉也;璗,异类而同玉色者;灵,谓能用玉之巫也。通乎《说文》之条理次第,斯可以治小学。

为了更加直观地表示段玉裁的论述,同时结合作者自身的理解,现将《说文》玉部条理用下表加以阐述(表1)。

---

① 栾秉璈等:《虢国墓出土玉器玉质的初步鉴定》,《三门峡虢国墓》,第574页。

表1

石					
玉——有"五德"之石			石——无"五德"之石		
第一等	第二等	第三等	第四等	第五等	第六等
美玉	玉	恶玉	石之次玉	石之似玉	美石
璠、瑾、瑜、璇、球、琳	璙、瓘、璥、琠、瑷、玒、瑓、琼、珣、瑐、珦、璐	珷、玏(玉)	瑀、玤、玲、璑、琚、璓、玖	珇、珢、瑰、璅、玪、瑨、璁、瓏、壆、瑼、玽、瑁、瑌、瑂、珛、璒、玘、玗、玫、㻬	碧、琨、珉、瑶

如上表所示，《说文》玉部已经著录了从美玉到美石等六个不同等级的多种玉石，这也就是说至少在许慎的时代，玉石的鉴定者已经建立了一套包含有六个等级的鉴定标准，但因为《说文》释字过于简单，多数情况下只是说明了某字的分类而没有解释分类的具体标准，所以要重新复原这套"相玉"标准无疑是不现实的。但另一方面，由于《说文》玉部对属于"美玉"和"恶玉"的若干种玉石有相对清楚的描述，因此，就有可能通过比较这些美玉之"美"和恶玉之"恶"来归纳出当时相玉的若干标准。

现将相关内容罗列如表2。

表2

类别	字	说文释义	相关记载	玉质特征
美玉	璠	鲁之宝玉。孔子曰："美哉璠与，远而望之奂若也，近而视之瑟若也，一则理胜，二则孚胜。"	义证：徐锴曰"奂，文也；瑟，言瑟瑟然文细也。理谓文理也；孚音符，谓玉之光采也"。	1.质地致密； 2.纹理均匀； 3.色泽好。

续 表

类别	字	说文释义	相关记载	玉质特征
美玉	瑾	瑾瑜,美玉也。	《山海经·西山经》:"瑾瑜之玉为良,坚栗精密,浊泽有而光。五色发作,以和柔刚。"	1.质地致密; 2.色泽好; 3.质感温润。
	瑜	瑾瑜也。	同上。	同上。
	璇	美玉也。春秋传曰"璇弁玉缨"。	《尚书·尧典》:"在璇玑玉衡,以齐七政。"	不明。
	球	玉也。	《尚书·禹贡》:"厥贡惟球琳琅玕",《尚书·顾命》:"大玉、夷玉、天球,在东序。"郑玄注:"天球,雍州所贡之玉色如天者。"	玉色如天。
	琳	美玉也。	义证:《上林赋》"玫瑰碧琳",《西都赋》"琳珉青荧",馥谓琳色青碧者也。	玉色青碧。
恶玉	瑐	三采玉也。	义证:《山海经》"会稽之山下多砆石"郭注:"碱砆,石似玉,今长沙临湘县出之,赤地白文,色葱茏不分了也。"	玉色斑驳不纯。
	玷(王)	朽玉也,从王有点读若畜牧之畜。	段注:朽玉者,谓玉有瑕玷,故从玉加点以象形。	玉有瑕疵。

根据表2的对比,可以知道在先秦两汉时期美玉所应具备的基本特征当包括质地致密、光泽度高、质感温润、无(少)瑕疵等数端;相应的,玉色斑驳不纯(必然导致光泽较低)和带有瑕疵者则被视为恶玉,尤其是玉之瑕疵,古人深以为玉之伤,但又明白这是无可奈何之事,因为即便"夫夏后氏之璜不能无考"(《淮南子·氾论训》)。应该说,由《说文》玉部相关内容所抽绎出来的上述相玉标准和考古所见的玉石

制品情况是基本吻合的,在考古资料中,大凡高等级墓葬不仅随葬玉器多,而且也包含有更多的制作精致、少瑕疵、光泽好的玉器,而低等级墓葬则常见玻璃、冻石、滑石等替代品,这大概就是《周礼·考工记·玉人》所谓"天子用全,上公用龙,侯用瓒,伯用埒"用玉等级的历史基础。

如果说人们偏爱光泽度高、结构致密、纹理均匀的玉石是天性使然,那么对于玉石具体呈色的好恶则有可能因时代、地域乃至于个人喜好而各不相同。从《说文》玉部来看,在先秦两汉时期呈色青碧的玉石尤其受到当时人们的喜爱,如"美玉"中的"琳"和"美石"类中的"碧"均属此类,而在这一时期的出土资料中,青白玉也确实是很常见的。

在先秦两汉时期,相玉的手段主要有两种:一是目测,二是耳听。玉石的光泽、质感、纹理结构和瑕疵的有无都是可以通过肉眼观察到的,而玉石因质地和纹理结构的不同,在敲击时必然会发出不同的声音,故"玉德必征于声,于古尤然",①所以《说文》也将"其声舒扬专以远闻"视为"五德"之一,玉部所收录表示玉声的单字也多达六个。由于近代地质学和矿物学知识要晚在清代咸丰年间才由西方传教士带入中国,②所以这种仅凭目测、耳听的相玉传统在古代中国一直流行,章鸿钊先生曾引两例:③《墨庄漫录》李淳风论辨真玉云,其色温润,常如肥物所染,敲之其声清引,若金磬之余响,绝而复起,残声远沉,徐徐方

---

① 章鸿钊:《石雅·宝石说》,第116页。
② 1790—1830年这段时间被人们称为西方"地质学的英雄时代",在矿物学、岩石学、地层学、地史学、古生物学和地貌学等方面为现代地质学的形成和发展奠定了基础,而在中国,咸丰三年至四年(1853—1854)出版的英国传教士慕维廉用中文撰写的《地理全志》一书是最早向中国人介绍有关地质学知识的书籍,而洋务运动中华衡芳所翻译的《金石识别》和《地学浅释》则是中国学者所译介的两种最早的地质学著作。清代几种重要的矿物岩石著作如《怪石赞》《观石录》《端溪砚石考》和《怪石录》等基本上还是停留在对岩石的物理特征的简单描述,和《说文》玉部中对于玉石的有关描述并没有本质的区别。可参看唐锡仁、杨文衡主编:《中国科学技术史·地学卷》之清代部分。
③ 章鸿钊:《石雅·宝石说》,第116页。

尽,此真玉也。又《拾遗记》云,石崇爱婢翔风妙别玉声,悉知其处,言西北方玉声沉重,而性温润;东南方玉声轻洁,而性清凉。即使晚在清代,这种依靠目测、耳听的相玉手段也未改变,兹录清代高兆《观石录》中的记载两则加以佐证:"陈越山,二十余枚,美玉莫竞,贵则荆山之璞,蓝田之种;洁则梁园之雪,雁荡之云;温柔则飞燕之肤,玉环之体,入手使人心荡。"又曰:"林道仪,甘黄无暇者数枚,或妍如萱草,或茜比春柑,白者皆濯濯冰雪,澄澈入心腑。"①诸如此类的描述固然生动,但对于旁人理解相玉的标准则根本无益。

由于缺乏客观、量化的标准,所以古人相玉大抵依赖相玉者的个人经验,这在文献记载屡见证据,兹举数例:

《左传》襄公十五年:"宋人或得玉,献诸子罕。子罕弗受,献玉者曰:'以示玉人,玉人以为宝也,故敢献之。'"

《吕氏春秋·疑似篇》:"使人大迷惑者,必物之相似也。玉人之所患,患石之似玉者。"

《淮南子·氾论篇》:"玉工眩玉之似碧卢者,唯猗顿不失其情。"

《尸子·治天下篇》:"智之道,莫如因贤。譬如犹相马而借伯乐也,相玉而借猗顿也,亦必不过也。"

玉人相玉,是其职责之所在,所以他们的意见当然具有权威性;而至战国时代,珠玉生意已经是可赢利百倍的大买卖,②对于猗顿这样的珠宝商人,相玉的经验也成为其必备的专业素质,这可能也就是《相玉书》这类相玉专书成书的社会背景。

既然相玉纯粹依靠相玉者的个人经验,那么不可避免地会产生某些"冤假错案",其中以和氏璧的故事最为耳熟能详了。

《韩非子·和氏》:"楚人和氏得玉璞楚山中,奉而献之厉王,厉王使玉人相之,玉人曰:'石也。'王以和为诳,而刖其左足。及厉王薨,武

---

① 唐锡仁、杨文衡主编:《中国科学技术史·地学卷》,第475页。
② 《战国策·秦策五》濮阳人吕不韦贾于邯郸章:"珠玉之赢几倍?曰,百倍。"

王即位,和又奉其璞而献之武王,武王使玉人相之,又曰:'石也。'王又以和为诳,而刖其右足。武王薨,文王即位,和乃抱其璞而哭于楚山之下,三日三夜,泣尽而继之以血。王闻之,使人问其故,曰:'天下之刖者多矣,子奚哭之悲也?'和曰:'吾非悲刖也,悲夫宝玉而题之以石,贞士而名之以诳,此吾所以悲也。'王乃使玉人理其璞而得宝焉,遂命曰和氏之璧。"

以史为鉴,诸如玉人这样的专业人士尚且屡屡失察,指玉为石,那么,对于缺乏专业训练的考古工作者而言,当面对古代墓葬出土的玉石器时,就更应该慎言"真玉"和"假玉"。而对于那些经过矿物学家鉴定的玉石器,也需持一种谨慎之态度,因为即便就总体而言,透闪石软玉在中国古代确实是被看作"玉"的,但具体到某一件色泽斑驳的透闪石玉器,并不能排除因某位玉人"走眼"而在当时将其定为"石之似玉"或"石之次玉"者,[1]反之,某种色泽光亮、质地纯正的"石之似玉""石之次玉"甚至"美石",也可能被"鱼目混珠"而当成了"玉"或"美玉"。所以,要真正了解先秦两汉时期"玉"的内涵,尚需要矿物学家对出土资料进行大量的检测和研究才有可能逐渐达到,而把这一时期的"玉"等同于"透闪石软玉"只能说是权宜之计。

(本文原载《周原》第 1 辑,西安:三秦出版社,2013 年)

---

[1] 即使在诸如虢国墓地 M2001 这样的国君级墓葬中也有不少"斑杂状、角砾状乃至初看似玉的软玉制品",参见栾秉璈等:《虢国墓出土玉器玉质的初步鉴定》,《三门峡虢国墓》,第 574—581 页。

释"珏"——兼论商周时期玉器的计量单位

在甲骨、金文及其他传世文献中,"珏"被经常用于表示玉器的数量,而关于"珏"的含义,有两种不同的看法:《说文·玉部》释珏曰"二玉相合为一珏",又其重文作"瑴"。段玉裁注引《淮南子》:"元玉百工"云"二玉为一工,工与珏双声,百工即百珏也。不言从二玉者,义在于形,形见于义也"①。则许、段两氏均以珏为二玉。事实上,韦昭、杜预也从《说文》之义。《国语·鲁语上》:"行玉二十瑴,乃免卫侯。"韦昭注曰"双玉曰瑴。"②又《左传·庄公十八年》:"虢公、晋侯朝王,王飨醴,命之宥,皆赐玉五瑴,马三匹。非礼也。"杜预注云"双玉为瑴。"③又唐陆德明《经典释文》释"瑴"为:"音角,双玉为瑴,字又作珏。"④从以上所引文献来看,释"珏"为"两玉"当无疑义。但王国维在《观堂集林·释珏朋》一文中认为:"殷时,玉与贝皆货币也……而有物焉以系之,所系之贝玉,于玉则谓之珏,于贝则谓之朋,而两者于古实为一字。"

---

① (清)段玉裁:《说文解字注》,上海:上海书店,1992年,第19页。
② 《国语》,上海:上海古籍出版社,1988年,第163页。
③ (晋)杜预:《春秋经传集解》,上海:上海古籍出版社,1988年,第170页。
④ (唐)陆德明:《经典释文》卷十五,北京:中华书局,1983年,第228页。

王氏又云:"古制贝玉皆五枚为一系,合二系为一珏。"①按王氏之说,则古时玉一珏当有玉十枚,而非《说文》所言的"两玉相合为一珏"。和王国维相似,郭沫若也以珏朋为玉贝之单位,但他指出,在贝玉成为货币之前,其初皆为颈饰,其数可多可少,故云"谓双玉为珏可,谓三玉为珏亦可。谓五贝为朋可,谓二贝为朋亦可"。② 珏字在商周时期是否用作玉的计量单位,我们还可以从商代甲骨文、周代金文以及其他文献中有关用玉事例的记载中加以讨论。尤其是在一些赏赐铭文中,玉作为一种常用的赏赐物,而被较多地记录下来。

据黄然伟的研究,商周时期经常被用于赏赐的器物有如下几类:祭酒、服饰、车马、车马饰、旗帜、贝、金玉、土地、臣仆、彝器、兵器以及动物等。而这些赐物又各有其特定的计量单位,如酒以卣,丝、矢以束,贝以朋,金以钧,地以田,臣仆以夫、人、家等,而黄氏也以珏为玉的计量单位。③ 黄说正确与否,我们可以通过对一些甲骨、金文材料的具体分析来判断。

  a.《合集》30997:其鼎用三玉犬羊。
  b.《合集》34149:癸酉贞,帝五玉臣其三百四十牢。
  c.《屯》930:贞其宁秋于帝五玉臣其日告。
  d.《合集》826:辛酉卜𣪊贞呼师般取珏……屯。
  e.《合集》1052 正:丁……卜……贞于二珏又五人卯十牛。
  f.《合集》32487:丙辰卜刚于珏大甲师。

在上引甲骨刻辞中,玉均被用于商人的祭祀中,其字形为"丰"或两"丰"并列状。一般认为,凡写作"丰"形者,可释之为"玉",而字形为两"丰"者,则通常释为"珏"。王国维将两者均释作"珏",似欠妥当。

---

① 王国维:《观堂集林》卷三艺林上,北京:中华书局,1959 年,第 160—163 页。
② 郭沫若:《甲骨文字研究·释朋》,北京:人民出版社,1952 年,第 52—56 页。
③ 黄然伟:《殷周青铜器赏赐铭文研究》,《殷周史料论集》,香港:三联书店有限公司,1995 年,第 196—200 页。

因为据我们的观察,在《殷墟甲骨刻辞类纂》所著录的诸多有关用玉事例的卜辞中,凡在"玉"字前的数词均为单数,上引a,b,c条刻辞均是。① 同时,我们还注意到,在"珏"前也可用数词加以修饰,如上引的e条卜辞。鉴于这种情况,我们可以断定"珏"字当理解为"两玉",或如《说文》所言的"二玉相合"之义,而非王国维所说的"珏"为"两系之玉",否则,目前我们所见卜辞中商人就只用单数,而决不用双数玉币来祭祀其祖先。按,即使以王国维所推测的一珏为十玉,也只有在"珏""二珏"等逢十数时方为双数,但《类纂》所录刻辞明确言及用玉数量时,其数均不过十,何以双数之玉数量如此之大,且均为十之倍数?可见将"珏"理解为"两系之玉",并以其数为十,显然是不合理的。而我们将"珏"释为"两玉",则可以合理地解决这个矛盾,即甲骨刻辞中双数玉器是通过"珏"的倍数来表示的,如d,f条卜辞单言"珏"时,实言用"二玉";而e条卜辞中的"二珏",则无疑可理解为"四玉"。因此,我们认为王国维、郭沫若以"珏"为玉的计量单位,并认为"珏""朋"相通,且王氏以十玉为一珏,郭氏以为珏朋无定数的解释都是欠妥的。其实,在甲骨文中"珏"只是两玉的特称,可以通过珏的倍数来表示双数玉器,但并非普遍意义上的计量单位。商代玉器没有特定的计量单位,通常只是在玉字前直接饰以数词,形成"三玉""五玉"一类形式。事实上,"珏"字的这种会意方式,在甲骨文中很常见,如两人并列为"并",两人相靠之形为"北"或"背","珏"之含义,正如段玉裁所说的"不言从二玉者,义在于形,形见于义也"。另外需说明的是,在甲骨文中,有在"玉"字前不加任何数词的现象,如《合集》4720:庚子卜,争贞,令员取玉于仑。又《合集》6016正:戊戌卜,争贞,王归奏玉其伐。在这一类卜辞中,"玉"字当理解为玉料或玉器的总称,故其前不用数词修饰。

上述卜辞只是笼统地贞问在某次祭祀中用玉多少,而并未具体说明所用玉器的器类。事实上,当时所用的祭玉种类很多,如近年发掘的

---

① 姚孝遂主编:《殷墟甲骨刻辞类纂》,北京:中华书局,1989年,第1261—1262页。

郑州小双桥商代祭祀遗址中,即出土有磬、圭等玉石器;①而广汉三星堆二号祭祀坑出土的玉器则有圭、璋、璧、斧等,表明它们在商代均可用作祭玉。② 故上述刻辞中提到的祭玉也当涉及不同的器类,但在用作祭玉时,强调的是玉这种祭物,故只统称为玉而不必关注其形制,计数时也不用量词。同时,也有材料证明商人在计量用作和并非用作祭玉的具体器物时,同样不用量词。如殷墟刘家庄十余座商墓扰土中出土的玉器上有朱书文字,据王辉先生考证,这些文字记载了商人以玉圭(璋)祭祀其祖先,而其格式都是在器名后加上"一";③但妇好墓出土的一件大玉戈(标本580)上有刻铭"卢方皆入戈五"。④ 据陈志达先生,该墓另有四件玉戈和这件刻铭玉戈在"形制与玉料都比较接近",推测同是卢方所贡,⑤那么,这五件玉戈当即是卢方所纳的"戈五",不作祭玉之用,此处也不用量词。

西周时期由于玉被经常用作赐物,因此在相关的铭文中保留了不少赐玉的记录,也为我们理解"珏"的含义和这一时期玉的计量单位提供了重要的材料。兹举以下数例:

  a.《师遽彝》:王乎宰利锡师遽瑂圭一,瑗璋。

  b.《师询簋》:易汝秬鬯一卣,圭瓒。

  c.《毛公鼎》:易汝秬鬯一卣,矞圭瓒宝。

  d.《寰盘》:雕戈五。

  e.《小臣宅簋》:易臣宅画毌戈九。(按,笔者已另有文证明此

---

① 裴明相:《论郑州市小双桥商代前期祭祀遗址》,《中原文物》1996年第2期,第4—8页。

② 陈德安:《试论三星堆玉璋的种类、渊源及其宗教意义》,香港中文大学中国考古艺术研究中心编:《南中国及邻近地区古文化研究——庆祝郑德坤教授从事学术活动六十周年论文集》,香港:香港中文大学出版社,1994年,第87—91页。

③ 王辉:《殷墟玉璋朱书文字蠡测》,《文博》1996年第5期,第3—13页。

④ 中国社会科学院考古研究所:《殷墟妇好墓》,北京:文物出版社,1980年,第130页。

⑤ 陈志达:《商代的玉石文字》,《华夏考古》1991年第2期,第65—69页。

处的"雕戈"和"画中戈"当为玉戈。①)

　　f.《噩侯鼎》:玉五玨,马四匹,矢五束。

通过对上述铭文的观察,我们可以发现,西周时期对玉器的计量方式有以下三种:1.在相关玉器名称的前后均不用数量词,如 a,b,c 条铭文;2.在玉器器名后缀以数词,如 a,d,e 所述;3.如 f 条铭文所示,在"玉"与"玨"间联以一个数词。关于第一种情况,我们认为应该理解为仅指一件玉器,而铭文中省略了数字"一";而上述的第二种情况,目前所见者都是在器名后跟一个单数数词,这和上文提到的妇好墓标本 580 玉戈上的朱书文字的格式是一致的;同样,上述所引第 f 条材料告诉我们,西周金文中的双数玉器也是通过"玨"的倍数来表示的。我们对西周相关金文的研究,进一步表明商、西周时期"玨"字表示"两玉",而不是王国维所说的"二系"之玉,更非如其所言一玨当有十玉。同时,我们还注意到,无论是甲骨文还是金文,"玨"只能和"玉"相连,而不见其和具体器名相连。如我们未见"圭二玨"或"璧二玨"一类的现象,由此也可证玨只是"两玉"的泛称,而不是可以广泛使用的玉器计量单位。

　　进入东周,"玨"除了其原有的表示"两玉"的意思外,又有了新的特殊含义。关于这一点,我们可以结合考古实物和《左传》中的有关记载来探讨。据我们统计,《左传》言及用玉事例计三十余次,②而"玨"字凡三见,兹列举如下:

　　a.庄公十八年:虢公、晋侯朝王,王飨醴,命之宥,皆赐玉五玨,马三匹,非礼也。③

---

① 孙庆伟:《西周墓葬出土玉器研究——兼论西周葬玉制度》,北京大学考古系硕士论文,未刊。

② 孙庆伟:《〈左传〉所见用玉事例研究》,北京大学中国考古学研究中心、北京大学震旦古代文明研究中心编:《古代文明》第 1 卷,北京:文物出版社,2002 年,第 310—370 页。

③ 杨伯峻编著:《春秋左传注》,北京:中华书局,1990 年,第 207 页。

b. 僖公三十年：公为之请，纳玉于王与晋侯，皆十珏，王许之。①

　　c. 襄公十八年：晋侯伐齐，将济河，献子以朱丝系玉二珏，而祷曰……沈玉而济。②

《左传》中所见的其他有关用玉的记载，一般不用量词，这一类材料我们也当将之理解为仅指一件玉器，或是玉的总称。如僖公六年："许男面缚，衔璧"③去见楚成王，以示其必死之意。按许男所衔之璧，当只能是一件，而不可能也不必是更多；又如成公三年："齐侯朝于晋，将授玉。"④则此处无疑是玉币的泛称。而有明确量词者，我们可列举以下数条：

　　d. 襄公三十年：驷带……与子上盟，用两圭质于河。⑤

　　e. 昭公三十二年：十二月，公疾……赐子家子双琥、一环、一璧、轻服，受之。⑥

将a、b、e三条材料相互对比，我们更可以肯定"珏"为"两玉"，而非十玉。如果遵从王国维的说法，则同为赐玉、贿玉，数量相差过于悬殊，而鲁昭公仅赐子家子四玉，子家子尚不敢受，遑论"五珏""十珏"（如以一珏为十玉）？且a条材料中五珏之玉与其后的"马三匹"之数也相去太远（也以一珏为十玉）。同样，c、d两条材料均记以玉祭河之事，如以一珏为十玉解，两者所用之玉相去如此之多，实在出于情理之外。况且，如按王氏所言，珏为"以物焉系之"之玉，既如此，则晋军济河沉玉时，献子又何必再用朱丝系之？综上所论，我们首先可以肯定，春秋时期

---

① 杨伯峻编著：《春秋左传注》，第478页。
② 同上书，第1036—1037页。
③ 同上书，第314页。
④ 同上书，第815页。
⑤ 同上书，第1177页。
⑥ 同上书，第1519页。

"玨"仍作"两玉"解,且 c 条材料暗示我们,春秋时期一玨之玉,还有其特定的含义。关于这一点,可再引《左传》中的相关材料来进行研究。

  f. 昭公十六年:宣子有环,其一在郑商。宣子谒之于郑伯,子产弗与。①

  王国维在《说环玦》一文中曾引该条材料并指出:"余读春秋左传'宣子有环,其一在郑商。'知环非一玉所成。岁在己未,见上虞罗氏所藏古玉一,共三片,每片上侈下敛,合三而成规。片之两边各有一孔,古盖以物系之,余谓此即古之环也。"②罗振玉所藏的这种玉环在考古实物中也有发现,如殷墟妇好墓出有一件玉环,即是由三件"上侈下敛"的玉璜组成。③而据台湾玉器鉴定家吴棠海先生的研究,这种玉环是通过成形对开法制成的,即先制作一件弧度为120度的较厚玉璜,然后将这件玉璜对开为三件较薄的璜,最后将其拼成一件造型规整的玉环。④但事实上,正如吴棠海先生的研究,这种成形对开法并不局限于制作三联环,而是广泛用于商周时期的片状玉器,尤以东周时期最为流行。在采用成形对开法制作成对玉器时,一般是先在玉料的一面定线打稿,再琢磨成形,然后将其切割成两件造型相同的玉器,以便省工省料。在《认识古玉》一书中,吴棠海先生列举了多件用成形对开法制作的玉器标本,最为难得的是其所藏的一件战国早期的龙形玉佩,在成形后的对开过程中,由于切割偏差过大而中缀,⑤使得切割痕迹完整地保存下来,为"成形对开"法提供了有力的佐证。同时,考古出土的东周

---

① 杨伯峻编著:《春秋左传注》,第 1378 页。
② 王国维:《观堂集林》,第 160 页。
③ 中国社会科学院考古研究所:《殷墟妇好墓》,北京:文物出版社,1980 年,图版九六:2。
④ a. 吴凡:《从殷墟妇好墓玉器探讨商代玉器的制作与风格》,《"故宫"文物月刊》(台北)总第 148 期,第 70—89 页;b. 吴棠海:《认识古玉——古代玉器制作与形制》,台北:台湾中华自然文化学会,1994 年,第 140—145 页。
⑤ 同上 b,第 144 页。

图 1-1　黄君孟墓人头形玉环对开示意图

（此两件玉环上仍保留有对开切割的痕迹,据吴棠海《春秋玉器概论》）

玉器中也多见用这种方法制作的成对器物,如春秋早期黄君孟墓所出的多件Ⅲ式玉虎,器体尺寸及所饰纹饰相同,且均为一面有纹,表明它们当是先成形而后切割而成的,此外,该墓出土的两件玉鱼(G1:B2-3)和两件人首形玉饰(图 1-1)(G1:B8-9)也当属同类情况。① 相关的材料我们还可以列举以下这些:淅川下寺楚墓出土的两件春秋晚期的玉虎(图 1-2);②河南叶县旧县一号墓出土的战国早期的两件玉璜;③曾侯乙墓的两件玉龙;④战国晚期的望山一号墓所出的两件璜⑤和二号墓出土的两件玉龙。⑥ 根据吴棠海先生的研究,在这一时期除了

---

① 河南信阳地区文管会、光山县文管会:《春秋早期黄君孟夫妇墓发掘报告》,《考古》1984 年第 4 期,第 302—332 页。

② 贾峨主编:《中国玉器全集》春秋战国卷,石家庄:河北美术出版社,1993 年,第 39 页,图版 63。

③ 同上书,第 100 页,图版 156。

④ 同上书,第 108 页,图版 169。

⑤ 同上书,第 165 页,图版 258。

⑥ 同上书,第 166 页,图版 260。

图1-2 淅川下寺楚墓虎形璜对开示意图

(此两件虎形璜由一璧形器对开而成,据吴棠海《春秋玉器概论》)

成形对开法外,还流行"对开成形"法,即先切割玉料,然后再分别琢磨成形。用这种方法制作的玉器,尽管在玉料和器形上都非常接近,但将其重叠时,两者并不能像"成形对开"的玉器那样完全吻合。但上述两种情况均表明,"成形对开"和"对开成形"法在春秋、战国时期的流行,使得这一时期的玉器经常是成双成对地出现的。我们认为,在东周时期,"珏"字除了其固有的,泛指"两玉"外,更可能是用来表示由上述两种方法制成的,在器形和玉料上均相同或非常接近的一对玉器,而这样的两件玉器,在当时人看来是不可分离的。因此,在上引 f 条材料中,韩宣子的玉环,既可能是那种由成形对开后的玉璜所组成者,更可能是指这种成形对开而成的一对玉环,故失其一于郑后,宣子索之于郑伯,由此可见时人对这种"珏"玉的重视。

春秋晚期铜器洹子孟姜壶铭曰："……齐侯拜嘉命,于上天子用璧司,玉备一嗣,于大巫嗣誓于大司命用璧,两壶八鼎。于南宫子用璧二备,玉二嗣,鼓钟一肆。"①王国维释"备"曰"假为珏",而郭沫若从吴大澂之说,释"备"为"宴"。按此二说均可商榷,《说文》释"备"曰"慎也",但段玉裁训为"具",并注云:"……备训具,是知其古训慎者,今义行而古义废矣。"②段氏训"备"为"具"甚是。《方言》卷十三曰:"备、该,咸也。"清钱绎笺疏引《史记》《礼记》《广雅》《释名》诸书认为"备""福""富"古声义并同,均有"具"之义。③ 按段、钱两氏,则铭文中的"璧二备"当理解为"具璧二","备"在此处并非用作量词,王国维以其为珏之假借,也误。而该篇铭文和上文所引《左传》中的记载都证明春秋时期玉器无量词。秦汉以后,于玉也不用量词。关于这一点,也可以考古资料来加以说明,如马王堆一号汉墓出土的简二九三书曰"木白璧生璧一笥",而该墓出土的351号竹笥中即装有二十三件木璧,两者可相印证,这些木璧,均为仿玉璧而制的明器,但显然,我们不会将此处的笥看成是璧的量词。④

综上所论,商周时期在对玉进行计量时,直接在玉器器名前后加上数词,而不用量词。甲骨、金文及传世文献中"珏"为"两玉"的特称,而不是专用于玉的量词。在这一时期,当所表示的玉器数量为单数时,只能用数词表示,而所言之数为双数时,方可以珏之倍数来表示,但此时,珏也局限于和"玉"字相连,而不能直接用于玉器器名的前后。

(本文原载《中原文物》2000年第1期)

---

① 郭沫若:《两周金文辞大系考释》,东京:文求堂书店,昭和十年(1935),第212—214页。
② 段玉裁:《说文解字注》,第371页。
③ (清)钱绎:《方言笺疏》,北京:中华书局,1991年,第431页。
④ 湖南省博物馆、中国科学院考古研究所:《马王堆一号汉墓》,北京:文物出版社,1973年,第119—120页。

两周"佩玉"考

本节所讨论的"佩玉",是古文献中的一个专有名词,它和平常意义的"所佩之玉"有所区别。

《周礼·天官·玉府》:"共王之服玉,佩玉,珠玉。"郑玄注引《诗传》曰:"佩玉,上有葱衡,下有双璜冲牙,蚌珠以纳其间。"①

又《毛诗·郑风·女曰鸡鸣》:"知子之来之,杂佩以赠之。"传曰:"杂佩者,珩璜琚瑀冲牙之类。"②此处的杂佩,也即本文中的"佩玉"。

综上,周代所谓的佩玉,或称杂佩者,并非泛指单一的玉组佩,而是由诸多特定玉件联缀而成的组佩饰,这些佩件包括珩、璜、琚、瑀、冲、牙、蚌珠等,故《释名·释衣服》云:"佩,倍也,言其非一物,有倍贰也。"③《左传·哀公十三年》更云:"佩玉繠兮,余无所系之。"④所谓"繠",即重叠之貌,可知佩玉确非一物。

自汉代以来,历代经注家对周代佩玉之制已有详尽考析,但他们多倚重于文献,故所论不免失之空泛。而近年考古发

---

① (唐)贾公彦:《周礼注疏》,十三经注疏本,北京:中华书局,1987年,第678页。
② (唐)孔颖达:《毛诗正义》,十三经注疏本,北京:中华书局,1987年,第340—341页。
③ (清)王先谦:《释名疏证补》影印本,上海:上海古籍出版社,1984年,第251页。
④ 杨伯峻编著:《春秋左传注》,北京:中华书局,1990年,第1531页。

掘中,周代玉器屡见出土,尤其是在上村岭虢国墓地、曲村晋侯墓地中,均出有结构完整的组玉佩,为我们研究周代佩玉提供了实物资料。本节即欲通过考古实物和文献材料的结合,对两周佩玉略作探讨。

珩与璜

珩、璜均为佩玉中最主要的构件,但因其形制相似,古今学者常将它们混为一谈,因此,只有先在形制上对珩、璜加以区分,才可能正确理解周代的佩玉结构。

先释珩,《国语·楚语》"楚之白珩犹在乎?"韦昭注曰:"珩,佩上之横者。"①清末学者俞樾根据《国语》及宋代聂崇义的《三礼图》,认为珩为佩玉中条状的横梁。②聂氏《三礼图》多出臆测,俞樾不加区别地套用,也误。

其实韦昭对珩的形制有准确的描述,《国语·晋语》注云:"珩,形似磬而小。"可知,珩的外形绝不作长条状。故孙诒让认为:"衡(即珩)上隆而下窐,与横磬略相同,固非正平也。"③

对于珩的认识,我们不能忽略它的佩挂方式,即所谓的"隆上而窐下"。换言之,在佩玉中,必须把珩的凸面朝上,而凹面向下,作⌒状,这是珩与璜的根本区别。

既然珩是用在佩玉中和其他玉件相联缀的,则珩上必定有穿孔以供穿绳连结。孔颖达在《礼记正义》卷三十中云:"凡佩玉必上系于衡(按,即珩),下垂三道,穿以玭珠,下端前后以悬于璜,中央下端悬以冲牙,动则冲牙前后触璜而为声。"④按孔氏之说,珩上当有三个穿孔,分

---

① 《国语·楚语》,上海:上海古籍出版社,1988 年,第 580 页。
② (清)俞樾:《玉佩考》,见《说玉》,上海:上海科技教育出版社,1993 年,第 583—587 页。
③ 《国语·晋语》,第 312 页。
④ (唐)孔颖达:《礼记正义》,十三经注疏本,北京:中华书局,1987 年,第 1482 页。

别和两璜一冲牙相连。从考古实物来看,相当多的玉珩上确有三个穿孔,分别居于两端及器身中部,但同时也见只有中部一穿者,且为数不少。珩上穿孔数量的多少,直接影响佩玉的结构,详见下文。

和珩相比,古今学者对于璜的认识较为一致。《说文》中璜为半璧之说不仅被古代学者认同,同时亦被考古实物所证实。从出土材料来看,新石器时代红山、良渚等文化中的玉璜,其造型更接近于半璧状,而到了商周时期,玉璜的弧度一般略小于半圆。但不论红山、良渚,抑或是商周时期的玉璜,器身上一般只有两个穿孔,出土时多位于人体的胸部,且绝大部分是凹面朝上,而凸面向下,和玉珩的"隆上而窐下"正相反。

因为珩、璜都是半环状器,而且玉器出土时,原来的摆放位置多有扰动,因此考古学者通常忽视了珩、璜两者的区别,凡出土的半环状器,几乎都被称为璜,报告及有关图录中珩、璜的摆放则更是随意。这种将珩璜混为一谈的做法,影响了对两周佩玉的准确理解。

冲与牙

古代学者对于"冲牙"的理解,有着截然不同的两种意见。

其一,以孔颖达、贾公彦为代表的唐代注疏家及后世的绝大部分学者均认为"冲牙"为一物。《礼记·玉藻》:"佩玉有冲牙。"郑玄注:"居中央以前后触也。"孔颖达正义云:"中央下端悬以冲牙,动则冲牙前后触璜而为声。所触之玉,其形似牙,故曰冲牙。"①《周礼》贾公彦疏类似。孔贾两氏均认为"冲牙"形状如牙,故得名。

其二,晋皇侃《礼记义疏》云:"冲居中央,牙是外畔两边之璜。"②

---

① (唐)孔颖达:《礼记正义》,十三经注疏本,北京:中华书局,1987年,第1482页。
② (清)孙诒让:《周礼正义》,北京:中华书局,1987年,第452页。

北周卢辩注《大戴礼》也云:"冲在中、牙在傍。"①依皇、卢两氏,则冲、牙是佩玉中不同的两物,且依皇侃之说,牙即是璜。

尽管上述两说大相径庭,且黄、卢两氏时代较孔、贾更早,但后世学者多从孔、贾之说,黄、卢之义,几趋湮灭。孰是孰非,还需进一步论证。

《毛诗·郑风·女曰鸡鸣》郑笺云:"冲,昌容反,状如牙。"②显然,郑玄是确凿无误地分冲、牙为两物的,且形制相似。孔疏释"冲牙"为一物,不免有破注之嫌。

按郑玄、皇侃、卢辩诸家,冲、牙为两物而非一物之名,且皇侃已明确提出"牙是外畔两边之璜",那么,冲又为何物呢?

上文所引的《诗传》云:"下有双璜冲牙,玭珠以纳其间。"以往学者误以冲牙为一物,故将该句句读为"下有双璜、冲牙,玭珠以纳其间。"既然我们已明白冲、牙为两物,且牙即是璜,则该句当重新理解为:"下有双璜:冲、牙,玭珠以纳其间。"在这里,"双璜"当指璜之种类,而非璜的具体数目。否则,既已言"双璜",后又言"牙",这种重复句法古文中不见;再有,我们上文引用的毛诗传云:"杂佩者,珩璜琚瑀冲牙之类。"这一句中,珩与璜对举,琚与瑀对举,冲与牙也应是对举才符合古文的句法;又,卢辩所说的"冲在中,牙在傍",也是一种对举句法,既然牙是璜,则冲也应是璜。

综上,冲、牙为两物而非一物,璜为冲、牙的总名,牙是佩玉中两侧之璜,而冲为佩玉中居中之璜。只有对冲、牙这种本质上的了解,才符合周代佩玉结构的本来面貌。

玭珠与琚瑀

在上文中,曾反复提到郑注《周礼》引《诗传》曰:"玭珠以纳其

---

① (清)王聘珍:《大戴礼记解诂》,北京:中华书局,1992年,第61页。

② 《毛诗正义》,第341页。

间。"表明玭珠是佩玉各构件中的"纳间"之物。据唐贾公彦,清孙诒让、①马瑞辰②说,郑玄这里所引的《诗传》为韩诗而非毛诗。

《毛诗·郑风·有女同车》传曰:"佩有琚瑀,所以纳间。"③显然,毛诗传是以琚瑀为佩玉中的纳间之物。据《说文》,琚、瑀均为石之次玉者,而玭珠却为河中之蚌珠,两者质地有异,当非同物,那么在佩玉中"纳间"的究竟是哪一种呢?

《大戴礼·保傅篇》:"上有双衡,下有双璜冲牙,玭珠以纳其间,琚瑀以杂之。"卢辩注云:"总曰玭珠,而赤者曰琚,白者曰瑀。"④则琚瑀之总名为玭珠。但据《说文》,玭为蚶之重文,则玭珠也就是蚌珠。⑤ 那么,质地不同的玭珠又何以成为琚瑀的总名呢?

对于这一问题,清代学者任大椿考曰:"'杂佩以赠之'传,'杂佩者,珩璜琚瑀冲牙之类。'珩璜冲牙与琚瑀并举,珩璜冲牙既为玉,则琚瑀亦为玉明矣。"⑥俞樾在《玉佩考》中认为:"玭珠之贡,虽见于夏书,然古人所谓珠者,实皆有白玉为之,不用玭珠。"他认为玭珠之误源于珕珠。《说文·玉部》云:"珕,石之次玉者,以为系璧,从玉丰声。"后人误将珕珠写作蚌珠,传写再易为玭珠,故俞樾认为玭珠非韩诗的原文。⑦ 俞樾的考证是令人信服的。现在发现的佩玉及其他串联玉饰,其间多夹以红色玛瑙珠、绿松石珠和白色料珠,而不见用蚌珠的。因此,玭珠之正文当如俞氏所说的"珕珠"。珕为石之次玉者,正可以用作颜色相异的琚、瑀的总名。其实,文献中言及琚瑀,对举时有异,散言则相通。而仅以红白两色相对应对琚瑀,也正体现了历代经注家的局限性。

---

① 孙诒让:《周礼正义》,第 452 页。
② (清)马瑞辰:《毛诗传笺通释》,北京:中华书局,1992 年,第 20 页。
③ 《毛诗正义》,第 341 页。
④ 王聘珍:《大戴礼记解诂》,第 61 页。
⑤ (汉)许慎:《说文解字》,北京:中华书局,1963 年,第 13 页。
⑥ 孙诒让:《周礼正义》,第 455 页。
⑦ 俞樾:《玉佩考》,第 583—587 页。

考古所见的两周佩玉

上文对两周佩玉中珩、璜、冲、牙、琚、瑀(玭珠)诸名称的考证,基本建立在文献材料上,正确与否,还必须以考古实物来加以印证。

为了对两周玉器作系统的研究,笔者曾对近几十年来刊布的出土材料作了较为全面的收集。就笔者所见,保存完整的两周佩玉实属不多,主要见于一些高等级墓葬之中,如曲村晋侯及其夫人墓,上村岭M2001等。将这些出土实物和文献记载相比较,我们立刻可以看出文献中所谓的由珩璜冲牙琚瑀等物共同组成的佩玉事实上是不存在的,而其根本原因即在于珩、璜这两种器物流行时间是不同的。璜的出现,早在新石器时代,商周继续流行,但以西周为最盛。而珩的出现,最早约在两周之际,春秋以后增多,而以战国时期最为流行。正因为珩对璜的这种替代趋势,决定了珩璜不可能同时出现在同一套完整的佩玉中,换言之,文献中记载佩玉包括"珩璜琚瑀冲牙之类"和考古实物是有出入的。

迄今见诸报道最为复杂的西周佩玉,出土于曲村的两座晋侯夫人墓M31[①] 和M63[②] 以及上村岭 M2001[③] 之中。

曲村 M31 和上村岭 M2001 所出佩玉形制大体相同,均以六件玉璜夹以红色玛瑙珠和绿松石珠串联而成(图 1-3 左、中),所不同的是M31 佩玉上部直接以玛瑙珠及绿松石珠封口以便佩戴,而 M2001 的佩玉上端则代之以一摆放如珩状的玉璜。M31 和 M2001 在年代和等级上均接近,所出佩玉细微差异的原因,笔者尚不得其解。但两者的相似

---

① 山西省考古研究所、北京大学考古系:《天马曲村遗址北赵晋侯墓地第三次发掘》,《文物》1994 年第 8 期,第 22—33 页。

② 同上。

③ 河南省文物研究所、三门峡市文物工作队:《三门峡上村岭虢国墓地 M2001 发掘简报》,《华夏考古》1992 年第 3 期,第 104—113 页。

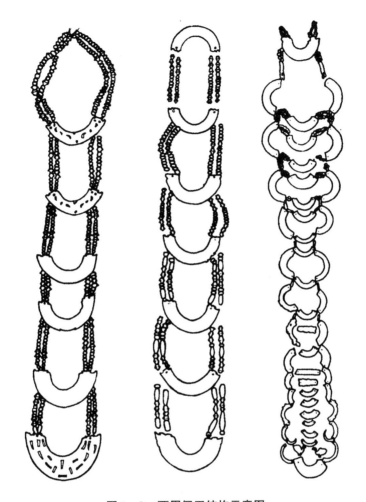

图 1-3 西周佩玉结构示意图

(左)曲村Ⅰ11M31出土;(中)上村岭M2001出土;(右)曲村Ⅰ11M63出土

性,又大体反映了这一时期(西周晚期)这一等级(侯或其夫人)墓葬所出佩玉是由数件玉璜(且无冲、牙之区分)和琚、瑀(即玛瑙珠、绿松石珠等)上下串联而成的。而其中所蕴含的西周葬玉等级制度,不在本文范围之内,笔者暂不论述。

　　曲村M63出土的佩玉是迄今所见最为复杂的一组,发掘报告中虽未作文字介绍,但有附图可资对比研究(图1-3右)。该组佩玉和前两者最大的区别在于上下两璜之间两侧各有侧立之璜。M63 这一组佩玉共有横置之璜（含璜形器）21 件，而两侧之璜也多达 13 对共 26 件。与上村岭 M2001 类似，该组佩玉上端也以一璜封口，但摆放方式却属正常的凹面朝上形，和 M2001 所出者相反。笔者称曲村 M63 所出佩玉为"最复杂者"，并不仅仅言其组件多，更是特指它和文献所记的佩玉结构最为接近。其横置的 21 件璜和璜形器当即文献中的冲，而两边侧立的 26 件璜应为牙，联缀这些冲、牙的玛瑙珠和绿松石珠即所谓的琚瑀，起"纳间"之功能。至于这组佩玉最上端起总束作用的那一件璜，笔者倾向于仍以"璜"称之，而不称其为"冲"，因为冲是相对于两侧的牙而言的，该璜两侧并无牙的存在，故以总名"璜"称之更妥。

曲村 M31 和 M63 的墓主等级完全相同，均为晋侯夫人；在时代上，尽管 M31 略早于 M63，但两者均在西周晚期的宣、幽之世。因此，在等级和时代上都不能解释这两组佩玉的差异。这一点，有待学术界进一步研究。

春秋以后玉器继续流行，但从出土材料看，即使在一些随葬品十分丰富的墓葬中，也罕见西周时期那种形制复杂的成组佩玉。这一方面可能因为葬玉作为一种制度，到春秋以后逐渐走向衰落；而另一方面，考古发掘中受各种因素的影响，即便有成组的佩玉，或因散乱而无法恢复其原貌。凡此种种，均不利于我们对佩玉的研究。但前文我们已提及，春秋以降，由于珩对璜的替代，佩玉之制在东周时期发生了巨大的变化，下面我们主要对珩的功能略作探讨。

1983 年发掘的黄君孟及夫人墓是出土玉器较多的春秋早期墓，其中属黄君孟者 131 件，属其夫人者 54 件。[①] 在这些出土玉器中，尤以玉璜（含原报告中部分定名为"玉虎"者）最为引人注目。按我们上文的分类，器呈半环状且仅有两孔者为璜，器作小磬状且有三孔者为珩，

---

① 河南信阳地区文管会、光山县文管会：《春秋早期黄君孟夫妇墓发掘报告》，《考古》1984 年第 4 期，第 302—332 页。

则珩璜均见于该墓之中(原报告均称为璜或玉虎),遗憾的是这些玉璜、珩的位置及组合方式已不清楚。但笔者认为珩璜的这种共存现象,正说明了珩璜两者之间的过渡。而该墓玉璜多作虎形,也正显示了这一时期璜的造型由简单的几何造型(半环或半璧状)向形象生动的动物造型演变,而这一变化事实上在西周晚期已现端倪,曲村 M63 佩玉中的部分冲与牙,其造型已不乏生动者。

如果说珩对璜的替代开始于春秋早期,那么,在春秋晚期,璜类器已罕见,而珩形器占了绝对优势。同是虎形玉饰,春秋早期黄君孟墓所出者,其中还有相当部分只有两个穿孔,故仍可属璜形器,但春秋晚期的淅川下寺楚墓 M2 和 M3 所出玉虎,器身上均有三穿孔,分别位于虎的两端及中部,①显然,这些玉虎当属珩类器物。

图 1-4　洛阳中州路 M2717 出土玉佩

和文献中珩"下属三组"功能相吻合的佩玉也有出土。洛阳中州路 M2717 在棺椁间出土的一组佩玉,其最上者即为一珩,下面分别与两件兽面形玉器及一玉管相连②(图 1-4)。该组佩玉尽管结构简单,

---

① 河南省文物研究所、河南省丹江库区考古发掘队、淅川县博物馆:《淅川下寺春秋楚墓》,北京:文物出版社,1991 年。

② 中国社会科学院考古研究所:《洛阳中州路》(西工段),北京:科学出版社,1959 年,图版 71。

但却表明文献中有关珩的记载并非无稽。

上文已经提到，考古出土的玉珩不仅有三穿孔者，也有为数不少的玉珩只在器身中部一穿。有关这一类玉珩在佩玉中的位置与功能，最宝贵的材料是信阳楚墓①和江陵武昌义地楚墓②出土的彩绘木俑。从某种意义而言，这些绘制的佩玉图案比考古发掘品更具可靠性。

1958年发掘的信阳楚墓M2，出土了三件高约55厘米的彩绘木俑，其腰间所佩者，被认为是玉饰无疑(图1-5)。由图观之，其佩玉之法虽略有差异，但其基本构件都是绞丝环(或小系璧)、琚瑀及只有一穿的珩。江陵义地出土的两件彩绘木俑(图1-6)，其所佩之玉看似复杂，其实结构和信阳木俑是一致的，这几组佩玉中的珩，位置都在琚瑀和小系璧之间，甚至位于佩玉的最下端。

上文所举材料表明，两周佩玉的发展变化实际上可视为璜、珩的发展变化，而璜、珩的演变脉络大致经历了这样一个过程：西周早、中期的玉璜多呈几何形的半环状，器物本身多素面；西周晚期，装饰纹饰的玉璜增多，同时，器物造型也趋于生动，由几何形向动物造型过渡；春秋早

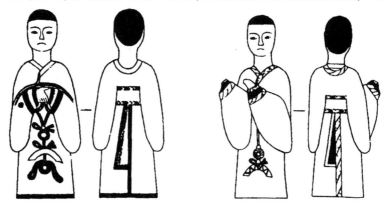

图1-5　河南信阳楚墓M2出土彩绘木俑

---

① 河南省文物研究所:《信阳楚墓》，北京:文物出版社，1986年，第115页。
② 江陵县文物局:《湖北江陵武昌义地楚墓》，《文物》1989年第3期，第35—50页。

两周"佩玉"考 49

图1-6 湖北江陵武昌义地楚墓出土的彩绘木俑

期开始,璜类器逐渐被珩类器所替代,而珩类器物的发展同样遵循由几何形向动物形转变这一规律。对于这一点,台湾著名玉器专家吴棠海先生曾有精彩的论述,他指出,战国时期佩玉的发展趋势是其中的每一构件都趋于独立成形。[①] 如战国时期非常流行的 S 形龙,其器身中部有一穿,并广泛运用在佩玉之中,发挥着和玉珩同样的功效。因此吴棠海先生指出,鉴定战国玉龙真伪的标准之一是看该器物在悬挂时是否能保持平衡。在这里,玉龙最典型特征及其最基本功能是其"衡"。河南洛阳中州路 M1316 和山东曲阜鲁故城乙组 M58 所出佩玉中的玉龙

---

① 本文所提到的有关吴棠海先生的学术观点,均为吴先生在北大考古系讲学时所言,部分见诸吴先生的专著:《认识古玉——古代玉器制作与形制》,台北:中华自然文化学会,1994年。

均能很好地体现这一点。①

贾峨先生认为:"从战国早期到西汉早期玉佩饰的悬佩大体皆以玉人为组佩(即本文之佩玉)的主要部件,结合璜、佩和冲牙(贾峨先生以冲牙为一物)组成一套。迄今为止尚未发现组玉佩的构件是完全一致的。这种现象足以证明它的组合尚无定制。"②贾峨先生认为"尚未发现组玉佩的构件是完全一致的"大体不错,但将其归因于组合"尚无定制"则似有不妥。笔者认为西周玉器无论在造型上,还是在组合上,都有更多的规律可循,而东周玉器,尤其是战国玉器,对形式的追求,必然导致造型的多样化。因此,与其说是尚无定制,倒不如说是原有定制已被突破,这或许也是"礼崩乐坏"的一种体现吧!

(本文原载《文物》1996年第9期)

---

① 贾峨主编:《中国玉器全集》春秋战国卷,石家庄:河北美术出版社,1993年,第85页,图版一三七;第135页,图版二〇七。

② 贾峨:《春秋战国玉器综探》,同上书,第26页。

第二章 玉之用

《考工记·玉人》的考古学研究

在近年的中国古玉研究中,将考古实物和文献记载相互对照,以探讨出土玉器的名称和功能是一种通行的做法,而《周礼·考工记·玉人》中有关用玉制度的记载,是最常被学者所称引的内容之一。在近年考古发掘中,周代玉器屡有重要发现,这为我们利用考古实物来反证《考工记·玉人》的有关记载提供了重要的材料。本文就准备利用出土玉器对《玉人》一节进行逐条考证,以期获知其中记载的可靠程度。文中所引《考工记·玉人》经文,均据孙诒让《周礼正义》,①每条之前的编号则为本文作者所加。

1. 玉人之事,镇圭尺有二寸,天子守之;命圭九寸,谓之桓圭,公守之;命圭七寸,谓之信圭,侯守之;命圭七寸,谓之躬圭,伯守之。

此节即所谓天子命圭之制。郑玄注称:"命圭者,主所命之圭也。朝觐执焉,居则守之。子守谷璧,男守蒲璧。不言之者,阙也。"镇圭、桓圭、信圭、躬圭、谷璧和蒲璧即《周礼·春官·大宗伯》所谓的六瑞。

周代天子命圭之制,于史有征。《国语·周语》:"襄王使

---

① (清)孙诒让:《周礼正义》卷八十,北京:中华书局,1987年,第3323—3349页。本节所引《周礼》郑玄注,未注明者也均据孙诒让的《周礼正义》。

邵公过及内史过赐晋惠公命……晋侯执玉卑,拜不稽首。"韦昭注云:"命,瑞命也。诸侯即位,天子赐之以命圭以为瑞节也。"①《国语·吴语》也记载:"夫命圭有命,固曰吴伯,不曰吴王。"韦注再称:"命圭,受锡圭之策命。"②又《史记·周本纪》:"十七年,襄王告急于晋,晋文公纳王诛叔带,襄王乃赐晋文公圭、鬯、弓、矢,为伯。"③周代册命时,受封者被授之以圭,也见诸相关的金文材料中,如《师遽彝》铭曰:"王乎宰利锡师遽瑂圭一,瓒璋。"这是周代册命有赐圭仪式的又一确证。且据有的研究者称,西周时期的册命首先是书写在所赐的玉圭上的,而后才铸于铜器,写有册命的这种玉圭就是所谓的命圭,由被册封者保存。④

周代虽确有命圭之制,但周王所命之圭,是否真如《玉人》所记,各有专称而且尺度大小各有定制?对于这个问题,有着截然不同的两派意见。《周礼·春官·大宗伯》郑玄注称:"镇圭者,盖以四镇之山为之瑑饰,圭长尺有二寸。""桓圭盖也以桓为瑑饰,圭长九寸。"又称:"信当为身,声之误也。身圭,躬圭,盖皆象以人形……圭皆长七寸。"对于郑注,后世学者已经无法确知其意。而从东汉以降的旧礼图如郑元、阮士信、夏侯伏朗、张镒、梁正诸家之学均不传,唯有宋代聂崇义所作的《三礼图》二十卷行于世,但聂氏又以己意妄测郑旨,故"宋代诸儒亦不以所图为然。"⑤但郑注和聂图对后来学者影响甚为深远,如清代吴大澂《古玉图考》和刘松年的《古玉图谱》中都有不少附会郑注的玉器图形,尤以后者为甚。聂、吴、刘三家所理解的命圭之制,可以图2-1中的图形为代表。

---

① 《国语》卷一,上海:上海古籍出版社,1988年,第35页。
② 同上书,第613—614页。
③ (汉)司马迁:《史记》,北京:中华书局,1982年,第154页。
④ 郝本性、张文彬:《玉璋用途考》,香港中文大学中国考古艺术研究中心编:《南中国及邻近地区古文化研究——庆祝郑德坤教授从事学术活动六十周年论文集》,香港:香港中文大学出版社,1994年,第33—36页。
⑤ (清)永瑢等:《四库全书总目》卷二十二,北京:中华书局,1965年,第176页。

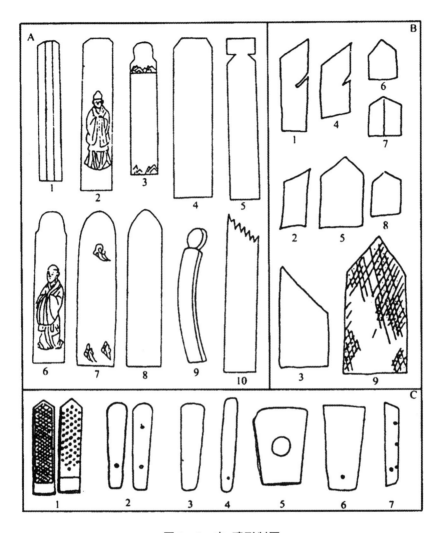

图 2-1 圭、璋形制图

A.《三礼图》系统：1. 桓圭、2. 信圭、3. 镇圭、4. 谷圭、5. 大圭、6. 躬圭、7. 琰圭、8. 琬圭、9. 笏、10. 牙璋

B. 汉碑画系统：1. 益州太守碑阴玉璋、2. 柳敏碑阴玉璋、3. 汉单排六玉碑玉璋、4. 汉六玉碑玉璋、5. 汉单排六玉碑玉圭、6. 柳敏碑阴玉圭、7. 益州太守碑阴玉圭、8. 汉六玉碑玉圭、9. 汉武梁祠画像石玉圭

C.《古玉图考》系统：1. 谷圭、2-4. 琬圭、5. 镇圭、6. 青圭、7. 笏

清代学者戴震对周代的镇圭和命圭提出了不同的看法。在其《考工记图》中，戴震引《尔雅》"圭长尺有二寸谓之介"，《诗·大雅·崧高》"赐尔介圭，以作尔宝，赐尔介圭，入覲于王"，认为"镇圭、命圭，通谓之介圭。"戴氏又称："介者，大也。礼器大圭不瑑，以素为贵。"① 戴震认为周代玉圭以素为贵的看法，是很独到的，因此，在其《考工记图》中不见有装饰纹样的玉圭。但戴震认识命圭的尺度，仍然没有超越《考工记》所记的"尺有二寸"等。

近年有不少学者从考古学的角度来研究《周礼》中所记载的多种玉圭，如刘云辉先生从周原地区丰富的出土材料出发，得出结论云："古文献中记载的所谓西周玉圭，大致可信的有大圭，介圭，珇圭、炎圭或可称之为琬琰。《周礼》中许多所谓玉圭名称尚无法证实，其中各种圭的尺寸与考古发现的玉圭大小并不相符。"② 笔者也曾依据西周墓葬出土的玉圭材料，著文探讨西周玉圭的形制和功能。笔者的结论是，西周时期的玉圭，指的不仅是人们通常所理解的上尖下方的尖首器，还应包括西周高等级墓葬中出土的形制较大的玉戈。③ 正如刘云辉先生所言，考古所见的玉圭尺寸和《周礼》所记并不相符。以西周出土材料为例，在目前所见的尖首圭中，其长度超过20厘米者不足十件，最长者如扶风上康村M2所出者，也仅长25.7厘米，④ 而多见的则是制作粗糙长度在10厘米以下的小玉圭，而这种形制和尺寸的玉圭，无论如何不会是周代所谓的命圭。西周墓葬所出土的玉戈，也可以根据其长度分为两大类，而长度超过20厘米者主要见于诸侯一级的墓葬中，如宝鸡茹

---

① （清）戴震：《考工记图》，《戴震全书》第五册，合肥：黄山书社，1995年，第381页。
② 刘云辉：《周原玉器》，台北：台湾中华文物学会，1996年，第272页。
③ 孙庆伟，"Research on Western Zhou Dynasty Jade Gui and Related Issues"，*China Archaeology and Art Digest*, Vol. 1, No. 1, Hong Kong, 1996, pp. 31-38。
④ 陕西省文物管理委员会：《陕西岐山、扶风周墓清理记》，《考古》1960年第8期，第8—11页。

家庄 M2 井姬墓,①天马——曲村遗址晋侯墓地的 M8、M31 和 M93,② 以及三门峡上村岭虢国墓地的 M2001③ 等均是,同时,我们还注意到,凡出有大玉戈者,即不再伴出大玉圭,而这些大玉戈和大玉圭的出土位置是一致,主要见于墓主人的胸部或者放置在棺椁的盖板上,而且两者都流行于西周的中晚期,这些方面都有助于证明笔者的西周玉戈即玉圭的假设。另外,大玉戈的长度普遍较玉圭要长,一般在 40 厘米左右,而晋侯墓地 M63:114 竟长达 57 厘米,④而传世的太保戈,更是长逾 66 厘米。⑤ 从大玉戈所出的墓葬等级以及其自身的长度来看,它们当属于较高等级的玉圭。

尽管我们不能肯定上述所说的大玉圭和大玉戈都是其墓主人的瑞圭,但从它们尺寸的不规律性以及目前所见的所有大玉圭和玉戈上均不见纹样装饰这两点来看,我们可以肯定《考工记·玉人》中有关命圭之制的记载,所反映的并不是西周的礼制。但从另一方面,即大玉戈的尺度普遍要较大玉圭为大来看,这在一定程度上又表明西周时期不同身份地位者所拥有的玉圭存在等级差别,但这种差别远不及《玉人》所记的森严和呆板。

---

① 卢连成、胡智生:《宝鸡𬭚国墓地》,北京:文物出版社,1988 年,第 379 页。
② 北京大学考古系、山西省考古研究所:a.《天马——曲村遗址北赵晋侯墓地第二次发掘》,《文物》1994 年第 1 期,第 4—28 页;b.《天马——曲村遗址北赵晋侯墓地第三次发掘》,《文物》1994 年第 8 期,第 22—33 页;c.《天马——曲村遗址北赵晋侯墓地第五次发掘》,《文物》1995 年第 7 期,第 4—39 页。
③ 河南省文物研究所、三门峡市文物工作队:《三门峡上村岭虢国墓地 M2001 发掘简报》,《华夏考古》1992 年第 3 期,第 104—113 页。
④ 山西省考古研究所、北京大学考古系:《天马——曲村遗址北赵晋侯墓地第四次发掘》,《文物》1994 年第 8 期,第 4—21 页。
⑤ 李学勤:《太保玉戈与江汉的开发》,原载《楚文化研究论集》第二集,武汉:湖北人民出版社,1991 年;后收入其论文集《走出疑古时代》,沈阳:辽宁大学出版社,1994 年,第 135—140 页。

2. 天子执冒四寸，以朝诸侯。

周天子执冒一事，多见诸文献，但最重要者当推《尚书·顾命》的有关记载，其中记康王即位仪式时称："太保承介圭，上宗奉同瑁。"后世相关文献对冒的记载均为据此所作的解经之言。如《白虎通·瑞贽篇》："天子执瑁以朝，诸侯执圭以觐天子。"①《尚书大传》："古者圭必有冒，不敢专达也。天子执冒以朝诸侯，见则覆之。故冒圭者，天子所与诸侯为瑞也。"②

关于冒的形制，《说文》玉部云："瑁，诸侯执圭朝天子，天子执玉以冒之，似犁冠。"段玉裁注云："犁冠，尔雅注作犁馆，谓耜也。"③犁由耜演变而来，已被考古材料所证实。且据孙机先生的研究，战国和汉代的犁（铧）冠多呈 V 字形，装在木质或铁质的铧上使用。④宋代洪适《隶续》所录东汉柳敏碑阴、益州太守碑阴以及六玉碑上所刻瑁的形制，都是上方，下部呈倒 V 字形，其凹处正和圭之尖首相吻合。（图 2-2）可见汉代人眼中瑁的形制是基本一致的。

但在考古发现中，迄今未见这种上方下凹的冒，即便是其他形制可认定为冒者，也未见出土。究其缘由，可能有两点：其一，既然冒为周天子所执，而现在西周王陵所在还不可确知，因此，在考古实物中还不见这类器物；其二，《尚书·顾命》所谓"同瑁"之"瑁"是否即如后世学者所认为的用以覆圭之器。如对于"同瑁"之"同"，汉今文经作"铜"，并训为"天子之副玺"，而郑玄则注云："同，酒杯。"⑤虽然学者对"瑁"的理解并无异辞，但周天子以"瑁"冒诸侯之事也失征于史实。如《左传》

---

① （清）陈立：《白虎通疏证》卷八，北京：中华书局，1994 年，第 353 页。
② （清）孙星衍：《尚书今古文注疏》卷二五，北京：中华书局，1986 年，第 500 页。
③ （清）段玉裁：《说文解字注》，上海：上海书店，1992 年，第 13 页。
④ 孙机：《汉代物质文化资料图说》，北京：文物出版社，1991 年，第 4—6 页。
⑤ 孙星衍：《尚书今古文注疏》，第 500 页。

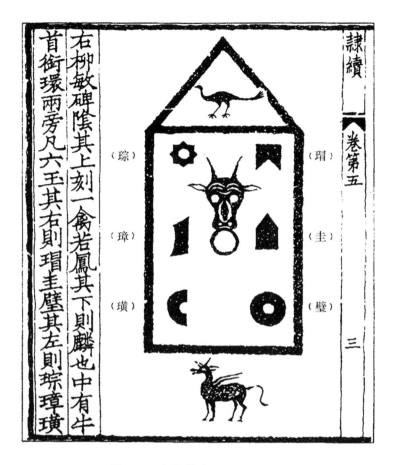

图 2-2 汉柳敏碑阴"六玉"形制

中载诸侯朝觐之事多例,但从未见有天子冒诸侯命圭之事。《左传》"冒"字的用法,据杨伯峻先生统计,共有四种,分别是:1. 音默,贪也,见于文公十八年传;2. 覆盖,护卫,见于成公二年传;3. 冒犯,侵犯,见于成公十六年传;4. 用作动词,戴或缠于首,见于襄公二十三年传。[①] 而上述四义,和冒圭之冒或瑁,均无联系。且天子所执为四寸之瑁,何以能遍"冒"天下公侯伯的命圭?即如《玉人》所记公侯伯所执之圭长度

---

① 杨伯峻、徐提编:《春秋左传词典》,北京:中华书局,1985 年,第 440 页。

各有差别,难道他们所执命圭的宽度是一致的?《尚书·顾命》孔疏云:"礼,天子所以执瑁者,诸侯即位,天子赐之以命圭;圭头邪锐,其瑁当下邪刻之,其刻阔狭长短如圭头;诸侯来朝,执圭以授天子,天子以冒之刻处冒彼圭头,若大小相当,则是本所赐,其或不同,则圭是伪作,知诸侯信与不信。……经传惟言圭之长短,不言阔狭,瑁方四寸,容彼圭头,则圭头之阔无四寸也。天子以一瑁冒天下之圭,则公侯伯之圭阔狭等也。"①孔颖达已经认识到"天子以一瑁冒天下之圭"的不合理性,但仍然以"公侯伯之圭阔狭等也"强为之解。而从考古实物来看,西周时期的大玉戈(上文已经证明乃圭之一种)不仅在长度上有很大的差异,在宽度上也不尽相同。以晋侯墓地所出者为例,其中 M92:17 长 22 厘米,宽 4.5 厘米;M92:106 长 42 厘米,宽 7.1 厘米;而太保戈则宽 9.2 厘米。退一步讲,从人们所习称的尖首圭来看,上文所引扶风上康村 M2 出土的玉圭长 25.7,宽 3.5 厘米;而扶风黄堆 M22 所出的一件玉圭,长 22.4,宽 1—1.9 厘米。② 虽然我们不能肯定上述出土实物中是否包含有所谓的命圭,但从这些玉圭的尺寸看,长度较长者,其宽度也相应要大一些,这应该是周代玉圭形制的一般规律。既然《玉人》记载公侯伯所执的命圭长度不一,其宽度也应该是有参差的,既如此,孔颖达所谓的"公侯伯之圭阔狭等也"的解释不免有强说经之嫌。因此,在有考古实物出土之前,我们对《玉人》所说的"天子执冒四寸,以朝诸侯"的记载持怀疑态度。

近年又有学者对瑁的形制提出了新解。如台湾玉器专家那志良先生在总结前人研究的基础上,指出"瑁的形状,应是一种接近方形的短圭"。那先生以瑁为圭之一种的主要理由是"周礼考工记玉人,自镇圭

---

① (唐)孔颖达:《尚书正义》卷十八,《十三经注疏》本,北京:中华书局,1980 年,第 240 页。

② 陕西周原考古队:《扶风黄堆西周墓地钻探清理简报》,《文物》1986 年第 8 期,第 56—68 页。

尺有二寸句起,一直到琰圭九寸,判规,以除慝,以易行句止,叙述了镇圭、桓圭、信圭、躬圭、冒、四圭、大圭……等器的用途、尺寸,所有这些器,都是圭属,瑁杂在其中,瑁自然也是圭属,它的轮廓,总是离不了圭"。而以瑁为近方形之圭,是因为"以桓圭而论,是细长形,瑁的尺寸,只有桓圭的少一半,它的形状,自然是近乎方形的了"。① 但那先生此说,似乎对以下几个问题难以作出合理的解释:第一,《玉人》一节经文中自"镇圭尺有二寸"以下,并非都是叙述圭制的,如紧接下句"天子用全,上公用龙,侯用瓒,伯用将"一句,就是泛记玉饰,说详下文;第二,《尚书·顾命》中记康王即位时,已经有"太保承介圭",此介圭学者都认为是所谓"王执镇圭"的镇圭,如果再以"瑁"为圭解,则王既有镇圭,又有"瑁圭",这于经于史皆无征;第三,尽管后世学者并不确知瑁的形制,但文献中对于其功能的解释是一致的,即用于冒公侯伯之命圭,今释瑁为圭,则无法解释其冒圭的功用;第四,上文我们已经证明西周时期并无《玉人》所说的那样严格的命圭之制,《玉人》对所谓镇圭、桓圭等长度的记载也不合乎史实,而今据《玉人》所记,认为四寸的瑁约为九寸桓圭的一半,从而推测瑁的形状是近于方形,同样是缺乏足够证据的。

3. 天子用全,上公用龙,侯用瓒,伯用将。

此句经文字句有误。"上公用龙"郑玄注引郑司农云:"龙当为尨,尨为杂色。"又"伯用将"之"将",清代学者惠士奇、戴震、段玉裁和阮元等人都认为"埒"字之误。② 那么这一句正确经文当作"天子用全,上公用尨,侯用瓒,伯用埒"。

要正确理解这句经文的含义有两个关键,一是如何理解"全""尨""瓒"和"埒"等字的意思,二是要肯定这句经文所指的对象。《说文》

---

① 那志良:《中国古玉图释》,台北:南天书局,1990 年,第 112 页。
② 孙怡让:《周礼正义》,第 3326—3327 页。

玉部释"瓒"曰:"三玉二石也……礼,天子用全,纯玉也,上公用龙,四玉一石,侯用瓒,伯用埒,玉石半相埒也。"①郑玄也称龙、瓒和埒,皆"杂名也"。而"全",郑司农谓:"全,纯色也。"而郑玄则认为:"全,纯玉也。"后世学者多从后郑之说。郑玄注并称:"卑者下尊,以轻重为差。玉多则重,石多则轻,公侯四玉一石,伯子男三玉二石。"②许慎、郑玄的解释大同而小异,都认为此四字分别解释用玉的等级。但许、郑均未说明此处是单指瑞玉,还是泛指玉饰而言。但戴震指出:"此盖泛记用玉为饰之等。"③孙诒让综合前人之说,也认为:"盖命圭为邦国重镇,不宜羼集玉石,其为泛记玉饰,殆无疑义。"

对所谓用全、用龙、用瓒和用埒的区分,事实上是对中国古玉的矿物学研究。在现代矿物学以及宝石学中,玉仅指两种链状硅酸盐单斜晶的辉闪石矿物集合体,即软玉和硬玉,其中硬玉是钠铝硅酸盐,而软玉是含水的钙镁硅酸盐。尽管自然界中硬玉矿物的分布较广,但具有宝石学价值的硬玉矿物集合体翡翠,却主要集中在缅甸北部莫谷城附近的狭小范围内;软玉的分布范围相对要广一些,在我国境内也发现多处,但最著名者当推产于昆仑山北坡的和田玉。④ 在已经研究过的中国古玉中晚至西汉尚未发现有翡翠,而广泛使用软玉制品。⑤

中国古代对玉的界定显然不可能有这样的标准,如《说文》玉部对"玉"的解释是"玉,石之美,有五德者"。在晚至东汉时期,人们对玉的认识还是停留在"美石为玉"这种观念上,而判断其为玉的标准就是所谓的"五德",也就是根据玉料的物理性质来衡量,那么,在更早的两周时期,更应该是从玉石的物理特征上来判断是玉还是石。从《说文》玉

---

① 段玉裁:《说文解字注》,第11页。
② 孙诒让:《周礼正义》,第3326—3327页。
③ 戴震:《考工记图》,第382页。
④ 周国平:《宝石学》,北京:中国地质大学出版社,1989年,第261—274页。
⑤ 闻广:《辨玉》,《文物》1992年第7期,第75—80页。

部和玉有关的字来看,当时人们对玉和石的认识已经相对深入,能够依据玉料的某些物理特征对其进行等级划分,如《说文》中释瑾、瑜、璇等字为"美玉也",又释玤、玪为"石之次玉者",而释珉等字为"石之似玉者"。另外还有专字形容玉特定的物理特性,如以玼、瑕、璊来形容玉之光泽,以玎、玲、琤、瑝字来表示玉之声等均是。

《说文》中的上述记载,表明了我国古代对玉的深刻认识。虽然《说文》是汉代的著作,但玉部中所著录的字,其主要来源是《诗经》,其中相当部分在《诗经》中可以见到,而且,许慎在对某些字作解释时,也是引《诗经》中的材料为证,因此,在《说文》玉部中常见"诗曰……"一类的提法,足见《说文》所保留记录的有关对玉石的认识,相当程度上是反映了周代人的看法。而在周代对玉之质地进行鉴定者就是玉人,《左传·襄公十五年》:"宋人或得玉,献诸子罕。子罕弗受。献玉者曰:以示玉人,玉人以为宝也,故敢献之。"[①]由此可见,在当时人看来,玉人对玉的鉴定是有权威性的。

《考工记·玉人》中有关用玉等级的记载,正是建立在古人对玉石质地鉴别的基础上的。而中国古代对玉石质量的鉴定以及相应的用玉等级制度,不仅见于文献记载,同时也被相关考古发现所证实。据闻广等先生的研究,这种用玉的分等级现象,早在新石器时代的红山和良渚文化时期即已产生,如红山文化牛河梁遗址墓葬的用玉已经可以分为三个等级,其中第一等级所随葬的全是真玉,第二等级全用假玉,而第三等级则没有玉器随葬。而在良渚文化墓葬用玉则可分为四个等级,第一等级如余杭反山 M12,全用真玉,相当于用全,第二等级如上海青浦福泉山 M9 等,真玉居多而又杂有假玉,相当于《考工记》中所记载的用龙或用瓒,而第三等级如海宁荷叶地 M3 等,所随葬的玉器真假参半,相当于用埒,第四等级则是众多的未随葬玉器的墓葬。闻广先生还指出,殷墟妇好墓所随葬的玉器绝大部分是真玉,近似用全,而沣西两

---

① 杨伯峻编著:《春秋左传注》,第 1024 页。

座井叔墓 M157 和 M170 所随葬的玉器中,假玉均占百分之十左右的比例,相当于用厇,和其身份地位相符。①

在中国,之所以能在新石器时代晚期就通过对玉石质量的鉴定,从而形成较严格的用玉等级制度,这和古人鉴别的着眼点是密切相关的。《说文》称玉是石之美,但古人又是如何来界定玉或石之美呢?其标准就是所谓的"玉德"。尽管古文献中对玉德的记载并不一致,但其内容基本上没有超出《说文》的玉有"五德",即分别从光泽、纹理、声音、韧性和硬度来衡量玉料的质量,而这些物理特征都是容易感知的。所以,早在新石器时代,人们就掌握了丰富的知识和相当熟练的技巧来鉴定玉和石,这是《考工记·玉人》中有关用玉等级的技术基础。

4. 继子男埶皮帛。天子圭中必。

"继子男埶皮帛"一句,其文义和前后文难以衔接,故孙诒让说:"疑此文当次前三等命圭之后,因上阙子男执璧之文,而误移于此。"②而戴震更称:"脱简,误在此,衍文。"③按,据《仪礼·聘礼》诸侯之间行聘礼时皆有币以为庭实,又《周礼·秋官·小行人》记:"合六币,圭以马,璋以皮,璧以帛,琮以锦,琥以绣,璜以黼。此六物者,以和诸侯之好故。"周代君臣、诸侯间行聘礼之有玉币,除了见于文献记载外,同时也被出土铜器铭文所证实。如著名的裘卫盉铭记载了矩伯为了参加周王的典礼,以土地从裘卫那里换来了一件堇璋和若干件贵重的皮革,准备作为献给周王的玉币。④ 这一铭文的发现证明了《周礼·小行人》以及《仪礼·聘礼》中的相关记载是有根据的,尤其是铭文中矩伯从裘卫所

---

① 闻广、荆志淳:《沣西西周玉器地质考古学研究》,《考古学报》1993 年第 2 期,第 251—279 页。
② 孙诒让:《周礼正义》,第 3329 页。
③ 戴震:《考工记图》,第 382 页。
④ 周瑗:《矩伯、裘卫两家族的消长与周礼的崩坏》,《文物》1976 年第 6 期,第 45—50 页。

购买或租借的正好是璋和皮件,①这与《周礼·小行人》所说的"璋以皮"正相符合。但事实上所谓的合六币,并不一定如《周礼·小行人》所记载的那样规范和严格,必须圭马、璋皮这样两两相配,故孙诒让《周礼正义》称:"此经圭马璋皮,文取相配,实可互用也。其璧琮琥璜,亦以皮马为庭实。"②按《左传·襄公十九年传》记鲁襄公贿晋荀偃"束锦、加璧、乘马"。③ 又《左传·襄公二十六年》记宋平公夫人赠左师向戌玉币为"夫人使馈之锦与马,先之以玉"。④ 可见孙氏此说,才是真正理解了经的真实含义。

这样看来,尽管"继子男赘皮帛"一句在文义上和上下文无法衔接,此处确有脱句,但通过以上的分析,它应该是一段有关玉币之礼经文中的一句,但其他都已经散佚,而这一句经文的位置也应该是在这里的,而不是如戴震所说的"误在此"。

"天子圭中必"一句,郑注、贾疏以及孙诒让的正义无异说,均认为是以丝麻质的组索来止缚圭的中央,以防失坠。贾疏并云:"此不言诸侯圭,举上以明下可知。"⑤则天子、诸侯、大夫之圭皆有中必。因为丝麻织物不易保存,周人是否或如何以组索来缚玉圭,相应的考古证据并不易获得,但从周人对瑞玉的重视来看,采取某些安全保护措施也在情理之中。另外,在考古发掘中也有些相关的发现,可以用作证经的辅助材料。如我们在发掘晋侯墓时,一些大玉戈(上文已证为大玉圭)在出

---

① 矩伯究竟是从裘卫处购买还是租借玉璋和皮件,学术界还有不同的意见,说详 a. 唐兰:《用青铜器铭文来研究西周史——综论宝鸡市近年发现的一批青铜器的重要历史价值》,《文物》1976 年第 6 期,第 31—39 页;b. 赵光贤:《从裘卫诸器铭看西周的土地交易》,《周代社会辨析》,北京:人民出版社,1980 年,第 221—235 页。
② 孙诒让:《周礼正义》,第 3003 页。
③ 杨伯峻:《春秋左传注》,第 1045 页。
④ 同上书,第 1119 页。
⑤ (唐)贾公彦:《周礼注疏》卷十八,北京:中华书局,1980 年,第 922 页。

土时，其表面就有丝织品包裹的痕迹，①山西侯马盟誓遗址坑十七中所出的玉环上也残留有当时包裹的丝织品痕迹，②辉县固围村一号大墓中的埋玉坑所出玉器上也有一层绢帛，③这些现象和所谓"圭中必"的记载之间有无关系，我们现在还不能十分肯定，但至少我们可以知道在两周时期确实有用丝织品包裹玉器的做法。而更具说服力的材料见于西汉时期的南越王墓出土的玉器中，该墓所出的多件精美玉器上都有丝织品包裹的痕迹，其中几件玉璧表面至今还保留有十字行的丝织品的痕迹，④表明当时是用丝织物穿过璧中心的好（璧孔）来缠绕器物的，这种现象或可能更接近"圭中必"一类的记载。而且按照《周礼》的文例，此处虽然只说"天子圭中必"，而贾公彦已经提出诸侯之命圭当也是如此，那么我们推测，除圭以外的其他玉瑞当也有"中必"的现象，当不致大谬。《周礼》此处文不具，或者是文有脱漏，或者是如贾公彦所说的"举上以明下可知"。南越王墓中多种玉器均用丝织品包裹即可用作其旁证，当然更确凿有力的证据还有待于新的考古发现。

5. 四圭尺有二寸，以祀天。

历代经注家都把这句经文和《周礼·春官·典瑞》的相关记载联系起来，如郑玄注就引《典瑞》曰："四圭有邸，以祀天旅上帝。"而所谓的"四圭有邸"，郑玄注引郑司农曰："于中央为璧，圭著其四面，一玉俱成……或说四圭有邸有四角也。"⑤则郑玄对于什么是所谓的四圭有邸

---

① 北京大学考古系、山西省考古研究所：《天马——曲村遗址晋侯墓地第五次发掘》，《文物》1995年第7期，第24、33页。

② 山西省文物工作委员会：《侯马盟誓遗址出土的其它文物》，《侯马盟书》，北京：文物出版社，1976年，第379—384页。

③ 中国科学院考古研究所：《辉县发掘报告》，北京：科学出版社，1956年，第80页。

④ 广州南越王墓博物馆：《南越王墓玉器》，图版119、122、123和126的文字说明，香港：两木出版社，1991年，第264—265页。

⑤ 孙诒让：《周礼正义》，第1584页。

并不很清楚,但后世学者都把一种中央为璧形而四角各有一圭形凸出的器物称之为"四圭有邸"。如聂崇义《三礼图》中就有多件这种一玉俱成的四圭有邸器,清戴震的《考工记图》①和刘松年《古玉图谱》中所绘制的四圭有邸图形均和聂崇义的大同小异,可见从汉代以降,学者对"四圭有邸"的理解没有什么变化。但是迄今为止,考古实物中还不见一例这种形制的器物,这就促使我们有必要重新考虑"四圭有邸"的真正含义。近年已经有学者根据出土物对其作出新解说,如詹鄞鑫先生指出:"其实四圭有邸就是在大圭中琢一圆洞,古人以为象璧,璧外四面就是一个整圭。……所谓有邸,即是说下面渐宽,象树木之本特大,故称为邸,即柢。依此类推,两圭有邸即圭的两旁各有两牙。圭璧其实就是似璧的玉戚。"②但这种解说无论是从文献还是从考古方面来看都有不足,如把玉圭中央的圆洞,即考古上所说的穿看成是经文中所说的璧,证据似乎不足,历代经注家都以璧为实物,如《周礼·典瑞》贾疏曰:"于中央为璧,谓用一大圭,琢出中央为璧形,亦肉倍好为之。"③而这里仅将其视为一虚的圆洞,在有确凿证据前,我们还不能得出这样的结论。据詹先生所绘图形,他所说的"大圭中琢一圆洞"者,事实上就是考古中常说的玉戚,而这种玉戚,据笔者的统计,在目前西周墓葬和遗址中所出土者还不足十件,而多见于较早的龙山以及夏商时期,④说明它不可能是周代重要礼玉之一的圭。而将玉戚两侧的牙状饰理解成"两圭有邸"同样缺乏根据,这种牙状饰事实上是一种时代特征,主要流行于龙山以至夏商时期,两周时期有这种装饰的玉器已经很少见。况且,牙状饰的数量并无特定规律,如以每侧有两个牙状饰为两圭有

---

① 戴震:《考工记图》,第 392 页。
② 詹鄞鑫:《神灵与祭祀——中国古代宗教综论》,南京:江苏古籍出版社,1992 年,第 253—254 页。
③ 孙诒让:《周礼正义》,第 1584 页。
④ 孙庆伟:《西周墓葬出土玉器研究——兼论西周葬玉制度》,北京大学考古系硕士学位论文,1996 年,未刊。

邸,则有三个者,是否该称之为"三圭有邸"呢? 由此可见,詹先生的解说并不符合经文原意,也不能从考古发现中得到证实。

对于《周礼·典瑞》中所谓的"四圭有邸"和"两圭有邸",笔者也曾根据考古发现作出新的解说。① 在上文中我们已经提到,晋侯墓地M8、M31、M93以及上村岭虢国墓地M2001中墓主胸部出土的大玉戈(玉圭)都是叠放在一件大玉璧上的;此外,在山东成山发现的两组战国末年或西汉早期的祭玉中,其组合是两圭一璧和两圭、一璧及一璜(珩?),其排列方式都是将玉璧置于中央,而两圭居于两侧。② 据此笔者推测《周礼·典瑞》所记载的用"四圭有邸""两圭有邸"以及"圭璧"等形式来祭祀天地以及日月星辰,并不是如后代经学家所理解的用名为"四圭有邸"或"两圭有邸"的一件玉器来作祭品,而是指用圭、璧不同数量的组合和摆放形式而言。在陈列这些祭玉时,璧通常为一件,又常常是被放置在圭下或被圭所包围,故称为"邸"。因为祭祀对象有不同,故所用的祭玉数量也相应地有变化,但是否就如《周礼》所言的祭天用四圭有邸,祭地和祭日月星辰分别用两圭有邸和圭璧的形式,还有待于更多的考古材料来证实。但《考工记·玉人》言祭天的四圭均长尺有二寸,这自然只能是经文的假想之辞。

6. 大圭长三尺,杼上,终葵首,天子服之。

据郑注,贾疏以及孙诒让的正义,这里所谓的大圭,又可以称作廷或笏。如《说文》玉部云:"廷,大圭,长三尺,杼上终葵首。"③而《左传》

---

① 孙庆伟,"Research on Western Zhou Dynasty Jade Gui and Related Issues", pp. 31-38。
② 王永波:《成山玉器与日主祭——兼论太阳神崇拜的有关问题》,《文物》1993年第1期,第62—68页。又,成山所出土的一组玉器中究竟有璜还是珩,因为原文照片不甚清楚,故存疑。其中珩与璜的区别,拙著《两周"佩玉"考》曾有论述,《文物》1996年第9期,第89—94页;又见本书前文。
③ 段玉裁:《说文解字注》,第13页。

桓公二年杜注云："珽,玉笏也,若今之吏之持薄。"①又《广雅·释器》也说："珽,笏也。"②则大圭、珽以及笏为一物当无疑,故《大戴礼记·虞戴德篇》曰："天子御珽,诸侯御荼,大夫服笏。"③也以珽为天子之笏。

要正确理解大圭或珽的形制,关键是对"杼上"和"终葵首"的解释。郑注云："终葵,椎也。杼,刹也。"又《说文》木部云:"椎,击也,齐谓之终葵。"可知"终葵"是齐之方言,而学者也多以《考工记》为齐国人所作,两者正相吻合。而《礼记·玉藻》郑注又称:"终葵首者,于杼上又广其首,方如椎头。"④因此后世学者所想象的大圭形制是最上为一六寸的方首,即所谓的终葵首,其下是收刹的部分,戴震认为是"自中已上而刹",并且是从"广三寸"而"刹半寸"。⑤ 戴震还根据他所理解的大圭形制绘有图形,和聂崇义《三礼图》中的图形相似。但很显然,这种形制的玉器在所有出土器物中也未见一实例,而相类似者是考古上所习称的柄形器。柄形器一般都有一个方形或棱台状的首部,类似于大圭的"终葵首",而柄形器的方形首部下也通常是收杀的,且收杀后器体又逐渐增宽到原器宽,这和对大圭器形的有关描述有一定的相似之处。但柄形器各部位的尺寸显然和大圭有异,而且柄形器的器体一般较小,出土的范围也很广,说明持有者的身份地位很复杂,而不像大圭乃"天子之笏";再者,柄形器出现的时代很早,至少在二里头时期就已经出现,并一直延续到商周时期。这样看来,出土物中唯一在器形上和大圭有相似之处的柄形器不太可能是《考工记》中所说的大圭。

在出土物中还不能确定何者为大圭,其原因不外乎两种,一是这一类器物确实还没有发掘到,二是文献对大圭的记载有误或完全是杜撰

---

① （晋）杜预:《春秋经传集解》,上海:上海古籍出版社,1988年,第71页。
② （清）王念孙:《广雅疏证》,北京:中华书局,1983年,第268页。
③ （清）王聘珍:《大戴礼记解诂》,北京:中华书局,1983年,第175页。
④ （清）孙希旦:《礼记集解》,北京:中华书局,1989年,第788页。
⑤ 戴震:《考工记图》,第383页。

的。目前,周王陵还没有发现,那么,作为天子之笏的大圭未出土,也并非没有可能。但同样不能排除后一种可能性,《礼记·玉藻》"天子缙珽,方正于天下也。诸侯荼,前诎后直,让于天子也。大夫前诎后诎,无所不让也。"[①]郑注也释珽为笏,并说:"诎,谓圜杀其首,不为椎头。诸侯唯天子诎焉,是以谓笏为荼。大夫,奉君命出入者也,上有天子,下有己君,又杀其下而圜。"由此可见,《礼记》以及郑注对大圭形制的记载和认识,在很大程度上是为了附和所谓的天子、诸侯及大夫之等级,其中不免有理想化成分,因此,这一类记载的可靠程度就值得考虑了。

7. 土圭尺有五寸,以致日,以土地。

郑注云:"土犹度也。"孙诒让正义也认为土和度声近义通,故土圭也可称为度圭。土圭或度圭的作用主要有两点,一是致日,即郑注所说的"度景至不";二是"土地"或"度地",即"建邦国以度其地,而制其域"。可见土圭属于我国古代"表"一类的天文测量仪器。

在我国古代的天文仪器中,"表"是其中重要的一类,在古文献中它还有其他名称,如竿、髀、碑、臬等。[②] 表的基本形制是一根直的竿子,其质地也有不同,竹、木、石质均可。表的作用很多,可用来测方向、定时间、节气以及回归年长度等,这里着重谈它的"致日"和"土地"的功用。

定节气是古人立表测影的最重要目的之一,而节气中首先也是最重要者是要测定冬至日。古人在日常生活中很容易看到一年之中日影有规律地变化,在这种规律性变化的促使下,古人可能很早就开始测定每天正午即太阳在正南方时日影的长度,以日影的最长和最短日来确定冬至和夏至。在甲骨文中已经有了"日至"一类的记载,表明我国古代测日影的历史很悠久。从文献记载来看,土圭就是用来测量表在地

---

① 孙希旦:《礼记集解》,第778页。
② 中国天文学史整理研究小组:《中国天文学史》,北京:科学出版社,1981年,第174—183页。本节有关论述均据此文。

面上影长的工具。既如此,长"尺有五寸"的土圭还必须带有一定的刻度,才可以用来测量影长。

用土圭直接去测量表在地面上的投影长度,这是一种最原始的测影方法,至少在汉代以后,表和土圭就被合二为一了。这种新的测量工具是用一块石质或铜质的平板,一头放在表基,另一头延伸向北,在这块平板上刻上刻度,就可以从其上直接读出日影的长度而不必用土圭来量了,这块平板其实正起到了土圭的作用。1960年代在江苏仪征的一座东汉墓中出土了一件铜圭表明器,就是由圭和表连接而成的。① 其中圭面全长34.5厘米,正合汉尺的一尺五寸(丘光明);同时圭面上有十五个刻度,以示用来测量影长。尽管这件铜圭表只是一件明器,但为我们提供了古代圭表形制的重要例证。

以土圭"土地"之法,更详细地记载于《周礼·地官·大司徒》,如"凡建邦国,以土圭土其地而制其域"。② 据贾公彦疏,如建立一五百里之侯国,在其南北边界各设一八尺的表,夏至日正午北界的影长是尺五寸,而南疆同时的影长只有尺四寸五分,也就是说地差一百里,则影长差一分,这显然是从郑注所说的"凡日景于地,千里而差一寸"引申出来的。③ 反之,如果知道两地的影长,就可以反推出其间的南北距离,从而实现所谓的"以土圭土其地而制其域"的目的。但在这里郑注和贾疏都是错误的,因为尽管南北也就是纬度不同的两地所测定的影长确有差异,但差率并不是如郑玄和贾公彦所说的地差一百里,影长差一分。因此,如果在周代建邦国时确实使用了土圭来"土其地"的话,那很可能是用利用土圭来测定方向,而不是推算距离。

所谓土圭长尺有五寸,也是有其深刻道理的。如《大司徒》还记载道:"日至之景尺有五寸,谓之地中,天地之所合也,四时之所交也,风

---

① 南京博物院:《江苏仪征石碑村汉代木椁墓》,《考古》1966年第1期,第14—20页。
② 孙诒让:《周礼正义》,第727页。
③ 贾公彦:《周礼注疏》,第715页。

雨之所会也,阴阳之所和也,然则百物阜安,乃建王国焉,制其畿方千里而封树之。"而关于"地中"的地望,郑玄注引郑司农云:"今颖川阳城地为然。"①又《史记·周本纪》:"成王在丰,使召公复营洛邑,如武王之意。周公复卜申视,卒营筑,居九鼎焉。曰:此天下之中,四方入贡道里均。"②则周人心目中的"地中",当是日至(夏至)正午影最短时为尺有五寸者。汉阳城,历代学者都认为是今河南登封市告成镇,这不仅和洛阳为天下之中相吻合,而且,在告成镇,还有所谓的周公测景台遗址,1936年董作宾先生还来此作过考古调查。③ 对于告成镇而言,如按中国古代常用的八尺高的表,其夏至日日中的影长正好是尺有五寸而略多一点,而洛阳纬度稍高,所以影长也相对要长一些,因此,测影所用的土圭长度至少是汉尺的尺五。④

从战国以降到东汉时期,一尺的长度都在23厘米左右,而春秋和西周时期一尺长度是多少,目前还缺乏确凿的证据,但从殷墟出土的两件牙尺来看,商代一尺约是15.8厘米。⑤ 而且从我国古代尺制的演变规律来看,年代越晚,尺度越长,因此,西周时期一尺的长度很可能在15.8厘米到23厘米之间。因此,《大司徒》和《考工记》中有关土圭的记载,很可能是战国和汉代的制度。至少我们可以这样认为,在西周尺制以及西周时期立表的通常高度还没有确定之前,我们不能肯定这些记载反映的是周制。但另一方面,文献中也有记载表明周人确实很早就懂得了立表测影的道理。除了上面曾经引过的周公测影以定地中的记载外,再如《诗经·大雅·公刘》中说:"既景乃冈,相其阴阳。"毛传

---

① 贾公彦:《周礼注疏》,第721页。
② 司马迁:《史记》,第133页。
③ 裘锡圭:《董作宾》,《文史丛稿》,上海:上海远东出版社,1996年,第206—210页。
④ 车一雄等:《仪征东汉墓出土铜圭表的初步研究》,《中国古代天文文物论集》,北京:文物出版社,1989年,第159页。
⑤ 王冠英:《中国历代度制演变测算简表》,《汉语大词典》附录一,上海:汉语大词典出版社,1994年。

云:"既景乃冈,考于日景,参之高冈。"郑笺也说:"既广其地之东西,又长其南北,既以日景定其经界。"①可见早在先周时期周人已经掌握了测影技术。但在先周以及西周时期,流行的是否也是八尺之表和尺有五寸的圭,还有待于考古实物来证实,但至少在目前我们还没有见到带有尺度的西周遗物,更不必说是玉质的了。

8. 祼圭尺有二寸,有瓒,以祀庙。

据郑注,祼圭是一种灌器,其形制是"瓒如盘,其柄用圭,有流前注"。按《周礼》中言及瓒者多处,如《春官·典瑞》记:"祼圭有瓒以肆先王,以祼宾客。"郑玄注引郑司农云:"于圭头为器,可以挹鬯祼祭,谓之瓒。"②由此可知,祼圭和瓒是两物,瓒是前头用来挹鬯的勺,而祼圭只是瓒的柄。

在其他的一些先秦文献中,也可见到有关瓒的记载,如《左传·昭公十七年》:"郑裨灶言于子产曰:宋、卫、陈、郑将同日火。若我用瓘斝玉瓒,郑必不火。"杜预集解云:"瓘,圭也;瓒,勺也。"③又如《诗·大雅·旱麓》有云:"瑟彼玉瓒,黄流在中。"毛传曰:"玉瓒,圭瓒也。"而郑笺云:"圭瓒之状,以圭为柄,黄金为勺,青金为外,朱中央矣。"④可知所谓的圭瓒或玉瓒,是一种玉柄但有金属质勺头的器具。因为这种圭瓒是专门用来挹鬯而祼祭,所以又可称之为鬯圭。如《国语·鲁语》"文仲以鬯圭与玉磬如齐告籴",韦注即云:"鬯圭,祼鬯之圭,长尺有二寸,有瓒,以祀庙。"⑤

灌用圭瓒,于礼也有征。如《礼记·郊特牲》:"周人尚臭,灌用鬯

---

① (唐)孔颖达:《毛诗正义》,十三经注疏本,北京:中华书局,第543页。
② 孙诒让:《周礼正义》,第1588页。
③ 杜预:《春秋经传集解》,第1426页。
④ (清)马瑞辰:《毛诗传笺通释》,北京:中华书局,1989年,第829—830页。
⑤ 《国语》,第158页。

臭,郁合鬯臭,阴达于渊泉。灌以圭璋,用玉气也。"孙希旦集解认为臭即香气,而玉气洁润,用圭璋也是用臭之义。① 而近年裘锡圭先生对中国古代重视用玉的原因作了探讨,他指出:"古人十分重视玉,其重要原因之一,就是他们认为玉含有的精多。"又说:"玉经常被用作祭品,或制成各种礼器以用于祭祀等仪式,就是由于它是精物。"② 而夏鼐先生更指出在古代中国人看来玉就是阴阳二气中阳气的精。③

在一些西周的赏赐铭文中,有一种称为圭鬲的器物常在赏赐之列,如师询簋、吾簋、毛公鼎均是。据王慎行的考证,上述西周金文中名为圭鬲者,就是《周礼》等文献中所说的圭瓒。④ 如此说可信的话,也进一步证明早在西周时期就有圭瓒的使用。但从现有的考古发现来看,铜盘和玉圭都是单独出土的,并没有以铜为盘而又以玉为柄的器物。至于是否如郑注所言瓒盘大五升,而圭长尺有二寸,则更是无从知晓了。目前所见的金玉合成器主要是兵器,如铜内玉援戈和玉柄铜剑等,而玉和铜质器皿的联合,在周代器物中还没有见到,因此,玉瓒的真正形制如何,同样有待于考古材料来证明。

9. 琬圭九寸而缫,以象德。

按郑注,琬即圜也,即圭首呈圆弧状。琬圭被认为是王之瑞节,诸侯有德,王命赐之,使者执琬圭以致命。既然是赐于诸侯之圭,其长九寸,和诸侯的命圭之尺度正相符合。但《尚书·顾命》"越玉五重,陈宝,赤刀、大训、弘璧、琬、琰,在西序",郑注云:"琬、琰,皆度尺有二寸。"⑤ 和

---

① 孙希旦:《礼记集解》,第713页。
② 裘锡圭:《稷下道家精气说的研究》,《道家文化研究》第二辑,上海:上海古籍出版社,1992年;又收入《文史丛稿——上古思想、民俗与古文字学史》,上海:上海远东出版社,1996年,第33页。
③ 夏鼐:《汉代的玉器》,《考古学报》1983年第2期,第137页。
④ 王慎行:《瓒之形制与称名考》,《考古与文物》1986年第3期,第74—76页。
⑤ 孙星衍:《尚书今古文注疏》,第492页。

《考工记》所记不同。

首部圆弧而非尖状的圭形器,在出土物中可见。如殷墟妇好墓所出土的八件玉圭中,圜首者五件而尖首者仅一件,原发掘报告就把这些圜首器称为"琬圭"。① 但在出土的西周玉器中,笔者仅见到两件这种形制的器物,一件出土于洛阳东郊 M196 中,该器长为 21.5 厘米;② 另一件出土于陕西扶风黄堆 M1,长仅 11.6 厘米。③ 妇好墓出土的五件形制规整的"琬圭",事实上更可能是龙山甚至是大汶口时期的遗物,④ 因此和周代的礼制相去甚远。而仅从目前所见的两件西周时期器物,我们还无法将它们和文献中的琬圭联系起来。

10. 琰圭九寸,判规,以除慝,以易行。

据郑注,普通的玉圭是琰上寸半为首,而所谓的琰圭则是从中部以上均琰,另半则有璆饰。但戴震对琰圭形制的理解和郑玄有很大的不同,戴震云:"凡圭直剡之,倨句磬折,上端中矩……琰圭左右剡坳而下,如规之判。"⑤ 则戴震看来,琰圭也是只剡圭首寸半,只是所剡部分不再是直线,而是呈凹弧状,即所谓的"如规之判"。郑玄和戴震的解释,何者更为接近事实,孙诒让也不能断定。在出土器物中,也不见可以为上述两说提供证据者。周代玉圭的尖首,其两侧刃大都呈直线形,少数是略向外弧出,而不见戴震所说的向内凹弧的;另外,尖首圭所剡的尺寸,似乎也没有什么规律,至少不是《考工记》中所说的都是剡上

---

① 中国社会科学院考古研究所:《殷墟妇好墓》,北京:文物出版社,1980 年,第 116 页。
② 洛阳市文物工作队:《洛阳市东郊发现的两座西周墓》,《文物》1992 年第 3 期,第 19—22 页。
③ 陕西周原考古队:《扶风黄堆西周墓地钻探清理简报》,《文物》1986 年第 8 期,第 58 页。
④ 〔英〕Jessica Rawson, *Chinese Jade, from the Neolithic to the Qing*, British Museum Press, 1995, pp.179-181. 罗森女士列举了多件龙山时期的圭状玉器,其形制均和妇好墓出土者相似,笔者认为妇好墓所出者很可能是早期遗留物,这种现象在妇好墓玉器中已有多例。
⑤ 戴震:《考工记图》,第 385 页。

寸半。既然我们对琰圭的形制甚至存在与否还有疑问，对于它是否用来"除慝"和"易行"就更加不能作出判断了。

11. 璧羨度尺，好三寸，以为度。

郑玄注引郑司农云："羨，径也。好，璧孔也。"是谓径为一尺之璧，其好径三寸。但据《尔雅·释器》："肉倍好谓之璧，好倍肉谓之瑗，肉好若一谓之环。"这样的话，好三寸的璧，其径当为九寸。为了解决这一矛盾并解释璧用作"度"的功能，历代经注家作出了多种调和，而最终认为合理的解释是把九寸的横径减为八寸，而纵径则延伸为一尺，以其为度时，如果度量的对象是十进制者，可用其长径，而度量八进制者，正好可用其短径。① 只是这样一来，璧就成了一件椭圆形而不是圆形的器物了。

从出土器物来看，片状有中孔的璧环类器物，其"肉"和"好"的比例确实存在着差别，但造成这种差别的原因至少包括这样两点：一是同类器物在不同文化或不同时期所体现出来的器物特征；二是确实因为器类不同而所造成的。关于前者，我们可以通过良渚、西周和西汉时期玉璧形制的对比来说明。如《良渚文化玉器》一书中所著录的十七件典型良渚玉璧，其孔径和璧径之比均在1∶4至1∶5之间，大致反映了良渚玉璧"肉宽好窄"的特点，②而根据笔者对二十余件西周早晚期玉璧的观察，这一比例一般是1∶2，说明西周玉璧的孔径相对增大；③但从南越王墓墓主人胸腹部和背部出土的十五件玉璧来看，这一比例又和良渚时期更为接近，基本上都是1∶4左右。④ 这说明《尔雅》所记并不符合事实，至少是有时代局限性的。而因器类不同所造成的肉好比例的

---

① 孙诒让：《周礼正义》，第3335—3337页。
② 浙江省文物考古研究所等：《良渚文化玉器》，图版72—89、200—203。
③ 孙庆伟：《西周墓葬出土玉器研究——兼论西周葬玉制度》，北京大学考古系硕士学位论文，1996年，未刊。
④ 广州南越王墓博物馆：《南越王墓玉器》，图版29、44。

差异,也可从西周玉器中找到例证。如宝鸡竹园沟 M6 出土的一件玉环,其外径为 6.7 厘米,而孔径也达 6.2 厘米;①又茹家庄 M1 甲室出土的两件玉环,外径 7.3—7.4 厘米,而肉宽仅为 0.6 厘米,②这样的器物称为环而不是璧,显然是合适的。

如果说孔径和璧径之比为 1∶2 大体上反映了西周玉璧形制特征的话,那么这一句经文所说的直径一尺之璧而其"好"三寸,和西周时期的实际情况也是有出入的。

12. 圭璧五寸,以祀日月星辰。

郑注认为这里的圭璧是一器,即以璧为邸的玉圭。在上文中,我们已经对所谓的"四圭有邸"和"两圭有邸"等相关记载作了详细的考证,证明这一类器物其实是指圭和璧这两种器物共用的现象。相应的,文献中也多以圭璧连称,如《尚书·金縢》:"周公……植璧秉圭,乃告太王、王季、文王。"又《诗经·大雅·云汉》:"圭璧既卒,宁莫我听。"

在出土文献中,也有材料证明我们的这一推测。如战国时期的三篇诅楚文中,均有"又秦嗣王敢用吉玉宣璧"而"告于丕显大神"这样的记载,据郭沫若的考证,虽言吉玉,实则是指玉圭,并认为秦人祷神例用圭。③ 再如春秋晚期齐国著名铜器洹子孟姜壶也有铭曰:"齐侯拜嘉命,于上天子用璧司,玉备一嗣,于大巫嗣誓于大司命用璧,两壶八鼎。于南宫子用璧二备,玉二嗣,鼓钟一肆",④如按郭老所言,此处和玉璧对文的"玉",也应当是指玉圭。

以上所列举的材料,均证明了在两周时期,圭和璧确实是经常被同

---

① 卢连成、胡智生:《宝鸡㓪国墓地》,第 188 页。
② 同上书,第 325 页。
③ 郭沫若:《诅楚文考释》,《郭沫若全集·考古编》第 9 卷,北京:科学出版社,1982 年,第 298—299 页。
④ 郭沫若:《两周金文辞大系考释》,东京:文求堂书店,昭和十年(1935),第 212—214 页。

时使用的,尤其是用作祭玉时更是如此。前引山东成山出土的两组祭祀之玉,也都包含有圭和璧,进一步证明圭、璧共用的现象在两周时期是十分流行的。而正是因为这一原因,到了汉代,学者不明古制,而擅将圭、璧理解为一物了。

两周时期的圭、璧不仅经常伴出,也同样可以单独用作祭玉。如在晋侯墓地的一些祭祀坑中,既有玉圭单独出土,也有玉璧单独瘗埋的现象;再早者如郑州小双桥商代遗址的祭祀坑中也有玉圭发现。① 而凤翔姚家岗春秋中晚期秦国宫殿遗址中则出有祭祀用璧 20 件,② 马家庄的宗庙遗址的祭祀坑中又出土玉璧 81 件,③ 上述材料均有力地证明了圭和璧都是祭玉中常用的器类。

13. 璧琮九寸,诸侯以享天子。

按郑注,享,献也。并据《仪礼·聘礼》"聘于夫人,用璋,享用琮"的记载,云:"享君以璧,享夫人以琮。"在上文中我们已经通过文献和相关的铜器铭文证明了在西周时期的朝聘之礼中确实有献玉的仪式,而按《周礼·小行人》所记,则圭、璋、璧、琮、琥、璜为所谓的六币,且所献的对象和时间还有差别:圭璋曰先,朝聘以之;璧琮曰加,享礼以之;琥璜曰将,大飨以之。

笔者目前所见的材料中,还没有确凿的证据来肯定或否定周代聘礼中是否享天子以璧,但下面几条材料应当引起我们的重视。

宣王时期铜器《六年琱生簋》铭文中有云:"惟六年四月甲子王在奔,召伯虎告曰:……今余既一名,典献伯氏,伯氏则报璧琱生。"又齐

---

① 裴明相:《论郑州市小双桥商代前期祭祀遗址》,《华夏考古》1996 年第 2 期,第 4—8 页。

② 凤翔县文化馆等:《凤翔先秦宫殿试掘及其铜质建筑构件》,《考古》1976 年第 2 期,第 121—128 页。

③ 陕西省雍城考古队:《凤翔马家庄一号建筑群遗址发掘简报》,《文物》1985 年第 2 期,第 1—29 页。

桓公时铜器《㝬敖簋》,其铭文中也有类似的记载:"戎献金玉子牙父百车,而锡鲁㝬敖今十钧,锡不讳。敖用拱用璧,用诏告其右,子欱史孟。"据郭沫若的考证,这里所谓的"用拱用璧",就是用大璧小璧之意。①

以璧为礼也见诸《左传》,兹举两例为证:

> 僖公二十三年:僖负羁……乃馈盘飧,寘璧焉,公子(指重耳)受飧,反璧。

> 成公二年:(韩厥)再拜稽首,奉觞加璧以进。

上引铭文和《左传》中的有关记载均充分证明了在两周时期玉璧确实可以用作馈赠之礼,但从其献璧的对象而言,似乎也没有规律可循。琱生簋中献璧于太宰琱生,㝬敖则是以璧予其右史孟,而僖负羁献璧于重耳,或是视其为诸侯,韩厥奉觞加璧以进的对象为齐顷公,也属诸侯,大体可证郑玄所说的"享君以璧"。但更可能说明在两周时期,璧是广泛使用的一种玉币,其所献的对象不必一定是天子或诸侯。反之,如果我们推断在两周时期曾经享君以玉璧,当也不致为无经之谈。

和"享君以璧"相对的是"享夫人以琮",但无论是文献记载,还是考古发现中,有关周代玉琮的材料都无法和玉璧相比。首先,春秋以前的文献,如《尚书》《诗经》以及《左传》等,其中均不见有关琮的记载。以《左传》为例,其中言及用玉事例超过四十例,所涉及的玉器器类超过十种,六币之中除了琮以外,其他五种均见。②而在笔者所收集的两周时期的铜器铭文中也未见一例和玉琮有关者。传世文献和铜器铭文中有关玉琮材料的缺乏,说明了在两周时期玉琮是处于其衰落时期,它的使用远不及所谓六币中的其他五种玉器普遍。这一点,也可从出土实物来加以说明。

---

① 郭沫若:《"㝬敖簋铭"考释》,《考古》1973年第2期,第66—70页。
② 孙庆伟:《〈左传〉所见用玉事例研究》,北京大学中国考古学研究中心、北京大学震旦古代文明研究中心编:《古代文明》第1卷,北京:文物出版社,2002年,第310—370页。

目前西周墓葬和遗址中出土的玉琮,据刘云辉的统计①加上笔者在晋侯墓地发掘所见者,刚刚超过二十件,这大体上反映了西周玉琮的出土情况。而在所有这些出土器物中,不见一例器高超过 10 厘米者。还需要指出的是,即使这二十余件玉琮之中,还包含有早期的遗留物,如晋侯墓地 M8:235 显然是一件良渚文化的玉琮而遗留到了西周晚期。② 笔者还曾经证明,西周时期除了两端有射这样标准形制的玉琮外,一些有着特殊功能的圆筒形器,如晋侯墓地 M8、M31、M91 和 M93 等墓所出者,并非发掘者所说的"束发器",而是另一种形制的玉琮。③ 但即使如此,目前所见的西周玉琮数量不会超过三十件。

尽管东周墓葬中随葬玉器的现象较之西周时期更为普遍,但在已经发表的材料中,东周墓葬和遗址中所出土的玉琮数量要少于西周,其总数不会超过二十件,说明在东周时期玉琮更趋衰落。④ 以曾侯乙墓和太原赵卿墓出土玉器为例,前者共出玉石器 528 件,而仅有小玉琮两件;⑤而原报告称赵卿墓出土的 297 件玉器中有琮十件,但从发表的线图和照片来看,可确证为琮者仅 M251:352 一件,⑥余者当称为方勒为

---

① 刘云辉:《西周玉琮形制纹饰功能考察——从周原发现的玉琮说起》,《周原玉器》,台湾:中华文物学会,1996 年,第 283—290 页。

② 北京大学考古系、山西省考古研究所:《天马——曲村遗址北赵晋侯墓地第二次发掘》,《文物》1994 年第 1 期,第 4—28 页。

③ 孙庆伟:《晋侯墓地出土玉器研究札记》,《华夏考古》1999 年第 1 期,第 60—71 页;又见本书下文。

④ 除了太原赵卿墓和曾侯乙墓所出玉琮外,其他见诸报道者还有:长沙浏城桥一号墓出一件,参见《考古学报》1972 年第 1 期,第 59—72 页;洛阳东周北城墙 M60 出一件,参见《考古》1981 年第 1 期,第 24—26 页;陕西凤翔高庄秦国墓地 M17 出一件,参见《考古与文物》1981 年第 1 期,第 12—34 页;山西潞城县潞河战国墓出琮两件,参见《文物》1986 年第 6 期,第 1—19 页;湖北当阳赵巷 4 号墓出一件,参见《文物》1990 年第 10 期,第 25—32 页;济南千佛山战国墓出琮一件,见《考古》1991 年第 9 期,第 813—817 页。

⑤ 湖北省博物馆:《曾侯乙墓》,文物出版社,1989 年,第 401、414 页。

⑥ 山西省考古研究所、太原市文物管理委员会等:《太原晋国赵卿墓》,文物出版社,1996 年,第 145—146 页,插图 78,图版 100。

妥。同样,东周时期玉琮的器体也很小,制作罕见精致者。

　　就目前两周墓葬和遗址中发现的玉琮而言,其中决不会有用作玉币者,更遑论享夫人的九寸之琮了。但另一方面,有关玉琮功能的讨论,始终是古玉研究中的一个焦点,而且各种新说层出不穷。据台湾邓淑苹女士的统计,近百年来有关玉琮功能的解释几近十种。① 在上文所引拙作中,笔者曾根据玉琮在两周墓葬中特定的出土位置,认为周代葬俗中玉琮至少有这样两个作用:第一,放置在墓主的头部以象天,或供墓主灵魂以通天,但这种现象只流行于穆王晚期到两周之际,而西周早期和穆王早中期以及春秋以后墓主头顶放置的玉器是璧而不是琮;第二,放置在男性墓主的大腿内侧用作生殖器套,这一做法从西周晚期一直流行到汉代。

　　上述材料基本上可以否定郑玄"享夫人以琮"的说法,而两周时期玉琮出土材料的缺乏以及我们对玉琮功能的分析,事实上是动摇了《周礼》中系统的六币体系。至少也可以说明,《周礼》中有关玉琮的记载不能反映周代的实际情况。

14. 谷圭七寸,天子以聘女。

　　此条经文和《典瑞》中的"谷圭以和难,以聘女"相对应,此处不言及和难之事,或即古书中常见的"文不具"的现象。《典瑞》郑注云:"谷圭,亦王使之瑞节也。谷,善也。其饰若粟文然。"按,古之和难之事,史书中确有记载,如郑玄即引《左传》宣公四年"宣公及齐侯平莒及郯",成公元年"晋侯使瑕嘉平戎于王"为证,虽然这两条史料中并没有提到使者执圭之事,但按周代朝聘之礼,天子或诸侯之卿执玉币以和难,也在情理之中。但和难的玉币,似不必尽是七寸之谷圭,如《国

―――――――――

① 邓淑苹:《故宫博物院所藏新石器时代玉器研究之二——琮与琮类玉器》,《"故宫"学术季刊》(台北)1983年第6卷第2期,第17—53页。

语·鲁语》①和《左传·僖公三十年》都记载了这样一件史事:温之会,卫成公恃楚而不服晋,晋文公执之,文公并使人鸩之,侥幸得不死。后鲁僖公从臧文仲之言,各以玉十珏于王及晋文公,卫侯乃得释。鲁僖公此举,正是和难之属,尽管《国语》和《左传》中没有言明玉器的种类,但所纳的玉器既多达二十珏,自然不会都是七寸的谷圭。

按《周礼·地官·媒氏》:"凡嫁子娶妻,入币纯帛,无过五两。"郑注乃据《典瑞》认为"天子加以谷圭,诸侯加以大璋"。②《春秋》经中言诸侯聘女之事多例,如庄公二十二年冬"如齐纳币",文公二年"公子遂如齐纳币"等均是。但经成公八年记:"宋公使华元来聘",又记:"夏,宋公使公孙寿来纳币。"同年左氏传云:"宋华元来聘,聘共姬也。"又"宋公使公孙寿来纳币,礼也"。③似乎说明在纳币之前,男方当先遣使向女方表达通婚之意,在得到许可后,方有纳币之礼。而《穀梁传》注庄公二十二年此条经文云:"纳币,大夫之事也。礼有纳采,有问名,有纳徵,有告期,四者备而后娶,礼也。"东汉何休曰:"纳币即纳徵。纳徵用玄绣,束帛俪皮。"贾公彦则曰:"纳币则昏礼已成,女家不得移改。"④也可证纳币不在聘女之初。而有关纳币的具体内容,《春秋》经及传均无明言,据上引何休所言,似乎只有皮帛之类而不及瑞玉,但郑玄认为天子和诸侯当分别加谷圭和大璋。按《春秋》经及《左传》中言"币"者,通常是圭璋皮马之属的总称,天子和诸侯聘女同时入皮帛和瑞玉应该是可信的,但所纳之玉或不必如郑玄所言的天子以谷圭,而诸侯以大璋,更不会一定是《考工记》和《典瑞》所记载的七寸的谷圭。

谷圭名称的来历,按照郑玄的注释,是因为圭上"其饰如粟文然",而所谓的"粟文",也就是后来学者所理解的谷纹。但这种谷纹,据有

---

① 《国语》,第161—162页。
② 孙诒让:《周礼正义》,第1047页。
③ 杨伯峻:《春秋左传注》,第836—838页。
④ 钟文烝:《春秋穀梁经传补注》卷七,北京:中华书局,1996年,第196—197页。

关学者的研究,要晚到战国早期才由春秋时期的虺龙纹分解演变而成,春秋及西周时期并不见。① 即使在谷纹流行的战国时期,装饰有这种纹饰的玉圭也不见于出土器中,由此似可证所谓的谷圭事实上并不存在——如果谷圭确实是因为其上装饰谷纹而得名的话。

15. **大璋、中璋九寸,边璋七寸,射四寸,厚寸,黄金勺。青金外,朱中,鼻寸,衡四寸,有缫,天子以巡守,宗祝以前马。**

在对此条经文中所谓大璋、中璋和边璋进行认证前,有必要首先对周代玉璋研究作初步的了解,事实上,有关玉璋的研究始终是周代玉器研究中的一个焦点。

对于玉璋形制的传统看法是根据许慎《说文解字》所言的"半圭为璋",即和圭有两侧锋相比,璋仅有一侧锋。但据笔者的统计,就西周墓葬出土者而言,这种作半圭状的璋仅见于洛阳东关 M88 和 M91 以及扶风上康村 M2 等,总计不超过 20 件。根据这些器物的器形及其出土位置,笔者曾指出它们不是文献中所说的六瑞之一的璋,而是周代流行的不规则形状的小玉圭。②

玉璋研究的另一个焦点是所谓的牙璋问题。牙璋这一名称见于《周礼》,但最早将它和具体器物联系起来则是清代学者吴大澂。吴氏在其《古玉图考》将那些援、内交界处带有牙状突起的戈状玉器考订为《周礼》中的牙璋。③ 尽管吴氏的这一命名遭到某些学者如夏鼐先生的反对,④但多数研究者却沿用了这一名称。同样,周代牙璋的确认,也

---

① 吴棠海:《认识古玉——古代玉器制作与形制》,台北:中华自然文化学会,1994 年,第 197 页。

② 孙庆伟,"Research on Western Zhou Dynasty Jade Gui and Related Issues", *China Archaeology and Art Digest*, Vol. 1, No. 1, Hong Kong, 1996, pp. 31-38。

③ 吴大澂:《古玉图考》,桑行之等编:《说玉》,上海:上海科技教育出版社,1993 年,第 628 页。

④ 夏鼐:《商代玉器的分类、定名和用途》,《考古》1983 年第 5 期,第 455—467 页。

必须建立在玉璋研究的基础上。

近年来在玉璋研究中产生了这样一个矛盾:一方面是学者对于文献中有关玉璋的记载难以作出明确的判断,甚至于何者是璋这一最基本的问题都未得到解决;而另一方面,在出土实物中,尤其是出土的文字材料中,有越来越多的迹象证明了西周时期玉璋的流行。但迄今为止,还未能把出土文献中的璋和具体器物有机地结合起来。以下我们对相关的发现作一概括,以期能够认识周代玉璋的本来面目。

除了传世文献外,玉璋还见诸西周时期的铜器铭文中,主要有以下几例:

《竞卣》:竞蔑历,赏竞璋。(白川静《金文通释》卷二)

《颂鼎》:颂……反入堇章。

《史颂簋》:蘇宾章,马三匹,吉金。

《庚嬴鼎》:王蔑庚嬴历,易曼章,贝十朋。

《大簋》:大宾獣章,马两。

《五年琱生簋》:余惠于君氏大璋。

另外就是上文所引《卫盉》铭文中的"矩伯庶人取堇章于裘卫"。从上引的这些西周铜器铭文来看,这一时期璋主要用于王赏赐臣下和臣下向周王的觐礼。类似者也见于传世文献,如《左传》僖公二十八年记载晋文公在受周襄王册命后,"出入三觐"。郭沫若据颂鼎铭文中有"反入堇章"的内容,认为晋文公三觐也是纳璋报璧之礼,其说可信。①

近年考古发现中还有一些相关的材料值得注意。如 1985 年安阳市博物馆在殷墟刘家庄南发掘了 60 余座商代墓葬,其中十余座墓中出土若干残玉片,其上并有朱书文字(图 2-3),发掘者将其中一字考订为"璋",并认为这些残玉片就是商代的玉璋。② 但这种观点

---

① 郭沫若:《两周金文辞大系考释》,第 72—73 页。

② 孟宪武、李贵昌:《殷墟出土的玉璋朱书文字》,《华夏考古》1997 年第 2 期,第 72—77 页。

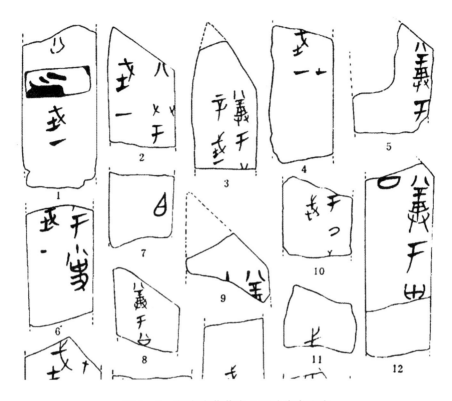

图 2-3 刘家庄墓葬出土玉璋朱书文字

遭到其他学者的反对。① 此外,据郝本性先生披露,在上村岭 M2009 號仲墓的棺盖板上也出有玉片十余枚,其中一片上也有朱书文字,并将其中的两字辨认为"害章",郝先生并指出此处的"害章"实即《珴生簋》中的"大章"。② 这两处材料不仅在文字上提到了"章"或"璋",而且又是书写在玉器上,应该说为最终解决什么是璋这一问题提供了重要的线索,尤其是前者,出土材料多而且均已公布。但看来问题并没有迎刃而解。

---

① 王辉:《殷墟玉璋朱书文字蠡测》,《文博》1996 年第 5 期,第 3—13 页。
② 郝本性、张文彬:《玉璋用途考》,《南中国及邻近地区古文化研究——庆祝郑德坤教授从事学术活动六十周年论文集》,第 87—91 页。

首先从这些朱书文字本身谈起。上村岭 M2009 所出者,因为具体材料尚未公布,暂时不论。殷墟刘家庄商代晚期墓葬所见的朱书文字,据原发掘报告,主要有两种形式:一是"奠(以下称 A 字)于某某(多为父祖名,如祖甲)",其二是"戎(以下称 B 字)一"的形式,显然是表示 B 的数量。另外也见将两者合并的现象,即"A 于某某,B 一"。因此,对殷墟刘家庄出土的朱书文字理解的关键是如何隶定 A、B 两字。对于 A 字,发掘者未释出,但认为是"供奉"之意。而王辉先生则作了详尽的考释,认为其上部从八,中间从章,下部乃双手持物之形,中下两部分实为鞾字之异构,而整字则可以释为"襄",乃双手捧玉而祭。尽管 A 字是否可以释作"襄"还可讨论,但将其看作奉玉而祭的象形则无疑是可信的。因为 A 字中间的作"章"的部分,正如有学者所指出的那样,其本义是以凿具治玉。① 从治玉引申为玉的总称或用作某一类玉器的名称,是很自然的。从 A 字在朱书文字中的位置来看,它只能是一个动词,因此,将 A 字和奉玉以祭的某种祭祀行为联系起来,也无疑是正确的。

B 字后面跟着数词"一",表明它是一个名词,并且从"A 于某某,B 一"的形式来看,B 当是 A 的宾语,也就是祭祀中所奉玉器的名称。从这一层意义上讲,对于 B 字的确认,更为直接地关系到我们对玉璋的认识。发掘者由于有了先入之见,在缺乏足够根据的情况下,将此字"推测"为"璋",自然缺乏说服力。而王辉先生将其释为"圭",并认为圭和戈为同一类器物,这和我们上文中有关玉圭的研究可谓是殊途同归。

刘家庄殷墓的发掘者之所以把 B 字释作璋,原因就在于他们注意到这些墓葬中出土的某些残玉片的首部仅有一侧锋,正和《说文》所言"半圭为璋"相符合。我们认为这种判断至少存在着两点不足:第一,《说文》中对璋的形制描述是否符合历史真相;第二,假使璋的形制确

---

① 詹鄞鑫:《释辛及与辛相关的几个字》,《中国语文》1983 年第 5 期。

如《说文》所言的呈半圭之状,也并不能证明朱书文字中所提到名为 B 的这一类玉器就是指用来书写的这些玉器本身。关于第一点,事实上是我们研究的目标,暂且不论,这里着重谈第二点。

首先,从这些玉片本身的形状来看,虽然大部分残破不全,但基本形制是作窄长条状,有的首部还保留有一侧锋。但总体印象是这些玉片不是精心制作的产品,而更可能属于琢玉过程中边角废料,因此,很难把它们和文献中重要的瑞玉之一玉璋联系起来。事实上,笔者曾给郝本性先生去信询问三门峡上村岭 M2009 出土的朱书玉片的形状,蒙郝先生赐函见告,也是不规则状的边料,郝先生更断言该墓所出的朱书玉片"绝对不会是文献中所说的璋"。我们认为,刘家庄殷墓所出土者和上村岭 M2009 所出者当属同类现象。其次,从朱书文字本身也能证明其中所说的"B 一"的 B 类玉器不是指这些小玉片而言的,据原发掘报告,能辨别文字的十七片玉片是从 M42 等四座墓葬中出土的,除了 M42 仅出土一件外,其他三墓都有多片。考虑到 M42 被盗过,其原来的朱书玉片很可能不止一片,其他各墓出土数量也可能更多。但另一方面,所有的朱书文字中,B 字后面所缀的数词均是"一",表明所奉祭的 B 类玉器仅一件而已。如果朱书文字的 B 字释作璋,并将这些玉片本身看成是商代的玉璋,两者之间显然有矛盾。因此,我们认为把这些残玉片视为玉璋是不妥当的。

尽管我们不认为刘家庄出土的这些残玉片是文献中所说的璋,但仍有可能和必要对这些玉片的性质进行分析。首先,随葬这些玉片的目的可能是为了书写之用,其上的朱书文字中"A 于某某,B 一"的 B 类玉器可能是就墓葬中随葬的其他玉器而言,但可惜的是这些墓葬均被盗扰,无法印证。如果确是如此的话,则这些朱书玉片的功能就类似于后来墓葬中专门用于记录随葬品的遣册了;其次,把某些重要的文字材料书写在玉片上,这种行为本身就有其深刻含义,如著名的侯马盟书也是书写在大小不一的玉圭片上。侯马盟书和刘家庄的这些朱书文字都是向神叙述的,在上文中我们已经提到玉在当时人看来是一种精物,这种精物可以充当沟通人神的介质。事实上,朱书于玉器和铸铭于铜器,其原理是一样的,都是借助某种介质来联系神人而已;最后,我们并不排除这些小玉片也有敛尸的功用,西周以降,墓葬中常见小玉、石圭或不规则的玉、石片,这种行为的目的无非是上文中我们所说的借玉的精气来护尸。

那么究竟什么才是文献中所经常提到的璋呢?解决这一问题的关键在于文字学的研究。在上文中,我们已经肯定了王辉把 A 字的中间和下半部分释作双手奉章之意,并以其为靯字异体的看法。而在商周金文以及刻辞中,有一个和靯字结构相似的字"䇂",此字见于《说文》,曰:"击踝也。"而吴大澂、林义光、马叙伦等释作伐或伐之异体,郭沫若则释作裸,陈汉平在众家之说的基础上,认为此字用作人名时可释作"颗",而用作动词时则可释作"叩"。①

尽管对该字的释法各不相同,但该字字形作一人跽坐双手奉戈之状,将其隶写为"䇂"无疑是正确的。在美国哈佛大学福格艺术博物馆中藏有一件长逾22厘米的商代大玉戈,其戈援基部有刻铭十字,李学勤先生释读为名为䑛的贵族在某次祭祀成汤的过程中执此戈以侍奉。② 这件玉戈及其上面的刻辞足以证明䇂字确实就是双手执戈之意。

从靯和䇂两字的结构来看,都是双手奉玉之状;从用法上讲,两者都有"献玉"以祭的意思。因此,我们可以认为靯和䇂是同一字,虽然一从章,另一则从戈,但正如"牢"字,既可从牛,也可从羊。

证明了上述两字是异体而同义,我们可以进一步分析被称作"牙璋"的这一类玉器的实质。上面已经提到,自吴大澂首先把援内交界处有牙状突起且首部多作歧状的这一类玉器和《周礼》中的牙璋联系起来后,即被许多学者所称引,尽管吴氏的这一命名并没有提出什么令

---

① 陈汉平:《金文编订补》,北京:中国社会科学出版社,1993年,第353—358页。
② 李学勤:《论美澳收藏的几件商周文物》,《文物》1979年第12期,第72—78页。

人信服的证据。尤其是三星堆二号祭祀坑中出土了一件双手持有这种玉器的小铜人，论者大都将其视为奉璋祭祀的真实写照。但对于这种更像戈的器物为什么用本义为"以琢具治玉"的"章"来命名，研究者也同样缺乏确凿的证据，如王辉先生也只是简单地认为"后引申为名词圭璋之璋"。而同样，持反对意见学者也很多，但也未能就其名称形成共识，如夏鼐先生称之为刀形端刃器，日本学者林巳奈夫名之为骨铲形玉器，①而最近王永波又提出了耜形端刃器这一新名称。②

我们认为，章的本义确如有学者所考证的那样，乃"以琢具治玉"之义，而当其引申为某种玉器的专名时，这种玉器不是什么别的器物，正是我们通常所说的玉戈，换言之，文献中所言的璋其实就是指戈。而所谓的牙璋，也只是玉戈自身发展过程中的一种特定形态而已。我们认为章就是戈，还可以举出以下一些证据。

首先从起源和造型上讲，牙璋这种造型的器物被认为和青铜的戈类兵器有渊源关系，③"牙璋"和我们通常所说的玉戈在造型上的最大差别主要体现在两个方面：一是牙璋在器阑部有牙状突起，这也是牙璋得名的主要缘由；二是牙璋的首部常作歧首或作Ｖ字形。但同时我们也应该注意到，牙璋的器阑以及其上的牙状饰演变规律是逐渐退化的，④事实上，不仅是牙璋，包括其他带有齿牙饰的玉器主要流行于龙山、二里头以及商代早期，因此，这种牙饰只是一种时代特征，不能作为玉器命名的主要依据。这种有牙饰的牙璋从商代晚期开始衰退，而无牙饰的玉戈开始流行也正好是在商代的晚期，如妇好墓出土玉戈三十九件，而有牙饰者仅两件。"牙璋"和玉戈流行时代的衔接，表明它们不是器类上的不同，而是同一类玉器时代上的差异而已。牙璋和玉戈

---

① 林巳奈夫：《中国古玉の研究》，东京：吉川弘文馆，1991年。
② 王永波：《耜形端刃器的分类与分期》，《考古学报》1996年第1期，第1—61页。
③ 刘敦愿：《牙璋与安丘商代铜戈》，《文物天地》1994年第2期。
④ 王永波：《耜形端刃器的分类与分期》，《考古学报》1996年第1期，第41页。

在首部形制上的差异,性质和前者相同。王永波先生曾收集了迄今所见的所有出土和传世的牙璋共 248 件(包括两件骨制品),而在两百多件牙璋中,年代最晚的四件不仅在器侧均无牙状饰件,而且除了首部残缺的两件外,另外两件首部均呈圭首状,形制和我们平常所说的玉戈完全相同。① 这种现象无疑证明"牙璋"的歧首最终是演变为圭状首的,从而也说明两者事实上是同类器物。

其次,我们还可以从文字学的角度证明璋和戈是同类器。在上文中我们已经分析了𢆶字是一人跽坐双手奉戈的象形,此字还见于铜器铭文中,如著名的史墙盘铭在叙述天子(恭王)的功绩时,其中即有一句作"受天子绾命、厚福、丰年,方蛮亡(无)不𢆶见"。𢆶字唐兰先生释作"扬",②而裘锡圭先生则释作"戒"。③ 此字释法,笔者虽不敢妄下结论,但有一点可以肯定,即此字是表示"方蛮"无不执戈以朝周天子。诸侯行朝觐之礼,按我们上文的论述,当有玉币以享天子。而我们上文还指出在诸如册命之礼后,诸侯需"反入覲璋",这样的记载在颂鼎和善夫山鼎等铭文中都可见,而我们一再提到的卫盉的铭文中也记载了矩伯为了朝天子而专门用土地交换裘卫的璋以作覲礼。既然诸侯朝天子时所献的覲礼是璋,而史墙盘铭中表示这一行为的字作双手奉戈状,则唯一合理的解释是戈就是璋。

我们还有必要分析戈状玉器为什么又被称为璋。我们推测,"章"的本义是用凿具治玉,是泛言。而从龙山时代以降,器形最大,最为引人注目的玉器莫过于"牙璋"(实即戈)了,这种玉器在当时无疑只能被少数人所拥有,有着特殊的地位。那么,把泛言琢玉行为的"章"假借

---

① 这四件器物分别出土于侯马盟誓遗址 H269、H284 和 H340 以及湖北天星观 M1,参见上引王永波文第 31 页。

② 唐兰:《略论西周微史家族窖藏铜器群的重要意义——陕西扶风新出墙盘铭文解释》,《文物》1978 年第 3 期,第 19—24 页。

③ 裘锡圭:《史墙盘铭解释》,《文物》1978 年第 3 期,第 25—32 页。

为当时最为典型、地位最尊一类玉器的名称,这种可能性应该是存在的。当然,关于这一点,还有待于进一步的研究。

按照我们在前文中的研究,戈和圭实属异名而同类,而在这一节中我们又证明了圭和璋也属于同一类器物,则文献中言及的玉戈、玉圭和玉璋,其实是名异而实同。

在证明圭和璋是同类器物后,对于这条经文的理解也就迎刃而解了。文中所谓的大璋、中璋和边璋事实是指分别以它们为柄的璋瓒,但既然璋也就是圭,则所谓的璋瓒也就是圭瓒了。在上文中,我们已经就《考工记·玉人》所提到的圭瓒作了分析,证明迄今为止我们还没有见到以玉为柄的灌器——瓒,更不必说圭瓒了。如此,则经文中有关璋瓒的记载也同样有待于验证了。

16. 大璋亦如之,诸侯以聘女。

按文义,此处所言的大璋,当指诸侯所执。"大璋亦如之"之谓,郑注认为如天子的边璋七寸,射四寸。

天子有所谓的大璋、中璋和边璋,则诸侯也当有璋,但经文中言诸侯之大璋如天子的边璋,也属无据。事实是对上引经文中"谷圭七寸,天子以聘女"的呼应,以符合天子以圭,诸侯以璋的降杀之礼。我们在对谷圭的分析中,已经明确指出了装饰有谷纹的谷圭要晚到战国时期才出现,且聘女所献的玉币不必尽为玉圭,则诸侯以大璋聘女的记载也同样是不可信的。

17. 圭璋八寸,璧琮八寸,以覜聘。

此条经文中所记的四种玉瑞圭、璋、璧、琮均为八寸,按贾疏,用作聘享的瑞玉,皆用偶数,与命圭之制异。上公命圭九寸,故其聘享之玉的尺度皆为八寸。但据我们在上文中的研究,尽管周代确有命圭之礼,但诸侯所执命圭的尺度并非如《考工记》中所记。我们还根据出土器物证明了周代玉璧的尺度并无定制,而玉琮在两周时期均处于衰落阶段,并不可能用作聘享的瑞玉。由此可见,两周时期诸侯用于聘享的瑞玉,其尺度并非均为八寸。

据《尔雅·释器》:"圭大尺有二寸谓之玠,璋大八寸谓之琡,璧大六寸谓之宣。"《尔雅》的成书大约在战国末年,①其中所反映当是周代的内容,如前引《诅楚文》中秦王祷神所用的祭玉即有名"宣璧"者。"琡"既是八寸之璋的专名,似乎说明在周代它确实被予以特殊的重视,至少说明璋作八寸是一种定制,正与圭有尺二寸,而璧有六寸者同。

18. 牙璋、中璋七寸,射二寸,厚寸,以起军旅,以治兵守。

据郑注,牙璋和中璋均为琰侧有牙饰者,而两者的不同是牙璋上有纹饰,而中璋则无。在上文有关璋的论述中,我们已经对所谓的牙璋作了详细的说明,并且明确指出当前学者所习称的牙璋,在两周时期已经罕见了,因此,如果《周礼》中屡屡提到的牙璋就是指在援内部有牙状突起的戈形器,则这里有关牙璋形制的记载和出土器物完全不相符合,而将牙状饰和"起军旅""治兵守"联系起来,则更属望"纹"生义。如果《周礼》中的牙璋不是学者们所理解的这一类器物,如王永波就认为出土玉器中的柄形器才是牙璋,②则对于何者是牙璋这一问题的解决还有待于新材料的发现。

19. 驵琮五寸,宗后以为权。大琮十有二寸,射四寸,厚寸,是谓内镇,宗后守之。驵琮七寸,鼻寸有半寸,天子以为权。

玉琮之有鼻,或如郑玄注引郑司农云:"以为权,故有鼻也。"尽管出土的两周时期的玉琮数量有限且形制不甚规整,但在所有出土器物中不见一例有鼻者,由此可证这条经文的记载纯属后人的杜撰。而王后所守的十有二寸的大琮,也无疑是向壁虚构,以便和王所执的尺有二

---

① 徐朝华:《尔雅今注》前言,天津:南开大学出版社,1994年,第3页。
② 王永波:《牙璋新解》,《考古与文物》1988年第1期,第36—46页。

寸之镇圭相呼应的。

20. 两圭五寸,有邸,以祀地,以旅四望。

说详本文中对第五条经文的解释。

21. 琮八寸,诸侯以享夫人。

说详上文对第十三条经文的解释。

22. 案十有二寸,枣栗十有二列,诸侯纯九,大夫纯五,夫人以劳诸侯。

此言天子夫人享诸侯之礼,先郑释案为玉案,郑玄补释为"玉饰案也"。案乃禁之属,如戴震称:"案者,於禁之属。仪礼注曰:於之制,上有四周,下无足。"但戴氏又据《礼器》注认为案当有足。①

两周时期的禁类器物保留至今者,也只能见到铜制品了。据朱凤瀚先生的统计,迄今所见出土的周代铜禁共有三件,其中西周早期的两件无足,而春秋晚期的一件则有足。② 而此处经文所记载的玉案,当如郑玄所说的以玉饰案,但其形制如何,因缺乏可资比较的例证,暂时存疑。

23. 璋邸射,素功,以祀山川,以致稍饩。

据郑注和贾疏,所谓的璋邸射,是指璋以琮为邸,这显然是为了和"圭璧五寸,以祀日月星辰"相对应。既然我们在上文中已经用确凿的证据证明了从来就不曾有过以璧为邸,一玉俱成的所谓"圭璧",则以琮为邸的璋邸射同样是不可能存在的。在对"四圭有邸"一类记载的分析中,我们认为它更可能是反映了圭和璧两类玉器被同时用作祭玉的情况,相对而言,璋邸射的可靠性还要小。首先,我们已经证明了璋

---

① 戴震:《考工记图》,第388页。
② 朱凤瀚:《古代中国青铜器》,天津:南开大学出版社,1995年,第130页。

实质上也是圭;其次,琮类玉器在两周时期是很不流行的,因此,以璋和琮相配合使用的可能性在这一时期是很小的。

(本文原载北京大学考古学系编:《考古学研究》四,北京:科学出版社,2000年)

《左传》所见用玉事例研究

随着考古资料的丰富,有关周代用玉制度的研究日益受到关注。作者曾撰写《〈考工记·玉人〉的考古学研究》,通过考古和有关文献资料的对比,基本上否定了《考工记》中有关用玉制度的记载是周代确实施行过的"周礼",[①]因此该文可以看成是对用玉制度中某些传统理解的"破"。然而,在写作的过程中,作者就有深刻的体会,意识到尽管《周礼》中有关用玉制度的记载并不可靠,但它们却通常表现出一定的历史基础,而并非纯粹出于后世学者的凭空臆说。基于这一认识,作者觉得有必要将这些相关的历史基础抽绎出来,这样不仅可以弄清周代真实的用玉制度,同时也可以勾画出从周代史实到《周礼》理想化记载的演变轨迹。而对《左传》所见用玉事例的逐条疏证,无疑是我们了解周代用玉观念、复原周代用玉制度的最佳途径。因此,从这一层意义上说,本文的撰写是一种"立","破"和"立"的结合,才是一个完整的研究过程。

本文所引《春秋》经及《左传》中的有关文字,如无注明者,均据杨伯峻先生的《春秋左传注》。[②]

[①] 孙庆伟:《〈考工记·玉人〉的考古学研究》,北京大学考古文博学院、北京大学中国考古学研究中心编:《考古学研究》四,北京:科学出版社,2000年,第115—139页;又参本书前文。

[②] 杨伯峻编著:《春秋左传注》,北京:中华书局,1990年。

桓公元年(前711)

经:三月,公会郑伯于垂,郑伯以璧假许田。

传:元年春……三月,郑伯以璧假许田,为周公、祊故也。

祊,公羊、穀梁传均作"邴",两字古音同属邦母阳韵,故得通假。鲁郑两国之间的许田、祊田之易可追溯到隐公八年(前715)。是年《春秋》经记:"三月,郑伯使宛来归祊。"同年《穀梁传》也记载:"三月,郑伯使宛来归邴。庚寅,我入邴。"又记:"邴者,郑伯所受命于天子而祭泰山之邑也。"由此可知邴地是天子祭泰山时,郑伯助祭的汤沐之地。邴地的具体地望,杨伯峻先生以为在今山东费县东约三十七里处,其地近鲁而远郑。① 而鲁国的许田,其地望则如《太平寰宇记》所说在今河南省许昌市南。据《穀梁传》隐公八年,许田是"鲁朝宿之邑也",也就是鲁君朝见周王时的朝宿之地。而郑伯(郑庄公)之所以想以郑之邴易鲁之许田,其根本原因是春秋时期天子祭祀泰山之礼以及诸侯朝天子之礼都已经是名存实亡。例如终春秋之世,鲁侯朝周王者仅两次,如京师者仅一次,鲁大夫聘周者也只有四次,②而周天子祀泰山之事则一次也不载于《春秋》经传,可见许田之于鲁,邴地之于郑,都已经失去了继续作为朝宿之地和汤沐之地的实际意义了。同时邴地远郑而近鲁,而许田近郑却又远鲁,这种地理位置上的特殊性也是促使郑伯(郑庄公)主动提出交换土地的原因之一。但因为许田有周公之庙,向为鲁

---

① 杨伯峻编著:《春秋左传注》,第56页。
② 春秋时期鲁侯朝周天子之事见于僖公二十八年:"五月,公朝于王所。"又同年"冬,壬申,公朝于王所"。但这两次与其说是朝周天子,还不如说是朝晋文公。因为是年五月晋文公召开践土之盟,王在践土而不在京师,鲁僖公是在参加会盟时顺便朝见周襄王的;而这年冬天的情况类似,是僖公再次参加晋文公发起的温之会时而朝于王所。实际情况正如杜预注所说:"晋侯召王,以诸侯见。"唯一一次鲁侯朝周天子于京师的是成公十三年,"三月,公如京师",而其实际情形则是杜预所言的:"伐秦,道过京师,因朝王。"可见春秋时期诸侯朝天子之礼已经丧失殆尽。鲁大夫朝聘周之事则分别是僖公三十年冬公子遂如京师、文公元年夏叔孙得臣如京师、宣公九年夏仲孙蔑如京师以及襄公二十四年冬叔孙豹如京师。

人所重,所以郑伯担心鲁国不同意这一土地交换,故借口"请释泰山之祀而祀周公,以泰山之祊易许田"(《左传》隐公八年)。即便如此,郑伯早在隐公八年就把祊地给了鲁国,但这桩土地交易的最后完成则是在桓公元年,而且是在郑国"以璧"之后,鲁才将把许田给了郑国。

郑伯以璧和祊才换到鲁国许田的原因,《史记·鲁世家》集解有一个明确的解释:"郑以祊不足当许田,故复加璧。"也就是说祊小而许大,郑国加玉璧后,两者才算是等值交换。这也就是说,在这一时期,玉璧已经可以用作具有一定市场价值的商品,并可以直接用在商品交易之中。

尽管如《穀梁传》桓公元年所言:"礼,天子在上,诸侯不得以地相与也。"所以《春秋》经中也把实质上的土地交易记载为"假许田"而讳称"易地",但事实上,自西周中晚期以来,贵族之间就不乏土地交换行为,这已经被出土的铜器铭文所证实。① 相关的材料主要有裘卫盉、五祀卫鼎、九祀卫鼎、倗生簋、曶鼎、鬲从盨、鬲从鼎和散盘等。其中五祀卫鼎、鬲从鼎和鬲从盨铭文中都记载了贵族之间以田易田的事例,如五祀卫鼎所记载的邦君厉以四田换取裘卫的土地,鬲从盨则记载了章氏和鬲从之间的土地交易。但是,和"郑伯以璧假许田"最为接近的资料是裘卫盉铭文所记载的矩伯以土地十田从裘卫处换取了价值八十朋的堇璋,又用三田向裘卫换取了价值二十朋的各色皮革制品共五件。尽管裘卫盉的铭文中没有提到所交换的堇璋数量,但既然铭文已经揭示了矩伯从裘卫处换取玉璋和皮件是为朝见周天子时行"反入堇璋"之礼所作的准备,则应该理解为一件玉璋,由此可见作为一种商品,玉器的价格在西周时期是极其昂贵的。《春秋》经和《左传》中一般都说明用玉的具体数量,但在这里却没有记载郑庄公"以璧"的数量,应该是一件玉璧的省文。类似的例子还有僖公六年的一条记载:"许男面缚,衔璧……"因为许男衔璧是他作"必死"的象征,故其口衔之璧也应理解为一件为妥。

---

① 李朝远:《西周土地关系论》,上海:上海人民出版社,1997年,第274—313页。

即使我们能够推断出郑伯是以一璧假许田,但仅仅根据《左传》中的这一段记载,显然不能确定邴、许两地面积上的差异,当然也就不能肯定郑伯所加玉璧的具体价值。不过,从《史记·廉颇蔺相如列传》记载秦昭王愿以十五城之地来换取赵惠王所获得的和氏璧来看,在东周时期某些玉器的价值简直是无法计算的。当然,如蔺相如所言,和氏璧乃"天下所共传宝也",自然非一般玉器所能比拟,但由此可以推测的是,在商品经济甚为发达而原有礼制日益松动的春秋时期,以玉璧的商品价值来平衡鲁郑两国的"贸易逆差",这在当时是完全可能发生的。

桓公十年(前702)

传:初,虞叔有玉,虞公求旃。弗献。既而悔之,曰:"周谚有之'匹夫无罪,怀璧其罪。'吾焉用此,其以贾害也?"乃献之。

据杜预注,虞叔是虞公之弟,其兄向他索玉而不予,无疑是因为当时玉器已经是一种很昂贵的商品。杜预释周谚"匹夫无罪,怀璧其罪"为"人利其璧,以璧为罪",①也正是从玉璧的经济价值出发的。不过,这里所谓的"璧",事实上也可以泛指一切精美的玉器,只是因为玉璧较为常见而称"怀璧"。进一步看,"璧"也可以理解为一切贵重物品的代称,"怀璧其罪"则是对急功好利、聚敛钱财而陨其身的形象比喻,而据《左传》记载,虞公也终于因为又向乃弟虞叔索要"宝剑"而激起其弟的造反而被迫"出奔共池"。

庄公十八年(前676)

传:十八年春,虢公、晋侯朝王。王飨醴,命之宥。皆赐玉五瑴,马三匹,非礼也。

"非礼"的原因,《左传》中就有很明确的解释,即"王命诸侯,名位不同,礼亦异数,不以礼假人"。虢公和晋侯名位不同,而周惠王所赐

---

① (晋)杜预:《春秋经传集解》,上海:上海古籍出版社,1988年,第103页。

不异,因此《左传》书其为"非礼"。合"礼"的做法,当如《汉书·韦贤传附韦玄成传》引王舜和刘歆所说的:"春秋左氏曰'名位不同,礼亦异数',自上以下,降杀以两。"故《左传》昭公六年叙述楚公子弃疾见郑伯时:"见如见王,以其乘马八匹私面;见子皮如上卿,以马六匹;见子产以马四匹,见子大叔以马二匹。"弃疾的知礼,使得"郑三卿皆知其将为王也"。杜预注也说:"见郑伯如见楚王,言弃疾共而有礼。"楚公子的行为既然被看成是恭而有礼的典范,也确实可以证明王舜和刘歆所说的"自上以下,降杀以两"是有根据的。杨伯峻先生认为这里的"马三匹"应当是"马四匹",因为"四"字古时写作四横,故脱一画而误作"三",和昭公六年中的记载对应来看,原文作"马四匹"的可能是相当大的。

不过,我们在这里要讨论的重点不是周惠王的失礼行为,而是传文中所提到的"瑴"。据《说文》玉部,"瑴"为"珏"的重文,并释"珏"为:"二玉相合为一珏。"韦昭和杜预都从《说文》之义,如《国语·鲁语》韦昭注:"双玉曰珏。"杜预注这条传文时也说:"双玉为瑴。"唐陆德明也释"瑴"为:"音角,双玉为瑴,字又作珏。"①因此,从文献的记载来看,"瑴"或者"珏"就是指两玉。但是,王国维在《释珏朋》一文中却说:"殷时,玉与贝皆货币也……而有物焉以系之,所系之贝玉,于玉则谓之珏,于贝则谓之朋,而两者于古实为一字。"他又说:"古制贝玉皆五枚为一系,合二系为一珏。"②按照王国维的说法,一"珏"就应当是指十件玉或贝了。和王国维相似,郭沫若也以珏和朋为玉贝的计量单位,但他认为:"谓双玉为珏可,谓三玉为珏亦可。谓五贝为朋可,谓二贝为朋亦可。"③然而"珏"究竟指代多少件玉,事实上关系到我们对于商周时期玉器的计量单位和计数方法的认识,因此笔者曾经有过专文进行

---

① (唐)陆德明:《经典释文》卷十五,北京:中华书局,1983年,第170页。
② 王国维:《观堂集林》卷三,北京:中华书局,1959年,第160—163页。
③ 郭沫若:《甲骨文字研究》,北京:人民出版社,1952年,第52—56页。

探讨,现将有关观点介绍如下。①

据笔者的统计,商代卜辞中对于玉器数量的表示主要有两种方式:一种是在"玉"字前直接加上数目字,另一种方式则是用"玨"或"珏"的倍数来表示。如《甲骨文合集》30997:其鼎用三玉犬羊;又《合集》34149:癸酉贞,帝五玉臣其三百四十牢;《合集》32487:丙辰卜刚于玨大甲师,《合集》1052正:丁□卜□贞于二玨又五人卯十牛。通过对上述这些材料的分析可以看出,在甲骨卜辞中,凡是直接用在"玉"字前的数目字都是单数,而双数的玉器数量是用"玨"和"珏"的倍数来表示的。倘若按照王国维"玨为十玉"来理解的话,卜辞中所提到的双数玉器均为十的倍数,这显然是不合理的。这也证明《说文》等文献中释"玨"为"双玉"是正确的,而王国维和郭沫若的说法则是错误的。

西周金文中也有"玨"的出现,如著名的噩侯驭方鼎,其铭文中就有"王亲赐驭方玉五玨,马四匹,矢五束"的内容,而在其他一些提到玉器的铜器铭文中,如师遽方彝、师询簋以及毛公鼎等,都是在玉器名称之后加上单数数字或者省略数字(按,凡不提到具体的数量者,一般是指一件玉器或者泛称玉)。这说明在西周时期"玨"仍然是指两件玉器。

"玨"在《左传》中凡三见,除了这一条材料外,还分别见于僖公三十年"公为之请,纳玉于王与晋侯,皆十玨,王许之"和襄公十八年的"晋侯伐齐,将济河,献子以朱丝系玉二玨,而祷曰……"同时《左传》中也有用具体数字来计量玉器的,如襄公三十年:"驷带……与子上盟,用两圭质于河。"昭公三十二年:"赐子家子双琥、一环、一璧、轻服,受之。"这些材料说明在东周时期"玨"依然是指二玉。不过,所有的这些材料也说明在商周时期"玨"一般不用来对具体的玉器器类计数,即不说"玨琥"或"圭二玨",而只是用来修饰"玉"字,如僖公三十年的"十

---

① 孙庆伟:《释"玨"——兼论商周时期玉器的计量单位》,《中原文物》2000年第1期,第30—34页;又见本书前文。

珏"和襄公十八年的"玉二珏"。

但是，在东周时期用"珏"来计量的玉器很可能包含了另一层含义，就是特指用"成形对开"或"对开成形"的方法制作而成、玉料和形制上十分接近的两件玉器。所谓的"成形对开"就是将已经制成某种形状的一件玉器切割成较薄的两件器物，这样的两件器物在形状上几乎是完全相同的；而"对开成形"则是将一件玉料或半成品的玉器切割成较薄的两件，然后分别制作成形，用这种方法制作的玉器，尽管在玉料和器形上十分接近，但不会像"成形对开"而成的玉器那样可以完全吻合。① 这两种方法，尤其是成形对开法在东周时期非常流行，其主要目的就是为了提高生产率，这也是和当时商品经济日益发展的社会现实相适应的。另外，这两种成形方法的流行，也可能和两周时期尤其是西周晚期以后的佩玉习惯有关。从出土的周代玉器来看，当时非常盛行用若干玛瑙珠将几件玉璜或玉珩串联在一起的组玉佩，笔者对于这种组玉佩的结构演变也有专门的探讨。② 这些组玉佩在结构上的最大特点就是平衡，其主要构件璜和珩本身就有平衡的意思，而采用成形对开或对开成形法完成的璜或珩，在器形和尺寸上非常接近，如果将它们用作组玉佩中的构件，无疑能够更好地使整组佩玉保持平衡。在出土的东周玉器中，用这两种方法制作而成的器物十分常见，从春秋早期到战国晚期都有例证。如春秋早期黄君孟墓出土的多件Ⅲ式玉虎，器体尺寸及所装饰的纹样相同，而且都是一面有纹，表明它们是先成形而后切割而成，此外，该墓出土的两件玉鱼（G1:B2-3 和 G1:B8-9）也属同类情况；③战国晚期的例子则有湖北江陵望山二号楚墓所出土的四件玉珩

---

① 有关这两种制玉方法，可参看吴棠海：《认识古玉——古代玉器制作与形制》，台北：中华自然文化学会，1994 年，第 140—145 页。

② 孙庆伟：《两周"佩玉"考》，《文物》1996 年第 9 期，第 89—94 页；又见本书前文。

③ 河南信阳地区文管会、光山县文管会：《春秋早期黄君孟夫妇墓发掘报告》，《考古》1984 年第 4 期，第 302—332 页。

（G14—17，原报告称作璜）和三号墓的两件玉龙（M3:29-1、2）。①

以上的材料可以确证商周时期"珏"和"瑴"一直是用来指代"双玉"的，王国维以"珏"为十玉以及郭沫若认为"珏"无定数的说法都不可靠。不过，在此我们也只能证明周惠王分别赐给虢公和晋侯十件玉器（五珏），至于这十件玉器的具体器类，其中是否包括有上文所说的用"成形对开"或"对开成形"法制作而成的玉器，也就无从知晓了。

庄公二十四年（前670）

经：八月丁丑，夫人姜氏入。戊寅，大夫宗妇觌，用币。

传：秋，哀姜至，公使宗妇觌，用币，非礼也。御孙曰："男贽，大者玉帛，小者禽鸟，以章物也。女贽，不过榛、栗、枣、脩，以告虔也。今男女同贽，是无别也。男女之别，国之大节也；而由夫人乱之，无乃不可乎？"

《礼记·表记》："无辞不相接也，无礼不相见也。"郑玄注称："礼谓贽也。"春秋时期正是各国贵族交往日益频繁的时期，相应的，贽见之礼也自然受到当时贵族的重视。贽见之礼，除了男女有别之外，文献记载中还罗列有更加森严的等级。最典型者如《周礼·春官·大宗伯》所说的："以玉作六瑞，以等邦国。王执镇圭，侯执信圭，伯执躬圭，子执谷璧，男执蒲璧。以禽作六贽，以等诸臣。孤执皮帛，卿执羔，大夫执雁，士执雉，庶人执鹜，工商执鸡。"类似的记载也见于《礼记·曲礼下》："凡贽，天子鬯，诸侯圭，卿羔，大夫雁，士雉，庶人之贽匹，童子委贽而退……夫人之贽椇、榛、脯、脩、枣、栗。"《周礼·秋官·小行人》还有关于"合六币"的记载："圭以马，璋以皮，璧以帛，琮以锦，琥以绣，璜以黼。此六物者，以和诸侯之好故。"

贽见礼在周代的流行是可以肯定的，《左传》中有不少类似的记载，在下文中我们都会有所涉及，而典型事例则如定公八年"公会晋师

---

① 湖北省文物考古研究所：《江陵望山沙冢楚墓》，北京：文物出版社，1996年，图版八二之3、4和图版一二〇。

于瓦,范献子执羔,赵简子、中行文子皆执雁,鲁于是始尚羔"。成公三年"齐侯朝于晋,将授玉"。以及成公六年"郑伯如晋拜成,子游相,授玉于东楹之东"。杨宽先生曾经指出,西周时期所常见的"劳"和"傧"礼就已经具有贽见礼的性质了,所谓的"劳",是指国君派使者到近郊对来宾慰劳,而来宾用币帛来回敬使者,则叫作"傧"。① 据这一时期的铜器铭文,如裘卫盉、寰卣、孟爵、史颂簋、小臣守簋、大簋、竞卣、五年琱生簋和六年琱生簋等,西周时期用作贽见礼的礼物包括瑞玉(圭、璋、璧、璜)、束帛、布、马匹、贝和金等。如寰卣的"尸伯宾寰贝、布",孟爵"王令孟宁邓伯,宾贝",小臣守簋"王使小臣守使于夷,夷宾马两、金十钧",大簋"大宾豕獣璋、马两,宾嬰獣璋、束帛",五年琱生簋"余惠于君释大璋,报妇氏束帛,璜……琱生则覿圭",六年琱生簋"典献伯氏,伯氏则报璧琱生"。上述铭文中的"宾"与"报"固然有赏赐的成分在内,但同样可以看作是贽见礼在西周时期施行的例证。而春秋齐国铜器屍敖簋就有铭文曰:"戎献金于子牙父百车,而锡鲁屍敖金十钧,锡不讳。敖用拱用璧,用诏告其右,子歆史孟。"据郭沫若的考证,这里所说的"用拱用璧",就是用大璧小璧的意思,②这篇铜器铭文也为我们提供了春秋时期贵族之间相互致"贽"的有力证据。

由于春秋时期各诸侯国之间交流的频繁,这种郊劳之礼则更加发达,因此《左传》中的相关记载十分丰富,如僖公三十三年"齐国庄子来聘,自郊劳至于赠贿,礼成而加之以敏"。又昭公五年"公如晋,自郊劳至于赠贿,无失礼"。这些记载既说明贽见礼在当时的流行,也暗示了在礼仪的具体施行过程中,已经形成了某些特定的操作规范,而其中无论是哪一个环节出现差错,都被认为是"失礼"的表现,在涉及具体事例时,我们将做进一步的探讨。

从以上所征引的铜器铭文以及《左传》等文献材料来看,一方面可

---

① 杨宽:《"贽见礼"新探》,《古史新探》,北京:中华书局,1965 年,第 346 页。
② 郭沫若:《"屍敖簋铭"考释》,《考古》1973 年第 2 期。

以证实贽见礼在周代的盛行，但同时也对《周礼·春官·大宗伯》等记载中有关"贽"的森严等级形成了挑战。铜器铭文中所见的"贽"，除了玉帛之外，更有金、贝、车等，而且根据目前的材料，我们还不能归纳出"凡贽，天子鬯，诸侯圭，卿羔，大夫雁，士雉，庶人之贽匹，童子委贽而退"或者是"王执镇圭，侯执信圭，伯执躬圭，子执谷璧，男执蒲璧。以禽作六贽，以等诸臣。孤执皮帛，卿执羔，大夫执雁，士执雉，庶人执鹜，工商执鸡"的规律。事实上《大宗伯》中的这一段记载是以《周礼》中所说的命圭制度为基础的，但根据作者先前的研究，虽然自西周以来曾经实行过所谓的"命圭"制度，但《周礼》中有关"六瑞"形制和等级的记载，是和考古资料不相符合的，大抵出于战国和汉代学者的理想和系统加工。① 同样，虽然贽见之礼是周代的历史事实，但《周礼》等礼书中的相关记载，和当时的实际操作也有一定的出入。上引文献和金文材料中所见的"贽"有厚薄的不同，呈现出一定的等级差别，但这种差别与其说是由执"贽"者本身的社会地位决定的，还不如说是由导致相互致"贽"的具体事由所决定的，换言之，"贽"的丰厚程度是有一定的偶然性的。关于这一点，我们将在下文有关的具体事例时再加以详细讨论。

春秋时期的贽见礼，尤其值得注意的是《左传》定公八年（前502）"公会晋师于瓦，范献子执羔，赵简子、中行文子皆执雁，鲁于是始尚羔"这一条记载，这和上文所引《周礼》中的有关"贽"礼品级的说明相去甚远，特别是"鲁于是始尚羔"一句明确指出贽礼中"卿执羔"做法在鲁国的流行要晚在春秋晚期，这说明《周礼·大宗伯》的有关记载和周代礼制的实际情况有相当的差距。上引传文中御孙也只是针对"用币"于哀姜而以为非礼，这是因为他认为"男女之别，国之大节也"，因此不可不辨，而对于所谓的"男贽"，御孙也只是泛称"大者玉帛，小者

---

① 孙庆伟：《〈考工记·玉人〉的考古学研究》，《考古学研究》四，第115—139页；又见本书前文。

禽鸟",也表明在春秋早中期之际,男性贵族间"贽"的交换,还没有形成很明确的等级差别。《白虎通·瑞贽篇》称:"卿大夫贽,古以麑鹿,今以羔雁何?以为古者质,取其内,谓得美草鸣相呼。今文取其外,谓羔跪乳,雁有行列也。"又称:"卿大夫贽变,君与士贽不变何?人君至尊,极美之物以为贽。士贱,伏节死义,一介之道也,故不变。"这些无疑都是汉儒的妄说,而章太炎《重定鲁于是尚羔说》也据此解释道:"言鲁始尚羔者,盖鲁卿本不以羔为贽,而用麑鹿为贽,至此始尚羔者。"①章氏此说,无非是由古文家的观点出发,维护"周礼尽在鲁"的说法。在作者看来,"鲁于是始尚羔"的记载倒可以用来说明两周时期各国所行的贽见之礼,特别是所执之"贽"可能经历过一个由各行其是到相互模仿、借鉴而最终成为普遍遵守之惯例的过程。杨向奎先生对于"礼"曾经有过很独到的解说,指出"礼是商业性质的交往,互通有无,有赠有报,有往有来,这就是'礼尚往来'的适当笺注"②。将古代社会中普遍存在的"生活必需品"的物物交换看成是"礼"的起源,无疑是符合历史发展规律的,而用这种观点来解释周代的贽见礼,可以免入汉代儒家的歧途。大抵而言,贽见礼的前身就是物物交换,进入阶级社会,就有了贡赋的意思,而到了周代,"贽"的范围从"生活必需品"逐渐缩小到某些具有一般等价物作用的物品上,如玉帛、金贝等,而禽鸟、干果一类东西之所以能够继续作为"贽",正是古代物物交换的残余痕迹,只不过已经由一种日常生活必需的、具有实际效用的行为上升为纯礼节、毫无实际效用的礼仪而已。因此,定公八年范献子等晋国三卿将羔、雁献给鲁定公,所重视者并不在"贽"本身的轻重,而在于致贽这一事情的本身,这不但可以用来否定《周礼·春官·大宗伯》中"贽"森严等级的划分,也有助于理解所谓"礼"尚质轻文的含义。

---

① 章太炎:《春秋左传读》卷九,《章太炎全集》(二),上海:上海人民出版社,1982年,第747页。

② 杨向奎:《宗周社会与礼乐文明》,北京:人民出版社,1997年,第251页。

僖公二年(前658)

传：晋荀息请以屈产之乘与垂棘之璧假道于虞以伐虢。

虞在今山西省平陆县东北,而这里所说的虢,就是《汉书·地理志》中所提到的北虢。而自1950年代以来,考古工作者在今河南省三门峡市上村岭一带发现了大规模的虢国墓地和居住遗址,可以肯定这里所说的虢就在今山西南部的平陆和河南北部的三门峡一带。① 因此,晋要伐虢,则必须经过虞国。

《公羊传》何休注以"屈产"为地名,并以为是"出名马之地",《史记·晋世家》集解也从其说。但杜预则以"屈"为地名,称："屈地生良马,垂棘出美玉。"②《左传》庄公二十八年有记载为："曲沃,君之宗也;蒲与二屈,君之疆也。"以及"夏,使大子居曲沃,重耳居蒲城,夷吾居屈"。《史记·晋世家》中晋献公自己也说："曲沃吾先祖宗庙所在,而蒲边秦,屈边翟,不使诸子居之,我惧焉。"因此,杨伯峻先生将这里的"屈"看成是"二屈"中的"北屈",释"产"为动词,并以"北屈"在今山西省吉县东北。③ 垂棘,杜预以为是晋国出美玉之地,杨伯峻先生据沈钦韩《春秋地名补注》,以垂棘在今山西省潞城北。潞城地处太行山西麓,其地出玉,当在情理之中。晋地产玉,也得到考古学上的支持。1950年代从晋国晚期都城新田遗址附近的上马墓地中出土了大量的玉石器,据鉴定,这些玉器的质地大致可以分为两类：一类属于碳酸盐,包括板岩、砂岩、细砂岩、云母砂岩等,其产地推定是侯马境内或附近山区;另一类则属于硅酸盐,包括玉、髓玉、玛瑙、绿松石、大理石和水晶等,目前还不明其产地。④

---

① 中国科学院考古研究所：《上村岭虢国墓地》,北京：科学出版社,1959年,第48—50页。
② 杜预：《春秋经传集解》,第238页。
③ 杨伯峻：《春秋左传注》,第240页。
④ 山西省考古研究所：《上马墓地》,北京：文物出版社,1994年,第151页。

春秋时期假道他国而征伐第三国的事例并不少见,在晋国也还有其他的例子,如晋献公二十二年"晋复假道于虞以伐虢"和晋文公五年春"欲伐曹,假道于卫,卫人弗许"等均是。晋以屈之马和垂棘之璧假道于虞,应该说是付出了相当大的代价,这是因为马对于春秋时期的晋国,有着重要的战略意义,如《左传》昭公四年晋平公就说:"晋有三不殆,其何敌之有?国险而多马,齐、楚多难,有此三者,何乡不济?"而这里所谓的"垂棘之璧",《韩非子·十过篇》引晋献公语称:"垂棘之璧,吾先君之宝也。"可见这件玉璧于晋国而言称得上是传世之宝。垂棘之璧的珍贵,在后世人看来,甚至可以和著名的和氏璧相比肩,如《三国志·魏志·钟繇传》注引《魏略》曰:"垂棘出晋,虞虢双禽;和璧入秦,相如抗节。"所以,这就无怪乎在荀息提出用璧、马假道的建议后,晋献公以"是吾宝也"为借口而不愿和虞国进行这笔交易,只是在荀息的再三劝说分析下,经过反复的利益权衡才最终同意。《史记·晋世家》记载晋献公二十二年在晋第二次假道于虞灭虢后又灭虞后,"荀息牵曩所遗虞屈产之乘马奉之献公",而献公则笑曰:"马则吾马,齿亦老矣。"而《韩非子·十过篇》则说:"荀息牵马操璧而报献公,献公说曰'璧则犹是也。虽然,马齿亦益长矣'。"虞公因贪晋国的良马、宝玉而亡国,被韩非讥为顾小利的典型,虞公的行为,也可以算作上文所引周谚"匹夫无罪,怀璧其罪"的一种注释。但从晋献公对于垂棘之璧的重视程度来看,春秋时期的某些玉器确实是可以用价值连城来形容的。

晋献公称"垂棘之璧,吾先君之宝也",说明这是一件传世的玉器。玉器的传世,在周代的晋国是十分常见的现象。1990年代以来在山西曲沃天马——曲村遗址发现的西周晋侯墓地,其中多座晋侯及其夫人墓葬里就出土了早于墓葬年代的玉器,甚至是商代的玉器。① 但被晋

---

① 孙庆伟:《晋侯墓地出土玉器研究札记》,《华夏考古》1999年第1期,第60—71页;又见本书下文。

国国君视为传世之宝的"垂棘之璧",究竟有什么与众不同之处,我们实在是无从知晓。中原地区考古出土的春秋早期玉璧,多数装饰有双线虺龙纹,以河南光山黄君孟墓出土者最为典型,①晋国这一时期所出土者也大同小异。但是春秋时期的晋国墓葬中出土的玉器都算不上十分精美,玉璧也不例外。如在太原金胜村发掘的赵卿墓,是迄今所见保存最为完整、等级最高的春秋晋国墓葬之一,尽管该墓出土的玉器总数达297件(含石圭23件),但玉璧仅有14件,而器体最大者也只不过是一件直径仅为15.7厘米、制作粗糙的素面玉璧,多数玉璧的直径不超过10厘米。② 诸如这样的玉璧,是很难让人把它们和垂棘之璧联系起来的。但是,如果晋献公所说的"吾先君之宝"可以追溯到西周时期,那么可资比较的材料要多一些。其中晋侯墓地出土的玉璧,不仅数量多,而且器体大。除了平常的素面器之外,还有一些装饰有精美龙纹的玉璧和少数器体外缘带有牙饰的玉璧。③ 即便如此,我们也没有任何证据把"垂棘之璧"和考古所见的任何一种周代玉璧联系起来。

  关于晋之"垂棘之璧",章鸿钊先生曾经有过独到的见解。他认为:"古之称璧,不必皆为环属,如夜光璧、璧流离皆是。有《左传》僖公二年,晋人以垂棘之璧假道于虞;二十三年,僖负羁馈晋公子盘飧,置璧,亦岂皆有孔之器哉?"④如此,晋之垂棘之璧也不排除为一珍贵玉料的可能性。类似垂棘之璧这样的宝玉,其他国家也有,如定公五年记载鲁国三桓之一的季平子死后,其家臣阳虎准备用"玙璠"为之敛,遭到

---

  ① 河南信阳地区文管会、光山县文管会:《春秋早期黄君孟夫妇墓发掘报告》,《考古》1984年第4期。

  ② 山西省考古研究所、太原市文物管理委员会:《太原晋国赵卿墓》,北京:文物出版社,1996年,第138页。

  ③ 孙庆伟:《晋侯墓地出土玉器研究札记》,《华夏考古》1999年第1期;又见本书下文。有关的发掘简报,则可参见《文物》1993年第3期、1994年第1期、1994年第8期和1995年第7期。

  ④ 章鸿钊:《石雅·宝石说》,上海:上海古籍出版社,1993年,第147页。

另一家臣仲梁怀的反对,而《说文》正是释"玙璠"为"鲁之宝玉",并引孔子的话称"美哉,玙璠,远而望之,奂若也,近而视之,瑟若也"。孔子所说的"奂若"和"瑟若",都是用来形容玉色的,因此,晋之"垂棘之璧"和鲁之"玙璠"很可能都是指质地上佳的珍贵玉料或是用此玉料制作而成的器物,而不必一定是具体的璧状玉器。

僖公六年(前654)
传:蔡穆侯将许僖公以见楚子于武城。许男面缚,衔璧,大夫衰绖,士舆榇。

据《左传》记楚大夫逢伯所言,许男此举是仿效当年微子的故事,即:"昔武王克殷,微子启如是。武王亲释其缚,受其璧而祓之,焚其榇,礼而命之,使复其所。"《史记·宋微子世家》也有类似的记载为:"周武王伐纣克殷,微子乃持其祭器造于军门,肉袒面缚,左牵羊,右把茅,膝行而前以告。于是武王乃释微子,复其位如故。"

许男面缚、衔璧等行为是为了显示其必死之意,而衔璧之所以能够"示不生",是因为商周以来就十分流行人死后在其口中放置口含物的做法,而这种现象在古文献中被称为"饭含"。饭和含本是两物,但习惯上通称。《周礼·地官·舍人》:"丧纪,共饭米,熬谷。"《荀子·礼论篇》:"饭用生稻。"《周礼·春官·典瑞》:"大丧,共饭玉、含玉、赠玉。"郑玄注云:"饭玉,碎玉以杂米也。"故孙诒让《周礼正义》云:"至饭玉小于含玉,而与含玉同实尸口,故散文亦得互称。"可见"饭"和"含"是有一定区别的,"饭"的原意既是指死者口中所含的谷物,也指杂米所用的碎玉,而"含"则是指单独的含玉。有机质的"饭",自然无法保存下来,而丧葬所用的饭玉和含玉共出,也无法加以分辨,所以现在考古学者把墓主人的口含物泛称为"饭含""含"或"琀"也无不可,但它们之间原有的区别也不能不辨。

在死者口中放置口含物的做法可以追溯到新石器时代，①不过两周时期更加流行，作者曾经证明琀是西周时期三种最为基本的丧葬用玉之一，②东周时期依然盛行。但是有关饭含的具体形制，文献记载中并不十分清楚。《公羊传》定公五年何休注称："含，天子以珠，诸侯以玉，大夫以碧，士以贝，春秋之制也。"何休的说法和考古发现颇有出入，两周墓葬中常见的口含物大抵有这样几类：碎玉、碎石、玉蝉、玉贝、海贝、玉蚕、玉鱼和玉玦等，多是一些器体较小或者有意敲碎的器物，看不出何休所说的森严等级。高等级墓葬如晋侯墓，它们当中的一些随葬的玉器无论是从质量上，还是从数量上，在已经发现的周代墓葬中都可以称得上是最高等级的，但其中就不乏用数十粒小石子充当口含物的现象，③可见周代墓葬对于口含物的选择是没有等级概念的。

　　杨宽先生曾经指出许僖公"衔璧"的做法是一种表示投降的贽见礼。④ 许僖公的行为固然是为了向楚成王显示归顺的意思，但"衔璧"和"舆榇"的原意都是说明以死相向的打算，"榇"就是棺，当然好理解，而"衔璧"之所以可以理解为死，当然是渊源于死者多有含玉的风俗。这种"衔璧"的故事在周代屡见发生，《左传》昭公四年记载楚国灭赖后，赖君仿效微子启和许僖公的故事，也是"面缚衔璧，士舆榇从之"，结果也得到楚灵王的宽恕。由此看来，这种"衔璧舆榇"的做法在当时已经流于形式了，它和以后的"负荆请罪"大体类似，只不过显得更有勇气和更为诚恳罢了。

---

① 李朝全：《口含物习俗研究》，《考古》1995年第8期，第724—730页。
② 孙庆伟：《西周墓葬出土玉器研究——兼论西周葬玉制度》，北京大学考古系硕士学位论文，1996年，未刊。另外两种基本葬玉是握玉和墓主人脚端的"踏玉"。
③ 笔者参与发掘的晋侯墓地M8晋献侯墓及其夫人墓M31中均有这种现象。
④ 杨宽：《"贽见礼"新探》，《古史新探》，北京：中华书局，1965年，第368页。

僖公十一年（前649）

传：天王使召武公、内史过赐晋侯命，受玉惰。过归，告王曰："晋侯其无后乎！王赐之命，而惰于受瑞，先自弃也已，其何继之有？礼，国之干也；敬，礼之舆也。不敬，则礼不行；礼不行，则上下昏，何以长世？"

册命是周礼的重要组成部分，相关的记载不仅大量见于先秦文献中，同时也见诸这一时期的金文材料。据陈汉平的统计，仅西周金文中所见的王室册命，就不少于八十例，可见周代册命的盛行。① 而周代册命盛行的原因，《诗·唐风·无衣》毛传有很好的解释，说："诸侯不命于天子则不成为君。"《白虎通·薨崩篇》也有类似的说法："诸侯薨，使臣归瑞圭于天子何？诸侯以瑞圭为信，今死矣，嗣子谅暗。三年之后，当乃更爵命，故归之，推让之义也。《礼》曰'诸侯薨，使臣归瑞于天子'。"《韩诗外传》亦曰"诸侯世子三年丧毕，上受爵命于天子"。可见周代的册命，是诸侯获得合法身份地位的必要程序。

周代的册命，既有周王亲命者，也有周王遣使赐命的。《无衣》孔颖达疏："庄元年《穀梁传》云：'礼有受命，无来锡命，锡命非正也。'然则诸侯当往就天子受命，此在国请之者，天子赐诸侯之命，其礼亡。案春秋之世，鲁文公、成公、晋惠公、齐灵公，皆是天子遣使赐命。《左传》不讥之。则王赐诸侯之命，有召而赐之者，有遣使赐之者。"但周王册命新继位的诸侯，也不必是《白虎通》所说的"三年之后"。从《左传》的相关记载来看，周天子赐诸侯命，既有继位时即赐之者，如鲁文公（见文公元年）和我们正在讨论的晋惠公；也有即位多年后才赐命的，如鲁成公（见成公八年）；而鲁桓公（见庄公元年）和卫襄公（见昭公七年）则是在他们死后才被追命的。不过，从总体来看，周天子在诸侯即位时赐命是正礼。鲁成公八年才受赐命，可能和其即位时年幼有关，《公羊传》成公十五年传称："宣公死，成公幼。"而从成公即位十四年后始成婚来看，其即位之时确实年纪幼小。而鲁桓公之所以在其死后才

---

① 陈汉平：《西周册命制度研究》，上海：学林出版社，1986年，第21页。

被追命,则应当和他弑隐公自立有关。至于卫襄公,在文献记载中还缺乏有力的证据来解释他为什么没有被及时赐命而到死后追命。

通过对大量文献和金文材料的分析,陈汉平已经归纳出完整的西周册命金文文例,为了讨论的方便,不妨照录于此:

> 惟王某年某月月相辰在干支,王在某(地)。旦,王各于某(地),即位。某(人)右某(人)入门,立中廷,北向。史某受王命书,王乎史某命某。王若曰:某,由某种原因,余册命汝官司某事。赐汝秬鬯、服饰、车饰、马饰、旌旗、兵器、土田、臣民、取征某孚。敬夙昔用事,勿废朕命。某拜手稽首,受命册,佩以出。反入堇璋。敢对扬天子丕显休命。用作朕皇(剌)祖皇(剌)妣皇考皇母宝尊彝。用祈眉寿万年无疆,通录永令霝冬,子子孙孙永宝用。①

以上的金文文例,是周天子亲自册命的仪式,而周天子遣使册命之礼与此大同小异。从文献和金文材料的记载来看,册命时应有两名史官参加,其中一名执册,另一位则代王宣读命辞。如颂簋铭文中记载周王册命颂时,"尹氏受王令书,王乎史虢生册令颂";同样,趞鼎铭文记载趞被册封时,"史留受王令书,王乎内史帙册趞"。而《左传》中记载天王(周襄王)遣召武公和内史过到晋国册命晋惠公,正和西周金文的记载相吻合。在册命时,应当是召武公持册,内史过宣读册命,省略了"受王令书"的仪式而由召武公直接将册交给内史过宣读。同样,据《国语·周语》的记载,当周襄王册命晋文公时,也是"襄王使太宰文公及内史兴赐晋文公命"。在这两次册命活动中,太宰文公和召武公、内史兴和内史过分别行使着相同的职责。

册命必有赏赐,常见的赐物包括秬鬯、服饰、车饰、马饰、旌旗、兵器、土田和臣民等,但也有玉器的赏赐,这就是挹鬯灌祭时所用的圭瓒,在册命金文中分别称作祼圭瓒宝(毛公鼎)、圭瓒(师訇簋)和商瓒(宜

---

① 陈汉平:《西周册命制度研究》,第28页。

侯矢簋）。三者名称虽然不同，事实上是同一种器物。《周礼·春官·典瑞》郑玄注引郑司农云："于圭头为器，可以挹鬯祼祭，谓之瓒……汉礼：瓒盘大五升，口径八寸，下有盘，口径二尺。"《诗·大雅·旱麓》郑玄笺："圭瓒之状以圭为柄，黄金为勺，青金为外，朱中央矣。"现在出土的两周玉器可谓多矣，但迄今不见可以和上述文献记载相对应的器物。出土器物中不见圭瓒的原因，固然不排除自汉代以来学者们对于金文所说的圭瓒的理解根本就是错误的可能性，也可能因为圭瓒是宗庙礼器，而不轻易用作随葬器具。从册命金文中所提到的赏赐物来看，因为用于祭祀，秬鬯位列第一，而且周天子轻易不赏赐鬯，可见其珍贵。而在被赐鬯者当中，也仅有极少数能够同时被赐予圭瓒，而被赐予圭瓒者，则毫无例外地被赐予秬鬯，说明圭瓒的地位更加尊崇，这也可能是它不见于出土物中的重要原因。

除了圭瓒之外，也还有其他用作赏赐的玉器。据陈汉平的研究，目前仅见两种：玉环和玉瑹，而且只见于毛公鼎和番生簋中，当是等级较高的赐品。① 环是璧类的器物，是周代玉器中很常见的东西，用来赏赐毛公和番生，其中有什么特殊的含义，现在还不清楚。玉瑹，文献中也写作"珽"，《广雅·释器》云："瑹，珽，笏也。"唐兰先生认为瑹就是可以插在大带（葱衡）上、用来表示身份地位的玉笏。② 如果唐兰先生的解释正确的话，那么这里所谓的玉笏应该就是《周礼》中所记载的命圭。玉瑹和圭名异而实为同一器物，笏则是后来的名称。《史记·周本纪》记载周襄王册命晋文公时说："十七年，襄王告急于晋，晋文公纳王诛叔带，襄王乃赐晋文公圭、鬯、弓、矢，为伯。"《考工记·玉人》则说："镇圭尺有二寸，天子守之；命圭九寸，谓之桓圭，公守之；命圭七寸，谓之信圭，侯守之；命圭七寸，谓之躬圭，伯守之。"这里的镇圭、桓

---

① 陈汉平：《西周册命制度研究》，第238页。
② 唐兰：《毛公鼎"朱韍、葱衡、玉环、玉瑹"新解——驳汉人"葱珩佩玉"说》，《光明日报》1961年5月9日。

圭、信圭、躬圭再加上《周礼·春官·大宗伯》中所说的谷璧和蒲璧,就形成了所谓的"六瑞"。命圭制度是周代的史实,但上文已经指出《周礼》中所说的森严体系和呆板的等级制度并不存在。①

《左传》中并没有明确说明周襄王在册命晋惠公时赐给惠公何种玉器,但既然襄王十七年在册命晋文公时(此时正好是重耳的侄儿晋怀公被杀而重耳继为晋君的第二年),赐给重耳圭、鬯、弓、矢等物,那么,襄王五年在册命重耳之弟惠公夷吾时,周王所赏赐的物品应该大抵相同,换言之,惠公所受的玉应该就是玉圭,或者如毛公鼎和番生簋铭所说的玉瓒。事实上,杜预在对这里的"赐命"作注解时,就是说:"诸侯即位,天子赐之命圭为瑞。"韦昭对《国语·周语上》中有关这一事件进行注解时,则说得更加明白:"玉,信圭,侯所执,长七寸。"但杨伯峻先生引清代学者惠栋、沈钦韩的说法,并结合《考工记·玉人》的有关记载,认为"命圭,诸侯自始封以来受诸天子,世世守之,无新君再赐之礼,杜注实误"。因此他把这里的"玉"和"瑞"看成是宝玉的通称。②杨伯峻先生的这种解释,也有合理之处,在文献材料上可以找到一些旁证。《诗·大雅·崧高》记载了周宣王封其母舅申伯于周南土之谢,其中说:"锡尔介圭,以作尔宝,往近王舅,南土是保。"因为申伯是始封(或说是徙封)于谢,因此宣王赐给他介圭。但文献的记载和金文材料却有矛盾之处,如宜侯夨簋和井(邢)侯簋铭文都是记载始封的,宜侯夨簋所提到的赏赐物异常丰富,相关的玉器只有"商瓒"而无命圭;井侯簋的铭文中所提到的赏赐物则只有"臣三品:州人、重人、庸人",根本没有涉及玉器。因此,就目前的资料来看,周代的命圭究竟是"诸侯自始封以来受诸天子,世世守之",还是如杜预所说"诸侯即位,天子赐之命圭为瑞",真正是难以遽断。但据笔者先前的研究来看,至少在西

---

① 孙庆伟:《〈考工记·玉人〉的考古学研究》,《考古学研究》四,第115—139页;又见本书前文。

② 杨伯峻:《春秋左传注》,第338页。

周时期,每一位诸侯都有象征其身份地位的玉圭(包括我们习惯上称为玉戈者),并通常用作随葬品。① 但这种玉圭是否是受赐于周天子,我们并没有什么根据来作出判断。

我们不妨暂时抛开上述争议转而讨论晋惠公因"受玉惰"而遭到内史过非议的原因。不过,我们首先有必要来看看惠公同父异母兄晋文公重耳在十二年后接受册命时的表现。《国语·周语上》是这样记载的:"襄王使太宰文公及内史兴赐晋文公命,上卿逆于境,晋侯郊劳,馆诸宗庙,馈九牢,设庭燎。及期,命于武宫,设桑主,布几筵,太宰莅之,晋侯端委以入。太宰以王命命冕服,内史赞之,三命而后即冕服。既毕,宾、飨、赠、饯如公命侯伯之礼,而加之以宴好。"文公及其卿大夫的奉礼,给内史兴留下深刻的印象,他在向周襄王汇报时说:"晋,不可不善也。其君必霸……"而惠公接受册命时的表现却完全是另一番情形,《国语·周语上》记载:"襄王使邵公过及内史过赐晋惠公命,吕甥、郤芮相晋侯不敬,晋侯执玉卑,拜不稽首。"惠公及其大夫的不敬引发了内史兴的长篇大论,《周语》中记载极为完备,但核心内容和《左传》这里所记载的并无二致,就是"晋不亡,其君必无后"以及"大臣(按,指吕甥、郤芮二人)享其禄,弗谏而阿之,亦必及也"。以后晋国的史实证实了两位内史的预料不虚:文公成为春秋五霸之一,而惠公之子怀公被杀于高梁,怀公无后,因此应了"其君(惠公)必无后"的预言;而吕甥、郤芮二人预谋加害于晋文公,后被寺人披告发,在逃亡的路上被秦穆公诱杀,也应了内史过的预言。

晋惠公因"受玉惰"或者说"执玉卑"而遭到如此强烈的谴责,那么,惠公的行为究竟错在哪? 什么样的执玉方法才算得上合乎礼节呢?《国语·周语上》韦昭注说:"玉,信圭,侯所执,长七寸。卑,下也。礼:'执天子器则尚衡。'"韦昭的解释对于了解惠公的过失有一定的帮助,

---

① 孙庆伟:《晋侯墓地出土玉器研究札记》,《华夏考古》1999年第1期,第60—71页;又见本书后文。

但还不充分。其实文献中有不少关于如何"执玉"的记载,其中以《礼记·曲礼下》解说得最为清楚明白,它是这样描述的:"执天子之器则上衡,国君则平衡,大夫则绥之,士则提之。凡执主器,执轻如不克。执主器,操币、圭、璧,则尚左手,行不举足,车轮曳踵。"郑玄注曰:"上衡,谓高于心,弥敬也。"孔疏则称:"衡,平也。人之拱手,正当心平,故谓心为衡。天子至尊,器不宜下,臣为擎奉,皆高于心,弥敬也。"孔颖达还说:"圭璧,瑞玉也。尚,上也。谓执持君器及币玉,则右手在下,左手在上。左尊,故云尚左手。"清代学者孙希旦对此也有补充说明,他说:"盖凡物之有上下者,则以左手执其上端,右手执其下端……其无上下者,则但以左手所执之处为尊。"①孔子可谓知礼也,我们不妨来看看孔子是如何"执玉"的,而《论语·乡党篇》中正有一段记载描写孔子执玉之貌,它是这样说的:"(孔子)执圭,鞠躬如也,如不胜。上如揖,下如授。勃如战色,足蹜蹜如有循。"孔子的行为和《礼记·曲礼》所记完全吻合,或者说《曲礼》中的记载是以孔子的行为为依据的,但无疑可以看成是周代执玉姿势的示范动作,所以《左传》中所说的"受玉惰"和《国语》中的"执玉卑"其实是说晋惠公在接受周天子的赐玉时没有将其举高过于心脏部位。

惠公"受玉惰"的行为看似细微小节,实则不然。以《礼记·曲礼》来讲,其中的记载多是有关言语、饮食、洒扫、应对、进退之法,都是让时人学习,谨乎其外而养乎其内的,因此不得以善小而不为。执玉的动作姿势,在礼的范畴里来说,属于"礼容"一类。《汉书·儒林传》说:"汉兴,鲁高堂生传《士礼》十七篇,而鲁徐生善为颂。孝文时,徐生以颂为礼官大夫,传子至孙延、襄。"颜师古注曰:"颂读如容同。"又引苏林曰:"《汉旧仪》有二郎为此颂貌威仪事。有徐氏,徐氏后有张氏,不知经,但能盘辟为礼容。天下郡国有容史,皆诣鲁学之。"徐生之书虽不传,但汉初贾谊《新书》中的《容经》和《礼容语·下篇》(上篇已佚)却保存

---

① (清)孙希旦:《礼记集解》,北京:中华书局,1989年,第104—106页。

了下来。在《容经》中,贾谊罗列了各种关于行礼时的仪态容貌,包括立容、坐容、行容、趋容、跘旋容、跪容、拜容、伏容、坐车容、立车容和兵车容等,另外还有行朝廷之礼、行祭祀之礼、行军旅之礼和行丧纪之礼时所应有仪容的描述。而《礼容语》也正是引用《左传》和《国语》中的故事来说明人的动静、言语等容仪是其心志的表现,容仪符合礼的规定则吉,反之则凶。不过,从传世和出土文献来看,在汉代依然受到重视的"礼容",其实早在晚商、西周时期就已经发展得十分成熟了。例如《周礼·地官·保氏》记载周代国子的教育有"六仪",仪就是容,其中说:"一曰祭祀之容、二曰宾客之容、三曰朝廷之容、四曰丧纪之容、五曰军旅之容、六曰车马之容。"而从扶风庄白铜器窖藏出土的史墙盘,其铭文记载微氏家族的先祖在武王克商后谒见武王,因"五十颂"而受封于周,世代掌管朝廷礼仪。据上引《汉书·儒林传》以及颜师古的注可以知道,这里的五十颂就是五十容,微氏家族本身商人后裔,他们所掌握的礼仪应该早在商代就已经施行了,而商亡后微氏家族因知晓礼仪而重新得宠于新兴的周王朝,也可以证明孔子"周监于二代"(《论语·八佾》)的说法是有历史根据的。

　　由上述的讨论可以证明礼经和礼容是礼之二维,互为表里而不可偏废。其实礼经的目的就是为了人们能够按"礼"行事,从这一层意义上说,实践性的礼容的地位丝毫不低于礼经。晋惠公不重视行礼时的礼容,就是不懂礼的表现,不知礼又岂能长久?由此惠公因"受玉惰"而招致批评就在情理之中了。

僖公二十三年(前637)

传:(重耳)及曹,曹共公闻其骈胁,欲观其裸,浴,薄而观之。僖负羁之妻曰:"吾观晋公子之从者,皆足以相国,若以相,夫子必反其国。反其国,必得志于诸侯。得志于诸侯,而诛无礼,曹其首也。子盍蚤自贰焉!"乃馈盘飧,置璧焉。公子受飧反璧。

　　僖负羁赠给重耳玉璧,在本质上讲也有贽见礼的性质,如上文引御孙所说的"大者玉帛，小者禽鸟"是也。从另一方面来说，玉璧在当时是一种贵重的商品，僖负羁在重耳的流亡途中，以玉璧相赠，因而具有在经济上加以资助的意味；但以玉相赠的礼制意义，显示了僖负羁对于重耳的尊重。而重耳"受飧反璧"也正是因为自己流亡异国，前途未卜，如果接受僖负羁所赠的玉璧则和自己的身份境遇不符。当然，僖负羁赠璧的行为也得到回报，五年之后，已经成为晋国国君的重耳在攻灭曹国后，就"令无入僖负羁之宫，而免其族，报施也"（《左传》僖公二十八年）。

僖公二十四年（前636）

传：及河，子犯以璧授公子，曰："臣负羁绁从君巡于天下，臣之罪甚多矣，臣犹知之，而况君乎？请由此亡。"公子曰："所不与舅氏同心者，有如白水！"投其璧于河。

子犯的行为，用现在的通俗语言来说，就是在晋文公即将复国之际为自己尽量地捞取政治资本，至少也要保证自己不会落得"走狗烹"的下场。重耳以"投其璧于河"来表示自己和"舅氏同心"，重耳的这种行为，在《国语·晋语四》记作"沈璧以质"，韦昭注云："因沈璧以自誓为信。"

在东周时期，和"沉璧"有着类似功效的行为是"瘗璧"。如侯马盟誓遗址中，在一些埋玉坑的壁龛中就出有玉璧三十件。[①] 很显然，如果侯马盟誓遗址出土的五千多件玉石圭是用来书写盟辞的话，那么，在这些保存有盟书的竖坑中单独瘗埋的玉璧，只能是用作盟誓的信物，只不过重耳是在涉河之际将玉璧沉于河，而侯马盟誓的参与者们则将其瘗埋于地，在本质上两者并没有什么不同。

《左传》哀公十二年载吴国欲寻盟于鲁，哀公遣子贡推辞，子贡的一段言辞可以作为盟誓用玉缘故的最好注脚，子贡说："盟，所以周信

---

① 山西省文物工作委员会：《侯马盟书及其发掘与整理》，《侯马盟书》，北京：文物出版社，1976年，第11—24页；又见同书所附《侯马盟誓遗址竖坑情况表》。

也,故心以制之,玉帛以奉之,言以结之,明神以要之。寡君以为苟有盟焉,弗可改也已。若犹可改,日盟何益?吾子曰必寻盟,若可寻也,亦可寒也。"因此,东周时期的人们之所以把诸如"沉璧"和"瘞璧"一类的行为看成是笃守誓言的象征,其根本原因就在于此类行为都是向神献玉,"沉璧"和"瘞璧"只是表象,它们内在的含义是通过这种行为向神作出信守誓言的保证,从而让盟誓双方可以相信彼此的誓言,而一旦"有渝此盟",则"明神殛之"(《左传》僖公二十八年)。因此,如果说"沉璧"和"瘞璧"有什么不同的话,那就是盟誓者所面对的神灵有所不同,"沉璧"者自然是向河神作出承诺,而"瘞璧"所祭的对象则是地神。《尔雅·释天》说:"祭天曰燔柴,祭地曰瘞埋,祭山曰庪悬,祭川曰浮沉,祭星曰布,祭风曰磔。"《礼记·祭法》:"瘞埋于泰折,祭地也。"而周人之所以"以玉礼神",一方面是因为他们相信玉是一种精物,是一种含"精气"多的物质而适于礼神;①而另一方面,玉在当时本身就是一种很贵重的物品,用时人所宝贵的物质来献给神,这在古代民族中也是相当普遍的现象。

以"沉玉"的方式来祭神的情况在《左传》中还有其他的例证。如襄公十八年:"晋侯(晋平公)伐齐,将济河,献子以朱丝系玉二珏,而祷曰:'齐环怙恃其险,负其众庶,弃好背盟,陵虐神主。曾臣彪将率诸侯以讨焉,其官臣偃实先后之。苟捷有功,无作神羞,官臣偃敢无复济。唯尔有神裁之。'沈玉而济。"又,文公十二年在记载晋秦两国交战时说:"秦伯(秦康公)以璧祈战于河。"当然,晋侯和秦伯这种献玉于河神的目的都是为了"祷求胜"(杜预注),和盟誓没有什么牵扯。但在《左传》中不乏和重耳、子犯盟相类似的记载,如襄公三十年:"八月甲子,(游吉)奔晋。驷带追之,及酸枣。与子上(驷带)盟,用两圭质于河。"杜预注云:"沈圭于河为信也。"而且根据《左传》,"沉玉"除了"祷求

---

① 有关玉和精气的关系,可参见裘锡圭:《稷下道家精气说的研究》,《文史丛稿——上古思想、民俗与古文字学史》,上海:上海远东出版社,1996年,第16—50页。

胜"以及作为盟誓之信外,还可以有其他的目的,如昭公二十四年记载:"冬十月癸酉,王子朝用成周之宝圭沈于河。"杜预注称:"祷河求福。"从上述诸如"沉璧""沉玉"和"沉圭"一类的记载可以看出,周人"以玉事神"所重视的是玉这种物质,而不在乎所用玉器的器类,因此,所"沉"之玉既可以是璧,也可以是圭或其他器物。和"沉玉"事河神一样,"埋玉"祭祀山神也不重视玉器的器类,而专门强调玉这种物质,因此,《山海经》在提到祠山所用玉器时,即各有不同,如《南山经》说:"用一璋玉瘗",《西山经》:"用一吉玉瘗",《北山经》:"用一璧一圭",《中山经》:"一吉玉……用圭璧十五。"①

尽管《左传》中有不少关于"沉玉"的记载,但对于"沉玉"具体仪式的描述则付之阙如,不过在《穆天子传》中我们可以找到周穆王祭祀河宗的有关细节。虽然《穆天子传》一书的可信程度常常遭到怀疑,但不妨将这一段记载抄录如下,以资比较:

> 吉日戊午,天子大服,冕袆、帗带、搢笏、夹佩、奉璧、南面立于寒下。……天子授河宗璧。河宗伯夭受璧西向,沈璧于河,再拜稽首。祝沈牛马豕羊。河宗曰:"命于皇天子!"河伯号之:"帝曰:'穆满,女当永致用时事!'"南向再拜。河宗又号之:"帝曰:'穆满,示女春山之宝……乃至于昆仑之丘,以观春山之宝!赐语晦!'"天子受命,南向再拜。

《左传》中和"盟"相似的是"诅",两者的区别,郑玄在对《周礼·春官·诅祝》作注时曾有明确的说明:"大事曰盟,小事曰诅。"贾公彦疏:"盟者盟将来,春秋诸侯会有盟无诅,诅者诅往过,不因会而为之,故云大事曰盟,小事曰诅。"验以春秋史事,知郑、贾两氏的解释并不十分准确。如《左传》宣公二年记载:"初,骊姬之乱,诅无畜群公子,自是晋无公族。"则这里的诅显然是诅将来,而不是贾公彦所说的"诅往过";另

---

① 袁珂:《山海经校注》,上海:上海古籍出版社,1980年,第8、58、84、179页。

外,著名的秦刻石诅楚文,是为了"敢数楚王熊相之背盟"而作,事关重大,和郑玄所说的"小事曰诅"不合。事实上,在春秋时期诅和盟有时是同时进行的,如襄公十一年传:"季武子将作三军,盟诸僖闳,诅诸五父之衢。"又定公六年传:"阳虎又盟公及三桓于周社,盟国人于亳社,诅于五父之衢。"尽管都是先盟而后诅,但也不合于郑玄的解释。既然诅和盟都是向神发誓,因此也同样需要杀牲献玉于神。《左传》隐公十一年:"郑伯使卒出豭,行出犬、鸡以诅射颍考叔。"可证诅有牺牲。秦诅楚文则说以"吉玉宣璧"和"圭玉羲牲"献祭于厥湫等三神,① 也可以作为诅有献玉、牺牲的证据。

僖公三十年(前630)

传:晋侯使医衍鸩卫侯。宁俞货医,使薄其鸩,不死。公为之请,纳玉于王与晋侯,皆十珏,王许之。秋,乃释卫侯。

晋侯(晋文公)和卫侯(卫成公)之间的纠葛由来已久,《史记·卫康叔世家》有一较简洁的概述:"成公三年,晋欲假道于卫救宋,成公不许。晋更从南河度,救宋。征师于卫,卫大夫欲许,成公不肯。大夫元咺攻成公,成公出奔。晋文公重耳伐卫,分其地予宋,讨前过无礼及不救宋患也。卫成公遂出奔陈。二岁,如周求入,与晋文公会。晋使人鸩卫成公,成公私于周主鸩,令薄,得不死。已而周为请晋文公,卒入之卫,而诛元咺,卫君瑕出奔。"按照司马迁的说法,晋文公之所以要毒死卫成公主要是两个原因,一是当年重耳在流亡过程中,途经卫国,成公之父文公对其无礼;二是在楚国攻宋时,卫国不救宋。

《国语·鲁语上》也记载了这件事,但和《史记》中的记载有所差异,其中说:"温之会,晋人执卫成公归之于周,使医鸩之,不死,医亦不诛。"韦昭注说:"温之会,晋文公讨不服也。"又说:"成公恃楚而不事

---

① 郭沫若:《诅楚文考释》,《郭沫若全集·考古编》第9卷,北京:科学出版社,1982年,第295—298页。

晋,又杀弟叔武,其臣元咺诉之晋,故文公执之。"根据《左传》僖公二十八年中有关晋楚城濮之战以及温之会的记载,可知《国语》和韦昭的说法可能更合乎当时的史实。

按照《史记·卫康叔世家》的说法,似乎是周襄王主动替卫成公向晋文公求情,但事实上,周襄王是拿人钱财,替人消灾而已,卫成公真正的救命恩人是鲁国的臧文仲,鲁僖公是在其大夫臧文仲的劝说下才向周襄王和晋文公行贿救了卫成公一命的。《国语·鲁语上》对此有详细的记载:"臧文仲言于僖公,曰:'夫卫君殆无罪矣。刑五而已,无有隐者,隐乃讳也。大刑用甲兵,其次用斧钺,中刑用刀锯,其次用钻笮,薄刑用鞭扑,以威民也。……今晋人鸩卫侯不死,亦不诛其使者,讳而恶杀之也。有诸侯之请,必免之……'公说,行玉二十珏,乃免卫侯。"

从以上有关背景的分析来看,鲁僖公行玉二十珏于周襄王和晋文公,和我们已经讨论过的用玉事例颇有不同。从本质上讲,鲁僖公、周襄王和晋文公之间所进行的交易就是一种行贿受贿的行为。在上文的有关论述中,我们已经证明单就经济价值而言,玉在当时是一种相当贵重的物品,鲁僖公用四十件玉器来换取卫成公的性命,其代价不可谓不大。而事实上,"玉二十珏"是《左传》以及其他古先秦文献、出土文献中所明确记载的一次用玉数量最大的一批玉器。我们在这里强调"明确记载",是指有具体的用玉事例而言,至于《山海经·西山经》说祠山有"瘗用百瑜"和"婴以百圭百璧"者,①都是泛言而没有举出具体的事例,因此并不可靠。

通过纳玉来换取某人性命的记载,在《左传》中并不是孤例。如哀公十七年载卫庄公被其卿石圃所攻而逃往戎州己氏:"(庄公)既入焉,而示之(己氏)璧,曰:'活我,吾与汝璧。'己氏曰:'杀女,璧其焉往?'遂杀之,而取其璧。"这里,卫庄公希冀通过纳璧来活命,但庄公不如其先祖

---

① 袁珂:《山海经校注》,第32页。

成公幸运,碰上了劫财又劫命的戎人己氏,最终落得人财两空。①

从更深一层来看,鲁僖公以纳玉于周襄王和晋文公而请赦卫成公的行为应该和当时法律中的"赎刑"有关。"赎刑"的起源很早,《尚书·舜典》就有"金作赎刑"的说法,当然这并不一定可信。不过从目前的材料来看赎刑至少可以上溯到西周时期,这无论是在传世文献还是出土文献中都有令人信服的证据。在传世文献中,和周代赎刑最为密切相关的文献材料就是《尚书·吕刑》,《书序》说:"吕命穆王训夏赎刑,作吕刑",表明《吕刑》就是专为赎刑而作。②《吕刑》的立法精神可用周穆王的两句话来概括,就是:"五刑之疑有赦,五罚之疑有赦",而其具体措施则是:"墨辟疑赦,其罚百锾,阅实其罪。劓辟疑赦,其罚惟倍,阅实其罪。剕辟疑赦,其罚倍差,阅实其罪。宫辟疑赦,其罚六百锾,阅实其罪。大辟疑赦,其罚千锾,阅实其罪。"《吕刑》中有关西周赎刑的记载已经被出土铜器铭文所证实,1975 年在岐山董家村西周铜器窖藏中出土了著名的𤼈匜,器底和器盖上有长篇铭文 157 字,记录了西周时期一场官司的具体判决,其大意是说牧牛和他的上司师𤼈之间发生争讼,后由周王及其卿士伯扬父对此作出判决,认为应该处罚牧牛鞭刑一千、施以墨刑,并要给他蒙上黑头巾,后来经过两次赦免,只处以鞭刑五百并罚金三百锾。③ 而北京故宫博物院所收藏的西周中期铜器师

---

① 卫庄公纳玉换命的企图之所以会落空,说到底是他咎由自取。据《左传》哀公十七年记载,卫庄公曾经干过这样的一件缺德事:庄公见到己氏妻子的头发很美,竟然使人将其剃下为他自己夫人吕姜做假发。有此深仇大恨,己氏当然不会答应庄公以璧换命的要求。

② 也有学者认为《吕刑》的主导思想是周公所说的"明德慎罚",而不是专讲赎刑,参见吕绍刚:《吕刑约解》,陕西历史博物馆编:《西周史论文集》上,西安:陕西人民教育出版社,第 146—161 页。《吕刑》的宗旨或许可以概括为"明德慎罚",但同样不可否定的是,周公"明德慎罚"思想在这里主要是通过具体的赎刑来表现的,因此,《吕刑》仍然是我们了解西周赎刑的重要资料。

③ 庞怀清、镇烽、忠如等:《陕西省岐山县董家村西周铜器窖穴发掘简报》,《文物》1976 年第 5 期,第 26—44 页。

旂鼎铭文也和赎刑有关。其铭文的大意是师旂的许多属官不跟从王去征方雷,师旂就将此事告到伯懋父那里,伯懋父判定那些没有出征的属官应该被放逐,但后来以交罚金三百爰替代。① 另外,其他一些西周铜器铭文中也显示,这一时期对违法犯罪行为处以罚金是很常见的现象,一些掌诉讼官员的等级甚至就是用取征的多少来表示的,如扬簋的作器者扬在被王册命为司工时,就可以"官司……诉讼,取征五锊",番生簋的作器者番生,因为是管理"公族、卿事、大史僚",因此可以"取征廿锊",而毛公鼎之毛公,则是"司公族与参有司、小子、师氏、虎臣",地位更加尊崇,因此可以"取征卅锊"。以上的铜器铭文材料和《吕刑》中的有关记载可以证明在西周时期确实产生了以财物赎罪的有关法规,因此在《周礼》中有职金之官(属秋官司寇),其职责就是"掌受士之金罚、货罚,入于司兵"。此外,《吕刑》和有关的铜器铭文也表明在西周时期已经形成了较完善的法律制度,《左传》昭公六年记载郑铸刑书,晋国叔向致书子产时说:"夏有乱政而作《禹刑》,商有乱政而作《汤刑》,周有乱政而作《九刑》",则《九刑》当是西周时期的法典。《逸周书·尝麦篇》也说:"维四年孟夏,王初祈祷于宗庙,乃尝麦于太祖。是月,王命大正正刑书。"沈家本先生解释说:"正者,盖修改之。"②有关《尝麦篇》的年代,历来说法不一,《逸周书》之《周书序》说:"成王既即政,因尝麦以语群臣而求助,作《尝麦》。"但李学勤先生据该篇的文辞特色,推定其为西周穆王初年的作品,并认为"周朝早有刑书存在,后经修订,成为九篇,这就是《左传》提到的《九刑》"。③ 从这些材料来看,说至晚在西周穆王时期已经有了较具体的法规律令应该不会有太大的出入。

既然赎刑在西周时期就已经有了成文法规,那么在东周时期无疑

---

① 故宫博物院编:《故宫青铜器》,北京:紫禁城出版社,1999年,第161页。
② 沈家本:《历代刑法考》,北京:中华书局,1985年,第832页。
③ 李学勤:《尝麦篇研究》,《西周史论文集》上,第137—145页。

也是存在的,至少在齐国曾经施行,如《国语·齐语》说:"制:重罪赎以犀甲、一戟;轻罪赎以鞼盾、一戟;小罪谪以金分。"韦昭注:"小罪,不入于五刑者,以金赎,有分两之差。"可见春秋时期齐国已经有了较明确的赎罪制度,类似的记载还见于《管子·中匡篇》,其中说:"于是死罪不杀,刑罪不罚,使以甲兵赎,死罪以犀甲一戟,刑罚以胁盾一戟,过罚以金。"《尉缭子·将理篇》也说:"今世谚云:千金不死,百金不刑。"①从出土文献来看,以财物来赎罪的现象在战国时期确实是十分普遍的,如睡虎地秦墓竹简的《司空律》中就有一条说:"有罪以赀赎","公士以下居赎刑罪、死罪者","葆子以上居赎刑以上到赎死"。② 而且从睡虎地秦墓竹简来看,在秦国除了可以赎死之外,还可以赎宫,赎黥。如其中的《法律答问》中有一条说:"可(何)谓赎宫?……其有府(腐)罪,(赎)宫",又说:"甲谋遣乙盗,一日,乙且往盗,未到,得,皆赎黥",③这和西周时期五刑皆得赎的现象颇有些类似。虽然用来赎罪的财物有金、玉和甲兵的差别,但在本质上并无二致。

文公十二年(前615)

经:**秦伯使术来聘**。

传:**秦伯使西乞术来聘,且言将伐晋。襄仲辞玉,曰:"君不忘先君之好,照临鲁国,镇抚其社稷,重之以大器,寡君敢辞玉。"对曰:"不腆敝器,不足辞也。"主人三辞。宾答曰:"寡君愿徼福于周公、鲁公以事君,不腆先君之敝器,使下臣致诸执事,以为瑞节,要结好命,所以藉寡君之命,结二国之好,是以敢致之。"襄仲曰:"不有君子,其能国乎?国无陋矣。"厚贿之。**

---

① 银雀山汉简本《尉缭子》作:"故今世千金不死,百金不胥靡。"参见《中国军事史》编写组:《武经七书注译》,北京:解放军出版社,1986年,第249页。
② 睡虎地秦墓竹简整理小组:《睡虎地秦墓竹简》,北京:文物出版社,1978年,第84页。
③ 同上书,第152、200页。

要正确理解这一段传文,必须和周代的聘礼联系起来考虑。《礼记·王制》说:"诸侯之于天子,比年一小聘,三年一大聘,五年一朝。"《礼记·聘义》又说:"故天子制诸侯,比年小聘,三年大聘,相厉以礼。"《周礼·秋官·大行人》也说:"诸侯之邦交,岁相问也,殷相聘也,世相朝也。"《仪礼·聘礼》郑《目录》云:"大问曰聘。诸侯相于久无事,使卿相问之礼。小聘使大夫。"

尽管在《三礼》中对于聘礼的记载相当丰富,但在多大程度上反映了西周的史实,由于缺乏其他具体的事例,我们已经不能知晓。清儒姚际恒说:"周初分封列国,仿虞世为朝君之典,别无君聘臣礼⋯⋯自春秋以来,王室寝微,始聘诸侯⋯⋯至于列国自相聘,亦盛于春秋,周初无之。"①姚际恒说周天子聘臣,以及诸侯相互聘问是随着春秋时期"王室寝微"才出现的现象,只是说出了春秋时期的史实,但并没有证据表明西周时期就没有实行过君聘臣以及诸侯相聘之礼。在前文的注解中,我们曾经以鲁国为例,说明了春秋时期诸侯朝聘周天子之礼已经丧失殆尽,终春秋之世的二百四十二年间,鲁侯朝周天子者仅三次,鲁大夫朝天子者四次,而与此相对应的是,周王遣使聘于鲁国者也有八次。②两相比较,很让人怀疑《礼记·王制》所说的"诸侯之于天子,比年一小聘,三年一大聘,五年一朝"是周代的历史事实。

春秋时期,和诸侯朝聘周天子极度式微形成鲜明对比的是诸侯之间的聘问极为频繁,其频率之高,几乎完全达到或者说超过了《周礼·秋官·大行人》所说的"诸侯之邦交,岁相问也,殷相聘也,世相朝也"的程度。清姚彦渠《春秋会要》卷四宾礼"列国来朝"和"来不书朝"两条下所摘录的他国诸侯或卿大夫朝见鲁侯者就有35次,而"公朝大国"条所录鲁侯往其他大国者也有33次,另外,鲁大夫出聘41次,外大

---

① 姚际恒:《仪礼通论》卷八《聘礼》,北京:中国社会科学出版社,1998年,第261页。
② 这八次聘问分别见于隐公七年、九年,桓公四年、五年、八年,庄公二十三年,僖公三十年和宣公十年。

夫来聘27次,鲁侯及其卿大夫(绝大部分是鲁侯自己)和其他国君会盟更是多达130次之多。① 而如果对春秋时期和鲁国有关的朝聘进行稍微细致的分析,就更可以看出一些问题。清顾栋高《春秋大事表》卷十七《春秋宾礼表》引吕大圭曰:"鲁之所如者,齐也,晋也,甚则朝远夷之君,而齐、晋未尝朝鲁也。鲁之所受朝者,滕也,邾也,薛也,杞也,曹也,否则夷、狄之附庸,而滕、邾、薛、杞、曹未尝一受鲁之朝也。盖齐、晋盛也,楚则所畏也,滕、邾、薛、杞则土地狭隘,而不能与鲁伉矣。"又引其母舅霞峰华氏曰:"春秋书公朝王所者二,如京师者一,而书公如齐十,如晋二十一,如楚二,比而观之,由鲁以知天下王室之微,诸侯之不臣,不待贬而自见矣。僖十年,公始朝齐,自后不朝齐则朝晋,知盟主而不知有天王。迄襄、昭之间,伯统亦衰,遂旅见而朝于楚,知蛮夷而不知有诸夏,此又世运之一大升降也。"②如果撇开吕、华两氏有关华夏、蛮夷的陈腐之见不论,他们对于春秋之世鲁国朝聘动机的分析则可谓是真知灼见。概括来讲,春秋时期诸侯之间的朝聘实际上已经完全失去了《周礼·秋官·大行人》所说的"时聘以结诸侯之好,殷覜以除邦国之慝"的初衷,而演变为弱小国家向大国表示依附之意的政治交易,因此礼的本质遭到了强权政治的彻底破坏,由此也可见列国实力的不均衡性是导致春秋时期礼崩乐坏的根本原因。

尽管春秋时期聘礼在本质上讲已经是蜕化为单纯的政治交易,丧失了聘礼原有的实质,但值得注意的是,在聘礼的幌子下,各国诸侯及其卿大夫们却依然重视礼仪中的具体细节。上文中我们讨论过两位晋侯因执玉姿势的不同,而遭到截然不同的评价。在这里,襄仲仅仅因为西乞术在行聘礼时合乎礼仪的对答,而以其为"君子",并多少改变了他脑子里秦国作为偏陋在夷小国的形象。但事实是襄仲比我们更清楚地知道,秦康公遣西乞术聘于鲁,并非出于对鲁的尊重,而是如《左传》

---

① 姚彦渠:《春秋会要》,北京:中华书局,1955年,第127—165页。
② (清)顾栋高:《春秋大事表》,北京:中华书局,1993年,第1565、1575页。

所说的"且言将伐晋"。是时晋国称霸已久,鲁国在实际上早已唯晋国马首是瞻,秦国在和晋国开战前夕而聘于鲁,无非是要瓦解晋国的联盟。但此时鲁国要依靠晋国的力量来抗击虎视眈眈的齐国,岂敢轻易背叛晋国?所以在第二年冬,鲁文公还亲自到晋国朝聘,更可知所谓的聘问,已经成为地道的政治交易。但当时这种忽视礼的固有实质,而关注礼的细枝末叶的现象,确实是一个饶有兴趣,然而又不容易作出圆满解释的问题。我们在这里暂且将其看成是当时某些卿大夫对于过去"美好时光"的一种痴迷和依恋,或者根本就是他们对于一种从来不曾存在过的理想社会的憧憬。

有关聘礼中所应遵守的礼节,在《仪礼·聘礼》中有极为烦琐的记载,不过,就大的方面来说,《聘礼》只包括两大部分:一是《聘礼》本身的经文,这是关于周代聘礼礼仪的具体记载,始于使者受命于君准备前往他国聘问,而终于使者完成聘问归国;二是《记》文,也就是后来学者对于《聘礼》经文所作的解释,对我们理解经文中有关的各项礼仪有很大的帮助。因为《聘礼》的内容过于细碎,我们在这里仅仅讨论和西乞术所行礼仪有关的内容。

据上引文献材料,我们知道周代的聘礼中有"聘"和"问",或者说"大聘"和"小聘"的区别,因为两者所行的礼仪有所不同,因此我们首先要确定西乞术之聘鲁究竟是大聘还是小聘。要确定这一点并不难,只须知道使者的身份地位即可,因为郑玄说得很明白:"大问曰聘。诸侯相于久无事,使卿相问之礼。小聘使大夫。"而秦使西乞术的身份并不难确定,在鲁僖公三十三年(前627)秦晋崤之战时,西乞术就是秦军的三位统帅之一,可见其为秦卿无疑,因此,西乞术的来聘应当属于大聘。另外,从鲁国所派摈者襄仲的身份也可以看出此次聘问的级别。襄仲又称东门襄仲,即鲁庄公之子公子遂,在鲁僖公十八年(前642)季友死后,襄仲开始执掌鲁政,历僖、文、宣三世三十多年。早在鲁僖公二十六年齐孝公进犯鲁之西鄙时,僖公即遣襄仲前往楚国乞师,鲁国著名大夫臧文仲充当襄仲的副使,可见襄仲地位之高,而杜预注也明确指出:"公子遂,鲁卿也。"此外,僖公三十年襄仲还"如京师,遂如晋",这是《春秋》经传中所见到鲁国卿大夫七次"如京师"和二十八次"如晋"的第一次,也可证襄仲为鲁卿不疑。

在进行有关的讨论之前,我们还有必要对聘礼中有关人物所担当的角色加以说明。西乞术的身份,当如上文所说的,是秦国此次聘礼的正使,在《仪礼·聘礼》中就称为"使者",如《聘礼》开宗明义就说:"君与卿图事,遂命使者。使者再拜稽首辞。君不许,乃退。"在这个访问团中,除了使者之外,还包括使者的随从人员,这在《聘礼》中称为"众介",其中使者的副手叫"上介",据郑玄的注,上介是众介之长,由大夫充任,而其他众介则由士充当,所以又可以叫作"士介"。相应的是,主国为了招待这些来聘的使者及其众介,也要任命自己的傧者,《聘礼》说:"卿为上傧,大夫为承傧,士为绍傧",分别和对方的使者、上介和众介相对应,这就是我们在上面说从鲁国上傧襄仲的身份也可以看出此次秦国来聘级别的原因。

参照《聘礼》的记载,可以知道传文中所说的"襄仲辞玉"应该是接近聘礼高潮时才有的礼仪,而此前,使者和傧者之间已经有了若干的接触,《左传》文不具,当是因为每次聘礼所经的仪式大体是固定的,不必一一载明。但在这里,我们有必要对此略作介绍。

首先,当使者及其随从进入所聘国的国境,就要张起旗帜并由介向所聘国的"关人""报关",告知来意以及人员的多少;所聘国国君在得知报告后,派出士前来询问来意,然后带领使团进入国境。

当使者(因为此时已经进入所聘国,所以礼经中又称之为"宾")到达近郊时,主国国君派遣本国的卿代表自己用束帛对来宾进行郊劳,此后,国君夫人又派下大夫来对宾行郊劳之礼。

当宾来到库门之外的外朝时,①主国国君会派人对来宾说:"不腆先君之祧,既拚以俟矣。"但此时来宾并不能马上去朝见国君,而是要在大夫的安排下先到馆舍安顿下来,而后卿(上摈)到馆舍去看望来宾。

第二天才是行聘礼的日子,国君一早就派人前往馆舍迎宾,此人在《聘礼》中称为"讶",一般来讲,讶的地位比宾的身份低一级,如西乞术的身份是秦国之卿,则前往馆舍迎接他的讶应该是鲁国的大夫。君在库门之内等候宾,宾由摈者引入库门和君相见后,君和宾才相互谦让地继续向内进入雉门。当君和宾进入庙门后,君先在中庭面南而立,而宾则在靠近西塾的位置站立。只有在庙堂上祭祀的几筵都设好后,上摈才来请宾行聘礼,而《左传》中所说的"襄仲辞玉"即发生在这个时候。《仪礼·聘礼》是这样记载的:"几筵既设,摈者出请命。贾人东面坐,启椟,取圭,垂缫,不起而授上介。上介不袭,执圭屈缫授宾。宾袭执圭。摈者入告,出辞玉,纳宾。"从《聘礼》的这段记载可以看出,摈者是在"入告"之后再出来"辞玉"的,则摈者是代替自己的国君在辞玉,所以襄仲在辞玉时对西乞术说"寡君敢辞玉",两者正相吻合。

"宾授玉"的真正完成是在堂上。在上摈辞玉后,宾即升堂,他在堂中所处的位置是"西楹西,东面"。宾在致命后,才有"公(受聘国国君)侧袭,受玉于中堂与东楹之间"。在完成授玉之后,此次聘礼的高潮基本结束,以下是一系列的享礼、享夫人、私觌、飨礼和食礼,因为和

---

① 关于周代天子和诸侯的宫门见载于文献,如《周礼·天官·阍人》郑玄注:"郑司农云王有五门:外曰皋门,二曰雉门,三曰库门,四曰应门,五曰毕门。玄谓雉门三门也。"可见郑众和郑玄对于库门和雉门的位置就有不同的看法。贾公彦疏称:"凡平诸侯三门,有皋、应、路。……若鲁三门,则有库、雉、路。"清黄以周《礼书通故·宫室二》:"诸侯三门,当以雉、库、路为次。"则是把雉门看成是诸侯最外之门,而库门在其内,和郑玄、贾公彦看法不同。据文献,鲁都曲阜确有多重宫门的存在,如《春秋》定公二年:"夏五月壬辰,雉门及两观灾。"又《礼记·檀弓》:"鲁庄公之丧,既葬而绖,不入库门。"孙诒让指出:"言其除丧而反,由外来,是库门在雉门外必矣。"当从郑玄、贾公彦以及孙诒让的说法,诸侯三门由外向内依次是库门、雉门和路门。可参见孙诒让:《周礼正义》卷十四,北京:中华书局,1987年,第542页。

我们讨论的内容牵扯不大,这里不加叙述。① 但需要指出的是,受聘国国君几次三番辞谢后才接受下来的玉,在来宾归国前最终是要还给来宾的。《聘礼》说:"君使卿皮弁还玉于馆……大夫还璋",不但要还玉,主国还为来宾准备了大量的回赠之物,即"贿用束纺,礼玉束帛乘皮"等,所以《左传》这里说襄仲"厚贿之(西乞术)"就是对此而言的。对于这种现象,《礼记·聘义》有一个解释,可以有助于我们的理解,它说:"以圭璋聘,重礼也;已聘而还圭璋,此轻财而重礼之义也。"

在上文有关晋惠公"执玉惰"的讨论中,我们分析了周代礼仪中的礼容问题,而《左传》中的这一段记载如果从大的方面来讲,也是属于礼容的范畴,如果划分得细致一些,把进退、升降、揖让、颜容看成是礼容不同门类的话,那么可以把言语单列为一类。这样的划分和当时的社会状况也是吻合的,孔子授徒,即以"德行、言语、政事、文学"为四科,可见"言语"的重要。具体到聘礼中的言语来说,既然东周时期的聘礼已经完全演变为列国之间的政治交易,聘礼的言语事实上就是今天的外交辞令。既然如此,有学者把聘礼的言语划分为两类:一类是有一定格式的特定常用词语,如上引的"不腆先君之祧,既拚以俟矣"以及此时使者的回答"俟间"等,襄仲辞玉时所说的话和西乞术所对的"不腆敝器,不足辞也"都属于此类;另外一类则是在行礼中宾主临时的对答,并没有什么固定的格式可循,要依靠使者自己的随机应变,因此《聘礼》的《记》说:"辞无常,孙而说。辞多则史,少则不达。辞苟足以达,义之至也。"正因为聘礼中"辞无常",所以《公羊传》庄公十九年说:"聘礼,大夫受命,不受辞。出竟有可以安社稷,利国家者,则专之可也。"②言语之于外交是如此重要,所以在《论语·先进篇》被列为"言语"类第一的宰我就经常被派出使他国。

---

① 相关的仪式可参看钱玄:《三礼通论》之《礼仪篇·聘礼通释》,南京:南京师范大学出版社,1996年,第635—643页。

② 同上书,第645—646页。

如果以上述的标准来衡量秦使西乞术,他在聘礼时的对答顶多算是合格,没有出差错而已,襄仲屡屡被委以重任,朝聘过周天子和晋文公,按理不该如此大惊小怪,把西乞术看成是"君子"。或者是在两人的多次接触中(按,上文中我们已经说明了宾和上摈在辞玉前已经有若干相互接触了解的机会),西乞术始终没有失礼并且有深深打动襄仲的言语但又失载于《春秋》经传的,因为西乞术的来聘,就是"言将伐晋",聘问是虚,寻求军事联盟为实,襄仲是鲁卿,当然是谈判的对手,所以与其说襄仲是佩服西乞术知晓聘礼的礼仪,还不如说是被他的政治军事才能所折服。

有知礼的,就必然有失礼的。试举《左传》中的两例加以说明。昭公七年记载:"公如楚。郑伯劳于师之梁。孟僖子为介,不能相仪。及楚,不能答郊劳。"连郊劳这样有固定格式的答语都不会,孟僖子可真是让礼仪之邦的鲁国蒙羞,幸好他后来"乃讲学之,苟能礼者从之"。又据襄公七年载:"卫孙文子来聘,且拜武子之言,而寻孙桓子之盟。公登亦登。叔孙穆子相,趋进,曰'诸侯之会,寡君未尝后卫君。今吾子不后寡君,寡君未知所过。吾子其少安。'孙子无辞,亦无悛容。"襄公是君,孙文子是使臣,按礼当然不能"公登亦登",而应该后于襄公登。鲁襄公不知孙文子失礼,叔孙穆子是鲁臣,自然不好当面指出其君的错误,所以只能指责孙文子。而孙文子竟然毫无愧色,比起孟僖子的知错能改就更有不如了。

文公十二年(前615)
传:秦伯以璧祈战于河。

是年秋秦国使西乞术聘鲁,其目的就是为了"将伐晋"。大概西乞术在鲁国得到了某种保证或暗示,因此,这一年的十二月秦国主动向晋国挑起战端。至于秦伯(秦康公)"以璧祈战于河"的目的和背景,我们在僖公二十四年重耳向子犯发誓一节已经有详细的交代,这里不再重复。两周之世,军队出行途经名山大川而献祭本是常礼,这就是《周礼·春官·大祝》所说的"过大山川,则用事焉"。襄公十八年,晋侯于伐齐途中"沈玉而济"也是其例。

文公十八年(前609)
经:莒弑其君庶其。
传:莒纪公生大子仆,又生季佗,爱季佗而黜仆,且多行无礼于国。仆因国人以弑纪公,以其宝玉来奔,纳诸宣公。公命与之邑,曰:"今日必授!"季文子使司寇出诸境,曰:"今日必达!"

  鲁文公薨于这一年的二月,而葬于六月。这年十月,襄仲杀了文公正妃哀姜的两个儿子恶和视,立文公次妃敬嬴之子为鲁君,是为宣公。传文中没有明确说明莒太子所纳之玉的名称,但既然是弑其父所获的宝玉,而且季文子在规劝宣公时引周公话说:"窃贿为盗,盗器为奸。主藏之名,赖奸之用,为大凶德,有常,无赦。"那么,莒太子所献之玉必定是代表一国国君身份地位的圭璋之类。上文襄仲在辞玉时说:"重之以大器",而聘礼所用之玉必然是圭璋之类,因此,这里的宝玉,也应当是莒国之圭璋。莒国本是鲁国之附庸,莒太子以其宝玉来奔,其用意当然是显示归附之心,不过他纳玉的行为,多少包含一些贽见礼的意味。

  莒国有玉,可以得到考古学材料的支持。1975年在山东莒南县大店公社的老龙腰和花园两地发掘了两座春秋中晚期的殉人墓葬,从两墓所出的铜器铭文可以判定均为莒国墓葬,虽然两墓的椁室部分都已经严重被盗,但在M2仍然出土有残存的数百件绿松石、玛瑙和玉器。[①]更为重要的发现则是1978年在邻近的沂水刘家店子所发掘的两座规模更大的墓葬,其中一号墓出土的铜器上有"公簠"和"公铸壶"一类的铭文,说明墓主人应当就是莒国的国君,出土器物的特征则显示其时代当在春秋早期的偏晚阶段。在这座墓葬中所随葬的玉器超过300件,

---

[①] 山东省博物馆等:《莒南大店春秋时期莒国殉人墓》,《考古学报》1978年第3期,第317—336页。

包括墓主人头部的玉贝(可能是含玉)和玉玦,胸部的戈、琮、璧以及璇玑(牙璧)等,另外在该墓的器物库还有组玉佩一组和石磬多件。① 其中该墓出土的一件大玉戈,长度超过46厘米,这在目前考古所见的春秋玉戈中是不多见的,而且这件玉戈援部中脊突出,前锋略向下斜,内部则有四组平行线纹,是典型的商代玉戈的作风。② 既然春秋时期莒国贵族能够如此盛行以玉随葬,那么至少可以证明莒太子以乃父之宝玉投奔鲁国是有其物质基础的。

成公二年(前589)

传:癸酉,师陈于鞌……韩厥执絷马前,再拜稽首,奉觞加璧以进(齐顷公)……齐侯使宾媚人赂以纪甗、玉磬与地。

本节所记用玉事例发生在齐晋的鞌之战期间,因此有必要对其背景略作介绍。春秋之世,齐国始终是鲁国的最大威胁,齐国事实上也是屡屡进犯鲁国。成公二年的春天,齐顷公率军攻占了鲁国的龙邑,同时又在新筑大败前来援鲁的卫军。鲁、卫两国于是都向晋国求援,而此时晋景公也正想重振晋国的霸业,于是命郤克率兵车八百乘以救鲁、卫,而韩厥则是晋军的司马。

鞌之战颇有些戏剧性,《左传》中的相关描写十分生动。当晋、鲁、卫、曹等四国联军追击齐军至靡笄山时,齐顷公很有些狂妄,说要"余姑翦灭此而朝食",而且是"不介马而驰之"。尽管如此,晋军的获胜,还是有些偶然性。因为在战斗中晋军中军帅郤克为箭所伤,不能击鼓指挥军队,几乎要放弃战斗,幸亏其御者解张鼓励郤克坚持住,并且一手握缰,一手替主帅击鼓,但因为只能一只手握住缰绳,导致战马失控

---

① 山东省文物考古研究所、沂水县文物管理站:《山东沂水刘家店子春秋墓发掘简报》,《文物》1984年第9期,第1—10、98—99页。

② 有关商周玉戈形制上的差异,笔者在《晋侯墓地出土玉器研究札记》一文曾有较细致的分析。

而向前冲去，晋军趁机掩杀过去，齐军大败。而齐顷公之被俘也有偶然性，顷公在逃跑途中，其战车的两匹骖马被树木所阻，偏偏他的车右逢丑父在战前就被蛇咬伤了胳膊，因担心不能参加战斗就隐瞒未报，现在到了关键时刻却不能下车来推车，所以齐顷公被韩厥追及。

韩厥对待作了俘虏的齐顷公礼遇有加，以后代的眼光来看，很是不可理解，但在春秋时期，则是十分自然的事情。因为类似的事例也见载于《左传》襄公二十五年，这一年郑国子展和子产伐陈并获陈侯，郑军主帅子展也是"执絷而见，再拜稽首，承饮而进献"，所行之礼仪和韩厥几乎完全相同。所不同者，是韩厥于"奉觞"之外又有"加璧"，而子展只是执絷、稽首、承饮（意同"奉觞"）而无献玉。有这样的两个例证，我们可以认为"执絷、稽首、承饮（或称奉觞）"应该是春秋时期外臣战胜时见敌国之君的通礼，至于"加璧"，因为两个例证中一有一无，不能断定是否应该看成是必须的礼仪。按照逻辑上讲，韩厥擒获齐顷公时仍在战场，能够"奉觞"就已经是不容易了，又能"加璧"，则其所加之璧大概只能是其随身所佩戴的璧、环类器物，但反之，子展去见陈侯，是在郑军进入陈城，完全控制局面之后的事，按理子展有充分的条件来准备进献的玉器——如果这是必须的话，况且子展的副手是知礼的子产，如果"加璧"是必须的礼仪，即使子展不知，想来子产也会提醒他。所以，依照这样的推测，韩厥的"加璧"应该是他的个人行为，而不是当时的通礼。

不过，问题的关键并不在此，"加璧"的有无并不能改变当时战胜国之臣对待战败国之君依然必须遵守君臣之礼这样的一个事实，而这样的一种现象则是和春秋及其之前战争的性质密切相关的。春秋时期列国之间的战争固然是争霸的结果，但和战国时期的列国兼并战争仍然是不可同日而语。争霸之战，以服人为目的，而不必赶尽杀绝；相反，兼并之战，以屠人为目的，必以灭国绝祀为功。如鞌之战的第二年，齐顷公往晋国朝聘晋景公，韩厥在向顷公敬酒时说："臣之不敢爱死，为两君之在此堂也。"尽管韩厥把为了两君的宴饮和好作为自己在战场上奋勇作战原因的解释有官样文章之嫌疑,但也透露出春秋时期的战争确实有其独特的道德理念。而最能体现春秋时期战争伦理的有关论述还残存于古代著名兵书《司马法》之中,[①]如全书开篇《仁本第一》就说:"古者,以仁为本,以义治之之谓正。"又说:"古者,逐奔不过百步,纵绥不过三舍,是以明其礼也。不穷不能而哀怜伤病,是以明其仁也。成列而鼓,是以明其信也。争义不争利,是以明其义也"以及"以礼为固,以仁为胜"等,可见其中心思想就是"仁""礼"和"义",发起一场战争最为正当的理由就是"某国为不道,征之,以某年月日师至于某国,会天子正刑",这和春秋时期的争霸战争终究要打出"尊王攘夷"的旗号,注重的是以"礼"服人的有关史实是可以相互发明印证的。正是在这种伦理思想的指导下,《司马法》对于征伐者在战争中所应承担的义务有明确的规定,如:"入罪人之地,无暴圣祇,无行田猎,无毁土功,无燔墙屋,无伐林木,无取六畜、禾黍、器械,见其老幼,奉归勿伤。虽遇壮者,不校勿敌。敌若伤之,医药归之。既诛有罪,王及诸侯修正其国,举贤立明,正复厥职。"正因为《司马法》是如此地提倡"仁""义""礼",所以司马迁在《史记·司马穰苴列传》禁不住会称道《司马法》:"闳廓深远,虽三代征伐,未能竟其义,如其文也。"在这里太史公不免过于悲观了,春秋人物中,就不乏有笃守《司马法》所说的战争伦理者。鲁僖公二十二年(前638)宋楚泓之战时,宋襄公坚持等到楚军"既济、陈列"后方才发起进攻,这在后人看来当然是迂腐的做法,甚至被讥为是"蠢猪式的仁义道德",殊不知襄公之所为确实是古人的风采。再如《左传》哀公十五年记载卫国内乱,子路被人砍断了系冠的缨,但他不是忙

[①]《司马法》大约成书于战国初期,亡佚很多,今残存五篇,但其中仍保存了从殷周到春秋、战国时期的一些古代作战原则和方法。《史记·司马穰苴列传》记载:"齐威王使大夫追论古者司马兵法而附穰苴于其中,因号曰《司马穰苴兵法》。"可证《司马法》所反映的战争思想是较早的。参看《中国军事史》编写组编:《武经七书注释》,北京:解放军出版,1986年,第79页。本文所征引的《司马法》的有关内容均据此书。

于应战,而是说:"君子死,冠不免。"于是放下武器来"结缨",结果当然是被对方杀了。如果不对春秋时期士人追求礼的迂执态度有足够了解的话,我们永远都不会明白子路为什么把"冠不免"看得比自己的生命还要重要。

钱穆先生在论及春秋时期的文化状态时有一段很简洁贴切的话,真是说出了笔者的心声和感想,愿意在这里加以称引,钱先生说:"春秋二百四十二年,一方面是一个极混乱紧张的时期;但另一方面,则古代的贵族文化,实到春秋而发展到它的最高点。春秋时代常为后世所想慕与敬重。大体言之,当时的贵族,对古代相传的宗教均已抱有一种开明而合理的见解。因此他们对于人生,亦有一个清晰而稳健的看法。当时的国家间,虽则不断以兵戎相见,而大体上一般趋势,则均重和平,守信义。外交上的文雅风流,更足表现出当时一般贵族文化上之修养与了解。即在战争中,犹能不失他们重人道、讲礼貌、守信义之素养,而有时则成为一种当时独有的幽默。道义礼信,在当时的地位,显见超出于富强攻取之上。《左传》对于当时各国的国内政治,虽记载较少,而各国贵族阶级之私生活之记载,则流传甚富。他们识解之渊博,人格之完备,嘉言懿行,可资后代敬慕者,到处可见。春秋时代,实可说是中国古代贵族文化已发展到一种极优美、极高尚、极细腻雅致的时代。"[①]有

[①] 钱穆:《国史大纲》修订第三版,北京:商务印书馆,1996年,第68—71页。钱穆先生所说的"即在战争中,犹能不失他们重人道、讲礼貌、守信义之素养,而有时则成为一种当时独有的幽默",在《左传》中真是屡屡可见。以鞌之战为例,体现了这种素养者就不仅仅是韩厥一人。如晋、齐两军相交后,晋军主帅郤克受伤,"流血及屦",于是对其御者解张说"余病矣",解张为了鼓励主帅,说:"自始合,而矢贯余手及肘,余折以御。岂敢言病?吾子忍!"又说:"擐甲执兵,固即死也,病未及死,吾子勉之!"正是有了解张的鼓励和坚持,晋军才取得了最后的胜利。而作为战败的一方,齐顷公在战斗中也不失君子风度,在两军交锋时,顷公的御者邴夏看见正在驾车的韩厥俨然有君子风采,便对顷公说:"射其御者,君子也。"而顷公却说:"谓之君子而射之,非礼也。"因此,"射其左,越于车下。射其右,毙于车中"。倘使顷公听从邴夏的话,韩厥早就战死在战场了,哪里还有生擒顷公的机会!照后来人功利的看法,齐顷公岂不是成了宋襄公第二?如果这样来看问题,那真是屈杀古人了。

了钱穆先生的这一段说明,我们对于韩厥"奉觞加璧"行为的理解就多了一层文化底蕴,而变得豁然开朗了。

"齐侯使宾媚人赂以纪甗、玉磬与地"之事也见载于《竹书纪年》,杜预《春秋经传集解》后序引《竹书纪年》说:"齐国佐来献玉磬、纪公之甗",按照《竹书纪年》,国佐(即宾媚人)献器的对象是晋景公而不是《左传》所说的晋中军帅郤克。但不论接受这些器物的是晋景公还是郤克,纪甗和玉磬都有贽见礼的意味,杜预在这里还指出:"甗,玉甑,皆灭纪所得。"杜预以甗为甑,已误,以纪甗为玉甑,更加不可思议。无论甗、甑,考古所见者仅有铜、陶器,从不曾见过用玉制成的,甚至是用玉所作的明器或模型中也不见有作甗或甑形的。另外,抛开这里所说的玉磬是否是齐国灭纪国所得不论,考古和传世资料中的磬也多是石质的,可以指定为玉质的尚未见。当然,考虑到我们所能接触到的古代遗物毕竟是有限的,因此,纪国确实使用过玉磬也并非完全没有可能。①

成公三年(前588)

传:齐侯朝于晋,将授玉。郤克趋进曰:"此行也,君为妇人之笑辱也,寡君未之敢任。"

成公六年(前585)

传:郑伯(郑悼公)如晋拜成,子游相,授玉于东楹之东。

齐顷公上一年鞌之战战败,故于是年聘于晋,因此我们在上文中对于聘礼中有关授玉的分析可以适用于此,但在这里要着重讨论授玉的

---

① 台湾玉器专家那志良先生曾对传世和考古出土的玉石磬作了较完备的收集,见《中国古玉图释》,台北:南天书局,1990年,第214—225页。如果考虑到古人分别玉、石的标准和我们今天的理解有所不同,则那志良先生在书中所列举石磬中的某些当然可以看成是玉磬。如果允许这样理解的话,纪国之玉磬就不是什么可珍贵稀罕的了。如此,国佐以其贿赂于晋国,与其说是看重玉磬的经济价值,还不如说是看重玉磬作为宗庙重器所赋予的礼制意义。

地点。《仪礼·聘礼》说："公侧袭,受玉于中堂与东楹之间",但这是就卿向君行聘礼时而言的,随着行礼者身份的不同,授玉的地点也略有差异,因此,要了解相关的授玉地点,首先要明确堂的基本结构。

　　古代的堂上有东西两柱,分别叫做东楹和西楹,两楹之中叫"中堂"。当宾的身份低于主人时,授受玉的位置就是《仪礼·聘礼》所说的"受玉于中堂与东楹之间",即中堂的偏东处;而如果宾主身份相当,授玉的位置则要略向西移,在两楹之间的中堂。《仪礼·聘礼》说："大夫对,北面当楣再拜,受币于楹间",郑玄对此的解释是："受币楹间,敌也。"所谓的"敌",就是就身份相当而言,而"楹间"正是指中堂。另外,如果从聘礼的施行程序来分析,授玉位置的变更其实是很容易理解的。据《聘礼》,在行聘礼时,宾始终由西边行,而主人在东边,入堂时,宾由西阶登而立于堂的西序,主人由东阶登而立于东序。因此,当宾主身份地位相当而授玉于中堂时,宾由西向东进,而主人由东向西行而会合于中堂,这时宾主所移动的距离正好相同;反之,如果来宾地位低于主人,因为授玉于中堂与东楹之间,则宾向东移动的距离自然较主人向西移动的距离要多,正好可以显示彼此地位的高低。齐顷公虽然是战败之君,但其身份和晋景公相当,所以授玉依然应该在两楹之间的中堂。《左传》不载其授玉的地点,可知顷公不违礼。

　　虽然授玉在"中堂与东楹之间"和"中堂"的空间差距微不足道,但其所反映的礼制意义却十分重大。所以成公六年春,当郑伯(郑悼公)如晋拜成而郑伯授玉于东楹之东时,晋卿士贞伯大为惊诧,说道："郑伯其死乎！自弃也已。视流而行速,不安其位,宜不能久。"郑悼公因为舍楚而从晋,要仰仗晋国的保护,虽然都是诸侯,但在朝晋景公时不敢以平等身份自居,但按照上引《仪礼·聘礼》的记载,悼公即使不愿以平等身份而授玉于中堂,也当授玉于"中堂与东楹之间",而悼公竟然"授玉于东楹之东",向东偏移得过甚,这就"自弃"得有些过分了,难怪要遭至士贞伯的鄙夷。

成公十七年(前574)

传:初,声伯梦涉洹,或与己琼瑰食之,泣而为琼瑰盈其怀,从而歌之曰:"济洹之水,赠我以琼瑰。归乎归乎,琼瑰盈吾怀乎!"惧不敢占也。

杜预注以"琼"为玉,以"瑰"为珠,则琼、瑰为两物,但也有人认为这里的琼瑰就是《诗经》中所说的"琼瑶""琼琚"或"琼玖",则以"琼瑰"为一物。① 事实上这里所说的"琼瑰"究竟是一物的名称,还是分指两物,并不影响我们对于传文的理解。对于梦见自己食琼瑰而不敢占梦的原因,声伯(鲁公孙婴齐)自己有很直率的表述:"余恐死,故不敢占也。"声伯由于梦见"食琼瑰"而导致惧死心理的原因,杜预有很好的解释,即"食珠玉,含象"。而在上文中,我们曾经提到"含"或者说"琀"确实是周代葬玉中最为常见的现象,因此梦见"含",在当时人看来就是死亡的象征,所以声伯对于占梦就颇有忌讳。虽然后来声伯自欺欺人,鼓起勇气为自己占梦,并且把"琼瑰盈其怀"解释为是他有众多随从的象征,但在占梦的当晚就死去了。

但在这里我们所关心的问题并不是梦见食琼瑰是否就一定预示着死亡,我们感兴趣的是单纯的"食琼瑰"的问题,或者说当时是否有食玉现象。虽然梦是虚幻的东西,但梦中的所见所闻,通常是现实生活的折射,纯粹虚无、不具现实基础的梦是不存在的。按照这样的逻辑,声伯梦见自己吞食珠玉,正应折射出当时现实社会中有着食玉的行为。

文献中有关食玉的记载并不少见,但对此的解释则有不同。《周礼·天官·玉府》说:"王齐(斋),则供食玉。"郑玄注说:"玉是阳精之纯者,食之以御水气。"而郑玄所引郑司农的话则说得更为清楚:"王齐当食玉屑。"另外,《楚辞·离骚》说:"精琼靡以为粻"王弼注云:"精,凿也。靡,屑也。"但清代学者如惠士奇、孙诒让等都认为这里的"食玉"理解为以玉装饰的食器更为妥当。②

---

① 杨伯峻:《春秋左传注》,第899页。
② 孙诒让:《周礼正义》,第456—457页。

二郑和王弼的解释毕竟是汉代以后人的看法,是否合乎周代的史实,也同样有待于验证。不过,食玉对于汉晋人而言的确算不上稀罕,这是因为自战国秦汉以来,神仙思想日益流行,并由此形成了服食、行气和导引等方术,而服食派方士所服食的物质也是极其庞杂,其中就有珠玉,这可以从晋葛洪《抱朴子内篇·仙药篇》所列的有关仙药得到证明:"仙药至上者丹砂,次则黄金,次则白银,次则诸芝,次则五玉,次则云母,次则明珠,次则雄黄,次则曾青,次则松柏脂、茯苓、地黄、麦门冬、木巨胜、重楼、黄连、石韦、楮实、象柴,一名托卢是也。"和服食派类似的是,对于古代医家而言,可以入药的对象同样很庞杂,《周礼·天官·疾医》有所谓的"以五味、五谷、五药养其病",郑玄注"五药"为:"草木虫石谷也。"则其范畴和葛洪所说的仙药相比并不逊色,而玉也是石属,当然可以入药。不过,正如有研究者所指出的那样,尽管服食和医术都讲究服药,但因为服食以追求长生、不死和成仙为目标,因此服食之药以金石为主;而医家则是以治病为出发点,进而追求养生和延年,故医术之药以草木为主。① 这一说法无疑是正确的,这可以从两方面得到印证。首先,据统计在《山海经》中共记录了 130 余种古代药物,而其中的绝大多数是草木和动物类药物,其他少量的才是矿物、水族类以及其他药物。② 其次,葛洪自己的一段解释可以帮助我们理解,他在《抱朴子内篇·金丹篇》说:"草木之药,埋之即腐,煮之即烂,烧之即焦,不能自生,何能生人乎?"而"金丹之为物,烧之愈久,变化愈妙。黄金入火,百炼不消,埋之,毕天不朽。服此二物,炼人身体,故能令人不老不死"。因为葛洪是以丹砂和黄金为仙药中的极品,所以在这里特别强调此两物的功效,但他同时也注意玉石的"药效",如在《仙药篇》中就引《玉经》说:"服金者寿如金,服玉者寿如玉。"

服食家以服食丹砂、黄金、珠玉等图长生不老的指导思想至少可以

---

① 李零:《中国方术考》,北京:人民中国出版社,1993 年,第 286 页。
② 赵璞珊:《中国古代医学》,北京:中华书局,1997 年,第 10 页。

上溯到战国时期稷下道家的精气说。稷下道家精气说的主要内容,裘锡圭先生将其简洁、明确地概括为:"这些稷下道家认为天有一种特别精微的气,叫做精。物得到精气才能有生命,人得到精气才能有思维。鬼神就是流动于天地间的精气形成的。人为了保持精气,并不断得到新的精气,应该正静寡欲,不要过分用心,不要为忧悲喜怒等情所扰,饮食也要有所节制。这样精气才会进入他的身体,停留在他的心中,他才能健康聪明。精气积累到某种程度,就会成为其智若神而且不会遭逢天灾人害的圣人。"①

把稷下道家的精气说和后来服食派的做法稍作比较,就可以看出两者的异同。虽然都重视"精气",但两家获取"精气"的途径截然不同。对于服食派方士而言,他们已经无法接受稷下道家所提倡的通过"正静寡欲"来逐渐吸取、积累精气的消极做法,而是采取直接服用某些含"精"多的物质来增加自己体内精气的速成法。另外,也有人采用直接从空气中吸取精气的方法来积累自身精气的,这就发展成了神仙家的吐纳一派。这种服食丹药成仙论和稷下道家所主张的自身修炼长生论,殊途同归,分别影响着后来道教丹鼎派内部主外丹和主内丹的两大派别的发展,②不过正如裘锡圭先生所指出的,在当时人看来道家和神仙家是截然不同的,因此在《汉书·艺文志》中,道家属于诸子略,而神仙家则被列为方技略。

由稷下道家的精气说到神仙家服食思想的转变,大约就是在从秦统一到西汉初年这一较短的时间内完成的。这是因为,首先在上引裘锡圭先生的文章中,他已经在若干先秦时期最晚阶段的著作中,如《庄子》《韩非子》和《吕氏春秋》中找到了和稷下道家精气说很相似的一些说法,这表明稷下道家的精气说以及相似的思想在战国晚期依然是十

---

① 裘锡圭:《稷下道家精气说的研究》,《文史丛稿——上古思想、民俗与古文字学史》,第25页。

② 卿希泰主编:《中国道教史》第一卷,成都:四川人民出版社,1988年,第49页。

分流行的。当然在战国晚期燕、齐两国就已经有了诸如宋毋忌、正伯侨、羡门高这样的"方仙道",而且燕昭王、齐威王和齐宣王也曾经有过"使人入海求蓬莱、方丈、瀛洲"求不死之药的举措,但这毕竟还有其地域局限,只是临近东海的燕、齐两国的地方特征。方士的真正兴起是在秦始皇统一六国之后,这就是《史记·封禅书》所说的:"及至秦始皇并天下,至海上,则方士言之不可胜数。"继秦始皇之后,迷信方士,欲求仙药的首推汉武帝。武帝在这方面的努力,较秦始皇有过之而无不及。而汉武帝时代的方士也变得更为狡诈,在入海求仙药这条路行不通的情况下,开始大力发展并推广炼丹术。因为相比较而言,自己动手制作不死之药当然更加"切实可行",至少不至于像秦始皇所派的韩终、徐福那样有去无回,或者像卢生那样空手而归最终要亡命逃窜。

汉武时最为得宠的方士当推齐人李少君,少君在使了若干花招骗取汉武帝的信任后,①才给武帝开出了不死之方,仍见存于《史记·封禅书》中。少君说:"祠灶则致物,致物而丹沙(砂)可化为黄金,黄金成以为饮食器则益寿,益寿而海中蓬莱仙者乃可见,见之以封禅则不死,黄帝是也。"武帝则是依方抓药,一一照办:亲祠灶,又遣方士入海求蓬莱仙人,也操作了化丹砂为黄金这样的化学试验。虽然是一无所获,但在李少君病死后,"天子以为化去不死,而使黄锤史宽舒受其方",这样

---

① 李少君骗取时人信任的方法和当今社会中胡万林一类的"神医"颇有些相似。据《史记·封禅书》的记载,少君的骗术主要有以下几点:一是隐瞒年龄,《封禅书》说他"匿其年及其生长,常自谓七十";二是居无定所,增强其身世的神秘色彩,即"其游以方遍诸侯……人皆以为不治生业而饶给,又不知其何所人,愈信,争事之";三是编造离奇故事使他人相信自己具备特异功能,如"尝从武安侯饮,坐中有九十余老人,少君乃言与其大父游射处,老人为儿时从其大父,识其处,一坐尽惊"。而少君赢得武帝的信任则多少仰仗了他的文物鉴赏知识,"少君见上,上有故铜器,问少君。少君曰:'此器齐桓公十年陈于柏寝。'已而案其刻,果齐桓公器。一宫尽骇,以为少君神,数百岁人也"。少君能够认出武帝所藏故铜器是齐桓公器已经是了不得了,何况还能说出何时陈于何地,难怪要"一宫尽骇",就是放在今天,这样厉害的鉴定水平也是要"以为神"的。

的结果当然就是"求蓬莱安期生莫能得,而海上燕齐怪迂之方士多更来言神事矣"。继李少君之后,汉武帝又先后用方士齐人少翁、栾大以及公孙卿等人,其中少翁、栾大这两师兄弟因骗局被识破而遭到武帝的诛杀,而公孙卿则使出了浑身解数,使尽了祠灶、封禅、候神等花样,方才保得自身的平安。而武帝求仙的结果,则如司马迁在《史记·封禅书》所说:"方士之候祠神人,入海求蓬莱,终无有验。而公孙卿之候神者,犹以大人之迹为解,无有效。"而汉武帝则陷入了"益怠厌方士之怪迂语矣,然羁縻不绝,冀遇其真"的怪圈中。

　　即便是按照逻辑推理,我们也大体能够推测像汉武帝这样迷恋于不死之药的人,自然免不了要服食玉屑,事实上文献中也有相关的记载,如《史记·孝武本纪》记载元鼎二年(前115)武帝"作柏梁、铜柱、承露仙人掌之属矣",《三辅黄图》据此曰:"武帝铜盘玉杯承露,和玉屑服之,以求仙道。"这些记载可以让人很容易地和近年来的若干考古学发现联系起来,其中最主要的材料就是相继发现的多件秦和西汉时期的玉杯,其中又以广州南越王墓出土的一件最为珍贵。虽然考古所见和传世的汉代玉器的数量十分可观,但玉质容器并不多见,在南越王墓的主棺室和侧室中共发现了五件玉质容器,算是数量最多的一批材料了。这五件玉质容器包括一件青玉角形杯、一件玉盒、一件铜框镶玉盖杯、一件玉卮和一件承盘高足杯。最值得重视的是这件承盘高足杯,杯体由整玉雕成(杯的底座另行结合),杯体外又有一块整玉雕成的三瓣状杯托,杯和杯托又被放置在带有三龙托架的三足铜盘上。这样一件设计精巧、制作精致的器物本身就足以引起重视,更何况在墓主人棺椁的足箱中还发现有半银盒的药丸,在西耳室中的一件陶瓿中发现有药饼以及成堆的中草药物和五色药石(硫磺、铅砂、朱砂、雄黄和紫水晶)以及一对捣药的臼和杵。综合这些出土的器物,无怪乎发掘者要认为这件承盘高足杯"可能就是赵眜生前用来承受云表之露,以服食五色药石以求长生的一个特殊用器",并且指出,"假若这种分析和推论不错,则这件承盘高足杯就是考古发掘中首次出土的承露杯"。① 南越王墓出土的这件承盘高足杯是否就是所谓的"承露杯"当然还可以讨论,因为据《史记·孝武本纪》索隐引《三辅故事》曰:"建章宫承露盘高三十丈,大七围,以铜为之上有仙人掌成露,和玉屑饮之。"这样巨大的尺寸显然不是南越王墓出土的铜盘所能比拟的。但无论如何,秦和西汉前期玉质容器,尤其是玉杯的突然增多,终究是一种饶有趣味的现象。就考古资料而言,秦代的器物可以举出1976年陕西西安市车张村秦阿房宫遗址出土的一件,②其他的例子则有广西贵县罗泊湾一号墓(西汉初年)的一件、③陕西咸阳马泉西汉晚期墓④和广州汉墓M1180⑤所出土的各一件。其中前两者的形制和纹饰与南越王墓的这一件更接近,而后两件器物均是素面无纹器,不过就其功用而言,有纹饰器和素面器并没有什么本质的差异。结合这一时期神仙服食观念流行的社会背景,我们不难看出秦、西汉时期玉杯的流行应该和当时人们相信用玉杯饮食可以吸取玉气的信念密切相关,由此我们也可以推定至少在秦汉时期的社会上层中"食玉"曾经是一种时尚。

上行就必然会导致下效,当汉武帝沉迷于神仙方术和炼制丹药时,举国上下就不乏效法者,如《汉书·淮南王安传》载淮南王刘安"招致宾客方术之士数千人,作为《内书》二十一篇,《外书》甚众,又有《中篇》八卷,言神仙黄白之术,亦二十余万言"。言神仙黄白之术竟然能够长达二十余万言,可见当时神仙方术之风的盛行程度,而我们上面所

---

① 麦英豪:《汉玉大观——象岗南越王墓出土玉器概述》,《南越王墓玉器》,香港:两木出版社,1991年,第49页。

② 《中国文物精华》编辑委员会编:《中国文物精华·一九九三年》,北京:文物出版社,1993年,图版64。

③ 广西壮族自治区博物馆:《广西贵县罗泊湾汉墓》,北京:文物出版社,1988年,彩版八。

④ 咸阳市博物馆:《陕西咸阳马泉西汉墓》,《考古》1979年第2期,第125—135页。

⑤ 广州市文物管理委员会、广州市博物馆:《广州汉墓》,北京:文物出版社,1981年,第172页。

列举的多件出土玉杯,其广泛的地域性也证明了这一点。而受此风气的影响,当时服食丹砂恐怕更为流行,这一来是因为时人相信丹砂的"药效"更佳,二则服食丹砂肯定比食玉的花费要小,自然容易得到普及。例如,马王堆一号汉墓出土女尸和江陵凤凰山 M168 男尸的尸体组织甚至毛发内均含有较多的汞成分,据专家分析,汞的来源除了棺液外,不能忽视其生前服食的可能,① 而丹砂的主要成分就是汞。有研究者同时还指出,战国时期金银器的骤然增多,并不纯然是财富或艺术的需求,也可能和当时的服食有关。② 从战国金银器中较多的是金盏、杯、耳杯和匜等器物来看,这样的推测应该是合乎情理的。和使用玉杯一样,使用金银质的杯、盏,都是为了使用者从中吸取精气,从而达到养生护体之功效。

如果说我们在上面着重分析了从稷下道家向秦汉神仙方术的演变,论证了秦汉时期人们食玉的历史背景,我们还必须向前追溯稷下道家精气说的历史渊源,进而寻找中国古代"食玉"的历史根源。比如说,如果按照《山海经》的记载,食玉可以溯源到黄帝的时代,如《西山经·西次三经》说:"其中多白玉,是有玉膏。其原沸沸汤汤,黄帝是食是飨。"但《山海经》中的记载毕竟有太多的神话色彩,无法作为我们判断的依据。而裘锡圭先生在《稷下道家精气说的研究》一文中对"精气"和"精"两个概念的比较研究,很好地解决了精气说的历史渊源问题。裘先生把"精气"看成是稷下道家对于此前"精"的观念的发展,把握了问题的关键所在。"精"这一观念至少在春秋时期就已经出现,其中最重要的根据出自郑子产的一段话。

《左传》昭公七年记载子产在回答晋卿赵景子有关"伯有犹能为鬼乎?"的提问时,作出了这样的一段回答,子产说:"能。人生始化曰魄,既生魄,阳曰魂。用物精多,则魂魄强,是以有精爽至于神明。匹夫匹

---

① 徐永庆、何惠琴:《中国古尸》,上海:上海科技教育出版社,1996年,第206页。
② 李零:《中国方术考》,第303页。

妇强死，其魂魄犹能冯依于人，以为淫厉，况良霄，我先君穆公之胄，子良之孙，子耳之子，敝邑之卿，从政三世矣。……而三世执其政柄，其用物也弘矣，其取精也多矣，其族又大，所冯厚矣，而强死，能为鬼，不亦宜乎！"子产这段话揭示了这样一个重要的逻辑关系：鬼魂的强健与否取决于物精的多少，而物精的多少则取决于用物的多少。伯有家族三世为卿，死后"用物也弘"，自然能为鬼。① 尽管我们还并不清楚在当时人看来究竟都有哪些物质是可以从中取精，但玉、帛必是其中的两种。《国语·楚语下》记楚昭王问其大夫观射父说："所谓一纯、二精、七事者，何也？"观射父的回答是："圣王正端冕，以其不违心，帅其群臣精物以临监享祀，无有苟慝于神者，谓之一纯。玉、帛为二精。天、地、民及四时之务为七事。"所以从子产和观射父两人的话中，我们可以断定在春秋时人看来，玉是精物，人也可以从玉获得所需的物精。而一旦把握了春秋时期这一朴素观念，我们对于春秋贵族墓葬中随葬数量较多玉器这一现象的理解便有了明确的社会和思想背景，同时，对于春秋时期是否存在"食玉"现象的问题也可以作出肯定的回答，只是它不太容易得到直接的考古学上的证据罢了。

那么，"精"的观念是否还能向前追溯呢？如果单纯从文献资料来看，我们还缺乏确凿的证据进行更深入的探讨，甚至还不能将这一观念上溯到西周时期。但如果从考古资料上看，又似乎表明以玉为"精物"的历史非常悠久，因为早在新石器时代的墓葬中，至少在新石器时代晚期的良渚文化墓葬中就很盛行用玉随葬，而且良渚墓葬中的玉器已经不是单纯的器物堆放，而是有着某种宗教寓意在内了。但问题在于，我

---

① 子产对赵景子说伯有死后"其用物也弘"并非虚妄之语，因为为伯有操办丧事的就是子产本人。据《左传》襄公三十年记载，伯有因为"汰侈"，被郑国其他几位公室子皮、子晳和公孙段攻杀于羊肆。树倒猢狲散，没有人敢为伯有收尸，只有子产为之大、小敛，枕之股而哭，并葬伯有于斗城。子产的行为险些为己招来杀身之祸，子晳因子产为伯有敛葬要杀子产，幸好被子皮阻拦，因为子皮说："礼，国之干也。杀有礼，祸莫大焉。"

们有什么证据证明良渚文化墓葬随葬玉器的现象同样是出于为了死者吸取玉精的需要而设的呢？我们甚至还不能断定对于良渚时期的居民而言，玉是否被看成了含精多的物质，又遑论精气？所以，较为妥当的做法还是暂且将其追溯到西周时期，这是因为西周贵族墓葬中如山西曲沃北赵晋侯墓地和河南三门峡虢国墓地所发现的随葬玉器，已经体现出某些比较明确的礼制性和宗教色彩，况且西周和东周毕竟还处于一个大的文化背景下，因此，我们做出这样的推测也就不至于显得过分突兀。事实上，以晋侯墓地和虢国墓地为代表的西周葬玉体系的形成，也只是从西周中期的穆、共时期开始的，[①]所以，玉是精物的观念或许就是在西周中期萌芽并逐渐发展起来了，那么，"食玉"的渊源也不能早过这一时期。

襄公十五年（前558）

传：宋人或得玉，献诸子罕。子罕弗受。献玉者曰："以示玉人，玉人以为宝也，故敢献之。"子罕曰："我以不贪为宝，尔以玉为宝。若以与我，皆丧宝也，不若人有其宝。"稽首而告曰："小人怀璧，不可以越乡，纳此以请死也。"子罕置诸其里，使玉人为之攻之，富而后使复其所。

对于多数古玉研究者而言，包括作者本人，通常遇到的一个问题就是如何判断出土的玉石器在古人看来究竟是玉还是石，尽管我们经常用"古人玉石不分"或者是"古人以美石为玉"一类的借口来为自己的研究开脱，但有很多迹象表明，中国古人对于玉石质地的认识至少可以上溯到新石器时代中晚期。玉器制作是周代手工业中的重要门类，在《周礼·考工记》中有所谓的"刮摩之工五"，玉人即是其中之一，并且很可能是世职。襄公十五年的这一条记载更是证明了当时已经存在以治玉、辨玉为业的专门人才，所以我们不能动辄以"古人玉石不分"一

[①] 孙庆伟：《西周墓葬出土玉器研究——兼论西周葬玉制度》，北京大学考古学系硕士学位论文，1996年。

类的话来搪塞,而应该勇于承认我们还没有掌握不同历史阶段人们分辨玉石的标准。

笔者曾经指出,《考工记·玉人》中所谓的"天子用全,上公用龙,侯用瓒,伯用埒"的用玉等级制度,其技术基础就是诸如玉人这样的专业人才对于玉石质地的判定,否则谈不上"全""龙""瓒"或者是"埒"。① 而更为重要的是,《考工记·玉人》中的这一段记载和相关的考古发现基本吻合,而且其时代最早者可以上溯到红山文化和良渚文化时期,并一直延续到商周时期。② 我们姑且不论红山文化和良渚文化时期是否已经萌芽了这种严格的用玉等级制度,但不可否认的是,在红山和良渚墓葬中,墓葬等级越高,其中所随葬的真玉(软玉)就越多,所占的比例也越高,反之,则假玉增多,真玉减少,这样的事实无疑可以证明当时已经有人能够对玉石的质地作出比较明确的判断了,虽然我们还不知道有此技能者究竟是无名的琢玉工匠,还是高贵的用玉者本人。

杜预注此条传文称:"玉人,能治玉者。"似乎说明春秋时期"玉人"不仅仅是指职官或者说官营手工业者而言,但凡以治玉为业者均可以"玉人"称呼之,这事实上反映了春秋以来私营手工业的发展。《韩非子·和氏》记楚人和氏得玉璞于楚山中,楚厉王、武王均使玉人相之,但

---

① 孙庆伟:《〈考工记·玉人〉的考古学研究》,《考古学研究》四,第115—139页;又见本书前文。

② 闻广、荆志淳:《沣西西周玉器地质考古学研究——中国古玉地质考古学研究之三》,《考古学报》1993年第2期,第251—280页。在该文中,两位作者也是结合了《玉人》中的这一段记载来分析的,其中指出红山文化牛河梁遗址墓葬的用玉可以分为三个等级,第一等级所随葬的全是真玉,第二等级全用假玉,第三等级则没有玉器随葬;而良渚文化墓葬随葬玉器则可以分为四个等级,第一等级如反山M12,全用真玉,相当于用"全",第二等级如上海青浦福泉山M9等,真玉居多又杂有假玉,相当于用"龙",第三等级如海宁荷叶地M3,所随葬的玉器真假参半,相当于用"埒",第四等级则无玉器随葬。其他如妇好墓,随葬玉器绝大多数是真玉,相当于用"全";沣西两座井叔墓M157和M170所随葬的假玉占百分之十左右,则相当于"上公用龙"。

都以之为石,而最终楚文王也是"使玉人理其璞而得宝焉",而在这里《左传》也记载子罕让玉人"攻之",可见玉人既能"相玉",也能"治玉"。

至晚到了战国时期,能够相玉者已经不局限于作为手工业制造者的"玉人"了,一些专门从事珠玉生意的商人因为其切身利益的关系,也掌握了丰富的相玉经验,以至于《尸子·治天下篇》说:"智之道,莫如因贤。譬之犹相马而借伯乐也,相玉而借猗顿也,亦必不过也。"《淮南子·氾论篇》也说:"玉工眩玉之似碧卢者,唯猗顿不失其情。"猗顿所经营的主要业务是河东的盐池,但也兼营珠宝玉石,因此积累了高超的相玉技能。但从《尸子》和《淮南子》的记载来看,"多财"固然是当时"善贾"的重要原因,但在商业活动中从商者的专业技能也发挥着举足轻重的作用。既然相玉成了一种专门的技能,相应地出现了相关的专业著述,这就是《相玉经》。《相玉经》已经失传,同时也不载于《汉书·艺文志》中,但郑玄注《周礼》时曾经引用了《相玉经》中的有关内容,但因为资料甚少,其成书的年代和主要内容都不容易确定,但既然在战国时期珠玉生意就已经是可以赢利"百倍"的大买卖(《战国策·秦策五》吕不韦语),那么在这一时期为了适应商业贸易的需要将有关的相玉经验编撰成书就很有可能了。①

襄公十八年(前555)
晋侯(晋平公)伐齐,将济河,献子以朱丝系玉二珏,而祷曰:"齐环怙恃其险,负其众庶,弃好背盟,陵虐神主。曾臣彪将率诸侯以讨焉,其官臣偃实先后之。苟捷有功,无作神羞,官臣偃敢无复济。唯尔有神裁

---

① 《周礼·考工记·玉人》郑玄注引《相玉经》说:"琬玉六寸,明自炤"而见载于《汉志》的相书有《山海经》《国朝》《宫宅地形》《相人》《相宝剑刀》《相六畜》《武禁相衣器》《神农教田相土耕种》《种树臧果相蚕》等。另外,李零先生还罗列了不少出土的相书,如马王堆帛书中的《相马经》、银雀山汉简中的《相狗方》、双古堆汉简中的《相狗经》、居延汉简中的《相宝剑刀》等,参见李零:《中国方术考》,第78—81页。

之。"沉玉而济。

说详僖公二十四年"重耳投其璧于河"条以及僖公三十年"僖公纳玉于王与晋侯"条。

襄公十九年（前554）

传：晋侯先归，公享晋六卿于蒲圃，赐之三命之服，军尉、司马、司空、舆尉、候奄一命之服；贿荀偃束锦、加璧、乘马，先吴寿梦之鼎。

鲁襄公享晋六卿的背景是著名的平阴之役。鞌之战后，齐鲁两国维持了较短暂的和平，但到了齐灵公时，齐国国力得到恢复，又开始屡屡侵犯鲁国的边境。襄公十八年，在鲁国的请求下，晋平公、鲁襄公召集宋、卫、郑、曹等十一国军队开始大举伐齐，两军在平阴发生会战，齐军大败，晋、鲁等国联军攻克齐国的多座城池，直到齐国都城临淄城下，齐军坚守不战，晋、鲁联军焚烧临淄四郭和西门而返。平阴之役的胜利，使得鲁、齐之间又重新获得暂时的和平局面，因此，鲁襄公大享晋国六卿。其实《左传》成公二年记载在鞌之战后，鲁成公同样是赏赐了晋军的主要将领，其中"赐三帅先路三命之服。司马、司空、舆帅、候正、亚旅皆受一命之服"，只是没有这里所说的"加璧"而已。

周代的命爵制度十分复杂，这可以从《周礼·春官·大宗伯》《周礼·春官·典命》《礼记·王制》以及《春秋》三传等相互矛盾的记载中得到充分的反映。不过近年钱玄先生对有关记载分析条缕，总结了其中的若干原则，对于我们了解周代的命爵制度很有裨益，可以摘要如下：①

1. 因国之大小，而其职官等级有上下。《左传》成公三年记："次国之上卿，当大国之中，中当其下，下当其上大夫。小国之上卿，当大国之下卿，中当其上大夫，下当其下大夫。上下如是，古之制也。"类似的记载也见于《礼记·王制》中："次国之上卿，位当大国之中，中当其下，下

---

① 钱玄：《三礼通论》之《制度篇·封建·职官》，第343—351页。

当其上大夫。小国之上卿,位当大国之下卿,中当其上大夫,下当其下大夫。"郑玄注称:"此诸侯使卿大夫覜聘并会之序也。"

2. 天子之职官与诸侯之职官,尊卑不同。《周礼·春官·典命》:"王之三公八命,其卿六命,其大夫四命。"郑玄注补充说:"王之上士三命,中士再命,下士一命。"而《典命》又说:"公之孤四命……其卿三命,其大夫再命,其士一命。……侯伯之卿大夫士亦如之。子男之卿再命,其大夫一命,其士不命。"由此可知,天子之公卿大夫士之命数与诸侯之公卿大夫士之命数不同。以卿为例,天子之卿六命,而公、侯、伯之卿三命,命数多者尊,命数少者则卑。因此,天子之官与诸侯之官,其职官名称相同者,其尊卑依然十分悬殊。

3. 同一级之职官,受命与未受命者,其尊卑不同。如《公羊传》隐公九年:"侠卒,侠者何?吾大夫之未命者。"强调侠虽为大夫,但未受命。而《左传》哀公四年:"使谓阴地之命大夫士蔑曰……"则强调士蔑乃受命之大夫。

4. 同为受命之官,受命于天子与受命于本国之君者,其尊卑又不同。《礼记·王制》说:"大国三卿,皆受命于天子……次国三卿,二卿受命于天子,一卿受命于君……小国二卿,皆受命于其君。"郑玄注说:"小国亦三卿,一卿受命于天子,二卿命于其君。此文似误脱耳。"又如《公羊传》庄公元年记载:"夏,单伯逆王姬。单伯者何?吾大夫之命乎天子者也。"这里特别强调单伯是受命于天子之大夫,意在强调单伯之地位尊于本国国君所命的大夫。

5. 在同一国内,同一职称,亦有以命数不同而尊卑不同者。《左传》僖公三十三年:"襄公以三命命先且居将中军。以再命命先茅之县赏胥臣,曰'举郤缺,子之功也'。以一命命郤缺为卿,复与之冀,亦未有军行。"此三人皆为晋卿,其命数不同,故其尊卑也有差别。

根据《周礼·春官·大宗伯》,周代的命爵制度共有九命,即:"以九仪之命,正邦国之位,壹命受职,再命受服,三命受位,四命受器,五命赐则,六命赐官,七命赐国,八命作牧,九命作伯。"据杨伯峻先生的统计,春秋诸侯之卿有一命、再命和三命之别,以命数多者为尊贵,但《左传》中所见各国卿大夫最高不过三命。① 以下我们着重谈谈"三命"。

郑玄注《大宗伯》"壹命受职"为:"始见命为正吏。"就是说职官在受一命后,才能称为正式的职官,而未经受命的职官,不属正吏。

"再命受服"郑玄注引郑司农曰:"受服,受祭衣服,为上士。"这里所谓的受祭衣服,是指受助祭于君之服,亦即赐爵时所受之命服。《礼记·曾子问》:"天子赐诸侯大夫冕弁服于大庙。归设奠,服赐服。"可知命服必受于君,乃得服之。

至于"三命受位",郑玄注说:"此列国之卿,始有列位于王,为王之臣也。"诸侯之卿三命之后,称为命卿,命卿才有位列于王之朝。如非命卿,则不得列于王之朝。从《左传》中的有关记载来看,这一制度在春秋时期还是相当严格的。如成公二年载:"晋侯使巩朔献齐捷于周。王弗见,使单襄公辞焉。曰:'……今叔父克遂有功于齐,而不使命卿镇抚王室,所使来抚余一人。而巩伯实来,未有职司于王室,又奸先王之礼。余虽欲于巩伯,其敢废旧典以忝叔父?'"最终周定王也只是"礼之如侯伯克敌使大夫告庆之礼,降于卿礼一等"。因为此时巩朔为晋上军大夫,次年始为卿,献捷于周时确实不是命卿。面对如此按章办事的周定王,晋虽强盛,而"士庄伯(即巩伯)不能对"。②

虽然春秋时期还有诸如周定王这样试图恪守旧典的人,但列国之中对于"周礼"原有制度和体系的破坏已经无可挽回。例如按照上引礼书的记载,大国不过三卿,而晋国早在晋文公作三军时即设置了六卿,而到了晋景公十二年时(鲁成公三年),晋作六军,并增韩厥、巩朔

---

① 杨伯峻:《春秋左传注》,第800页。
② 尽管周定王坚持以"礼"办事,不肯迁就晋国的强大,但周王室的日益式微也是不争的事实,所以定王最终还是"以巩伯宴",而且还"私贿之",但又"使相告之曰:非礼也,勿籍!"定王的委曲求全,实在是出于无奈,周王室毕竟要仰仗晋国的扶持。但定王的这种矛盾心理和做法,又着实透露出古人率真的意趣,令人仰慕。

等六人为卿，则晋国之卿达十二人之多，而其他如宋、郑等国都设有六卿。至于《礼记·王制》所说的"大国三卿，皆受命于天子"，至少在春秋早期还是得到严格遵守的，如《国语·晋语一》记载："武公伐翼，杀哀侯，止栾共子曰：'苟无死，吾以子见天子，令子为上卿，制晋国之政。'"但到了晋文公作三军，且自命三军将佐时，就自行其是"命赵衰为卿"(见《史记·晋世家》)。① 晋武公伐翼并杀晋哀侯，事在鲁桓公三年(前709)，到晋景公十二年(前588)晋作六军，其间不过120余年，而诸侯势力尤其是晋国势力之膨胀，由此可见一斑，这也从一个侧面表明在春秋早中期确确实实在发生着"礼崩乐坏"的社会变革。因此，到了鲁成公、鲁襄公时，不但各诸侯国之君可以自命其卿，而且鲁成公、襄公还可以赐享晋国之卿，赐之三服或一服，鲁国国君的这种行为，当然背离周代命爵制度的固有意义已经非常遥远了。成公和襄公的赐服，已经徒具礼之外表，而实质上则加速了周礼的灭亡。

《左传》虽然在此也称"公享晋六卿"，但这里的"享"和我们上文曾经讨论过的聘礼中的"享"在本质上是有区别的。按照《仪礼·聘礼》郑注，聘礼本该是"诸侯相于久无事，使卿相问之礼"，换言之，应该是晋国之卿主动来聘，而鲁公方可享晋卿，但这里却是鲁襄公主动赏赐晋之六卿，这种互动关系的变化，表明襄公之享晋国六卿纯粹是出于鲁国对晋国的依附，去聘礼的本义已经甚远。但是，正如我们在本文中一再强调的那样，虽然春秋时期一些在实质上悖"礼"的行为，在其具体的操作行为上，依然刻意追求合乎礼仪。以本处传文所载，荀偃是当时晋中军帅，位列六卿之首，如果按照聘礼的礼仪，则荀偃相当于晋国的宾，其他五卿的身份则和众介类似，因此，襄公在赐晋六卿以"三命之服"后，又贿荀偃束锦、加璧和乘马等物。

---

① 《晋世家》同时也记载晋文公之父献公在其十六年作二军，但"公将上军，太子申生将下军"，可见此时晋国还没有自命其卿的作为，因此，诸侯自命其卿的始作俑者应当是晋文公重耳。

按照《仪礼·聘礼》的记载，主国之君对来聘之卿有多次贿赠，如宾至于郊，即有郊劳之礼；宾至于朝，行聘礼后，主君也有享礼；而宾在结束朝聘返国前，主君还要"使卿赠如觌币"。襄公享晋国六卿正当晋军班师回国之际，因此应当和宾返国前主君赠宾之礼相当。《聘礼》记载说此时"公使卿赠如觌币"，也就是说赠给来宾私见主君时所献之物相同的东西。因为按照《聘礼》，宾在完成聘礼之后，又有所谓的"觌"，即以宾的个人身份求见主国之君。按照郑玄的解释，宾行聘礼是代己君聘问主国之君，属于公事，宾在办完公事后，方可办理私事，即行"私觌"。宾在觌见主君时，当然也要准备礼物，这在《聘礼》中都有详细的记载，其中包括"宾觌，奉束锦，总乘马"，此外，"上介奉束锦，士介四人皆奉玉锦束，请觌"，所以宾及其众介私觌主君之币无非是束锦、玉和乘马等物，而此处襄公贿荀偃之物正好也是"束锦、加璧、乘马"，和《聘礼》所说的"使卿赠如觌币"正相吻合。不过，可以肯定的是，晋中军帅荀偃根本没有"私觌"鲁襄公，而襄公对荀偃的种种礼遇，都是他自己的一厢情愿罢了。

　　这里还有必要就"束锦"和"加璧"的组合加以分析，即所谓的"合六币"的问题。《周礼·秋官·小行人》说："合六币：圭以马，璋以皮，璧以帛，琮以锦，琥以绣，璜以黼。"锦是有织纹者，而帛色单纯，礼尚纯，所以锦次于帛，故而《聘礼》规定在宾行聘礼时用束帛，而宾私觌时则献束锦，清儒凌廷堪在其《礼经释例·器服之例》中据此说："束帛则加璧，束锦则加琮，琮下璧一等，则锦亦下束帛一等。"如按此说，襄公以束锦加璧贿赠给荀偃，在具体的礼仪上也有失礼之处。不过，孙诒让并不以此为然，他的解释是："此经圭马璋皮，文相取配，实可互用也。其璧琮琥璜，亦以皮马为庭实。"①孙氏此说，或许更为接近历史真实。

---

① 孙诒让：《周礼正义》，第3003页。

襄公十九年（前554）

传：二月甲寅，（荀偃）卒，而视，不可含。宣子盥而抚之，曰："事吴敢不如事主！"犹视。栾怀子曰："其为未卒事于齐故也乎？"复抚之曰："主苟终，所不嗣事于齐者，有如河！"乃瞑，受含。

在上文中我们已经指出含玉是周代丧葬用玉中最为基本的组成部分，在这里我们将结合《仪礼·士丧礼》来探讨周代丧礼中和含玉有关的名物制度，尤其是要了解丧礼中施含玉的有关程序和参与人员，这样才能正确理解《左传》中的这一段记载。

据《士丧礼》，士初死，即有复者招魂的举措，意在证明死者确已死去。招魂之后，紧接着就要用角柶"楔齿"，其目的正如郑玄所说："为将含，恐其紧闭。"但据《左传》，荀偃因为"生疡于头"，病情严重时已然"目出"，故死后眼不闭而口闭，据此可知荀偃初死时已经无法对其施以"楔齿"，否则就不会有"不可含"的问题了。在为死者楔齿的同时还要"缀足用燕几"，也是怕死者脚变形，以至于入殓时无法为其着屦。因此，楔齿和缀足都是死者家人对死者遗体所作的初步处理，此后才有设奠、讣告等一系列繁复的程序。

在楔齿之后含玉之前的主要仪式有设奠、讣告（包括告君以及亲族）、众亲入哭、君及宾客吊、襚（国君不亲至而遣使者为之）、设铭，然后才是为死者沐浴和施以饭含。根据《士丧礼》，为死者沐浴时，死者的家人都要暂时离开陈尸之所，而由外御两人来为死者沐浴，先洗头，后洗身体，之后还要为死者修剪手脚指甲和须发。承担沐浴任务的外御，郑玄认为是"小臣，侍从者"，胡匡衷《仪礼释官》则认为是"士之近臣"，当以胡氏之说为妥。荀偃是晋中军将，为六卿之首，范宣子（士匄）为中军佐，并且对着荀偃的遗体说"事吴敢不如事主"，即表示将来事奉荀偃之继承者荀吴如同对待荀偃一样，范宣子称荀偃为"主"，所以在荀偃的丧礼时亲自担当外御的角色，为荀偃"盥"，所以从这一层意义上讲，郑玄释外御为"小臣侍从者"也无不妥。

据《士丧礼》，为死者施饭含者应当是"主人"，即死者的嫡长子，而由商祝和宰协助完成。但《士丧礼》所说的是"士礼",大夫以上则否,故郑玄注就指出:"大夫以上,宾为之含。"验之《左传》在这里的记载,可知郑玄的说法不误。在为荀偃施含玉时,主持者应当还是为荀偃沐浴的范宣子,而栾怀子(栾盈)时为下军佐,也为晋卿之一,协助范宣子为荀偃含,所以他们两人相当于郑玄所说的"宾",在范宣子不能为荀偃含时,栾盈才"复抚之",最终完成了含玉的工作。

《士丧礼》中有关饭含细节的描述,可以补充《左传》记载的不足。其中说:"商祝执巾从入,当牖,北面,彻枕,设巾,彻楔,受贝奠于尸西。主人由足西床上坐,东面。祝又受米奠于贝北。宰从立于床西,在右。主人左扱米实于右,三实一贝。左、中亦如之。又实米,唯盈。"当然,为死者施以饭含时,是否一定要先实死者口中的右侧,然后再实左侧和中间,我们现在已经难以获得确证了,但既然考古发现中多见商周时期的含贝和含玉,我们在没有其他证据之前姑且按照《士丧礼》的记载来理解它。

襄公二十六年(前547)

传:左师见夫人之步马者,问之。对曰:"君夫人氏也。"左师曰:"谁为君夫人?余胡弗知?"圉人归,以告夫人。夫人使馈之锦与马,先之以玉,曰,"君之妾弃使其献"。左师改命曰"君夫人",而后再拜稽首受之。

宋平公夫人弃是宋芮司徒之女,因其出生时"赤而毛",所以被弃诸堤下,幸而被平公之母共姬所收养,并名之为弃。弃"长而美",被共姬之子平公看上,所以共姬就将弃给了平公为御妾,生子佐。后来平公的太子痤遭左师向戌的算计自缢而死,弃之子被立为太子,所以当弃之圉人回答向戌称其主人为"君夫人"时,向戌则故作不知,以示轻蔑。而向戌身为左师,为宋国六卿之一,实柄宋国政权,所以宋平公夫人反过来只好讨好向戌。①

平公夫人弃所献的礼物也无非是束锦、乘马和玉,但需要注意《左传》在这里的文例。杨伯峻先生已经指出,凡《左传》中提到献物时,皆以轻物为先。② 如僖公三十三年传述郑商弦高"以乘韦先,牛十二犒师",襄公十九年襄公享晋六卿时,"贿荀偃束锦、加璧、乘马,先吴寿梦之鼎",以及襄公二十六年郑伯享子展,"赐之先路三命之服,先八邑;赐子产次路再命之服,先六邑",均是此例。平公夫人馈赠向戌以锦和马为先,则反衬出她所献之玉较之束锦和乘马更为贵重,只是我们无法得知究竟是些什么玉器了。

襄公二十八年(前545)
传:求崔杼之尸,将戮之,不得。叔孙穆子曰:"必得之。武王有乱臣十人,崔杼其有乎?不十人,不足以葬。"既,崔氏之臣曰:"与我其拱璧,吾献其枢。"于是得之。

襄公三十一年(前542)
传:叔仲带窃其拱璧,以与御人,纳诸其怀,而从取之,由是得罪。

这两段传文都不难理解,而和用玉有关的问题就是这里都提到的"拱璧"。在上文中,我们提到了春秋早期齐国铜器眉敖簋,其铭文中也提到了"用拱用璧",据郭沫若的考证,所谓"拱",就是指大玉璧,这和《左传》的传文正相吻合。崔杼余党甘于冒着生命危险,并且背着出卖主人遗体的恶名,目的竟然是为了"与我其拱璧";而叔仲带以堂堂鲁宗族之尊,居然趁襄公新死之际而窃其拱璧,则其行径显得更加卑劣。由此可以推知,到了春秋晚期玉器必然是十分昂贵的物品,如果不

---

① 宋国六卿为右师、左师、司徒、司空、司城和司寇,但为首的正卿却无定职,孔父以大司马、华督以太宰、华元以右师,而向戌则以左师为宋国执政。说详左言东:《先秦职官表》,北京:商务印书馆,1994年,第313页。

② 杨伯峻:《春秋左传注》,第1045—1046页。

是受利益的驱动,崔杼之臣和叔仲带何至于如此龌龊?

西周时期也有这种大玉璧,但不称为"拱璧",而称为"弘璧",《尚书·顾命》中说"越玉五重,陈宝,赤刀、大训、弘璧、琬琰,在西序",郑玄就释"弘"为"大"。不过根据《顾命》的文意理解,这种弘璧可能专门为国之大祭大丧而作,和普通的玉璧在功能上有明显的差别,这就是《周礼·春官·天府》所说的:"凡国之玉镇大宝器藏焉。若有大祭大丧,则出而陈之。既事藏之。"不过,在这里我们还不太好判断崔杼和鲁襄公的拱璧究竟是指这种宗庙祭器,还是就普通的大型玉璧而言,但是,既然顾敦簋铭文中将"拱"和"璧"对举,似乎表明言"拱"者可能就是专指宗庙用器,而不仅仅是就其尺寸大小而言的。

襄公三十年(前543)

传:八月甲子,(游吉)奔晋。驷带追之,及酸枣。与子上(驷带)盟,用两圭质于河。

说详僖公二十四年"晋公子重耳"和"子犯盟"条。

昭公四年(前538)

传:赖子面缚衔璧,士袒,舆榇从之,造于中军。王问诸椒举,对曰:"成王克许,许僖公如是。王亲释其缚,受其璧,焚其榇。"王从之。

说详僖公六年"许男面缚衔璧"条。

昭公四年(前538)

传:仲与公御莱书观于公,公与之环,使牛入示之。入,不示;出,命佩之。

正确理解这条记载的关键是要把握这一时期鲁国三桓之一的叔孙氏家族背景。昭公四年时,叔孙豹为叔孙氏宗主。豹有三子,竖牛(即这里所说的牛)、孟丙和仲壬(即这里所说的仲)。其中竖牛是叔孙豹流亡途中和鲁庚宗之地一女子私通而生,孟丙和仲壬则是他逃亡到齐国后和齐女国姜所生。后来叔孙豹回到鲁国,成为鲁卿,庚宗之女也带着竖牛来找叔孙豹。叔孙豹回到鲁国后,并没有马上将国姜接到鲁国,而齐国大夫公孙明将国姜娶为妻,叔孙豹只好将其两子孟丙和仲壬接回鲁国。叔孙豹三子的身份都有些尴尬,不可避免会有争夺继承权的问题,竖牛心狠手辣,先是计杀了孟丙,现在则开始算计仲壬。

仲壬和鲁昭公御者莱书在朝见鲁昭公时,昭公赐给仲壬一件玉环,这本不是什么令人惊诧的事情,但竖牛却能因此而着手加害同父异母的兄弟仲壬。他先是向仲壬诈称其父"命佩之",即让仲壬佩戴昭公所赐之玉环,而后又到其父面前诬告仲壬私见昭公,而当初立昭公是三桓之季孙氏和孟孙氏的主张,叔孙豹则是持反对意见的,因此,叔孙豹在听了竖牛的诬告后,"遂逐之",仲壬只好奔齐。叔孙豹是非不分明,很快就吃了苦头,当他得病后,作为儿子的竖牛竟然"不食"其父,三天后,叔孙豹活活饿死。而竖牛本人也没有得到好下场,他饿死父亲后,又立同宗的叔仲带(即上文窃鲁襄公之拱璧者)为宗主,但反而被叔仲带所诛杀。

昭公七年(前535)

传:燕人归燕姬,赂以瑶罋、玉椟、斝耳。

这里之燕不是指召公之燕,而是北燕,即北燕嫁女于齐侯。《诗经·卫风·木瓜》有云:"报之以琼瑶",毛传曰:"琼瑶,美玉。"罋即瓮,是用来盛醯和酱等濡物的陶容器。《周礼·天官·膳夫》:"凡王之馈:……酱用百有二十罋。"《仪礼·既夕礼》郑玄注:"罋,瓦器。其容亦盖一㪷。"清儒凌廷堪《礼经释例·器服之例上》云:"凡盛濡物之器曰罋,实濡物之器曰豆。"又说:"该醯醢之在罋,犹酒之在壶,牲体之在鼎也。"春秋时期铜、陶质地的罋或瓮并不罕见,但玉制者实无其例。而以瑶罋盛濡物,是否同样有借玉气、玉精的意思呢?

玉椟则是指盛玉之木椟。玉是贵重之物,因此有专门的藏玉之器,即椟。《仪礼·聘礼》:"贾人西面坐,启椟取圭。"则聘礼所用的玉币,必珍藏于椟中。又《论语·季氏》说："龟玉毁于椟中。"可见春秋之世，大凡贵重易碎之物，都有专门的椟匮来珍藏保护，正是出于这个原因，才有了我们都很熟悉的"买椟还珠"的故事。

据孔疏，所谓的斝，乃"以玉为之。言耳者，盖此器旁有耳，若今之杯"。斝本夏商时期所常见的器物，西周以后少见。况且斝也同样是以铜、陶器为主，玉质器皿并不见于考古实物或传世物中，可见孔颖达的解释并不合理。至于其形制究竟如何，目前还只能存疑。

昭公八年(前534)
经：葬陈哀公。
传：冬十一月壬午，灭陈。舆嬖袁克杀马毁玉以葬。

鲁昭公八年夏四月，陈哀公卒，陈国因诸公子争立而发生内乱，同年九月楚公子弃疾帅师围陈，十一月，楚灭陈，而是时哀公尚未葬。

关于袁克"杀马毁玉以葬"陈哀公原因的解释主要有两种。杨伯峻先生注引明代邵宝《左觿》云："以马玉为殉。马不杀，玉不毁，不可以殉。"按照这种解释，就是将袁克的"杀马毁玉"看成是丧葬活动中的"毁器"习俗。所谓的"毁器"，就是在陈放随葬品时人为地破坏某些器物后才将之随葬于墓葬中，但常见的毁器现象是将完整的陶器打碎或者将青铜兵器折断，而毁玉的情形并不怎么明显。至于将一件完整玉器打碎后用作墓主人口中的含玉，如沣西西周墓葬中大部分含玉都是把成形玉器"人为地砸成碎块"①，更可能是因为含玉本身需要的是较小的碎块，以便杂米置于死者的口中，而不好从毁器的角度来加以理解。而从商周时期车马坑中出土的马骨多呈自然之态这一点来看，在殉马之前先杀马应该是当时通行的做法，这也是为了殉葬本身的方便考虑，和毁器的习俗也没有太大的关联。

---

① 张长寿：《西周的葬玉——1983~1986年沣西发掘资料之八》，《文物》1993年第9期，第55—59页。

对于袁克"杀马毁玉"来葬陈哀公,顾炎武在其《日知录》卷二十七《左传》注下提供了新的解释,顾氏说:"解以舆为众,乃谓欲以非礼厚葬哀公,皆非也。舆嬖,嬖大夫也,言舆者,掌君之乘车,如晋七舆大夫之类。马,陈侯所乘;玉,陈侯所佩。杀马毁玉,不欲使楚人得之。"顾炎武由袁克的身份着手,并考虑当时陈国所处的社会背景,作出袁克"杀马毁玉,不欲使楚人得之"的解释,较之邵宝之说更胜一筹。因为据《左传》记载,在袁克葬陈哀公后,"楚人将杀之",无非是因为楚人无法获得陈哀公的乘马和宝玉。从我们上文所讨论过的若干窃玉、夺玉事例来看,楚人在灭陈后,无疑会将陈侯宝玉掠夺一空,原先的希冀遭袁克的破坏,就难怪楚人老羞成怒要杀袁克了。不过,这里的"马"和"玉"确实如顾炎武所说的那样,都是有所特指,而并非泛言。袁克作为陈哀公之舆,掌哀公之乘车,所杀之马,当如顾氏所说的是"陈侯所乘";而所毁之玉,固然不排除顾炎武所说的"陈侯所佩"之玉的可能,或许还应该包括哀公身份地位象征的命圭以及诸如"拱璧"一类的宗庙用器。楚乃大国,如果袁克仅仅是毁坏普通玉器来为哀公殉葬,或许不至于使得楚人横生杀意,而假如是陈之命圭、拱璧一类的东西,如果被楚国俘获,则象征着楚对陈的征服,那就另当别论了。

昭公十二年(前530)

传:初,共王无冢適,有宠子五人,无適立焉。乃大有事于群望,而祈曰:"请神择于五人者,使主社稷。"乃遍以璧见于群望,曰:"当璧而拜者,神所立也,谁敢违之?"既,乃与巴姬密埋璧于大室之庭,使五人齐,而长入拜。康王跨之,灵王肘加焉,子干、子皙皆远之。平王弱,抱而入,再拜,皆厌纽。

这里所谓"大有事于群望"者即指祭祀楚境内的名山大川。望祭境内之名山大川是春秋时期各国通行的做法,《春秋》僖公三十一年:"夏四月,四卜郊,不从,乃免牲。犹三望。"则是指鲁国之望祭,而《左传》昭公七年载晋平公有疾,韩宣子对来聘的子产说:"寡君有疾,于今三月矣,并走群望,有加而无瘳。"则可知晋也有望祭之举。《左传》僖公三十一称:"望,郊之细也。"又宣公三年传云:"望,郊之属也。"可知望祭从属于郊礼。但从楚共王为择子而立以及晋为平公之疾而有事于"群望",又可知望祭也不必始终像郊礼那样作为国之常祀而出现,楚共王和晋平公之望祭,都有其偶然性的因素在内,这种现象正可以和《周礼·春官·大宗伯》中的有关记载相吻合,其中说:"国有大故,则旅上帝及四望。"共王择嗣和平公有疾,都属于"国有大故"之列。而这种因为国有变故而祭祀群望者,在中国历史上延绵不绝。如《史记·河渠书》载汉武帝时黄河在瓠子处屡屡决口,而武帝"自临决河,沈白马玉璧于河";又1972年在山西洪洞县发现一块元代石碑,其上铭文记载元大德癸卯(1303)八月六日山西赵城一带发生大地震,此后数年余震不止,当地官府为此而"致祭霍山中镇""并祷群望"之事,①都可以看作是"国有大故"之例。

《礼记·王制》说:"天子祭天下名山大川……诸侯祭名山大川在其地者。"因此,如果诸侯越其境内山川而望祭他国之山川,就是"越望"。和此相关最有名的记载见于《左传》哀公六年,楚昭王有疾,卜官占卜后认为是黄河神在作祟,因此楚国诸大夫请求昭王郊望河神,而昭王说:"三代命祀,祭不越望。江、汉、睢、漳,楚之望也。"昭王的回答得到过孔子的肯定,孔子以昭王为知礼。同理,《穀梁传》僖公三十一年传范宁注引郑玄的说法,以东海、泰山和淮水为鲁之三望。楚之群望,除了楚昭王所说的江、汉、睢、漳等四条大川,根据《尚书·禹贡》"荆及衡阳惟荆州",可知楚地之荆山和衡山也在楚国群望之列,因此,楚共王之"大有事于群望"应当包括其境内的所有这些名山大川。

上引《春官·大宗伯》"国有大故,则旅上帝及四望"贾公彦疏云:"言四望者,不可一往就祭,当四向望而为坛遥祭之,故云四望也。"《春

---

① 孟繁兴、临洪文:《略谈利用古建筑及附属物研究山西历史上两次大地震的一些问题》,《文物》1972年第4期,第5—21、76、79页。

官·小宗伯》对于望祭的地点也有明确的说明:"兆五帝于四郊,四望、四类亦如之。"上引《春秋》经僖公三十一年"夏四月,四卜郊,不从,乃免牲。犹三望"的记载也可以证明望祭在国之四郊。《左传》这里记载共王"遍以璧见于群望"后,即"乃与巴姬密埋璧于大室之庭",也可以证明楚之祭祀群望,也在楚都之郊也。

按照《周礼·春官·典瑞》以及《考工记·玉人》的说法,祭祀四望常用的玉币是所谓"两圭有邸"。如《典瑞》中说:"两圭有邸,以祀地,旅四望。"《玉人》说:"两圭五寸,有邸,以祀地,以旅四望。"《典瑞》中还说:"璋邸射,以祀山川,以造赠宾客。"类似的记载在《玉人》中也有,不赘引。祀天所用的"四圭有邸",按照郑众的解释,就是"于中央为璧,圭著其四面,一玉俱成"。这样,所谓的"两圭有邸",就应当是"于中央为璧,圭著其两面,一玉俱成"的器物。对于先郑的这种说法,笔者曾经有过辩驳,认为所谓的"四圭有邸"和"两圭有邸"者,并不是什么圭和璧"一玉俱成"的器物,而是反映了圭、璧经常被同时用于祭祀这样一种历史事实,而又因为玉圭通常是放置在玉璧的上面,璧为圭之"邸",所以汉代的学者就生出"一玉俱成"的解释。① 虽然我们现在还没有足够的证据来肯定或否定礼书中有关祭祀用玉的内容,但毋庸置疑的是两周时期玉璧在祭祀中的使用是十分普遍的,甚至没有任何其他玉器可以比拟。传世或出土文献的记载,从《尚书·金縢》之"周公……植璧秉圭,乃告太王、王季、文王",《诗经·大雅·云汉》之"圭璧既卒,宁莫我听",到上文所引重耳"投其璧于河","秦伯以璧祈战于河"以及秦诅楚文之"用吉玉宣璧"或洹子孟姜壶铭文中"于大巫嗣誓于大司命用璧"等均是其例。而考古实物的发现,除了上文提到的侯马盟誓遗址之外,典型者至少可以举出以下数例:天马——曲村遗址晋

---

① 孙庆伟,"Research on Western Zhou Dynasty Jade Gui and Related Issues", *China Archaeology and Art Digest*, Vol. 1, No. 1, Hong Kong, 1996。

侯墓地之祭祀坑、陕西凤翔姚家岗春秋中期秦国宫殿遗址、①凤翔马家庄秦国宗庙遗址②以及山东成山发现的两组战国末年祭玉。③

和其他祭祀有所不同的是，共王在祭祀后并不是埋璧于祭祀之所，而是埋璧于大室（即祖庙）之庭，出现这种现象的原因可以从两个方面来加以分析：首先必须从望祭本身的礼仪考虑。上面已经指出，所谓"望祭"者就是一种"当四向望而为坛遥祭之"的祭祀方式，但山川祭祀除了望祭之外，还有"就祭"，即祭祀者亲自到山川的所在献祭，因此就祭多发生在帝王巡守和诸侯会盟之时，如《尚书·舜典》云："岁二月东巡守，至于岱宗，柴，望秩于山川。"而就祭则必有献币，《仪礼·觐礼》说："祭山、丘陵升，祭川沈。"郑玄注说："升沈必就祭也。"由此可知山川之祭祀，就祭有升沉，而望祭则否，所以楚共王才可以将遍祭群望的玉璧又埋于大室之庭；其次，埋璧于庭还应当和共王此次遍祀群望的原因联系起来的。楚共王因为选择继承人而左右为难，最后想出"当璧而拜者""使主社稷"的办法，这其实就是"神判"传统的一种残余，采取这种抓阄式方法的同时就是"立嫡立长"和"任人唯贤"这样一些客观标准的彻底丧失，而在客观标准被忽视的同时就必然要强调"神判"的神圣性。共王所用来遍祭群望的玉璧，无疑被认为是带有了神的旨意的灵物，所以只有在共王埋玉璧于大室之庭并由此选择出继承人后，才可以看成是这一次遍祀群望的终结。

不过这次"神判"的结果很有些戏剧性，共王五子当中竟然有三人都在不同程度上接触到共王所埋的玉璧，但只有平王"厌纽"，即其正处于玉璧的中孔之上，所以他是神所选择的最合法的继承人。而平王

---

① 凤翔县文化馆、陕西省文管会：《凤翔先秦宫殿试掘及其铜质建筑构件》，《考古》1976年第2期，第121—128页。

② 陕西省雍城考古队：《凤翔马家庄一号建筑群遗址发掘简报》，《文物》1985年第2期，第1—29页。

③ 王永波：《成山玉器与日主祭——兼论太阳神崇拜的有关问题》，《文物》1993年第1期，第61—68页。

也正是在"跨之"的康王和"肘加焉"的灵王之后为楚王的,历史的事实看似和神判的结果毫无二致,其实稍知《左传》文例者,都知道这是《左传》中惯弄的玄虚,即使楚共王确有此举措,而康王、灵王和平王相继为君和所谓的"当璧而拜者"也毫无牵扯。

昭公十六年(前526)

传:宣子有环,其一在郑商。宣子谒诸郑伯,子产弗与,曰:"非官府之守器也,寡君不知。"……宣子私觏于子产以玉与马,曰:"子命起舍夫玉,是赐我玉而免吾死也,敢不藉手以拜!"

《左传》中这一段记载是典型的以事喻理,和《韩非子》以及刘向的《新序》笔法类似,甚至有些许《世说新语》的意趣。是年三月韩宣子聘于郑,向郑国索要玉环,而子产不畏强晋,不与宣子玉环,尔后韩宣子从郑商处购得此环,子产又以"吾子得玉,而失诸侯"的一段劝告使得韩宣子不但"辞玉",而且在子产率郑国其他五卿为他饯行于郊时,主动地"私觏于子产以玉与马"。因为本文的主旨并非讨论子产的德政,所以对于子产的这一段长篇大论并不准备作详细的分析,但从中确实可以看出子产是孔子时代又一知礼的士大夫,无怪乎孔子评论子产说"有君子之道四焉:其行己也恭,其事上也敬,其养民也惠,其使民也义。"(《论语·公冶长》)从这一段记载所反映的子产对待己君、韩宣子以及郑商的态度和言行来看,孔子的评价是十分中肯的。

虽然本节记载的主旨不在于宣子玉环的本身,但仍有必要对其进行分析。王国维在《说环玦》一文中曾经对此有过讨论,他说:"余读《春秋左氏传》'宣子有环,其一在郑商',知环非一玉所成。岁在己未,见上虞罗氏所藏古玉一,共三片,每片上侈小敛,合三而成规。片之两边各有一孔,古盖以物系之,余谓此即古之环也。环者,完也;对玦而言,阙其一则为玦。玦者,缺也。……以此读左氏,乃得其解。后世曰趋简易,环与玦皆以一玉为之,遂失其制。"①

严格来讲,王氏并没有完全"得其解"。要了解这里的玉环,必须和我们在前文中所讨论的制玉工艺联系起来。我们在对周代的"珏"玉进行分析时,曾经引用了吴棠海先生所提出的"成形对开"和"对开成形"两种琢玉方法,王国维所见的玉环其实只是以后一种方法制成的环。用对开成形法作玉环,可以先制作一件较厚的弧度为120°的璜形器,再将其分割成较薄的三件,相互连接在一起,就成了王国维在罗振玉处所看见的"合三而成规"的玉环了,韩宣子的玉环最可能是用此种方法制成的,但也不能排除用成形对开法的可能。以成形对开法制作玉环,可以先制作一件器体较厚实的环形器,然后再将这件玉环从中间切割成较薄的两件乃至三件。② 至于王国维由这种形制的玉环进而认为"阙其一则为玦",则更误。考古所见之玉玦,都是"一玉为之"的,而不是如王国维所想象的那样,去掉玉环的三分之一就成了玦。

从上面的分析来看,无论是采取何种方法制作而成的玉环,都包括两个以上的部分。在上文中我们也提到春秋时人对于这种由同一块玉料分割而成的玉器有着特殊的喜好,所以韩宣子愿意将其重新归于"完璧"。而除此之外,我们也可以从这一节记载中确知至少在春秋晚期玉器已经成了可以自由买卖的商品,而玉器成为商品的背后必然是私营琢玉作坊的大量出现。而反过来,正是因为玉器可以作为商品来自由买卖,才会出现同时甚至是同一工匠制作的玉环,其一为韩宣子这样的卿大夫所得,其一则为郑商所有的现象。

昭公十七年(前525)
经:冬,有星孛于大辰。

---

① 王国维:《观堂集林》卷三,第160页。
② 有关"成形对开"和"对开成形"这两种制作方法,除了上引《认识古玉》一书之外,吴棠海先生在北大考古系古玉鉴定班的授课中有更详细的讲述,本文提到的有关分析,均出于此。

传:冬,有星孛于大辰,西及汉……郑裨灶言于子产曰:"宋、卫、陈、郑将同日火。若我用瓘斝玉瓒,郑必不火。"子产弗与。

古人孛、彗不分,这里的孛指的是彗星。大辰,又称大火,即心宿二。《易·系辞上》说:"天垂象,见吉凶",彗星的出现,历来都被看作是灾祸的象征,这从《开元占经》以及马王堆三号汉墓《彗星图》中的有关占辞就可以看出。因此当此次彗星出现后,鲁大夫申须说"彗所以除旧布新也",而梓慎也由彗星见而推断宋、卫、陈、郑四国将有火灾发生。郑国的裨灶是春秋时期有名的星占家,司马迁在《史记·天官书》中就特别提到裨灶,说:"昔之传天数者,高辛之前,重、黎;于唐虞,羲和;有夏,昆吾;殷商,巫咸;周室,史佚、苌弘;于宋,子韦;郑则裨灶……"太史公将裨灶和重、黎、羲和等人并列,可以想见裨灶对于天道的精通,而《左传》中载裨灶的星占预言凡六,①这一次则是其中最著名者,他不但推断宋、卫、陈、郑四国将会有火灾发生,而且断言将"同日火",比梓慎的预言更为明确、神奇。

古人相信天命是可以被转移的,而促使天命的转变,除了统治者要注意加强自己的德政之外,还有更为速效的办法,就是举行某些祭祀活动以取悦于上天,以求消灾,所以《周礼·春官》大祝有"国有大故、天灾,弥祀社稷,祷祠"的职守。《春秋》经传中类似的记载并不少见,如庄公二十五年经:"六月辛未,朔,日有食之,鼓、用牲于社。"同年,"秋,大水,鼓、用牲于社、于门。"所以当裨灶预测因彗星见而郑将有火灾发生时,建议执政子产举行祭祀以避免火灾,但遭到子产的拒绝,而第二年五月,四国果然同时发生火灾。

彗星出现时,春秋时人究竟采取何种祭祀方式,我们现在已经不太明确。但根据《左传》庄公二十五年所说的"凡天灾,有币,无牲",我们大体可以推测献祭之物无非是玉帛一类的东西。瓒是行祼祭时挹鬯的器具,以圭为柄者称为圭瓒,以璋为柄者则叫璋瓒,但无论是圭瓒还是

---

① 另外五次分别见于襄公二十八年、襄公三十年、昭公九年、昭公十年和昭公十八年。

璋瓒,都还缺乏考古实物作为佐证。杨伯峻先生注认为禳灾请用"瓘斝玉瓒",就是以此两物为币祭神以禳除火灾,恐怕不十分合于传意。用"瓘斝玉瓒"应该理解为祭祀的代称为妥,而献祭的玉币,传文中虽然不载,但无非是圭、璧之类,而不会是"瓘斝玉瓒"本身。

子产不祭而郑国终于遭到火灾,但事情并未就此完结。郑火灾后,裨灶又预言:"不用吾言,郑又将火。"因为上一次裨灶的预言得到兑现,所以"郑人请用之",但"子产不可",以至于子大叔也劝说子产道:"宝以保民也,若有火,国几亡。可以救亡,子何爱焉?"时人都认为子产爱"宝"而不愿用以献祭,但他的回答却是:"天道远,人道迩,非所及也,何以知之?灶焉知天道?是亦多言矣,岂不或信?"子产非是舍不得宝玉,而是不相信裨灶能够知道天道。而最终的结果是"遂不与,亦不复火"。子产这种"天道远,人道迩"的思想,和孔子"不语怪、力、乱、神"有相通之处,因此,子产能够得到同时代孔子的高度评价,并不是偶然的事情。

昭公二十四年(前518)

传:冬十月癸酉,王子朝用成周之宝圭沈于河。甲戌,津人得诸河上。阴不佞以温人南侵,拘得玉者,取其玉。将卖之,则为石。王定而献之,与之东訾。

据《史记·周本纪》和《左传》昭公二十二年传记载,周景王因太子早终,故欲立其所喜爱的长庶子王子朝,但未及立而景王崩,国人遂立王子猛为王,子朝攻杀猛,此后晋国出兵攻子朝而立王子猛之母弟子丐,是为敬王。虽然晋人拥立敬王,但王子朝依然占据成周,而敬王居泽,直到敬王四年,他才在晋及其他诸侯的帮助下入于成周。鲁昭公二十四年,为周敬王二年,成周仍然被王子朝所占据,所以子朝才能用成周之宝圭沉于河。

王子朝所用的"成周之宝圭",有什么特殊之处,我们不得而知,抑或就是周天子所执的镇圭?从周大夫阴不佞将此圭献给敬王,而敬王赐之以东訾之地这一点来看,这件玉圭对于周王室确实有着异常的意义。至于王子朝沉玉的动机,杜预注有明确的解释:"祷河求福也。"从王子朝当时的处境来看,杜预的解释无疑是有道理的。尽管以玉事河神的原因不同,但其祭祀中有沉玉的仪式,这是我们在上文所反复申论过的,而王子朝既然沉玉于河,则其祭祀应当属于我们上文中所说的"就祭",而非"望祭"。至于张守节《史记正义》解释"津人得诸河上"的原因是"河神不敢受故",以及《左传》传文中说阴不佞将卖此圭时,玉圭突然变为石圭,都属于臆测和传奇故事,自然不可征信。

昭公三十二年(前510)

经:三十二年春王正月,公在乾侯。……十二月己未,公薨于乾侯。
传:十二月,公疾,遍赐大夫,大夫不受。赐子家子双琥、一环、一璧、轻服,受之。大夫皆受其赐。己未,公薨。子家子反赐于府人,曰:"吾不敢逆君命也。"大夫皆反其赐。

鲁襄公卒,其太子子野因为过度悲伤而亡,三桓之季孙氏和孟孙氏遂拥立昭公即位。昭公之即位本来就不名正言顺,况且他又"居丧不惑",老大不小而又有童心,而且又要娶同姓国吴国之女为夫人,因此,昭公颇为国人所不敬。君弱则臣强,昭公五年,三桓四分公室,季氏择其二,季武子、季平子视昭公如无物。三桓的专横,使得昭公忍无可忍,寻机打击三桓的势力。① 昭公二十五年九月,孟僖子病危,叔孙昭子也不在鲁都,昭公及其几位公子发兵讨伐季孙氏,逼迫季平子逃离鲁国。以后叔孙、孟孙氏相继起来抗击昭公,昭公不敌,遂出亡,至是年薨于乾侯。子家子即东门襄仲的后人子家羁,在昭公起兵谋事以及外出逃亡的过程中,子家子始终是昭公的主要谋臣。昭公赐给子家子的四件玉器,都是春秋玉器中常见的器类,而这里所说的"府人",其职守大概和

---

① 对于三桓的专横,忍无可忍者不仅昭公本人,如昭公二十五年当季平子"八佾舞于庭"时,孔子也愤慨地说:"是可忍也,孰不可忍也?"(《论语·八佾》)

《周礼》中的玉府类似。玉府是天官冢宰的属官,其职责是"掌王之金玉,玩好,兵器,凡良货贿之藏",不过昭公既然是流亡之君,一切只能因陋就简,并不可能有若干的职官分掌其财货,所以这里的府人不但管理昭公的玉器,其他诸如舆服乘马之类的东西都由其掌管。

值得考虑的问题是为什么昭公遍赐其大夫而大夫们不受?而子家子之所以接受昭公赐物,只是因为"吾不敢逆君命也",可见是迫不得已而为之,而且最终还是将赐物还给了昭公的府人。究竟是什么原因使得随着昭公流亡的这些大夫们拒绝接受昭公的赏赐,这个问题在诸家传注中都没有解释。在这里我们可以尝试作这样一些推测:昭公当初是兵败而出逃的,因此他随身所携带玉器玩好必然不会很多,主要应该是他日常所用之物。而昭公遍赐群大夫正好是他生病时,大概昭公自知不起,残存的复国希望完全破灭,因此将随身所带的玉器玩好之物散给几年来始终追随自己的各位大夫,而君的日常用器,作为臣下的子家子们自然不敢接受,纵然为了尊重昭公的旨意接受了赏赐,而最终还是还给昭公的府人,以示不敢僭越,这在当时三桓专政,鲁昭公失国的背景下,无疑有着特殊的意义。

定公三年(前507)

传:蔡昭侯为两佩与两裘以如楚,献一佩一裘于昭王。昭王服之,以享蔡侯。蔡侯亦服其一。子常欲之,弗与,三年止之。……蔡人闻之,固请,而献佩于子常。子常朝,见蔡侯之徒,命有司曰:"蔡君之久也,官不共也。明日礼不毕,将死。"蔡侯归,及汉,执玉而沈,曰:"余所有济汉而南者,有若山川!"蔡侯如晋,以其子元与其大夫之子为质焉,而请伐楚。

周代的"佩",或称"佩玉",笔者在《两周"佩玉"考》一文中已经对周代佩玉的演变规律作了若干阐述,其中特别提到两周之际随着珩对璜的替代,使得西周、东周佩玉的结构发生了较大的变化。① 而近年来

---

① 孙庆伟:《两周"佩玉"考》,《文物》1996年第9期,第89—94页;又见本书前文。

贾峨①和孙机先生②对于考古出土的两周佩玉资料都有详尽的收集和仔细的分析研究,基本廓清了两周佩玉的演变过程。

巧合的是,1955年考古工作者在安徽寿县西门发掘了一座春秋晚期大墓,发掘者根据出土器物断定墓主人最有可能就是蔡昭侯。③昭侯墓的规格虽然很高,出九鼎,但出土的玉器甚少,仅20件,而且多是璜、玉片、管以及扭丝纹环一类的器物,不见结构复杂的"佩玉",可见就玉器而言,昭侯确实不甚富有,这大概也是昭侯不肯将自己的佩玉给楚令尹子常的原因。春秋之世,向他人索要财物者并不罕见,但像子常这样霸道,竟然因为蔡昭侯不肯献出自己的佩玉裘服而将其扣押在楚国三年,也确实耸人听闻。昭侯受此大辱,难怪他在脱身之际,要对着河神发誓永不朝楚。昭侯"执玉而沈",是以玉事河神的又一例证,但其原因和上文所说的几次又有不同。

定公五年(前505)
传:六月,季平子行东野。还,未至,丙申,卒于房。阳虎将以玙璠敛,仲梁怀弗与,曰:"改步改玉。"

玙璠又作璠玙,许慎《说文》说:"鲁之宝玉。"杜预《春秋经传集解》释其为:"美玉,君所佩。"《说文》并引孔子话说:"美哉玙璠,远而望之,奂若也;近而视之,瑟若也。一则理胜,二则孚胜。"由孔子的评价可知玙璠的玉质玉色均为上佳。春秋时期玉器已经成为商品,相应地必然会产生对玉器质地高低评价的标准,而鲁之玙璠无疑就是时人所公认的美玉之一。

---

① 贾峨:《两周"杂佩"的初步研究》,杨伯达主编:《传世古玉辨伪与鉴考》,北京:紫禁城出版社,1998年,第125—180页。
② 孙机:《周代的组玉佩》,《文物》1998年第4期,第4—14页。
③ 安徽省文物管理委员会、安徽省博物馆:《寿县蔡侯墓出土遗物》,北京:科学出版社,1956年,第21页。

按照杜预注，玙璠本是鲁君所佩之玉，但"昭公之出，季孙行君事，佩玙璠祭宗庙"，可知玙璠不仅是鲁君的佩玉，而且是在祭祀宗庙等重大场合才佩戴的礼仪用玉，和"君无故玉不去身"（《礼记·王制》）一类的日常佩玉有本质的不同。作者在对两周佩玉进行考证时，曾经指出诸如晋侯墓地出土的结构复杂的多璜佩饰，只是在某些特定场合中佩戴，而不是晋侯的日常用器，正可以和杜预在这里的注释相互印证。①

昭公出亡后，季平子使出两面派的手段，一方面每年都派人送马、送衣服给昭公，但同时又暗中贿赂齐、晋等国的执政大臣，阻止昭公复国，所以在昭公流亡的七年中，季平子是事实上的鲁君，以至于杜预说他"行君事，佩玙璠祭宗庙"。昭公死后，其弟被立为定公，季孙氏依然把持政权。当季平子死，而其家臣阳虎竟然要用鲁君的佩玉为其随葬时，季平子的另一个家臣仲梁怀提出了抗议，从《左传》说"仲梁怀弗与"这一点来看，他应该掌管季平子之玉器良货，相当于上文所提到的昭公之府人，也即和《周礼》的玉府、天府一类的职官类似。仲梁怀反对以玙璠敛的原因是"改步改玉"，杜预解释为："今定公立，复臣位，改君步，则亦当去玙璠。"这样的解释显然合理。仲梁怀虽然阻止了阳虎的非礼行为，但也为此付出了沉重的代价，同年九月，阳虎起事，不但因禁了自己的主人季桓子，还将仲梁怀逐出鲁国。

定公八年（前502）

经：盗窃宝玉、大弓。

传：阳虎说甲如公宫，取宝玉、大弓以出，舍于五父之衢，寝而为食。

阳虎因控制季孙氏而执鲁国国政，权势竟然盖过三桓。定公八年阳虎发起叛乱，以期彻底消灭三桓的势力，但被三桓击败。阳虎于是闯入公宫，劫鲁国的宝玉和大弓逃往阳关。据杜预注，这里所说的"宝玉、大弓"分别是指"夏后氏之璜"和"封父之繁弱"，也就是定公四年传

---

① 孙庆伟：《两周"佩玉"考》，《文物》1996年第9期，第89—94页；又见本书前文。

所说："昔武王克商，成王定之……分鲁公以大路、大旂，夏后氏之璜，封父之繁弱……"《淮南子·精神训》高诱注云："半圭曰璋，半璧曰璜，夏后氏之珍器也。"《礼记·明堂位》郑玄注："封父，国名。"《新唐书·宰相世系表》对于封父的历史渊源有更清楚的说明："封氏出自姜姓，至夏后氏之世，封父列为诸侯。其地汴州封丘有封父亭，即封父所都。至周失国，子孙为齐大夫。"而《荀子·性恶篇》则说："繁弱、钜黍，古之良弓也。"夏后氏之璜和封父之繁弱都是鲁国始封时成王赐给鲁公伯禽的信物，和周代册命所赐之命圭类似，所以鲁人称"夏后氏之璜"为"宝玉"，盖指鲁国之镇国之宝也。① 而阳虎于亡命之际，依然要劫掠夏后氏之璜和封父之繁弱，也可知此二器确为鲁国国家之象征。

璜是最为常见的玉器器类，也是最早出现的器类之一，早在新石器时代就已经出现在若干文化中，北方如兴隆洼文化，南方如大溪文化、北阴阳营文化中都可以见到玉璜。由于璜的造型简单，所以时代特征并不十分明显。这一件夏后氏的玉璜究竟是以何见长，我们不得而知。不过，成王分鲁公伯禽以夏后氏之璜，重视的并非夏后氏玉璜的"文"，而是尚其"质"，关注的应该是其历史意义吧。周人对于前代玉器的收

---

① 在上文中我们曾经讨论过周代的命圭制度，但从《左传》定公四年子渔所说的列国分封时，都没有提及命圭，反之倒有诸如夏后氏之璜、封父之繁弱一类的前代遗留物。按，周代的命圭制度，虽然依据金文和传世文献的记载可以确证它在周代的施行，但目前还没有证据证明早在西周初年的武、成时期就已经有了规范的命圭制度。相反，我们在文章中所引用的宜侯簋和井侯簋这两件西周早期铜器的铭文，虽然都是关于侯国的始封，但都没有提到命圭，甚至玉器也没有提及，这也说明西周早期还没有形成命圭的制度。事实上，任何一种制度的完善都有一个历史发展的过程，西周初年灭商伊始，周人未必能够很快建立完整系统的礼仪制度。周公的"制礼作乐"应该看成是一个渐进过程，而如果将其理解为周礼在这一时期的完备，无疑是和历史事实不相符合的。例如，我们在文章中已经指明周代的葬玉制度就是从西周中期的穆、共之世逐渐萌芽，到西周晚期才形成完整的制度的；同样，刘雨先生依据西周铜器铭文对周礼进行了全面的复原研究，也认为西周中期是周代礼制系统化的关键时期。可参见刘雨：《西周金文中的"周礼"》，燕京研究院：《燕京学报》新三期，北京：北京大学出版社，1997年，第55—152页。

集,在文献和考古实物上都有较多的证据,前者如《逸周书·世俘解》:"凡武王俘商,旧玉亿有百万。"至于后者,则在近年发掘的北赵晋侯墓地和上村岭虢国墓地中都可见到很多例证。①

定公九年(前501)

经:得宝玉、大弓。

传:夏,阳虎归宝玉、大弓,书曰"得",器用也。凡获器用曰得,得用焉曰获。

阳虎为什么又归还到手的宝玉、大弓,《春秋》经传均无说明,或者阳虎迫于鲁师逼近的压力而交出国宝以求和? 不过,对于《春秋》经之所以在此载明"得宝玉、大弓"的原因,杜预是有说明的,即"弓、玉,国之分器。得之足以为荣,失之足以为辱,故重而书之"。

定公十五年(前495)

经:十有五年春王正月,邾子来朝。

传:十五年春,邾隐公来朝。子贡观焉。邾子执玉高,其容仰;公受玉卑,其容俯。

在僖公十一年有关"晋侯执玉卑"一节中我们对周代合礼的执玉姿势和相应的礼容作过较详尽的分析,其标准动作应该是"执天子之器则上衡,国君则平衡,大夫则绥之,士则提之。凡执主器,执轻如不克。执主器,操币、圭、璧,则尚左手,行不举足,车轮曳踵"(《礼记·曲礼下》)。和标准动作比较起来,邾子和定公都有失礼的地方,作为一

---

① 晋侯墓地出土的早期遗留玉器至少包括 M63 放置在一铜盒中的多件具有典型商代作风的圆雕玉器以及 M1 出土的一件典型的良渚文化玉琮,分别参见《文物》1994 年第 1 期和第 8 期;上村岭虢国墓地的早期玉器,发掘者已经指出的有商代的小臣玉器数件,参见姜涛、贾连敏《虢国墓地出土商代小臣玉器铭文考释及相关问题》,《文物》1998 年第 12 期,第 57—62 页。而这两处墓地出土的玉器尤多,其中是否还有其他的早期玉器,还有待于对出土材料的全面整理。

国之君,邾隐公和鲁定公都应该尚"衡",既不能"高",也不能"卑";而执玉时所表现出来的容貌,应当像孔子那样"勃如战色",一脸的端庄矜持,而不能"仰"或者"俯"。两君的失礼所导致的后果,我们不妨听听现场目击者子贡的批评,他说:"以礼观之,二君者,皆有死亡焉。夫礼,死生存亡之体也,将左右、周旋、进退、俯仰,于是乎取之;朝、祀、丧、戎,于是乎观之。今正月相朝,而皆不度,心已亡矣。嘉事不体,何以能久? 高、仰,骄也;卑、俯,替也。骄近乱,替近疾,君为主,其先亡乎!"按照《左传》的惯例,子贡的预言必然是灵验的,果然,这一年的五月鲁定公薨,连孔子都说"赐不幸言而中",而哀公七年,鲁国伐邾,生擒邾子而归,子贡的预言再一次得到印证。

哀公二年(前493)

传:卫大子祷曰:"曾孙蒯聩敢昭告皇祖文王、烈祖康叔、文祖襄公……敢告无绝筋,无折骨,无面伤,以集大事,无作三祖羞。大命不敢请,佩玉不敢爱。"

传文所说的卫太子蒯聩为卫灵公之子。虽然蒯聩早被立为太子,但灵公不喜欢他,打算将君位传于蒯聩之弟郢,太子遂出亡晋国,投靠了赵简子。灵公死后,灵公夫人以灵公有遗命,欲立公子郢,但郢不愿争太子之位,后立蒯聩之子为卫君。

是年八月,赵简子因为"齐人输范氏粟"而"郑子姚、子般送之",大举伐郑,两军战于铁,卫太子蒯聩为赵简子车右,不料卫太子是个贪生怕死之徒,"望郑师众,大子惧,自投于车下",而被简子之御王良讥为"妇人也"。两军未及交合,卫太子就在向列祖列宗祈祷,并献之以自己之佩玉。只不过他所祷之事确实有些龌龊,竟然是"无绝筋,无折骨,无面伤",而丝毫不显英雄气概,无怪乎乃父要舍之而立其弟。

祷是"六辞"之一,《周礼·春官·大祝》说:"作六辞,以通上下亲疏远近,一曰祠,二曰命,三曰诰,四曰会,五曰祷,六曰诔。"祷的对象和目的,郑玄注引郑司农说:"谓祷于天地、社稷、宗庙,主为其辞也。"

郑玄自己的理解是："祷,贺庆言福祚之辞。"蒯聩所祷的对象正是其先祖,而祈求战斗中不受伤害,大体上也属于"福祚"一类。一般而言,向祖先献祭必须面对祖宗的神主。春秋时期,军中是有祖宗神主的,这在《大祝》中也有明确的记载："大师,宜于社,造于祖,设军社,类上帝。"贾公彦疏云："造于祖者,出必造,即七庙俱祭,取迁庙之祖行,用命赏于祖。皆载于齐车。"但晋郑铁之战,晋军主帅是赵简子,随军而行的应是赵氏神主,而卫太子蒯聩不过是暂时投奔简子,且为简子之车右,不可能有自己宗族的神主。不过正值两军交战之际,也容不得从容祭祀祷告,蒯聩的行事也只是权宜之策罢了。类似的是,献祭于祖先的玉币应该是圭璧之类,如《尚书·金縢》所说"周公植璧秉圭以告大王、王季、文王",而卫太子以自己随身所佩之玉来献祭,同样是一种权宜之计,故孔颖达疏云："在军中无圭璧,故以佩玉。"

哀公十四年(前481)

传:司马牛致其邑与圭焉,而适齐。向魋出于卫地,公文氏攻之,求夏后氏之璜焉。与之他玉,而奔齐,陈成子使为次卿,司马牛又致其邑焉,而适吴。

向魋本是宋国司马,司马牛乃其弟,向魋因叛乱失败而出逃于卫,而司马牛则奔齐。司马牛之圭,杜预注是："圭,守邑符信。"司马牛将其封邑和符信献给齐人,纯粹是以财货重贿以悦齐国,并以此换取安身立命之所,因此,司马牛的致圭并没有丝毫的礼制意义。

司马牛之兄向魋逃往卫国后,遭到卫国公族公文氏的勒索,即向其索要夏后氏之璜。上文已经说过,夏后氏之璜乃鲁公伯禽的分器,是鲁国的镇国之宝,而这里向魋又有所谓的夏后氏之璜,前人于此不得其解。如清代梁玉绳《瞥记》云："周分鲁公以夏后氏之璜,此有一无二之宝也。乃哀十四年传卫公文氏求向魋夏后氏之璜,岂流传不止一璜耶?"杨伯峻先生于此年传注则对梁氏的疑惑有所驳斥,他指出："盖夏后氏之璜,未必真为夏代之物,不过当时有此称耳,何为不可以有二?"①按,梁、杨两氏的解释都有意犹未尽之处。我们认为鲁国和向氏同时拥有夏后氏之璜并非不可理解之事,而且这两件夏后氏之璜也都是夏代的遗物,正因为都是前代的遗留物,所以才会有两件甚至多件的可能性。其实仔细分析《左传》定公四年所列举的各国分器,无不有重复出现的可能性,如鲁公之大路、大旂,康叔之大路、少帛、蒨茷、旃旌、大吕,唐叔之大路、密须之鼓、阙巩、沽洗等无不如是,而鲁人重视夏后氏之璜的关键不仅仅在于它是前代的遗留物,也在于它是鲁国立国的象征,类似于后来的命圭,它的这种象征意义是向氏的夏后氏之璜所无法比拟的。所以,鲁人所重的是夏后氏之璜所包含的礼制意义,而向魋所关注的则是夏后氏之璜的"文物"价值,二者岂能相提并论?叛臣阳虎归还夏后氏之璜,而鲁人载于史册,可见此璜所包含的重大意义。

哀公十七年(前478)
传: 公入于戎州己氏……既入焉,而示之璧,曰:"活我,吾与女璧。"己氏曰:"杀女,璧其焉往?"遂杀之,而取其璧。

卫庄公的不幸遭遇完全是其咎由自取,具体原因说详僖公三十年鲁僖公纳玉于周襄王以及晋文公以求赦免卫成公一节。

以上所论,正是我们对春秋时期用玉制度的全面考察。经过上述的罗列,我们很清楚地看到春秋时期用玉的广泛程度,举凡朝聘、会盟、祭祀、丧葬、货贿、服食、装饰、贸易无不有用玉的存在。而通过对这些事例的疏证,我们对于春秋用玉制度所产生的最基本观念就是春秋时期用玉事例同时体现了礼制和世俗的双重意义。尽管见载于《春秋》经传的以礼制性用玉居多,但如果考虑到《春秋》经作为鲁国国史这样的一种性质,我们还不能断言春秋时期玉器的世俗化居于次要的地位。

---

① 杨伯峻:《春秋左传注》,第1688页。

当玉器已经成为一种可以按质论价、自由交换甚至自由贸易的商品时，它就不可避免地带有浓厚的世俗意义。而春秋用玉事例所表现出来的双重意义，正是以当时"礼崩乐坏"的社会背景为基础的，如果单从用玉这一方面来考察的话，春秋中期以后是"周礼"急剧崩溃的时代。但纵观春秋之世，"合礼"的用玉制度对于各国的公卿大夫们而言，也只是少数人所掌握的，而其中"知其然而不知其所以然"者还占了相当的比例，至于能够洞察原委、究明礼义者就更是寥寥。这与其说是礼崩乐坏的结果，还不如说是历史上从来就不曾存在人人知礼的时代，即使上溯到西周时期，如果我们有足够资料的话，类似《春秋》经传中公卿大夫乃至国君不知礼的现象必然同样地不绝于书。在我们对于西周乃至更早时期的社会生活面貌缺乏足够了解的情况下，我们赞同前引钱穆先生的意见，即"春秋时代，实可说是中国古代贵族文化已发展到一种极优美、极高尚、极细腻雅致的时代"。

任何一种制度的施行必有特定的社会文化背景，用玉制度亦然；任何一件具体的事件必有其历史根源，《左传》所载的用玉事例也是如此。因此，在本节的有关分析中，作者注意从社会文化背景以及具体事例的历史渊源着手来考察这用玉事例的本质，力求站在古人的立场上，想古人之所想。昔阮文达序王伯申《经义述闻》说："使古圣贤见之，必解颐曰：'吾言固如是，数千年误解今得明矣。'"欲穷尽古人的心思，谈何容易，但这毕竟是每一个古史研究者的目标，本文正是向着这一目标所作出的一些努力。

（本文原载北京大学中国考古学研究中心、北京大学古代文明研究中心编：《古代文明》第1卷，北京：文物出版社，2002年）

周代祭祀及其用玉三题

祭祀在周代社会生活中占有重要的地位,如《礼记·祭统》说:"凡治人之道,莫急于礼。礼有五经,莫重于祭。"《左传》成公十三年也说:"国之大事,在祀与戎。"

玉在周代的祭祀活动中具有举足轻重的地位,这里试对周代祭祀及其用玉的三个问题作初步的阐述。

一、从《诗经》的祭祀诗篇看周代的祭祀对象

周代祭祀的对象,《周礼·春官·大宗伯》概括天神、人鬼、地示为三大系统,如其中叙述大宗伯之职乃是"掌建邦之天神、人鬼、地示之礼,以佐王建保邦国。"众所周知,《周礼》的记述通常具有浓厚的理想化和系统化色彩,它对周代祭祀对象的概括是否合于周代的史实须作小心的求证。而诗三百篇中多宗庙雅颂之音,故从《诗经》的祭祀诗篇可以了解周代祭祀的一般对象。

现将《诗经》中的祭祀诗篇罗列分析于下表1:

表1

诗篇	诗句	祭祀对象	注释与说明
召南·采蘩	于以采蘩,于涧之中。于以用之,公侯之宫。	蚕神	《礼记·祭义》:"古者天子诸侯必有公桑、蚕室……及大昕之朝……因少牢以礼之……既服成,君服以祀先王、先公,敬之至也。"按,祭于蚕室,缲丝以为君之祭服。
召南·采蘋	于以奠之?宗室牖下。谁其尸之?有齐季女。	祖先神	毛传:"古之将嫁女者,必先礼之于宗室,牲用鱼,芼之以蘋藻。"
王风·采葛	彼采萧兮,一日不见,如三秋兮。	祖先神	《周礼·天官·甸师》:"祭祀,共萧茅。"郑注:"郑大夫云'萧字或为茜,茜读为缩。束茅立之祭前,沃酒其上,酒渗下去,若神饮之,故谓之缩。缩,浚也。故齐桓公责楚不贡包茅,王祭不共,无以缩酒。'杜子春读为萧。萧,香蒿也。"故,萧以缩酒。
小雅·天保	吉蠲为饎,是用孝享。禴祠烝尝,于公先王。君曰卜尔,万寿无疆。	祖先神	毛传:"饎,酒食也。"禴祠烝尝,四时宗庙祭名,毛传:"春曰祠,夏曰禴,秋曰尝,冬曰烝。"董仲舒《春秋繁露·四祭篇》:"古者岁四祭。四祭者,因四时所生熟而祭其先祖父母也。"
小雅·吉日	吉日维戊,既伯既祷。	军神、马祖神	郑笺:"戊,刚日也,故乘牡为顺类也。"毛传:"伯,马祖也。重物慎微,将用马力,必先为之祷其祖。"又《说文系传》引诗作:"既祃既禂。"按,《说文》:"师行所止恐有慢其神,下而祀之曰祃。"又曰:"禂,祷牲,马祭也。"《尔雅·释天》:"是类是祃,师祭也。"
小雅·何人斯	出此三物,以诅尔斯。	不明	《周礼·春官·诅祝》:"掌盟、诅、类、造、攻、说、禬、禜之祝号。"郑注:"八者之辞,皆所以告神明也。盟、诅主于要誓,大事曰盟,小事曰诅。"毛传:"三物,犬、豕、鸡也。"

续 表

诗　篇	诗　句	祭祀对象	注释与说明
小雅·楚茨	以为酒食, 以享以祀, 以妥以侑, 以介景福。	祖先神	《诗》三百五篇尤以《楚茨》言祭祀之仪注最为详备。
小雅·信南山	祭以清酒, 从以骍牡, 享于祖考。 执其鸾刀, 以启其毛, 取其血膋。	祖先神	"膋"又作"膫",《说文》:"膫,牛肠脂也。诗曰'取其血膫'。"郑笺:"血以告杀。膋以升臭,合之黍稷,实之于萧,合馨香也。"则可知在周代祭礼当中,萧除了用来缩酒,还可以和动物油脂合上黍稷燔烧,使香气上升。
小雅·甫田	以我齐明, 与我牺羊, 以社以方。	土地神、四方神	毛传:"社,后土也。方,迎四方气于郊也。"郑笺:"秋祭社与四方,为五谷成熟,报其功也。"
小雅·大田	来方禋祀, 以其骍黑, 与其黍稷。 以享以祀, 以介景福。	田祖神	毛传:"骍,牛也;黑,羊、豕也。"《说文》:"禋,絜祀也。一曰精意以享为禋。"《左传》隐公十一年杜注:"絜斋以享,谓之禋祀。"
小雅·宾之初筵	烝衎烈祖, 以洽百礼。 百礼既至, 有壬有林。	祖先神	郑笺:"先王将祭,必射以择士。"又云:"将祭而射,谓之大射。下章言烝衎列祖,其非祭与?"故马瑞辰《毛诗传笺通释》解释此句为:"谓中多者得与于祭。"
大雅·绵	乃立冢土, 戎丑攸行。	社神	毛传:"冢,大。戎,大。丑,众也。冢土,大社也。起大事,动大众,必先有事乎社而后出,谓之宜。美大王之社,遂为大社也。"《礼记·王制》:"天子将出,类乎上帝,宜乎社,造乎祢。诸侯将出,宜乎社,造乎祢。"孔颖达疏:"宜乎社者,此巡行方事,诛杀封割,应载社主业。云宜者,令诛伐得宜,亦随其宜而告也。"

续 表

诗 篇	诗 句	祭祀对象	注释与说明
大雅·棫朴	芃芃棫朴，薪之槱之。济济辟王，左右趣之。	皇天上帝	朴，《说文》云："枣也。"又："槱，积火燎之也。"郑笺："至祭皇天上帝及三辰则举积以燎之。"王先谦《诗三家义集疏》引齐诗说："天子每将兴师，必先郊祭以告天，乃敢征伐，行子之道也。文王受天命而王天下，先郊乃敢行事，而兴师伐崇。"
大雅·旱麓	清酒既载，骍牡既备。以享以祀，以介景福。	祖先神	毛序："旱麓，受祖也。周之先祖世修后稷、公刘之业。大王、王季申以百福干禄焉。"
大雅·皇矣	是类是祃，是致是附，四方以无侮。	皇天上帝	毛传："于内曰类，于外曰祃。致，致其社稷群神。附，附其先祖，为之立后。"郑笺："类也，祃也，师祭也。"《礼记·王制》："天子将出，类乎上帝，祃于所征之地。"《说文》："禷，以事类祭天神。"
大雅·生民	厥初生民，时维姜嫄，生民如何？克禋克祀，以弗无子。	皇天上帝	《周礼·春官·大宗伯》："以禋祀祀昊天上帝。"郑注："禋之言烟。周人尚臭，烟气以臭闻者……积柴实牲体焉，或有玉帛，燔燎而升烟，所以报阳也。"《春官·大祝》贾公彦疏："《大宗伯》昊天称禋祀，日月称实柴，司中之等称槱燎。通而言之，三者之礼皆有禋义，则知禋祀祀天神，通星辰以下。"
大雅·凫鹥	凫鹥在泾，公尸来燕来宁。	绎祭宾尸	郑笺："祭祀既毕，明日，又设礼而与尸燕。"《尔雅·释天》："绎，又祭也。周曰绎，商曰肜，夏曰复胙。"《公羊传》宣公八年何注："天子诸侯曰绎，大夫曰宾尸，士曰宴尸。"
大雅·云汉	靡神不举，靡爱斯牲。圭璧既卒，宁莫我听？	皇天上帝	此宣王祭天祈雨之诗。毛传："国有凶荒，则索鬼神而祭之。"故诗云："靡神不举，靡爱斯牲"，又云："上下奠瘗，靡神不宗。后稷不克，上帝不临。"

续 表

诗　篇	诗　句	祭祀对象	注释与说明
大雅·江汉	王命召虎……厘尔圭瓒,秬鬯一卣。告于文人,锡山土田。	祖先神	郑笺:"王赐召虎以鬯酒一尊,使以祭其宗庙,告其先祖诸有德美见记者。"毛传:"秬,黑黍也。鬯,香草。筑煮合而郁之曰鬯。九命锡圭瓒、秬鬯。"郑笺:"秬鬯,黑黍酒也。谓之鬯者,芬香条鬯也。"
周颂·清庙	济济多士,秉文之德。对越在天,骏奔走在庙。	文王	《诗序》:"清庙,祀文王也。"郑笺:"清庙者,祭有清明之德者之宫也,谓祭文王也。天德清明,文王象焉,故祭之而歌此诗也。庙之言貌也,死者精神不可得而见,但以生时之居,立宫室象貌为之耳。"
周颂·维天之命	维天之命,于穆不已。与乎不显,文王之德之纯。	文王	
周颂·维清	维清缉熙,文王之典。	文王	毛序:"维清,奏象舞也。"郑笺:"象舞,象用兵时刺伐之舞,武王制焉。"
周颂·烈文	烈文辟公,锡兹祉福,惠我无疆,子孙保之。	祖先神	毛序:"烈文,成王即政,诸侯助祭也。"郑笺:"新王即政,必以朝享之礼祭于祖考,告嗣位也。"
周颂·天作	天作高山,大王荒之……岐有夷之行,子孙保之。	岐山	姚际恒《诗经通论》:"诗序谓祀先王先公,诗中何以无先公?……季明德曰:'窃意此盖祀岐山之乐歌。按易升六四爻曰,王用享于岐山。是周本有岐山之祭。'"
周颂·昊天有成命	昊天有成命,二后受之。成王不敢康,夙夜基命宥密。	成王	朱熹《诗集传》:"此诗多道成王之德,疑祀成王之诗也……《国语》叔向引此诗而言之曰:'是道成王之德也。成王能明文昭、定武烈者也。'以此证之,则其为祀成王之诗无疑矣。"

续　表

诗　篇	诗　句	祭祀对象	注释与说明
周颂·我将	我将我享,维牛维羊,维天其右之……伊嘏文王,既右飨之。	上帝、文王	毛序:"祀文王于明堂也。"陈奂《诗毛氏传疏》:"此宗祀文王配天之乐歌。"高亨《周颂考释》:"我将是大武舞曲的第一章,叙写武王在出兵伐殷时,祭祀上帝和文王,祈求他们的保佑。"
周颂·时迈	怀柔百神,及河乔岳,允王维后。	山川百神	毛序:"时迈,巡守告祭柴望也。"郑笺:"巡守告祭者,天子巡行邦国,至于方岳之下而封禅也。"孔疏:"武王既定天下,而巡行其守土诸侯,至于方岳之下,乃作告至之祭,为柴望之礼。周公述其事而为此歌焉。"
周颂·执竞	执竞武王,无竞无烈。不显成康,上帝是皇。	武王、成王、康王	毛序:"执竞,祀武王也。"朱熹《诗集传》:"此祭武王、成王、康王之诗。"
周颂·思文	思文后稷,克配彼天。	后稷	毛序:"思文,后稷配天也。"姚际恒《诗经通论》:"此郊祀后稷以配天之乐歌,周公作也。按《孝经》云'昔者周公郊祀后稷以配天',即此也。《国语》云'周文公之为颂曰思文后稷,克配彼天',故知周公作也。"
周颂·噫嘻	噫嘻成王,既昭假尔。率时农夫,播厥百谷。	上帝	毛序:"噫嘻,春夏祈谷于上帝也。"戴震《毛郑诗考正》:"噫嘻,犹噫歆,祝神之声。诗为祈谷所歌,故噫歆以为民祈祷。"
周颂·丰年	为酒为醴,烝畀祖妣,以洽百礼,降福孔皆。	祖先神	毛序:"丰年,秋冬报也。"
周颂·有瞽	有瞽有瞽,在周之庭……肃雍和鸣,先祖是听。	祖先神	毛序:"有瞽,始作乐而合乎祖先。"孔疏:"合诸乐器于祖庙奏之,告神以知和否。"高亨《诗经今注》:"据《礼记·月令》,每年三月举行一次。"

续表

诗　篇	诗　句	祭祀对象	注释与说明
周颂·潜	猗与漆沮,潜有多鱼……以享以祀,以介景福。	祖先神	毛序:"潜,季冬荐鱼,春献鲔也。"郑笺:"冬鱼之性定,春鲔新来。荐献之者,谓于宗庙也。"
周颂·雍	于荐广牡,相予肆祀。假哉皇考,绥予孝子。	祖先神	毛序:"雍,禘太祖也。"郑笺:"禘,大祭也。大于四时而小于祫。太祖,谓文王。"朱熹《诗序辩说》:"此但为武王祭文王而彻俎之诗,而后通用于他庙耳。"
周颂·载见	载见辟王,曰求厥章……率见昭考,以孝以享。	武王	毛序:"载见,诸侯始见乎武王庙也。"
周颂·武	于皇武王,无竞维烈。	武王	毛序:"武,奏大武也。"
周颂·闵予小子	于乎皇考,永世克孝。念兹皇祖,陟降庭止。	文王、武王	毛序:"闵予小子,嗣王朝于庙也。"郑笺:"嗣王者,谓成王也。除武王之丧,将始执政,朝于庙也。"
周颂·载芟	通篇	土神、谷神	毛序:"春藉田而祈社稷也。"郑笺:"藉田,甸师氏所掌,王载耒耜所耕之田。天子千亩,诸侯百亩。藉之言借也,借民力治之,故谓之藉田。"
周颂·良耜	通篇	土神、谷神	毛序:"良耜,秋报社稷也。"
周颂·丝衣	通篇	绎祭宾尸	毛序:"绎宾尸也。高子曰:'灵星之尸也。'"郑笺:"绎,又祭也。天子诸侯曰绎,以祭之明日。卿大夫曰宾尸,与祭同日。周曰绎,商谓之肜。"

续 表

诗 篇	诗 句	祭祀对象	注释与说明
周颂·桓	桓桓武王,保有厥土……于昭于天,皇以间之。	师祭	毛序:"桓,讲武类祃也。桓,武志也。"郑笺:"类也,祃也,皆师祭也。"孔疏:"谓武王时欲伐殷,陈列六军,讲习武事。又为类祭于上帝,为祃祭于所在之地。治兵祭神,然后克纣。"
周颂·般	于皇时周,陟其高山,隳山乔岳,允犹翕河。	山川神	毛序:"般,巡守而祀四岳河海也。"毛传:"高山,四岳也。"郑笺:"则登其高山而祭之。"《仪礼·觐礼》:"祭山丘陵升。"
鲁颂·閟宫	春秋匪解,享祀不忒,皇皇后帝,皇祖后稷。	皇天上帝、后稷	郑笺:"皇皇后帝,谓天也。成王以周公功大,命鲁郊祭天,亦配之以君祖后稷。"
商颂·那	奏鼓简简,衎我烈祖。汤孙奏假,绥我思成。	成汤	毛序:"祀成汤也……有正考父者,得商颂十二篇于周太师,以那为首。"王国维《说商颂》考证商颂诸篇皆宗周中叶之诗,可知商颂为宋诗。
商颂·烈祖	通篇	商人祖先神	毛序:"烈祖,祀中宗也。"但后世学者多不从其说。
商颂·长发	实维阿衡,实左右商王。	成汤 伊尹	王先谦《诗三家义集疏》:"此或亦祀成汤之诗。诗本亦主祀汤,而以伊尹从祀。"

如表1,《诗经》中涉及祭祀的诗篇共46篇,其间或因对诗篇含义理解之不同而有遗漏,但上述诗篇足以廓清周代的祭祀对象。在这46篇中,祭祀天神(皇天上帝)7篇,地示(包括社稷、谷神、田祖神、四方神、山川神等)8篇,祖先神(包括有明确对象如文王、武王者,也包括泛言祖先者)25篇,军神、马祖神2篇,蚕神1篇。另外《小雅·何人斯》一篇乃是盟誓告于神明之事,其具体对象不明;而绎祭宾尸两篇,《大雅·凫鹥》是祭祀祖先神之尸,从属于祖先神的祭祀;而《周颂·丝衣》一篇,据毛序乃是祭祀灵星之尸,灵星即岁星,故该篇从属于天神的祭祀。

通过对《诗经》祭祀诗篇的分析,不但证明《周礼·春官·大宗伯》

所述天神、人鬼、地示的祭祀体系是真实可靠的,从中还可看出周人尤其重视对祖先神的祭祀,而这无疑是和周代的宗法社会相吻合的。

周人之所以要祭祀众多的天神、地示和人鬼,一方面是要"报本反始",即回报大自然和祖先的馈赠,故《礼记·郊特牲》云:"万物本乎天,人本乎祖,此所以配上帝也。郊之祭也。大报本反始也。"又说:"天子大蜡八……蜡也者,索也。岁十二月合聚万物而索飨之也。蜡之祭也,主先啬而祭司啬也,祭百种以报啬也。飨农及邮表畷,禽兽,仁之至义之尽也。古之君子,使之必报之。迎猫,为其食田鼠也。迎虎,为其食田豕也。迎而祭之也……蜡之祭,仁之至,义之尽也。"但另一方面,祭祀又是在遇到灾祸时向天地鬼神所发出的祈祷求福以及在得福之后的报赛,如《大雅·云汉》即宣王祭天求雨之诗。

二、天神、地示、人鬼的祭祀方法及其用玉

任何一种祭祀,其目的都是为了沟通神人。周代的祭祀遵循"尚臭"的原则,这在《礼记·郊特牲》中有明确的记载:"有虞氏之祭也,尚用气。血、腥、爓祭,用气也。殷人尚声,臭味未成,涤荡其声。乐三阕,然后出迎牲。声音之号,所以诏告于天地之间也。周人尚臭,灌用鬯臭,郁合鬯,臭阴达于渊泉。"所谓的"臭"即气味,"尚臭"反映了周代的祭祀注重用气臭来感召祭祀对象,但因祭祀的对象不同,在沟通方式上也存在着差异。以下分别讨论。

(一)天神的祭祀方法

周代祭祀天神之法,就是《周礼·春官·大宗伯》所说的:"以禋祀祀昊天上帝,以实柴祀日、月、星、辰,以槱燎祀司中、司命、风师、雨师",郑注于此有较详细的说明:"禋之言烟,周人尚臭,烟,气之臭闻者。槱,积也。诗曰'芃芃棫朴,薪之槱之'。三祀皆积柴实牲体焉,或有玉帛,燔燎而升烟,所以报阳也。积柴实牲体焉,或有玉帛,燔燎而升

烟,所以报阳也。"由郑注可知,禋祀、实柴和槱燎虽然都是以积柴燔燎而使烟气上达于神,但在燔燎之物上还有一定的差别,最主要表现为玉帛的有无,如贾公彦疏曰:"但云或有玉帛,则有不用玉帛者……以肆师言之,禋祀中有玉帛牲牷三事,实柴中则无玉,惟有牲币,槱燎中但止有牲,故郑云实柴体焉。据三祀有其玉帛,惟昊天具之,实柴则有帛无玉。是玉帛于三祀之内,或有或无,故郑云或耳。"贾公彦的解释是否符合郑玄的本意以及周代的实际情况,现在很不容易作出判断,其原因正如孙诒让所说:"郊丘及日月诸天神之祀,礼经无专篇。此职三礼之别,郑、贾所释,并未详析,无可推校。"[①]

暂且抛开禋祀、实柴和槱燎三祀可能存在的差别,但燔燎一类的祭祀在周代是确实存在的。《大雅·棫朴》乃祭祀皇天上帝之诗,其中就谓"芃芃棫朴,薪之槱之",和《大宗伯》所说的祭法大体吻合。

禋祀、实柴和槱燎等三祀之所以能够降神,在于这样两个方面的信仰,一是天神在上,人力不可达,而烟气上升,很容易被认为可以上达天庭;二是所燔燎之物能够感动神,诱神下降。前者证据很多,暂不论。后者可以在这里加以分析。以禋祀为例,其所燔燎之物共有三类:柴薪、牺牲和玉帛。其中柴薪是燃料,大概没有宗教上的含义,如《大雅·棫朴》说"芃芃棫朴,薪之槱之",是以棫树、朴树为柴薪;而《大雅·旱麓》则说"瑟彼柞棫,民所燎矣",就是以柞树、棫树为燔燎之物。

在禋祀等燎祭中,牺牲和玉帛显然是燔燎的对象,是沟通神人的主要工具。燔燎牺牲,主要是取其臭,《尚书·洛诰》"予以秬鬯二卣明禋",郑注云:"禋,芬芳之祭。"将牺牲置于柴薪上燔燎,其状况大致相当于今天的烤肉,此时之臭无疑可以称得上"芬芳"。

玉无疑是不适合用来燃烧的,它被用在禋祀之中,应该和所谓的"芬芳"无关。但周代的祭祀,除了要有丰盛的献祭之外,还特别强调祭祀的洁净,不洁之祀,不如不祀,故《小雅·楚茨》唱到"絜尔牛羊",

---

① (清)孙诒让:《周礼正义》,北京:中华书局,1987年,第1301页。

《左传》隐公十一年杜注："絜斋以享,谓之禋祀。"《说文》则释"禋"为"絜祀也。一曰精意以享为禋。"而在周代,玉被视为"精物",乃是最为润洁之物。① 因此,燔燎牺牲之"芬芳"掺杂着玉帛的润洁之气,正可以满足祭祀在"臭"和"絜"这两方面的要求。

禋祀时用何种玉器燔燎,礼经中既无明证,其实物也无保存下来的可能性,所以很难确定。《公羊传》僖公三十一年何休注云:"天燎地瘗。燎者,取俎上七体,与其圭宝,在辨中置于柴上烧之。"又《吕氏春秋·季冬纪》高诱注云:"燎者,积聚柴薪,置璧与牲于上而燎之,升其烟气。"何休和高诱的说法在《诗经》中可以找到一些证据。《大雅·云汉》是周宣王祭天祈雨之诗,其中首章即诵曰:"靡神不举,靡爱斯牲。圭璧既卒,宁莫我听?"第二章又曰:"不殄禋祀,自郊徂宫。上下奠瘗,靡神不宗。后稷不克,上帝不临。"这里的圭和璧很可能就是针对祭天所燎和祭地所埋之玉而言的。

(二) 地示的祭祀方法

和祭祀天神类似,祭祀地示者也包括有尊卑之别的祭法三种,《周礼·春官·大宗伯》说:"以血祭祭社稷、五祀、五岳,以貍沈祭山、林、川、泽,以疈辜祭四方百物。"历代经学家对于血祭、貍沈和疈辜区别的争论在于是否均有埋沉之玉,如《大雅·凫鹥》孔颖达疏云:"郑志:'张逸问曰:以血祭祭五岳,以埋沈祭山川,不审五岳亦当埋否?答曰:五岳尊,祭之从血腥始,何嫌不埋。' 如郑此言,祭五岳有埋,明社稷也埋矣。"这种文献上的纠纷很难理出头绪,但据此可知埋沉牲玉是周代地示祭祀中的主要方法。

在周代祭祀体系中,天神为阳,其祀为阳祀;地示为阴,故其祭为阴

---

① 孙庆伟:《〈左传〉所见用玉事例研究》,北京大学中国考古学研究中心、北京大学震旦古代文明研究中心编:《古代文明》第 1 卷,北京:文物出版社,2002 年,第 310—370 页;又见本书前文。

祀,但两者在"尚臭"原则上是一致的。在周人的观念当中,天神在上,因此用烟气上升以感神,而地示在下,必不能再用烟气而改用牲血,而荐牲血于地,必然下渗,如神享之,从而达到感神之目的。同样,祭祀天神燔玉燎玉,而祭祀地示时自然只能采取埋沉之法以献神,这在逻辑上是很容易理解的。

这种埋沉之法,在传世和出土文献中有很多的证据,其中《左传》最为多见,这里称引几条重要的记载:襄公十八年:"晋侯(晋平公)伐齐,将济河,献子以朱丝系玉二珏,而祷曰:'齐环怙恃其险,负其众庶,弃好背盟,陵虐神主。曾臣彪将率诸侯以讨焉,其官臣偃实先后之。苟捷有功,无作神羞,官臣偃敢无复济。唯尔有神裁之。'沈玉而济。"又,文公十二年在记载晋秦两国交战时说:"秦伯(秦康公)以璧祈战于河。"襄公三十年:"八月甲子,(游吉)奔晋。驷带追之,及酸枣。与子上(驷带)盟,用两圭质于河。"杜预注云:"沈圭于河为信也。"昭公二十四年记载:"冬十月癸酉,王子朝用成周之宝圭沈于河。"杜预注称:"祷河求福。"

在出土文献中则以两件"秦骃祷病玉版"最为重要。玉版上的朱书文字,经过李零先生的考释,大体可以通读。① 其文记载秦骃因长期身患重病而往华山祭祀,故"秦骃敢以介圭、吉璧吉纽,以告于华太山",而在秦骃"能自复如故"后再次到华山还愿,其祭祀所用之物,是"用牛牺貳,其赤七,□□□及羊、豢,路车四马,三人壹家,壹璧先之。□□用貳牺、羊、豢,壹璧先之"。这些祭祀用品的使用方法,则是"复(覆)华大山之阴阳","覆"字有掩藏之意,也即将玉和牺牲等祭祀用品掩埋在华山的南北。②

---

① 李零:《秦骃祷病玉版的研究》,《中国方术续考》,北京:东方出版社,2000年,第451—474页。

② 李家浩:《秦骃玉版铭文研究》,北京大学中国古文献研究中心编:《北京大学中国古文献研究中心集刊》2,北京:北京燕山出版社,2001年,第99—128页。

同属秦系文字的三篇诅楚文,也是祭祀地示时有埋沉之法的重要证据,据郭沫若的考释,此三篇文字开首均是"又秦嗣王敢用吉玉宣璧,使其宗祝邵鼛布憝告于丕显大神厥湫(亚驼、巫咸)",①这里的"吉玉宣璧"显然就沉玉而言。

虽然文献中有不少关于埋沉的例证,但对于其具体仪式的描述则付之阙如,这在《穆天子传》中可以找到有关的细节,录之以供参考:

> 吉日戊午,天子大服,冕袆、帔带、搢笏、夹佩、奉璧、南面立于寒下。……天子授河宗璧。河宗伯夭受璧西向,沈璧于河,再拜稽首。祝沈牛马豕羊。河宗曰:"命于皇天子!"河伯号之:"帝曰:'穆满,女当永致用时事!'"南向再拜。河宗又号之:"帝曰:'穆满,示女春山之宝……乃至于昆仑之丘,以观春山之宝!赐语晦!'"天子受命,南向再拜。

《穆天子传》的这一段记载还提供了一点重要信息,即沉璧一类的行为是由河宗伯夭等祝史人员而非主祭者完成的。

(三) 人鬼的祭祀方法

相对天神、地示而言,周人在祭祀祖先神时沟通神人的手段更为复杂,其原因在于当时人们具有人死后魂魄分离的观念,这在文献中有很多记载,如:

《左传·昭公七年》记子产曰:"人生始化曰魄,既生魄,阳曰魂。"

《礼记·郊特牲》:"魂气归于天,形魄归于地,故祭,求诸阴阳之义也。殷人先求诸阳,周人先求诸阴。"

既然人死后魂魄分离,而且魂上升于天为阳,形魄归于地为阴,因此在祭祀时必须从魂魄或者说从阴阳两处来召神,这和天神单纯为阳、

---

① 郭沫若:《诅楚文考释》,《郭沫若全集·考古编》第9卷,北京:科学出版社,1982年,第295—298页。

地示单纯为阴是截然不同的。又因为周人"先求诸阴",故先行灌祭召神于阴,而后燔燎降神于阳。

周人祭祀人鬼之法,在《礼记·郊特牲》中有很明确的记载:"周人尚臭,灌用鬯臭,郁合鬯,臭阴达于渊泉。灌以圭璋,用玉气也。既灌然后迎牲,致阴气也。萧合黍、稷,臭阳达于墙屋,故既奠然后焫萧合膻、芗。凡祭慎如此。"由此可知,周人是通过圭璋灌鬯先求诸阴,然后又通过燔燎萧合膻、芗以及黍稷等物来求诸阳的。

为何使用圭璋灌鬯就能够达到求祖先神于阴呢?孙希旦释之曰:"鬯,秬鬯也。酿黑秬黍为酒,芬芳鬯达,故谓之鬯。灌用鬯臭,言灌地降神,用秬鬯之香气也。郁,郁金,香草也。郁合鬯,言秬鬯之酒,煮郁金香草以和合之也。曰'臭阴'者,酒醴之质下润也。达于渊泉,言其所达之深,而足以感乎死者之体魄也。灌用圭、璋者,灌鬯盛以玉瓒,以圭、璋为之柄也。用玉气者,玉气洁润,言非但郁鬯是用臭,圭璋亦用臭之义也。"① 这种合有香草的郁鬯,在出土铜器铭文中也曾见到,如河北元氏县西张村西周邢国墓地曾出土两件铜卣,自铭为"小郁彝",② 这样的铜卣应当就是用来盛放郁鬯之器。所谓的灌祭,就是凭借合有香草的酒醴之芬芳和玉气之洁润下渗于地来感召死者之体魄,这和祭祀地示时血祭以血下渗和埋沉玉器有同样的功效。

燔燎萧、黍、稷等物何以能求祖先神于阳,孙希旦也有说明:"萧,香蒿也。萧合黍、稷,谓以香蒿合于黍稷而燔之也。曰'臭阳'者,燔燎之气上升也。达于墙屋,言其所达之高,而足以感乎死者之魂气也……焫,烧也。芗与香同。膻、芗,牛羊肠间脂也。羊膏膻,牛膏芗。"祭祀祖先神的燔燎和祭祀天神的燔燎目的一样,都是使烟气上达于天以求神,只是两者的燔燎之物略有不同,祭天神燔燎牲体而或有玉帛,而祭

---

① (清)孙希旦:《礼记集解》,北京:中华书局,1989年,第713页。
② 河北省文物管理处:《河北元氏县西张村的西周遗址和墓葬》,《考古》1979年第1期,第23—26页。

祀祖先神时则用香蒿、黍稷而合以牛羊膏脂。

周人祭祀祖先神分别求诸阴阳或魂魄的做法，在《诗经》中得到充分的证明。《王风·采葛》说："彼采萧兮，一日不见，如三秋兮"，正是为灌祭准备香蒿；《小雅·信南山》："祭以清酒，从以骍牡，享于祖考。执其鸾刀，以启其毛，取其血膋"，则是为了获得燔燎之肠脂；而在《大雅·生民》中，则径称"取萧取脂"。

周人先求诸阴而后求诸阳，也可在《诗经》中得到确证。《大雅·旱麓》二章所谓"瑟彼玉瓒，黄流在中"，显然指用玉瓒灌祭于地；三章曰："清酒既载，骍牡既备"，言祭祀所需的牺牲；其四章曰"瑟彼柞棫，民所燎矣"，则是就燔燎牺牲而言。此三章的内容及其编排，不但证明祭祀人鬼确要分别求诸阴阳，而且合于先求诸阴而后求诸阳的顺序。

祭祀祖先神所用的玉器主要是圭瓒。《大雅·江汉》："厘尔圭瓒，秬鬯一卣。"《大雅·旱麓》："瑟彼玉瓒，黄流在中。"毛传曰："玉瓒，圭瓒也。"郑笺云："圭瓒之状，以圭为柄，黄金为勺，青金为外，朱中央矣。"

圭瓒以外，还有所谓的璋瓒，《大雅·棫朴》："左右奉璋"，毛传："半圭曰璋。"郑笺："璋，璋瓒也。祭祀之礼，王祼以圭瓒，诸臣助之，亚祼以璋瓒。"依圭瓒之形制，可知璋瓒是以璋为柄的挹鬯之器。

这种有玉圭或玉璋状柄和金属质勺头的器具，迄今不见出土。现在有学者认为出土玉器中所常见的柄形器就是圭瓒的柄部，①目前还缺乏有力的证据。

（四）考古所见的周代祭祀用玉

从文献的分析来看，周代天神、地示的祭祀中所用燔燎或埋沉的玉

---

① 李学勤：《〈周礼〉玉器与先秦礼玉的源流——说祼玉》，邓聪主编：《东亚玉器》I，第34—36页。

器以圭、璧为主,而祭祀人鬼时则是灌祭所用的玉瓒。周代的祭祀用玉已有零星的出土,虽然不能确知其祭祀的对象,但对了解周代祭祀用玉有重要意义。先将一些重要的周代祭祀用玉罗列如下:

晋侯墓地 M8、M64、M62、M63、M93 等墓共有祭祀坑数十座,主要出土人、马、牛、犬等牺牲,部分祭祀坑则伴出戈、璧、琮、璇玑(牙璧)等玉器,另有少量的"空坑";[1]此外,M64 和 M93 两墓的墓室填土内也发现有玉戈、璧和柄形器等物,也可能是某种祭祀的遗存。

凤翔马家庄春秋中晚期秦国宗庙遗址的祭祀坑出土玉璧 81 件、圭 34 件、璜和耳饰玦各 21 件;[2]姚家岗宫殿遗址也出土玉璧 20 件。[3]

1965—1966 年在山西侯马的晋都新田遗址共发掘春秋晚期盟誓坑 326 个,多数坑的北壁有小龛,据原报告,其中埋有璧、环、璜、瑗、玦、圭、璋和珑等玉器,都是盟誓时祭祀的遗存。[4] 而据有关学者的观察,侯马盟誓遗址出土的玉器多非春秋时期玉器而是前代的遗留物。[5] 1991 年,在侯马西南张祭祀遗址发掘春秋战国之际的祭祀坑 22 座,其中 6 座出土玉器 6 件,但完整器仅玉环 1 件,其他则有玉环残片 2 件、残龙形佩 1 件、未完工龙形佩 1 件以及残玉片 1 件。[6]

1982 年在河南温县西张计也发现一处大型的春秋晚期盟誓遗址,

---

[1] 李伯谦:《从晋侯墓地看西周公墓墓地制度的几个问题》,《考古》1997 年第 11 期,第 51—60 页。

[2] 陕西省雍城考古队:《凤翔马家庄一号建筑群遗址发掘简报》,《文物》1985 年第 2 期,第 1—29 页。

[3] 凤翔县文化馆、陕西省文管会:《凤翔先秦宫殿试掘及其铜质建筑构件》,《考古》1976 年第 2 期,第 121—128 页。

[4] 山西省文物工作委员会:《侯马盟书》,《侯马盟书及其发掘与整理》《侯马盟誓坑竖坑情况表》,北京:文物出版社,1976 年,第 11—24、401—420 页。

[5] 邓淑苹:《试论新石器时代至汉代古玉的发展与演变》,《群玉别藏续集》,台北:台北故宫博物院,1999 年,第 10—67 页。

[6] 山西省考古研究所侯马工作站:《侯马西南张祭祀遗址调查试掘简报》,《三晋考古》第一辑,太原:山西人民出版社,1994 年,第 208—212 页。

出土的祭祀用玉则有玉璧和玉兽等。①

1986—1989 年在山西天马——曲村遗址发掘战国祭祀坑 58 座，其中 12 座发现有玉器，这些玉器或是单独出土，或和牛、马等牺牲伴出，所见的玉器器类则有璧、璜（珩）、龙形佩、玉牌、残玉钺和残玉片等。②

河南辉县固围村 M1 是一座带双墓道的战国晚期大墓，发现两座打破墓室上部填土的埋玉坑，坑一出环 2 件，而坑二出土器物包括玉册 50 片、玉圭 6 件、石圭 50 件、珩 4 件、龙形佩 43 件，共 200 多件。③ 这两座埋玉坑也可能是祭祀的遗存。

1975 年在山东烟台芝罘出土两组玉器，各有圭 1 件、璧 1 件、觿 2 件，有研究者推测为秦始皇祭祀"阳主"的遗存，④但这里出土的玉璧饰有谷纹，并不排除为战国晚期的祭祀用器。

1979 年和 1982 年在山东成山也发现两组玉器，其中一组包括谷纹璧 1 件、素面圭 2 件，而另一组则有双身龙纹玉璧 1 件、谷纹璜（珩）和素面玉圭各 1 件。有研究者推测它们分别是秦皇汉武祠日的遗物，⑤但谷纹璧、谷纹珩和双身龙纹玉璧都是战国晚期流行的器物，所以也可能是战国时期的祭祀遗存。

从上述考古资料来看，一方面证明周代的祭祀用玉确以圭、璧为主，但也表明并不排斥其他玉器器类的使用，如其中不但有璜、珩、环、玦和龙形佩等佩饰用器，而且还可见到一些制作粗糙或者未完工的玉器，甚至是一些破损的玉石片。祭祀用玉的这种变通之法其实在文献

---

① 河南省文物研究所：《河南温县东周盟誓遗址一号坎发掘简报》，《文物》1983 年第 3 期，第 73—89 页。

② 邹衡主编：《天马——曲村》，北京：科学出版社，2001 年，第 983—993 页。

③ 中国科学院考古研究所：《辉县发掘报告》，北京：科学出版社，1956 年，第 80—82 页。

④ 烟台博物馆：《烟台市芝罘岛发现一批文物》，《文物》1976 年第 8 期，第 93—94 页。

⑤ 王永波：《成山玉器与日主祭——兼论太阳神崇拜的有关问题》，《文物》1993 年第 1 期，第 62—68 页。

中也可见到实例,如《左传·哀公二年》载卫太子蒯聩在两军对垒之际以自身的佩玉而"诏告皇祖文王、烈祖康叔、文祖襄公"等祖先神,卫太子所佩之玉大抵是环、珩一类的器物,所以孔颖达疏云:"在军中无圭璧,故以佩玉。"①

如果说蒯聩用佩玉祭祀先祖出于迫不得已,那么包山二号楚墓出土简文的有关内容则更能证明周代祭祀用玉并不局限于圭璧等物,如简212—215记载祭祀太和大水用环,祭祀后土、司命、二天子用少环,而祭祀峗山则用玦;简218则记载以琥为祭玉;而且有学者指出,包山楚简所见祭祀用玉的器类和祭祀对象之间已经具备某种对应关系。②

祭祀用玉的多样性表明周人在用玉祭祀时首先看重的是"玉"这种物质,其次才是具体的器类,而周人的这种态度是和周礼重视"礼之义"的思想相吻合的。《礼记·曲礼》曰:"礼从宜,使从俗。"《郊特牲》又说:"礼之所尊,尊其义也。失其义,陈其数,祝史之事也。"这就是说不变的是"礼之义",即礼之根本,而至于"其数",即具体的礼仪,则可以因时宜而变动。具体到祭祀,《礼记·祭统》曰:"夫祭者,非物自外至者也,自中出生于心也……外则尽物,内则尽志,此祭之心也。"《礼记·檀弓》:"子路曰:'吾闻诸夫子:丧礼,与其哀不足而礼有余也,不若礼不足而哀有余也。祭礼,与其敬不足而礼有余也,不若礼不足而敬有余也。'"郑玄注云:"丧主哀。祭主敬。"这表明在孔子看来,在丧、祭礼中,虽然财物繁多,仪式详备,但倘若缺乏相应的哀敬之心,仍不足以称礼。明器衣衾、俎豆牲牢,礼之末也;丧主哀,祭主敬,礼之本也。

祭祀用玉的多样性更有经济上的原因。玉在周代乃贵重之物,圭璧更是地位尊崇者才能拥有的礼仪用器,而以当时祭祀的频繁,必然要消耗大量的玉器,这无疑是祭祀者难以承受的负担,因此使用某些替代

---

① 孙庆伟:《〈左传〉所见用玉事例研究》,第368—369页;又见本书前文。
② 陈伟:《包山楚简初探》,武汉:武汉大学出版社,1996年,第174—178页。

品实属无奈之举,至于侯马和曲村等地祭祀坑所用的破玉片则纯粹是聊具人事、欺骗鬼神的举动,完全丧失了"祭主敬"的本义。

三、辨"降神用玉"和"礼神用玉"

既然祭祀的本义在于"报本反始"和"崇德报功",因此必然要向神敬献礼品,以交好于神灵,这样就形成了周代祭祀的供献制度。周代祭祀所用的供献之物,虽因祭祀对象的不同而有差别,但总体而言包括牺牲、酒醴、粢盛和玉帛等物,故《墨子·尚同》说:"其事鬼神也,酒醴粢盛不敢不蠲洁,牺牲不敢不腯肥,圭璧币帛不敢不中度量,春秋祭祀不敢失时机。"而玉之所以用作礼神之物,有学者认为主要在于玉之物理性质和中国传统的道德观念吻合,同时也在于中国古人根深蒂固的"天人合一"的观念。①

从上文所举的文献和考古资料来看,周代祭祀中确有以玉事神的程序。但以上所论的燔燎用玉和埋沉用玉究竟是进献给神灵的"礼神用玉",还是用来感召神灵至祭祀场所的"降神用玉",则是一个历来存在争议的问题。而有关两者的区别,杜佑在《通典》中有详细描述。

《通典·吉礼二》载周代郊天用玉的程序:"大司乐奏圜钟为宫以下之乐,以降神。次则积柴于丘坛上。王亲牵牲而杀之。次则实牲体玉帛而燔之,谓之禋祀。次乃扫于丘坛上而祭,尸服裘而升丘也。王及牲、尸入时,乐章奏王夏、肆夏、昭夏。就坐时,尸前置苍璧……(以下行七献)。"

又《通典·吉礼四》记周代祭祀地示曰:"其日,王服大裘,立于方丘东南,西面。乃奏函钟为宫以下之乐,以致其神。讫,王又亲牵牲取血,并玉瘗之以求神。谓之二始。尸前既置玉币等讫……(以下行七献)。"

---

① 张辛:《礼、礼器与玉帛之形上学考察》,《中国文物报》2000 年 12 月 24 日。

从《通典》的记载来看,燔燎和瘗埋之玉都是为了召神于祭祀场所,故可称为"降神用玉",而在行正祭时,别有苍璧一类的"礼神用玉"。清代学者孙诒让对"降神用玉"和"礼神用玉"的区别作了进一步的阐述,他说:"盖礼神之玉,有一定之制度,祭毕则藏之;燔瘗之玉,但取备物,其形制必沽而小。若左昭三年传,王子朝以成周之宝圭沈于河,此则妄干大位,媚神求福,非常法也。"①如孙氏所言,因降神所用的燔瘗之玉,祭毕已毁,属于一次性消费,所以"但取备物",则"其形制必沽而小";而礼神用玉,不但要直接进献于尸,而且只是在祭祀过程中陈列,祭祀完毕由典瑞收藏,可以反复使用,因此必然制作精美且有一定的尺度要求。

持此说者同时也认为仅祭祀天神地示时需要礼神之玉,而祭祀人鬼时则否,其中的原因,贾公彦在《周礼·春官·大司乐》疏中解释说:"礼之以玉,据天地;而祼焉,据宗庙。以《小宰》注'天地大神,至尊不祼',又《玉人》《典瑞》《宗伯》等不见有宗庙礼神之玉,是以知礼之以玉据天地,则苍璧礼天,黄琮礼地是也,而祼焉据宗庙,肆献祼是也。"由贾疏可知,因祭祀人鬼时有灌鬯而用九献,而祭祀天神、地示时均无灌鬯用七献,故祭天神、地示别有礼神之玉,祭人鬼时则否。

《周礼·春官·大宗伯》曰:"以玉作六器,以礼天地四方。"郑玄注云:"礼,谓始告神时荐于神坐。"故后代学者都将《周礼》的《大宗伯》《典瑞》和《玉人》诸篇所载的"六器"看作周代的礼神用玉,这些玉器包括:

《大宗伯》:"以玉作六器,以礼天地四方。以苍璧礼天,以黄琮礼地,以青圭礼东方,以赤璋礼南方,以白琥礼西方,以玄璜礼北方。"

《典瑞》:"四圭有邸以祀天、旅上帝。两圭有邸以祀地、旅四望。祼圭有瓒以肆先王,以祼宾客。圭璧以祀日月星辰。璋邸射以祀山川,以造赠宾客。"

---

① 孙诒让:《周礼正义》,第 1303 页。

《玉人》:"四圭尺有二寸,以祀天……裸圭尺有二寸,有瓒,以祀庙……圭璧五寸,以祀日月星辰……两圭五寸,有邸,以祀地,以旅四望……璋邸射,素功,以祀山川,以致稍饩。"

虽然像郑玄这样的经师主张降神用玉和礼神用玉应该泾渭分明,但在实际的操作中却未必如此。据《通典·吉礼一》的记载,至少从北周、西魏以来就采用先祭祀而后燔柴瘗埋的祭祀方法,这不但无以区分降神和礼神用玉,而且在祭祀程序上和传统的认识也是截然相反。

和降神、礼神用玉的区别相比,先燔和后燔更是礼之大节,何者为是在唐代曾引起激烈的争论和反复。唐初的贞观礼继承北周、西魏以来的后燔制,但到了高宗显庆年间,礼部尚书许敬宗对这种"倒行逆施"的做法给予严厉的谴责,《通典·吉礼二》录其文曰:"臣敬宗谨按,祭祀之礼,必先降神。周人尚臭,祭天则燔柴,祭地则瘗血,祭宗庙则焫萧灌鬯,皆贵气臭,同以降神。礼经明白,义释甚详。委柴在祭神之初,理无所惑。是以《三礼义宗》等并云:'祭天以燔柴为始,然后行正祭;祭地以瘗血为先,然后行正祭。'……唯周、魏以降,妄为损益,纳告庙之币,事毕瘗埋,因改燔柴,将为祭末。事无典实,礼阙降神。又燔柴、正祭,牲玉有别。苍璧苍犊之流,柴之所用;四圭骍犊之属,祝之所需。故郊天之有四圭,犹庙之有圭瓒。是以《周官·典瑞》,文义相因,并事毕收藏,不在燔柴之例。今新礼引同苍璧,不顾圭瓒,遂亦俱燔,义既有乖,理难因袭。"许敬宗的建议被唐高宗采纳,但到了玄宗开元年间,又遭到秘书少监康子元和中书令张说等人的反对,《全唐文》卷351录康子元的反对意见为:"迎神之义,乐六变而天神降,八变而地祇出,九变则鬼神可得而礼矣。则降神以乐,《周礼》正文,非谓燔柴以降神也。按尚臭之义,不为燔之先后。"祭祀时究竟是先燔还是后燔,这固然是因为对文献记载的不同理解,但在唐代却有其现实的原因:先燔则奠献在后,牲币需备双份;后燔则奠献在前,既免繁复,又可节省开支。在唐代天宝以前,因真玉难致,祭祀多以珉玉代替;至天宝十载,玄宗并诏天地宗庙用真玉,其余则用珉。① 故在康子元、张说等人上书之后,唐玄宗也就顺水推舟,改显庆礼的先燔为后燔了。

祭祀时究竟是先燔还是后燔,因为属于纯粹的仪式而不可能有实物遗留,所以已经无法深究。但从现有资料来看,周代的祭祀并无降神用玉和礼神用玉的差别,主要证据有三点:

第一,在上引相关的出土文献中,祭祀用玉的使用都是一次性的,并无降神和礼神的区别;同时,传世文献如《诗经》《左传》以及《穆天子传》中的有关记载也是如此。

第二,本文所列周代祭祀遗存出土的祭祀用玉虽以圭、璧为主,但同时也表现出相当的随意性,完全不类于《周礼》所载的制度;同时,在上述祭祀用玉中不见一例以一玉俱成的所谓"圭璧""四圭有邸",传世和出土的这类器物,其时代最早者不过汉代,而有确切出土地层者则是唐代的遗物,②由此可见《周礼》所载并非周代的史实。③

第三,晋侯墓地、凤翔马家庄宗庙遗址出土的祭祀用玉证明周代祭祀人鬼同样有瘗埋之玉,这不但直接否定了郑玄、贾公彦等经学家所坚持的礼神之玉不施于人鬼的意见,而且动摇了他们所描述的降神用玉和礼神用玉的体系。

(本文原载北京大学中国考古学研究中心、北京大学震旦古代文明研究中心编:《古代文明》第 2 卷,北京:文物出版社,2003 年)

---

① 任爽:《唐代礼制研究》,长春:东北师范大学出版社,1999 年,第 22 页。
② 邓淑苹:《试论新石器时代至汉代古玉的发展与演变》,第 10—67 页。
③ 《周礼·大宗伯》等篇所载的用玉制度当然和周代的史实有出入,但《周礼》本身并没有说明诸如"圭璧"和"四圭有邸"一类玉器的形制,后代学者所依据的仅是汉儒的注释。此外,虽然《周礼·大宗伯》说"以玉作六器,以礼天地四方",但这里的"礼"并不一定就是"礼神用玉",只是郑玄将其解释为"礼,谓始告神时荐于神坐"后,此"六器"就被认定为"礼神用玉"了。从这些方面来看,降神用玉和礼神用玉的分别当起于汉代经师的误解。

周代金文所见用玉事例研究

玉器在周代的广泛使用,在文献和考古资料中均有充分的证据。① 此外,周人的用玉事例还见载于当时的彝铭,对此已有学者做过相关的研究。② 为了进一步了解周代的用玉制度,本文拟对周代金文所见用玉事例作一全面的考察。

本文所引周代金文资料除注明者外均据《殷周金文集成释文》(下称《释文》)。③《释文》共收殷周彝铭12113条,是目前最为全面的殷周金文汇编。《释文》中涉及用玉事例的周代金文共20余条,大体包括以下几类情况。

一、赏赐用玉

(一) 材料

周代金文多见赐玉的事例,根据赏赐者的身份地位,这类

---

① 孙庆伟:《〈左传〉所见用玉事例研究》,北京大学中国考古学研究中心、北京大学震旦古代文明研究中心编:《古代文明》第1卷,北京:文物出版社,2002年,第310—370页;又见本书前文;《周代墓葬所见用玉制度研究》,北京大学考古文博学院博士论文,2003年。
② 张永山:《金文中的玉礼》,邓聪主编:《东亚玉器》I,香港:香港中文大学中国考古艺术研究中心,1998年,第26—33页。
③ 中国社会科学院考古研究所:《殷周金文集成释文》,香港:香港中文大学中国文化研究所,2001年。

用玉事例又可分作两类:

1. 王或王后(天君)赐玉

此类事例共计 11 例,其中子犯钟不见于《释文》①(表1)。

表1

序号	器名	年代	被赐者	赐玉原因	所赐之玉	所赐他物
1	鲜簋	西周中	鲜	王禘于昭王,鲜蔑历	祼玉三品	贝廿朋
2	痶钟痶簋	西周中	痶	皇王对痶身楙	佩	无
3	尹姞鬲	西周中	尹姞	天君格于尹姞宗室,君蔑尹姞历	玉五品	马四匹
4	师遽方彝	西周中	师遽	王在周康寝飨醴,师遽蔑历	圭一环璋四	无
5	大矢始鼎	西周晚	始	王在邦宫,始献工	璋	有他物,物名不识
6	噩侯鼎	西周晚	噩侯御方	御方侑王,王与御方射	玉五珏	马四匹、矢五束
7	敔簋	西周晚	敔	敔追御南淮夷,告擒	圭瓒	贝、田
8	毛公鼎	西周晚	毛公	王册命毛公	祼圭瓒宝玉环玉瑹	秬鬯、服饰、车马器、马四匹、旗帜
9	番生簋盖	西周晚	番生	王册命番生	玉环玉瑹	服饰、车马器、旗帜
10	师询簋	西周晚	师询	王册命师询	圭瓒	秬鬯一卣
11	子犯钟	春秋中	子犯	子犯佑晋公薄伐荆楚、克典王位	佩	辂车四马衣裳黼黻

---

① 张光远:《"故宫"新藏春秋晋文称霸"子犯和钟"初释》,《"故宫"文物月刊》(台北)1995 年 4 月总第 145 期;《子犯和钟的排次及补释》,《"故宫"文物月刊》(台北)1995 年 9 月总第 150 期;《春秋中期晋国子犯和钟的新证、测音与校释》,《"故宫"文物月刊》(台北)2000 年 5 月总第 206 期。

2. 上级贵族赐下级贵族玉

《释文》所见此类赐玉事例计有以下 5 条,具体见表 2。

表 2

序号	器名	时代	赐玉人	被赐者	赐玉原因	所赐之玉	所赐他物
12	凤作且癸簋盖	西周早	扬	鸟	不明	玉(器类不明)	无
13	守宫盘	西周早	周师	守宫	守宫事裸	垄朋	丝、布、马
14	卯簋盖	西周中	荣伯	卯	荣伯册命卯	瓒璋四珏	宗彝、马十、牛十、土地四田
15	竞卣	西周中	伯犀父	竞	伯犀父以成师即东命戍南夷,竞蔑历	璋	无
16	多友鼎	西周晚	武公	多友	多友追狝狁多擒	圭瓒一	钟、金

(二)讨论

在表 1 和表 2 所列的金文材料中,除第 12 条外,余者均示以赐玉的原因,概括来讲,主要包括以下几种情形:

1. 因册命而赐玉

这类事例计有第 8、9、10 和 14 条。有周一代,锡命之礼尤隆。虽因典籍散佚,而"天子锡命,其详未闻",①但近代学者依据出土金文,已经大致洞察周代的锡命之礼。②

---

① 《左传》庄公元年《正义》引杜预《春秋释例》。
② 这一方面的代表著作有:齐思和:《周代锡命礼考》,《燕京学报》第 32 期,1947 年;张光裕:《金文中册命之典》,《香港中文大学中国文化研究所学报》第十卷下册,1979 年;陈汉平:《西周册命制度研究》,上海:学林出版社,1986 年;黄盛璋:《西周铜器中册命制度及其关键问题新考》,石兴邦主编:《考古学研究——纪念陕西省考古研究所成立三十周年》,西安:三秦出版社,1993 年,第 402—427 页;黄然伟:《殷周青铜器赏赐铭文研究》,《殷周史料论集》,香港:生活·读书·新知三联书店,1995 年。

因锡命必有策,故又称为策(册)命。册命的主要目的是封建诸侯、命官授职,属于国家重典,所以一般出于周天子;但某些王臣也可以对其家族的臣僚进行册命,据黄盛璋先生的统计,此类册命至少见于卯簋盖、师毁簋和逆钟三器。① 而在此三器中,有赏赐玉器者仅卯簋盖一器。

"命"与"锡"密不可分,故凡册命必有赏赐。《韩诗外传》载天子赐诸侯之有德者:"一锡车马,再锡衣服,三锡虎贲,四锡乐器,五锡纳陛,六锡朱户,七锡弓矢,八锡铁钺,九锡秬鬯。"②考之金文,则衣服、车马、弓矢、乐则、虎贲、斧钺、秬鬯之赐皆有之,但不似礼家所言之整齐划一;但周代册命礼中也有不载于礼书的赏赐之物,玉器即为其中一种。

上引第8、9、10和14条金文所见册命赏赐用玉计有祼圭瓒宝、玉环、玉瑹、圭瓒和瓒璋等类,兹分别加以说明。

毛公鼎铭的"祼圭瓒宝"实即圭瓒,而卯簋盖的"瓒璋"即文献中常见的璋瓒,两者都是周代重要的祼器。关于圭瓒、璋瓒的形制与功能,文献中有很多记载,如:

《礼记·祭统》:君执圭瓒祼尸,大夫持璋瓒亚祼。郑玄注:圭瓒、璋瓒,祼器也。

《周礼·春官·典瑞》:祼圭有瓒,以肆先王,以祼宾客。郑玄注:郑司农云:"于圭头为器,可以挹鬯祼祭,谓之瓒。"

《周礼·考工记·玉人》:祼圭尺有二寸,有瓒,以祀庙。郑玄注:瓒如盘,其柄用圭,有流前注。

《玉人》又载:大璋、中璋九寸,边璋七寸,射四寸,厚寸,黄金勺,青金外,朱中,鼻寸,衡四寸,有缫,天子以巡守,宗祝以前马。郑玄注:三璋之勺,形如圭瓒。

《诗·大雅·旱麓》:瑟彼玉瓒,黄流在中。毛传:玉瓒,圭瓒

---

① 黄盛璋:《西周铜器中册命制度及其关键问题新考》,石兴邦主编:《考古学研究——纪念陕西省考古研究所成立三十周年》,第413—414页。
② 屈守元:《韩诗外传笺疏》卷八,巴蜀书社,1996年,第698页。

也。郑笺：圭瓒之状，以圭为柄，黄金为勺，青金为外，朱中央矣。

《左传·昭公十七年》：郑裨灶言于子产曰："宋、卫、陈、郑将同日火。若我用瓘斝玉瓒，郑必不火。"杜预注：瓘，珪也。斝，玉爵也。瓒，勺也。

据上引文献，圭瓒和璋瓒都是祼时的挹鬯之器，而据考证，甲骨文中的"祼"字就为人两手持瓒祭祀神示的象形。① "祼"即灌祭，《说文·示部》："祼，灌祭也。"段玉裁注云："《周礼》字或作果，或作课。"灌祭是周代祭祀祖先神时行正献之前的隆重序幕，②其目的是用郁鬯的香气和圭璋的玉气灌地以感召祖先神，《礼记·郊特牲》说："周人尚臭，灌用鬯臭，郁合鬯，臭阴达于渊泉。灌以圭璋，用玉气也。"正因为灌祭的这种降神功能，所以"献之属莫重于灌"（《礼记·祭义》）。③

除了祭祀祖先神要行祼礼之外，周代的飨醴也有祼，所以《周礼·春官·典瑞》说"祼圭有瓒，以肆先王，以祼宾客。"《礼记·礼器》也说："诸侯相朝，灌用郁鬯，无笾豆之荐。"《国语·周语上》则记虢文公之语曰："王乃淳濯飨醴。及期，郁人荐鬯，牺人荐醴，王祼鬯，飨礼乃行。"对宾客行祼礼是为了让其嗅到郁鬯的香气，而这也是一种"至敬"的礼仪，所以《礼记·郊特牲》说："至敬不飨味，而贵气臭也。诸侯为宾，灌

---

① 贾连敏：《说祼、瓒》，中国古文字研究会第九届学术讨论会论文，1992年。此据下引李家浩先生文。

② "祼"究竟是在"献"之前，还是包括在"献"之内，历来说法不一。如《周礼·大行人》孙诒让正义就认为"祼"在"献"之中，"凡九献者，再祼，后有七献；七献者，一祼，后有六献……"但《国语·周语上》："王祼鬯，飨礼乃行"，则把"祼"放在正献之前；《国语》虽是就飨礼而言，但也可以作为"祼"在正献之外的一个证据。两方面的意见可参见杨宽：《"乡饮酒礼"与"飨礼"新探》，《古史新探》，北京：中华书局，1965年，第280—309页。按，既然"祼"的功能在于用郁鬯以降神，则应将其视为正献之前的降神之举为妥。

③ 关于周代祭祀天神、地示、人鬼的降神和礼神用玉笔者另有专文论述，参看拙作《周代祭祀及其用玉三题》，北京大学中国考古学研究中心、北京大学震旦古代文明研究中心编：《古代文明》第2卷，北京：文物出版社，2003年，第213—229页；又见本书前文。

用郁鬯，灌用臭也。"因祼献用鬯，所以圭瓒、璋瓒常与"秬鬯一卣"同赐，如表 1 所列第 8 例（毛公鼎）和第 10 例（师询簋）即是如此；而表 2 所列第 14 例（卯簋盖）则载卯所受的赐物中另有宗彝，其功能当等同于盛放秬鬯的卣，如河北元氏县西张村西周墓地曾出土两件自铭为"小郁彝"的铜卣；①而据番生簋铭，王既未赐番生圭瓒或璋瓒，故其赐物中也无"秬鬯一卣"。②

1976 年陕西扶风云塘铜器窖藏出土两件勺状器，两器连铭，发掘者释为："伯公父作金爵，用献，用酌，用享，用孝于朕皇考，用祈眉寿，子孙永宝用耆。"③（图 2－4）虽然两器自名为"爵"，但因为器形和传统的三足爵迥异且又近于文献所描述的瓒，所以林巳奈夫先生把此类器物释为"瓒"；以后李家浩先生又进一步申论此说，并对周代墓葬所见的陶、木瓒进行了研究。④ 但这类勺或斗形器是否就是文献所说的"瓒"，学术界还有不同的看法，如李学勤先生⑤和朱凤瀚先生⑥都认为既然此两器自铭为"爵"，则不宜名其为"瓒"。

这两件伯公父勺自铭其功用为"用献用酌用享用孝于朕皇考"，这和文献所载瓒的功能是可以相印证的。其中"用献"即为祼礼中的献宾之礼，相当于《典瑞》所谓的"以祼宾客"；而"用享用孝"则针对祭祀

---

① 河北省文物管理处:《河北元氏县西张村的西周遗址和墓葬》,《考古》1979 年第 1 期,第 23—26 页。

② 据笔者初步观察,周代册命赐物中,赐圭瓒和璋瓒者,大抵同时有秬鬯一卣;反之,赐秬鬯一卣者,则不一定赐圭瓒或璋瓒,此类例子甚多,如大盂鼎、彔伯簋、吴彝、牧簋、伯晨鼎、訇壶、师兑簋、晋侯苏钟等。

③ 陕西周原考古队:《陕西扶风县云塘、庄白二号西周铜器窖藏》,《文物》1978 年第 11 期,第 6—10 页。

④ 李家浩:《包山二六六号简所记木器研究》,北京大学中国传统文化研究中心编:《国学研究》第二卷,北京:北京大学出版社,1994 年,第 525—554 页。

⑤ 李学勤先生此一意见未公开发表,但在讲课时曾经提及,详见李零:《读〈楚系简帛文字编〉》,中国文物研究所编:《出土文献研究》五,北京:科学出版社,1999 年,第 155 页。

⑥ 朱凤瀚:《古代中国青铜器》,天津:南开大学出版社,1995 年,第 128—129 页。

图2-4 伯公父"勺"(76FYH1:8、9)及其铭文

中的祼祭而言,可与《典瑞》的"以肆先王"对应;铭文中的"酌"则屡见于《诗》,如《周南·卷耳》:"我姑酌彼金罍,维以不永怀。"《小雅·吉日》:"以御宾客,且以酌醴。"郑笺:"酌醴,酌而饮群臣,以为俎实也。"则"酌"正是以瓒挹酒醴之义。所以,从功能来看,这两件伯公父"爵"即便不是周代的瓒,但至少也可以为了解当时瓒之形制功能提供至关重要的佐证。

据上引《周礼》郑注和《诗》郑笺,圭瓒和璋瓒各由柄和勺两部分组成,柄为玉质而勺为金(铜)质;以玉圭为柄者称为圭瓒,以玉璋为柄者则称为璋瓒。因此,要了解圭瓒和璋瓒的形制必须首先确定周代圭、璋的形制。

圭是周代重要的瑞玉,在周代墓葬中颇为常见。从形制上看,除了通常所说的尖首圭外,习惯上被称为玉戈的一类器物其实也是圭。① 璋的问题则更为复杂,《说文》谓"半圭为璋",但考古出土的"半圭"状玉片多是制作不规整的边角废料,很难视为礼仪用器,所以有研究者将出土器物中的所谓的"牙璋"②或"柄形器"③视为玉璋,但两种意见同样缺乏考古学上的证据。④

总的来说,以玉为器物之柄,在周代是罕见的。而云塘出土的两件伯公父勺,其"勺身椭圆……柄部呈圭形",类似的铜"斗"(勺)在庄白一号铜器窖藏中还有多件⑤(图2-5),据此或可推测所谓的圭瓒其实就是器柄作圭状的铜斗或铜勺,而并不是说其柄部以玉圭为之?至于璋瓒,在璋为何物尚未解决的情况下则更加难以考察其造型。

因为圭瓒和璋瓒是祭器,所以在册命中并不轻易赐予,前引《韩诗外传》记载九锡为秬鬯,则以其为最高级别的赐物,而秬鬯和瓒又密不可分。考之周代金文,《韩诗外传》的这一记载当有所本,这可以从三个方面加以证实:

首先,凡周代金文罗列册命赐物时,秬鬯一卣和圭瓒必居于首位,此后才是服饰、车马器、弓矢、旗帜等物。

其次,被赐予秬鬯和瓒者多是诸侯和王朝重臣,如宜侯矢(宜侯矢

---

① 孙庆伟:《西周玉圭及相关问题的初步研究》,《文物世界》2000年第2期,第76—80页。
② 将"牙璋"等同于"璋"始于吴大澂《古玉图考》,参见《古玉考释鉴赏丛编》,北京:书目文献出版社,1992年,第597—599页。
③ 姜涛、李秀萍:《论虢国墓地M2001号墓所出"玉龙凤纹饰"的定名及相关问题》,香港中文大学中国考古艺术研究中心编:《南中国及邻近地区古文化研究——庆祝郑德坤教授从事学术活动六十周年论文集》,香港:香港中文大学出版社,1994年,第107—113页;李学勤:《〈周礼〉玉器与先秦礼玉的源流——说裸玉》,邓聪主编:《东亚玉器》I,第34—36页。
④ 孙庆伟:《周代墓葬所见用玉制度研究》,北京大学考古文博学院博士论文,2003年,第150—152页。
⑤ 北京大学考古文博学院、北京大学古代文明研究中心:《吉金铸国史——周原出土西周青铜器精粹》,第29—32器,北京:文物出版社,2002年,第208—221页。

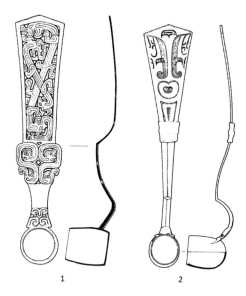

图2-5 扶风庄白一号铜器窖藏出土铜斗
1. 76FZH1:101;2. 76FZH1:99

簋:"迁侯于宜")、恒侯(恒侯鼎:"嗣乃祖考侯于恒")、录伯䟒(录伯䟒簋:"自乃祖考有劳于周邦……汝肇不坠")、伯晨(伯晨鼎:"王命𦀖侯伯晨曰:'……嗣乃祖考于𦀖'")、盂(大盂鼎:王令盂"乃嗣祖南公")、牧(牧簋:"昔先王既令汝作司土,今……令汝辟百僚")、舀(舀壶:"更乃祖考作冢司土于成周八师")、毛公(毛公鼎:"命汝并司公族与叁有司小子师氏虎臣")、召伯虎(《诗·大雅·江汉》:"王命召虎,式辟四方")。

第三,秬鬯一卣、圭瓒或璋瓒多见于重命的册命礼中。① 在上引四器中,尤以师询簋最为典型,师询的首次册命见于询簋,王的赐物主要是玄衣、芾、黄等服饰以及銮、攸勒等车马器而不见秬鬯和瓒;但在师询簋所载王重命师询时的赐物则正好是秬鬯一卣、圭瓒而不见服饰和车马器。和师询器类似的是宝鸡眉县杨家村铜器窖藏新出的逨器,其中逨盘铭记载周王初命逨时的赐物为"赤芾幽黄攸勒",而四十二年和四十三年逨鼎铭记载王重命逨时均赐有"秬鬯一卣"。② 此外,毛公鼎铭

---

① 西周册命礼中的重命制度可参详前揭黄盛璋先生文。
② 陕西省文物局、中华世纪坛艺术馆:《盛世吉金——陕西宝鸡眉县青铜器窖藏》,北京:北京出版社,2003年,第34—35、56—57、72—73页;陕西省考古研究所、宝鸡市考古工作队、眉县文化馆联合考古队:《陕西眉县杨家村西周青铜器窖藏》,《考古与文物》2003年第3期,第3—12页。

文中有"王曰:'……今余唯重先王命,命汝……'",则可知毛公鼎铭所载也是重命;番生簋铭不是典型的册命铭文格式,但番生和毛公均是"总理(太史和卿事)两寮及公族及宰职"的王朝重臣,①位高权重,绝不可能是初次册命,其赐物中不见秬鬯圭瓒则可能是周天子早已赐予。值得注意的倒是卯簋盖,据其铭文,乃是荣伯命卯继承乃祖考的职责而"司荥人",据此可知至少从卯的祖父开始即为荣伯家族的家臣,故卯的地位并不显赫,但荣伯赐卯之物中不但有璋瓒,而且多至四珏(八件),当非通例。

毛公鼎和番生簋所载的玉环是周代常见的佩饰用器,而天子或诸侯赐臣属以玉环在周代并不罕见,如《左传》昭公四年和三十二年就分别记载鲁昭公赐仲壬和子家子玉环。

《尔雅·释器》谓:"肉倍好,谓之璧。好倍肉,谓之瑗。肉好若一,谓之环。"但如据此标准鉴别出土器物中的璧、瑗、环,学者常感束手无策,以致夏鼐先生主张将三者总称为璧环类,或简称为璧。② 经对若干周代璧环类玉器"肉""好"比例的测定,笔者认为周代玉环孔径与器径之比大致为1:2,而玉璧的孔径与器径之比约为1:3,而"瑗"则可能是后起的名称或是环的异称。③

毛公鼎和番生簋两器铭所载的"琮"字,唐兰先生隶定为"瑹",并以玉瑹为诸侯所执之笏。④ 据文献记载,周代天子、诸侯、大夫各有所执之笏,但同物而异名,如:

　　《大戴礼记·虞戴德篇》:天子御珽,诸侯御瑹,大夫服笏。

---

① 张亚初、刘雨:《西周金文官制研究》,北京:中华书局,1986年,第109页。
② 夏鼐:《商代玉器的分类、定名和用途》,《考古》1983年第5期,第455—467页。
③ 孙庆伟:《周代墓葬所见用玉制度研究》,北京大学考古文博学院博士论文,2003年。
④ 唐兰:《毛公鼎"朱韨、葱衡、玉环、玉瑹"新解——驳汉人"葱珩佩玉"说》,原载《光明日报》1961年5月9日,收入《唐兰先生金文论集》,北京:紫禁城出版社,1995年,第86—93页。

《礼记·玉藻》:天子搢珽,方正于天下也。诸侯荼,前诎后直,让于天子也。大夫前诎后诎,无所不让也。郑注:诎,谓圜杀其首,不为椎头。诸侯唯天子诎焉,是以谓笏为荼。大夫,奉君命出入者也,上有天子,下有己君,又杀其下而圜。

《左传·桓公二年》杜预注:珽,玉笏也,若今之吏之持薄。

《说文·玉部》:珽,大圭,长三尺,杼上终葵首。

《广雅·释器》:荼、珽,笏也。

据上引文献,珽、荼、笏都是玉圭一类器物,这正可以和周代的命圭制度相呼应。但另一方面,若释"荼"为圭,也有与情理不通之处。因为命圭乃被册命者身份地位的象征,为其最为重要的瑞器,那么它在毛公鼎和番生簋两器铭罗列的赐物中无疑当居于前列,又为何屈身于玉环这样的佩饰用器之后?唐兰先生正是注意到两器铭中"玉环玉荼"均与"朱芾葱衡"相连,所以他以玉环为系在衡上的玉佩,而荼则是插在大带或腰带上的笏。但从"荼"在两器铭所赐之物的位置考之,它应是和玉环一样系在衡上的饰物,而不太可能是王所赐的瑞圭。事实上,在文献中"荼"也有他解,如《广韵》就释作:"荼,美玉名。"《集韵》也谓:"荼,美玉。"按古人对于玉料的鉴别颇为注重,故《说文·玉部》释"璇"和"琳"为"美玉",而释"玨"为"朽玉",另外则有所谓的"石之次玉"和"石之似玉"者多种。所以综合来看,毛公鼎和番生簋铭文中的"荼"应如《广韵》《集韵》而释以"美玉"或以美玉制作的某种佩饰用器为妥。不唯"荼"为美玉之一种,同样被释作"大圭"的"珽"也有他解,如《广韵》就释其为"玉名"。所以结合上述传世文献和金文资料,我们似可以推测周代的圭惯用"珽"和"荼"一类的玉料制作,故而这类瑞圭又可称为"珽"和"荼"。

在《释文》所录的金文中,因册命而赐玉的事例仅上引四例,严格地讲,圭瓒和璋瓒还不能算作玉器;而玉环、玉荼则仅见于毛公鼎和番生簋,而毛公、番生所获赐物中有少许的佩饰用玉可能和其格外尊崇的地位相关。总体而言,周代册命不以赐玉为通例。

2. 因军功而赐玉

据表1和表2,因军功而赐玉者共有第7、11、15、16等四例。而从这四篇铭文内容来看,赐玉者常为此次战役之发起者:如敔簋铭载王令敔追击南淮夷,敔多有斩获而王亲自赏赐;而竞和多友的统帅分别为伯犀父和武公,则赐玉者也相应地是此两人而非周天子。

子犯钟是一个例外,钟铭所载的"薄伐荆楚"正是著名的城濮之战。据《左传·僖公二十八年》,是年四月戊辰(朔日)晋、楚战于城濮;己巳(二日)晋军胜;甲午(二十七日),"作王宫于践土";五月丁未(十日),献楚俘于王,而周襄王策命晋文公为侯伯。

城濮之战本是晋、楚争霸所导致,按理当无周襄王赐子犯车马、衣裳黼黻和佩玉之礼。但据《左传·僖公二十八年》杜预注,晋文公献俘于王乃是计划之外的举动,只是因为"襄王闻晋战胜,自往劳之,故为之宫"。城濮之役时,子犯为晋之上军佐,在其中发挥了重要作用,故襄王在策命晋文公的同时对子犯也有所赏赐便不难理解,我们甚至可以想象襄王对于其他五位晋卿也有类似的赐予。

上引四例铭文中,除第15器(竞卣)外,①其他赐玉事例均发生在献俘礼中。献俘礼是周代重要典礼之一,据研究,周代献俘礼的具体程序和仪节包括:报功、献俘、饮至、作乐和大赏,而周王或领军统帅赏赐之物主要是山川土田、祭祀用器、兵器、贝、车马、铜以及臣僚等类。②在本文所列四例铭文中,所赐之玉共三类:圭瓒、璋和佩。其中圭瓒为祭器,璋为礼器,而周襄王赐子犯的玉佩为典型的装饰用器,它大概是从属于襄王同时所赐的"衣裳黼黻"。

3. 因祭祀而赐玉

这类事例有第1(鲜簋)和13(守宫盘)两器。"国之大事,在祀与

---

① 据竞卣铭文,伯犀父是在"格于宫"后再赏赐竞,从其赏赐地点考察,此器铭所载也应是献俘礼。

② 高智群:《献俘礼研究》(上),《文史》第三十五辑,北京:中华书局,1992年。

戎"(《左传·成公十三年》),祭祀为国家重典,所以在祭祀完毕之际通常对参与祭祀的某人进行赏赐,这在周代金文中颇见其例,如献侯鼎、德方鼎、燮簋、不指方鼎、剌鼎、庚嬴鼎等均是。

祭祀后的这种赏赐可能和周代祭祀之致福、归福之礼密切相关,这在传世文献中也多见记载,郭沫若已据德方鼎铭作过详考。① 但文献所见的致福、归福之礼多据祭祀所用的酒肉而言,而金文所见的赏赐用器则以贝、瓒最为常见,如:

献侯鼎:成王大荣在成周……王赏献侯贝

德方鼎:王在成周,诞武王福自镐……王锡德贝廿朋

燮簋:唯正月甲申,燮各。王休易厥臣父燮瓒、王祼贝百朋

不指方鼎:王……华祼,不指锡贝十朋

剌鼎:(王)禘……王锡贝卅朋

庚嬴鼎:王格㺝宫衣事……易瓒,孔贝十朋

以瓒和贝为祭祀之后的赏赐之物在商代就已经流行,前引李学勤先生《〈周礼〉玉器与先秦礼玉的源流——说祼玉》一文即举两例:

子黄尊:乙卯,子见在大室……王赏子黄瓒一贝百朋

小臣䚓柄形器:乙亥,王易小臣䚓瓒,才大室

瓒是祭祀所用的祼器,它被用作祭祀之后的赏赐之物自不难理解。而贝为货币,也常见于祭祀以后的赏赐倒是值得考虑的问题。有研究者据燮簋"王祼贝百朋"和我方鼎"遣祼,二□,贝五朋"等铭文以为这一类的贝也是祭祀用品,所以祭毕用于赏赐。② 这一解释是很有道理的,而贝可以用作祭品还可从"礼"字得到证实。自王国维将"礼"字上

---

① 郭沫若:《由周初四德器的考释谈到殷代已在进行文字简化》,《郭沫若全集·考古编》第6卷,北京:科学出版社,2002年,第216—228页。

② 陈剑:《释西周金文的"赣"字》,《北京大学古文献研究所集刊》(一),北京:北京燕山出版社,1999年,第370—382页。

部"珏"释为"珏",学者多遵从其说,视"礼"为以玉事神之举;①但王氏在《说珏朋》一文中也考证出"二者于古实为一字",②则"礼"字上部所从之"珏"不必定指玉器,也可以为贝的象形。此外,周人"事死如事生",周代墓葬中常见死者含贝、握贝的现象,那么,在祭祀时也献贝就并不突兀。

虽然鲜簋铭仅言王所赐之玉为"祼玉三品"而不指明其具体器类,但根据上文的有关论述可知"祼玉"就是圭瓒、璋瓒之类的祼器,或以为"祼玉"仅指圭瓒和璋瓒的玉质柄部而不及其铜质的勺部。③簋铭的"品",即品种、种类之意,《左传·僖公二十二年》有所谓的"笾豆六品",《后汉书·班固传》则有"庭实千品"之谓。

守宫盘铭所载周师赐守宫的"𤪌"见于《说文·玉部》,曰:"𤪌,瓃玉也。"此字《广雅·释地》又作"琜",并归之于玉类,则可知琜为玉石之一种,这和毛公鼎、番生簋铭文中的"𤩰"类似。守宫盘铭既然称周师赐守宫"琜"而不言其器类,则很可能是琜玉的玉料而非制作完成的器物。

"朋"是贝的计量单位,但守宫盘云"琜朋",可知"朋"也可以用作玉石的计数。于省吾先生曾谓:"𤪌以朋计,亦犹稛卣之贝以锊计也。"④则贝以锊和玉以朋均非通例。一朋之数,传统的说法以为五贝,如《诗·小雅·菁菁者莪》:"既见君子,锡我百朋",郑笺:"古者货贝,五贝为朋。"但王国维在《说珏朋》一文中考证一朋为十贝、一珏为十玉,而郭沫若则认为一朋之数可能并无定制。⑤按,珏为两玉,在传世

---

① 王国维:《释礼》,《观堂集林》卷六,北京:中华书局,1959年,第290—291页。
② 王国维:《说珏朋》,《观堂集林》卷三,第160—163页。
③ 见前揭李学勤先生《〈周礼〉玉器与先秦礼玉的源流——说祼玉》一文。
④ 于省吾:《双剑誃吉金文选》,北京:中华书局,1998年,第278页。
⑤ 郭沫若:《释朋》,《郭沫若全集·考古编》第1卷,北京:科学出版社,1982年,第107—114页。

和出土文献中均有充分的证据，王国维以十玉解之实误；①另外，王氏以珏、朋为一字，以十贝为朋也不可靠。《尔雅·释器》明载"玉十为区"，则也可推知一朋之数当为五而非十，若此，守宫盘铭的"瑑朋"当指瑑玉五件。

4. 因飨礼赐玉

这类赐玉事例计有第4（师遽方彝）和第6（噩侯鼎）两例。

飨礼是西周和春秋时期流行于天子、诸侯和大夫等高等级贵族之间的一种饮酒礼。虽然礼书中缺乏对飨礼的系统记载，但因《左传》《国语》以及西周金文对此礼多有述及，所以已经有学者大致复原了周代飨礼的具体仪注。②

飨礼中最重要的仪节是献宾之礼，并因宾客身份的尊卑，有九献、七献、五献和三献的隆杀，如《左传·僖公二十二年》载："楚子飨于郑，九献。"而《左传·昭公元年》记载郑伯飨赵孟、叔孙豹和曹大夫等列国大夫时"具五献之笾豆于幕下"。周代飨礼的每"一献"包括献、酢、酬三个步骤，其中："献"为主人取酒爵到宾席前进献；"酢"为宾取酒爵到主人席前还敬；"酬"为主人先自饮，而后劝宾随着饮。

上引两器中，师遽方彝铭记王在康寝飨醴，飨用"醴"正是周代大飨之礼的特征，这一制度大约形成于穆王之世。③ 噩侯鼎虽然未载"飨"或"飨醴"，但鼎铭记噩侯御方纳壶于王，而王"乃祼之"，饮酒时既行祼礼，则为飨礼无疑。

两器铭虽未详载飨礼的过程，但却分别记载了师遽和御方"侑王"。"侑"在《左传》中常作"宥"，如：

---

① 孙庆伟：《释珏——论商周时期玉器的计量单位》，《中原文物》2000年第1期，第30—34页；又见本书前文。

② 参看前揭杨宽先生《"乡饮酒礼"与"飨礼"新探》一文；又，刘雨：《西周金文中的"周礼"》第五部分"飨燕礼"，燕京研究院：《燕京学报》新三期，北京：北京大学出版社，1997年，第85—92页。

③ 参见前揭刘雨先生文。

《庄公十八年》：虢公、晋侯朝王，王飨醴，命之宥。

《僖公二十五年》：晋侯朝王，王享醴，命之宥。（《国语·晋语四》记同事为："王飨醴，命公胙侑。"）

《僖公二十八年》：晋侯献楚俘于王……王享醴，命晋侯宥。

金文和传世文献中的"宥"，王引之、孙诒让和王国维均考证为献宾时的"酢"，此说精确不磨。① 按飨礼，"酢"（宥或侑）之后即有"酬"，而在周代，行"酬"礼时必有酬币，如《左传·襄公二十九年》："范献子来聘……公享之，展庄叔执币。"杜预注："公将以酬矣。"

考之金文和传世文献，周代的酬币似无定制，但多以贝、玉、马和服饰等物，如：

征人鼎：丙午，天君乡痰酒……天君赏厥征人斤贝

效卣：……公东宫纳乡于王，王赐公贝五十朋……

穆公簋盖：……王夕乡醴于大室，穆公侑尸，王呼宰利赐穆公贝二十朋……

《左传·庄公十八年》：虢公、晋侯朝王，王飨醴，命之宥，皆赐玉五瑴（珏），马三匹（王引之《经义述闻》订为"马四匹"，至确）。

《左传·襄公十九年》：公享晋六卿于蒲圃，赐之三命之服；军尉、司马、司空、舆尉、候奄皆受一命之服；贿荀偃束锦、加璧、乘马，先吴寿梦之鼎。

师遽方彝和噩侯鼎所记载王赐玉的行为均在师遽和噩侯"侑王"之后，则可知王所赐之玉都属酬币无疑。其中王赐噩侯的"玉五瑴、马四匹"和《左传·庄公十八年》王赐虢公、晋侯之物相同，或许在周代"玉五瑴"和"马四匹"为一固定的搭配？至于这里的"玉五瑴"究竟是怎样的十件玉器则不可知。王赐师遽的玉器虽然只有五件，但所赐的圭和璋都是当时最为重要的礼器，可见王赏赐之隆。更值得注意的是，

---

① 王国维：《观堂别集·释宥》，《观堂集林》，第1129—1131页。

从金文和《左传》等文献所载的飨礼来看,周王所飨的对象通常是王朝重臣和列国诸侯,如宜侯夨(宜侯夨簋)、公(效卣,此公为何人不明,但既称公,可知其地位尊崇)、穆公(穆公簋盖)、噩侯(噩侯鼎)、邢伯(长甶盉)、虢季子白(虢季子白盘)以及虢公、晋侯(《左传·庄公十八年》)等,遽的职官为"师",身份并不显赫,而他不但受到王的燕飨,更被赐以多件圭璋作为酬币,其中当有特殊原因,可惜彝铭简约而无法深究。

5. 因"蔑历"或其他事由而赐玉

此类赐玉事例包括第2(痶钟、痶簋)、3(尹姞鬲)和5(大矢始鼎)等器。其中痶钟和痶簋铭文中的"楸"字,有学者认为即"蔑",①则此条材料也可以归入因"蔑历"而赐玉的事例。"蔑历"在金文中习见,虽然对其准确含义历来有争议,但多包含考察某人出身和功绩之意。②而据大矢始鼎铭,器主始因"献工"而受到王的赏赐,"献工"的意思不甚明确,但大抵可以将其理解为始有功于王而受赏赐,所以也将这条材料并述于此。

尹姞鬲铭是目前所见唯一一例周王后赏赐女性贵族玉器的材料。据该器铭,尹姞为穆公之妻,而此穆公还见于穆公簋盖以及1955年陕西眉县李村出土的盠尊和盠方彝。③ 在穆公簋盖中,王飨醴而穆公佑;而在三件盠器中,穆公为王册命盠时的佑者,从命辞来看,王令盠"用司六师王行叁有司土司马司工",可见盠位高职重,而穆公为其佑者,则穆公地位更为尊崇。④ 大概正因为穆公这种高贵的身份,所以天

---

① 参看伍仕谦:《微氏家族铜器群初探》,尹盛平主编:《西周微氏家族青铜器群研究》,北京:文物出版社,1992年,第184—224页。

② 唐兰:《"蔑历"新诂》,《唐兰先生金文论集》,北京:紫禁城出版社,1995年,第224—235页。

③ 李学勤:《穆公簋盖在青铜器分期上的意义》,《新出青铜器研究》,北京:文物出版社,1990年,第68—72页。

④ 在册命礼中,佑者多为被册命者的上司,参见陈汉平:《西周册命制度研究》,上海:学林出版社,1986年,第110页。

君才会"格于"其妻尹姞的宗室并赐玉。虽然尹姞鬲铭仅记载天君赐玉而不言其器类,但既然天君是在尹姞宗室赐玉,且以"品"为所赐玉器的计量单位,正与鲜簋"裸玉三品"类似,所以推测天君赐尹姞的玉也很可能是所谓的"裸玉",也即圭瓒、璋瓒一类的器物。在其他两器中,痶和姒被分别赐予佩和璋,各为装饰用器和礼器。若此,则上述三器中王或王后因蔑历而所赐之玉兼及祭器、装饰用器和礼瑞用器,其中似无规律可循。

二、册命礼中的堇玉

(一) 材料

在周代的册命礼中不仅有王赐玉之例,也有被册命者向周王堇玉的礼仪。此类事例目前共见 3 例,其中四十三年逨鼎不见于《释文》①(表3)。

表3

序号	器名	时代	堇玉人	受玉人	堇玉原因	所堇之玉	所堇他物
17	善夫山鼎	西周晚	善夫山	王	王册命善夫山	璋	无
18	颂鼎、颂簋、颂壶	西周晚	颂	王	王册命颂	璋	无
19	四十三年逨鼎	西周晚	逨	王	王册命逨	圭	无

(二) 讨论

在周代册命中,被册命者在"受(命)册佩以出"之后有固定的"反

---

① 陕西省文物局等:《盛世吉金——陕西宝鸡眉县青铜器窖藏》,北京:北京出版社,2003 年,第 56—57 页。

入堇章"的仪节,这是研究周代册命制度者都注意到的问题。但在彝铭中,"反入堇章"之语多省略,而目前仅见于颂鼎、颂簋、颂壶以及善夫山鼎。此外,《左传·僖公二十八年》记晋文公受命后"受册以出,出入三觐",郭沫若认为其礼即等同于颂鼎的"受命册佩以出,反入堇章"。①

四十三年逨鼎铭文和其他西周册命铭文体例基本一致,但最可注意的是在逨受命后,铭文记载他"受册佩以出,反入堇圭",这和颂鼎、善夫山鼎的"反入堇章"形成鲜明的对比。而和逨鼎"反入堇圭"可以相发明的是周代觐礼的用圭制度,如:

《诗·大雅·韩奕》记载即位初立的韩侯来朝于周并受周王的册命,其中咏曰:"韩侯入觐,以其介圭,入觐于王。"

而《仪礼·觐礼》则对觐礼中的奠圭仪节有详细的描述:"侯氏入门右,坐奠圭,再拜稽首。摈者谒,侯氏坐取圭,升致命,王受之玉。侯氏降阶东北面再拜稽首,摈者延之,曰升,升成拜,乃出。"

既然周代的职官和诸侯均需经王册命,则册命礼和觐礼中的"堇圭"仪节也应大体相似。觐礼所用的瑞圭为诸侯的符信,所以在觐礼完毕后尚有还圭的仪注,如《白虎通·瑞贽》引《尚书大传》曰:"诸侯执所受圭与璧,朝于天子。无过者,复得其圭以归其邦,有过者,留其圭,能正行者,复还其圭。三年圭不复,少绌以爵,六年圭不复,少绌以地,九年圭不复,而地削毕。"那么,在册命礼中被册命者所堇的圭、璋是否也会被赐还,也是一个值得考虑的问题。

册命礼中被册命者"堇圭"和"堇章"之间的区别也应引起注意,张光裕先生在讨论金文中的册命之典时曾经指出:"……圭是最贵重的符信,故多为对地位尊贵者或地位尊贵者本身所执用。使用璋之身份较低,或对身份较低者所用……因此觐见天子时或因受册命而觐见,其'执圭'与'执璋'的不同,无非也是表示身份之高下,以及礼的差异而已。"②

---

① 郭沫若:《两周金文辞大系图录考释》下,上海:上海书店出版社,1999年,第73页。
② 见前揭张光裕《金文中册命之典》一文。

张氏此说似可以从颂鼎、善夫山鼎和逨鼎铭文中得到某种程度上的证实。在颂、山和逨三人中,山为膳夫,而鼎铭则记王令山"官司饮献人于□,用作宪、司贮","官司饮献"无疑就是供王之饮,正是膳夫职责所在,至于山的另一职责"司贮",有学者认为就是管理食品的贮藏保管;颂鼎铭文则记载王"令女官司成周贮廿家,监司新造贮,用宫御",可知颂的职掌近于膳夫山而略轻,所以应是膳夫的属官。① 膳夫为食官,地位并不高,《周礼·天官·冢宰》:"膳夫掌王之食饮膳羞,以养王及后、世子。"虽然在西周晚期,某些膳夫如膳夫克、梁其等人开始出掌王命,参与政事而成为王朝重臣,但从善夫山鼎铭来看,膳夫山依然只是一个专掌王之饮食的"地道"膳夫。

逨的职官则有所变迁。在逨盘中,王册命他"疋燮兑鞣司四方吴蓍用宫御","吴"即"虞",见于免簠和同簋,为司土的属官,掌山泽之令;"蓍"即"廪",见于免簠和免簋,也是司土的下属,为主管仓廪粮食的官吏。② 逨为燮兑的副手,总管全国的虞、廪,可见其地位已然不低。而此后逨又两次受王册命并得到升迁,其中四十二年逨鼎铭载王"令女奠长父休女克奠于其师",四十三年逨鼎的铭文则记王令逨"官司历人",则其职掌又与司法惩戒相关。③ 在逨作逨盘时,他的职掌和地位已经高于颂和膳夫山,到他作四十三年逨鼎时,自然更为尊贵,所以从这一层意义上讲,逨在王册命之后"反入堇圭"而颂和善夫山则"反入堇章",很可能是由于他们被册命时身份高下有别,因此所堇之玉也有等差;④如果仔细分析上述三人的职官、身份,似可以认为圭为大夫级

---

① 张亚初、刘雨:《西周金文官制研究》,第51页。
② 同上书,第10、12页。
③ 李零:《读杨家村出土的虞逨诸器》,《中国历史文物》2003年第3期,第16—27页。
④ 据逨盘和颂鼎的铭文,逨和颂的"皇考"均为"龚叔",故李学勤和李零先生颇疑逨和颂当为兄弟。李学勤先生在2003年3月20日北京大学中文系子民讲座上提到这一观点,李零先生的类似意见则见前揭文。从逨继承其先辈的虞官之职掌而颂为史官这一点来看,逨当是长子而颂为其弟。

贵族的瑞器,而璋为士级贵族所执,但因为目前仅有此三条材料,这一观点是否正确尚有待于进一步的证实。①

三、贽见用玉和傧礼用玉

(一) 材料

1. 贽见用玉

《释文》所录的贽见用玉事例共4例(表4)。

表4

序号	器名	时代	纳玉人	受玉人	纳玉原因	所纳之玉	所纳他物
20	寓鼎	西周早中期	寓	王姒	不明	佩	无
21	五年召伯虎簋②	西周晚	琱生(周公从弟)	君氏(周公母)	琱生和召伯虎发生土地纠纷而告君氏	大璋	无
				妇氏(周公妻)	妇氏代君氏令琱生有关解决方案	璜	束帛
				召伯虎	召伯询问土地纠纷事	圭	无

---

① 考之逨盘铭文,燹兑的职官当是司土(徒),而逨为其副手;此二人分别相当《周礼·地官·司徒》的大司徒和小司徒,而据《周礼》,大司徒为"卿一人",而小司徒为"中大夫二人";四十三年逨鼎铭记逨"官司历人",则属于司寇一类的职官,《周礼·秋官·司寇》记刑官之属有"大司寇,卿一人;小司寇,中大夫二人;士师,下大夫四人",所以综合来看,逨是大夫一级贵族当无疑义。反之,据《周礼·天官》,膳夫中地位最高者仅为"上士二人",所以膳夫山的身份应是士级贵族;而从颂的职责来看,其地位尚在膳夫之下,或即是膳夫一职中的"中士二人""下士四人"中的一位。如果上述论断不至大谬,可以认为在西周时期大夫和士级贵族分别以圭、璋为瑞器。

② 关于五年召伯虎簋和六年召伯虎簋(或称五年琱生簋和六年琱生簋)铭文,诸家释读颇异,这里采用李学勤先生的观点,铭文涉及人物的身份分别为:琱生,在位周公之从弟;妇氏,周公之妻;君氏,周公之母;伯氏,琱生之兄周公。见李学勤:《青铜器与周原遗址》,《新出青铜器研究》,第227—233页。

续　表

序号	器名	时代	纳玉人	受玉人	纳玉原因	所纳之玉	所纳他物
22	六年召伯虎簋	西周晚	伯氏（周公）	召伯虎	召伯询有司而解决土地纠纷	璧	无
23	𢓊敖簋盖	西周晚	𢓊敖	子歆史孟	子牙父赐𢓊敖金十钧故𢓊敖以告其佑子歆	璧	豹皮

2. 傧礼用玉

《释文》所见的傧礼用玉共 3 例(表5)。

表 5

序号	器名	时代	傧玉人	受玉人	傧玉原因	所傧之玉	所傧他物
24	蔏簋	西周中	师黄	蔏	王命蔏归吴姬饴器于师黄	璋一	马两
25	大簋盖	西周晚	朏胺	膳夫豕	膳夫豕代王宣令于朏胺	璋	束帛
			大	膳夫豕	膳夫豕宣王命,将原属于朏胺的里赐给大	𣪘璋	马两
			朏胺	同上		𣪘璋	束帛
26	史颂鼎史颂簋	西周晚	苏	史颂	王令史颂省苏	璋	马四匹

(二) 讨论

周代贵族相见时有烦琐的礼仪,而相互之间馈赠礼物更是必备的仪节。其中来宾赠予主人的礼物称为"挚",《礼记·表记》载孔子之语曰:"无辞不相接也,无礼不相见也。"郑玄注云:"礼谓挚也。""挚"在文献中又作"贽",所以杨宽先生将这种来宾赠予主人礼物的礼仪统称为"贽见礼",并对其具体仪节作了详细的考证和归纳。①

---

① 杨宽:《"贽见礼"新探》,《古史新探》,第338—370页。

文献中对于贵族之间所执之贽有多种记载，如：

《左传·庄公二十四年》载鲁大夫御孙之语曰："男贽，大者玉帛，小者禽鸟，以章物也。女贽，不过榛、栗、枣、脩，以告虔也。"

《仪礼·士相见礼》载士与士相见所用之挚为"冬用雉，夏用腒"；而"下大夫相见，以雁……上大夫相见，以羔"。

《周礼·春官·大宗伯》："以玉作六瑞，以等邦国。王执镇圭，侯执信圭，伯执躬圭，子执谷璧，男执蒲璧。以禽作六贽，以等诸臣。孤执皮帛，卿执羔，大夫执雁，士执雉，庶人执鹜，工商执鸡。"

《礼记·曲礼下》："凡贽，天子鬯，诸侯圭，卿羔，大夫雁，士雉，庶人之贽匹，童子委贽而退……夫人之贽椇、榛、脯、脩、枣、栗。"

虽然以上文献所记载的"贽"各有差异，但无外乎御孙所说的"大者玉帛，小者禽鸟"以及女性专用的干果等物。考之具体的贽见事例，可知这些记载大抵是有根据的，如在表4所见的贽见用品中既有佩、璋、璜、圭、璧等玉器，也有束帛、豹皮等物；而《左传·定公八年》记载"公会晋师于瓦，范献子执羔，赵简子、中行文子皆执雁，鲁于是始尚羔"，则范献子等晋卿向鲁定公行贽见礼时所用之物正是禽鸟等物。

当然，周代的贽见用玉并不如《大宗伯》所记载的那样呆板规范，表4所列第20—23器中，所用的玉器不仅有圭、璋、璧等礼器，尚有佩和璜这类装饰用玉。不仅如此，周代的贽见用品也并不局限于御孙所说的数类器物，如《左传·昭公六年》记楚公子弃疾见郑简公及郑国诸大夫时所用之贽为"以其乘马八匹私面（郑伯）；见子皮如上卿，以马六匹；见子产以马四匹；见子大叔以马二匹"，这就是以马为贽见礼。

《周礼·秋官·小行人》记载诸侯行觐礼时享天子、王后需要"合六币：圭以马，璋以皮，璧以帛，琮以锦，琥以绣，璜以黼"。那么，参照以上具体的贽见事例，大致可以知道《小行人》的这种记载其实是《周礼》编撰者将周代贽见礼加以理想化、系统化的结果，但另一方面它又确实揭露出周代贽见礼中多以玉、皮帛和马匹为"挚"的事实。

从本质上讲,觐礼也是贽见礼之一种,但它是最高级的贽见礼,贵族在觐见周王时就必备相关的玉器,《释文》中也有相关铭文,如:

  27. 裘卫盉:唯三年三月既生霸壬寅王称旂于丰,矩伯庶人取瑾章于裘卫,才八十朋……

因王举行称旂之礼时必然要大会群臣,而矩伯显然也要参与此事,故在此之前矩伯不惜代价从裘卫处换取觐见王的玉璋,故该器铭是了解周代觐礼用玉的重要资料;而矩伯取瑾璋而非瑾圭以朝王,则可知其身份为一般贵族。①

礼尚往来,来而不往则非礼也。既然宾之于主有"贽",那么主人对来宾必有回赠,如据表4所列的寓鼎铭文,在"寓献佩于王姒"之后,王姒就"赐寓曼丝",王姒的赏赐就是对寓的一种回赠;类似地,应侯见工钟记载"应侯见工遗(馈)王于周"后,王"易(应侯见工)彤弓一、彤矢百,马四匹"。② 主人对来宾的馈赠在表5所列诸器铭中均称为"宾",对此王国维曾论曰:"古者宾客至,必有物以赠之,其赠之事谓之宾,故其字从贝,其义即礼经之傧字也……后世以宾为宾客字,而别造傧字以代宾字……宾则傧之本字也。"③

王国维以"宾"为"傧"的本字是正确的。在《仪礼》的《觐礼》和《聘礼》中,"傧"本是指行郊劳之礼时来宾用币帛赠予天子或主国国君派来迎接他的使者,如《觐礼》载:"觐礼,至于郊,王使人皮弁用璧

---

 ① 单纯从裘卫盉铭文很难遽断矩伯的地位,但如果换从裘卫的角度则有线索可循。卫的职官为"裘",当即是《周礼·天官》中的"司裘",其职责为"凡邦之皮事掌之",故其地位最高者仅是"中士二人"。矩伯既然从裘卫处换取玉璋,则他的身份地位当和裘卫相当,也为士级贵族,而这一判断和前文论证周代大夫级贵族执圭,而士级贵族执璋的论断相吻合。

 ② 应侯见工钟铭的"遗"字或释为被动语态,即应侯见工被馈赠,而陈双新释其为主动语态,甚确。参见陈双新:《两周青铜乐器铭辞研究》,石家庄:河北大学出版社,2002年,第152页。

 ③ 王国维:《与林浩卿博士论洛诰书》,《观堂集林》,第40—44页。

劳……侯氏用束帛乘马侯使者",而《聘礼》则记:"宾至于近郊……君使卿朝服用束帛劳……宾用束锦侯劳者。"在《觐礼》和《聘礼》中之所以"侯"的发生者是"来宾"而非"主人",是有其特定原因的。因为从整个觐礼或聘礼来讲,来宾当然处于"客"的地位,他并不应有"主人"才需具备的"侯礼";但具体到郊劳之礼时,使者是秉主国之君命行事而服务于宾的;或者说来宾早已在郊劳之处,所以来宾此时宜"反客为主",对主国的使者行"侯"礼,所以从这个角度看,"宾"和"侯"确如王国维所言,是指主人对来宾的赠予。

在以上所列的"宾玉"事例中,虽然蒻、膳夫豕和史颂等人的职责各不相同,但他们都是王之使者,身份为宾,而被宣王命的师黄、大和苏则是主人,故均须对各自的来宾馈赠礼物。而所有的这几位宾主,其身份大抵为大夫一级的贵族。《仪礼·士相见礼》对大夫相见时来宾所执之"贽"有简单的记载,但主人对于来宾所应"宾"的礼物则未加说明,这里暂且以《聘礼》中的相关记载加以考察。据《聘礼》,主国之君对于来宾的馈赠至少有以下数次:

一是行郊劳之礼时,"宾至于近郊……君使卿朝服用束帛劳";

二是宾私觌时,主国之君则需"庭实设""用束帛",即用乘马束帛以酬宾;

三是主国之君为来宾举行飨礼,主人有酬币,这在上文已有论述;

四是来宾辞行回国前,"公使卿赠,如觌币",即所赠之物也是乘马束帛之类。

聘礼中的这种馈赠固然烦琐,但以《左传》所载聘问事例验之,则大抵是可靠的。① 上引金文所见"侯礼"的具体仪节或不至于如此复杂,但在本质上是一致的。至于主人"宾"来宾的玉器究竟是在初见面时,还是在宴享之际抑或来宾辞归之时,现在都还不能确定。

在表5所列三器中,主人所"宾"之物除了玉之外,还见马和束帛,

---

① 钱玄:《三礼通论·聘礼通释》,南京:南京师范大学出版社,1996年,第634—662页。

这和《聘礼》的记载是可以吻合的,但苏"宾"史颂的"吉金"则不见于礼经。此外,在上引《"贽见礼"新探》一文中,杨宽先生据父鼎、作册翻卣、小臣守簋等器铭证明西周时期用作"宾"的礼物尚有布和贝;而据《左传·僖公二十二年》的记载,在泓之战后,郑文公以上公之礼飨楚成王以报答楚人伐宋以救郑,而成王竟然"取郑二姬以归",这里的二姬也有"宾"的意味。楚成王的行为也过于离谱,故"诸侯是以知其不遂霸也"。总体来看,西周春秋时期贵族之间"宾"礼所用的礼物确以玉、帛和马为主。

相比表4所列的各类贽见用玉,表5所见的傧礼用玉则显得器类单一而仅有玉璋这一类器物,这种现象究竟是巧合还是暗含着某种制度在内,是一个值得探讨的问题。尤需注意的是,表5所列的各位傧玉和受玉人,其地位都不显赫,大抵是下层贵族,则其用玉多用璋而不见用圭,这和上文的有关论述是相呼应的。

四、祭祀用玉

《释文》中仅见一例:

28.《洹子孟姜壶》:……于上天子用璧玉备,于大无司誓,于大司命用璧,两壶八鼎,于南宫子用璧二备玉二司……

铭文中的"备"(備)字,郭沫若从王国维《释珏朋》之说而释为"珏"。① 但从甲骨、金文以及传世文献的相关记载来看,凡玉称"珏"者均作"玉某(数词)珏"之例,而不用"器名+某(数词)+珏"的文例,所以释"备"为"珏"不妥。② 而朱德熙先生据帛书、简文考释此字为

---

① 郭沫若:《两周金文辞大系图录考释》下,第213页。
② 参见前揭拙作《释珏——论商周时期玉器计量单位》一文。

"佩",并谓此器铭中的"玉备"和"备玉"均指"佩玉",至确。①

周代的祭祀用玉颇为庞杂,作者曾有专文作了初步的探讨,兹不赘述。② 祭祀用璧,出土和传世文献以及考古实例中均较常见,而祭祀用佩玉相对罕见,其中最著名者是《左传·哀公二年》记载铁之战时,卫太子蒯聩临阵畏惧,而祷曰:"曾孙蒯聩敢诏告皇祖文王、烈祖康叔、文祖襄公……敢告无绝筋,无折骨,无面伤,以集大事,无作三祖羞。大命不敢请,佩玉不敢爱。"当然,蒯聩以其佩玉而非其他玉器祷于其先祖,很可能是两军对垒之际的权宜之计。

五、玉器交易

周代金文所见玉器交易事例共两例,一是上文所引第 27 器(裘卫盉),另一器为亢鼎。该鼎是上海博物馆 1998 年从香港购得的,故其不录于《释文》。今据马承源先生的考释,将亢鼎铭文转述如下:③

29. 亢鼎:乙未,公大保买大玨于茂亚,才五十朋。公令亢归茂亚贝五十朋,与臮、□、旨、韰、牛一。亚宾亢骍、金二钧。亢对亚宝,用作父已。夫册。

亢鼎铭文所载的事件和人物关系,马承源先生已经有了详细考证。铭文中的公大保,就是召公奭,而作器人亢还见于作册令方彝和令方尊,至于玉器的拥有者茂亚其人则不见载于其他器铭。

裘卫盉铭文记载矩伯以土田从裘卫处换取玉璋以备觐见周王所用,所交易玉器的器类和功能均很明确。而亢鼎铭文所载的大玨,马

---

① 朱德熙:《长沙帛书考释(五篇)》,《朱德熙文集》第 5 卷,北京:商务印书馆,1999 年,第 203—204 页。

② 参见前揭拙作《周代祭祀及其用玉三题》。

③ 马承源:《亢鼎铭文——西周早期用贝币交易玉器的记录》,《上海博物馆集刊》第八期,上海:上海书画出版社,2000 年,第 120—123 页。

承源先生疑为《诗·商颂·长发》所谓"受小球大球"之"大球"以及《尚书·顾命》所谓"大玉、夷玉、天球、河图"之"天球",马先生的意见值得注意。《诗·长发》毛传释曰:"球,玉也。"孔颖达疏则曰:"球音求,美玉也。"而《尚书·顾命》郑玄注:"天球,雍州所贡之玉,色如天者。"此外,《说文·玉部》也曰:"球,玉也。"《说文·玉部》并以"璆"为"球"之异体,而《尔雅·释器》则称:"璆,美玉也。"据此可知"球"当是玉料之一种,而事实上在《说文·玉部》中"球"正处于"璇(美玉)"和"琳(美玉)"两字之间,这也表明"球"是一种美玉的名称。《尚书·顾命》马融注云"球,玉磬",则以"磬"训"球",非是,《说文·玉部》段注已指出马融之误,谓:"磬以球为之,故名球,非球之本训为玉磬。"①按,"球"与"磬"的关系与前文所讨论的"玠""琛"与"圭"之间的关系类似,言"玠"和"琛"是指分别以其制作的圭,而"玠""琛"并不能训为"圭"。

如果亢鼎铭文中的"大玽"确实释作"大球"的话,则大保召公从亢处所购买的就是一种上好的玉料而非成形之玉器,这倒是一件颇有趣味的事情。如果单纯从经济因素考虑,周代玉器之所以贵重主要取决于两点:一是玉料难得;二是琢玉需要耗费大量的社会劳动。从出土器物来看,周代高等级贵族多偏爱现代矿物学上所谓的透闪石软玉,而此类玉料在中国境内的分布极为有限,主要见于新疆昆仑山、天山,辽宁宽甸,四川汶川,河南淅川以及台湾花莲等地;②而相关研究又表明,虽然西周时期软玉的玉料可能有多个来源,但当时绝大多数软玉玉料无疑是来自新疆的,一些高等级墓葬如虢国墓地 M2001 虢季墓以及扶风

---

① 段玉裁:《说文解字注》,上海:上海书店,1992 年,第 12 页。
② 闻广、荆志淳:《沣西西周玉器地质考古学研究——中国古玉地质考古学研究之三》,见中国社会科学院考古研究所编:《张家坡西周墓地》附录三,北京:中国大百科全书出版社,1999 年,第 418—446 页。

黄堆 M25 所用软玉更是如此。① 玉料既取自远在千山万水的新疆地区，则其价格自然不菲，这在矩伯从裘卫处换得的玉璋价值八十朋，而大保召公从亢处购得的大瑞也贵至五十朋两事例中均可得到确证。

在《释文》所录的周代金文中，与用玉相关者仅上引二十余例，尽管材料有限，但却涉及诸如册命、祭祀、兵戎和聘问等国家重典。在这些彝铭中，用玉的记载虽很简略，但结合传世文献和出土资料，依然可以大致了解相关礼仪。通过对周代金文所见用玉事例的考察，有助于了解周代玉器的礼仪功能，以弥补考古资料中多见丧葬和服饰用器的缺憾。

（原载北京大学中国考古学研究中心、北京大学震旦古代文明研究中心编：《古代文明》第 3 卷，北京：文物出版社，2004 年）

---

① 栾秉璈等：《虢国墓出土玉器玉质的初步鉴定》，《三门峡虢国墓》第一卷附录四，北京：文物出版社，1999 年，第 574—581 页；刘云辉：《周原玉器概论》，《周原玉器》，台北：中华文物学会，1996 年，第 3—33 页。按，据栾秉璈先生的鉴定，虢国墓地出土的软玉有多个来源，但 M2001 虢季墓多用和阗软玉，如墓主口含的诸多玉石子就是此种玉料。扶风黄堆 M25 虽遭盗掘，但其残深达 16 米，是目前周原地区所见深度最大的一座西周墓，该墓残存玉器中尚见玉覆面的构件，由此也可见其等级较高，而其中出土玉器绝大多数用和阗玉制作。该墓发掘简报见罗红侠：《扶风黄堆老堡三座西周残墓清理简报》，《考古与文物》1994 年第 3 期，第 16—27 页。

尚盂铭文与周代的聘礼

聘礼是周代高级贵族的相见礼,凡诸侯朝见天子、①周王遣使至侯国、②诸侯之间相互往来③以及诸侯遣使朝见周王④均可称聘。山西翼城大河口墓地 M1017 出土的尚盂,内壁有铸铭 10 行 116 字,⑤内容与周代的聘礼密切相关,李学勤先生对此已有很好的隶定和解释。⑥ 这里在李先生研究的基础上,就铭文涉及的有关内容略作补充如下。

周代聘礼仪节繁缛,因此在当时也并非人人都能尽知,所

---

① 《礼记·王制》:"诸侯之于天子,比年一小聘,三年一大聘,五年一朝。"又《礼记·聘义》:"故天子制诸侯,比年小聘,三年大聘,相厉以礼。"《左传·庄公十八年》:"十八年春,虢公、晋侯朝王。"

② 《春秋·隐公七年》:"冬,天王使凡伯来聘。"又《春秋·隐公九年》:"春,天子使南季来聘。"

③ 《周礼·秋官·大行人》也说:"诸侯之邦交,岁相问也,殷相聘也,世相朝也。"《仪礼·聘礼》郑《目录》云:"大问曰聘。诸侯相于久无事,使卿相问之礼。小聘使大夫。"《左传·襄公元年》:"九月,邾子来朝,礼也。冬,卫子叔、晋知武子来聘,礼也。凡诸侯即位,小国朝之,大国聘焉,以继好、结信、谋事、补阙,礼之大者也。"

④ 《左传·僖公三十年》:"东门襄仲将聘于周,遂初聘于晋。"又《宣公九年》:"九年,春,王使来征聘。夏,孟献子聘于周。王以为有礼,厚贿之。"

⑤ 谢尧亭等:《山西翼城大河口西周霸国墓地》,国家文物局主编:《2010 中国重要考古发现》,北京:文物出版社,2011 年,第 65—73 页;山西省考古研究所大河口墓地联合考古队:《山西翼城县大河口西周墓地》,《考古》2011 年第 7 期,第 9—18 页。

⑥ 李学勤:《翼城大河口尚盂铭文试释》,《文物》2011 年第 9 期,第 67—68 页。

以《左传》对"齐国庄子来聘,自郊劳至于赠贿,礼成而加之以敏"(僖公三十三年),以及"公如晋,自郊劳至于赠贿,无失礼"(昭公五年)等事迹要加以特别称道,反之,"三月,公如楚。郑伯劳于师之梁。孟僖子为介,不能相仪。及楚,不能答郊劳"(昭公七年)也被载入史册。

大体而言,周代聘礼分为三大阶段:一是宾出行之前在其本国所行之礼,二是宾到达所聘之国所行之礼,三是宾回到本国再行之礼,核心是第二阶段宾主之间所行的各种礼仪,也就是《左传》中所说的"自郊劳至于赠贿",尚孟铭文所记的各个环节及各项馈赠也正是发生在这一阶段。为方便讨论,我们先根据《仪礼·聘礼》将聘礼第二阶段宾主之间所行的各项仪节和相互馈赠罗列如下:

(一)谒关

及竟,张旜,誓。乃谒关人,关人问从者几人。以介对。君使士请事,遂以入竟。

这是来宾到达受聘国边境时,向受聘国关人通报身份、事由及人数,这一环节中无相互馈赠之礼。

(二)郊劳

宾至于近郊,张旜。君使下大夫请行,反。君使卿朝服,用束帛劳。上介出请,入告。宾礼辞,迎于舍门之外,再拜。劳者不答拜。宾揖,先入,受于舍门内。劳者奉币入,东面致命。宾北面听命,还,少退,再拜稽首,受币。劳者出。授老币。出迎劳者。劳者礼辞。宾揖,先入,劳者从之。乘皮设。宾用束锦儐劳者。劳者再拜稽首受。宾再拜稽首,送币。劳者揖皮出,乃退。宾送再拜。

郊劳在周代聘礼中占有很重要的位置,《左传·昭公五年》载薳启强之语曰:"朝聘有珪,享覜有璋,小有述职,大有巡功。设机而不倚,爵盈而不饮;宴有好货,飧有陪鼎,入有郊劳,出有赠贿,礼之至也。"由于郊劳是聘与受聘双方的首次正式接触,仪节隆重,主要内容是受聘国国君派遣卿大夫到近郊馆舍慰问来宾,包括两次:一是受聘国卿大夫对来宾的赠币,即"劳者奉币入",而来宾在"再拜稽首"后要"受币",这次赠币代表了受聘国对来宾的慰劳,故称"郊劳";第二次馈赠则是来宾对劳者的馈赠,先是"宾用束锦傧劳者",而劳者"再拜稽首受",随后宾又"送币",劳者"揖皮出,乃退"。郊劳时宾之所以也要向对方赠币,是因为此时来宾已在馆舍住下,虽在客国,但有主人之身份,而前来慰劳的劳者,虽在本国,但是造访之客,所以宾需对劳者有所慰劳。①

按《聘礼》,在受聘国国君派劳者对来宾行郊劳之礼后,还有"夫人使下大夫劳"的礼仪,因其仪节与前者大同小异,不赘述。

(三)致馆、设飧

至于朝,主人曰:"不腆先君之祧,既拚以俟矣。"宾曰:"俟间。"大夫帅至于馆,卿致馆。宾迎,再拜。卿致命,宾再拜稽首。卿退,宾送再拜。宰夫朝服设飧。

这是在来宾抵达受聘国之都后,主国之君命大夫将来宾安置于馆舍,随后主国卿大夫到馆舍慰问来宾,再由宰夫设飧款待来宾。这一环节似无相互馈赠之礼,故郑玄注称:"卿不俟设飧之毕,以不用束帛致故也。不用束帛致之者,明为新至,非大礼也。"又称:"食不备礼曰飧。"

(四)行聘、享之礼

厥明,讶宾于馆。宾皮弁聘,至于朝。宾入于次。乃陈币。卿为上傧,大夫为承傧,士为绍傧。傧者出请事。公皮弁,迎宾于大门内。大夫纳宾。宾入门左。公再拜。宾辟,不答拜。公揖入,每门、每曲揖。及庙门,公揖入,立于中庭。宾立接西塾。几筵既设,傧者出请命。贾人东面坐,启椟,取圭,垂缫,不起而授上介。上介不袭,执圭,屈缫,授宾。宾袭,执圭。傧者入告,出辞玉。纳宾,宾入门左,介皆入门左,北面,西上。三揖,至于阶,三让。公升二等,宾升,西楹西,东面。傧者退中庭。宾致命。公左还,北乡。傧者进。公

---

① 郑玄注云:"言俟者,宾在公馆如家之义,亦以来者为宾。"

当楣再拜。宾三退,负序。公侧袭,受玉于中堂与东楹之间。摈者退,负东塾而立。宾降,介逆出。宾出。公侧授宰玉。裼,降立。

聘、享是整个聘礼的核心部分,以上所述为聘,主要仪节是宾向受聘国国君献圭。随后是享,《仪礼·聘礼》记载为:

> 摈者出请。宾裼,奉束帛加璧享。摈者入告,出许。庭实,皮则摄之,毛在内,内摄之,入设也。宾入门左,揖让如初,升,致命,张皮。公再拜受币。士受皮者自后右客。宾出,当之坐摄之。公侧授宰币,皮如入,右首面东。聘于夫人用璋,享用琮,如初礼。若有言,则以束帛,如享礼。摈者出请事,宾告事毕。

上述即是享礼,即来宾以玉帛皮毛等物进献给受聘国国君和夫人;如来宾另有事求于主国,则另以"束帛"献之,礼仪"如享礼"。

(五)宾私觌主国之君

聘、享之后,宾的主要公事已经完成,此时才能以其个人身份行礼,即私觌:

> 宾奉束锦以请觌。摈者入告,出辞。请礼宾,宾礼辞,听命。摈者入告。宰夫彻几改筵。公出,迎宾以入,揖让如初。……宾祭脯醢,以柶祭醴三,庭实设。……公用束帛。……宾执左马以出,上介受宾币,从者讶受马。宾觌,奉束锦,总乘马,二人赞。入门右,北面奠币,再拜稽首。……宰夫受币于中庭,以东。执币者序从之。摈者出请,宾告事毕。摈者入告,公出送宾。

在此仪节中,双方都有馈赠,首先是来宾以个人身份献给主人束锦等物,然后是主人以乘马、束帛回馈。行礼过程中双方都有几次推辞,但最终各自接受对方的礼物。

(六)主国之君归宾以饔饩

> 君使卿韦弁,归饔饩五牢。上介请事,宾朝服礼辞。有司入陈。……宾皮弁,迎大夫于外门外,再拜,大夫不答拜。揖入。及

庙门,宾揖入。大夫奉束帛入,三揖皆行,至于阶,让,大夫先升一等。宾从,升堂,北面听命。大夫东面致命。宾降,阶西再拜稽首,拜贶亦如之。大夫辞,升成拜。受币堂中西,北面。……庭实设,马乘。宾降堂,受老束锦,大夫止。宾奉币西面,大夫东面。宾致币。大夫对,北面当楣,再拜稽首。受币于楹间,南面,退,东面俟。宾再拜稽首送币。大夫降,执左马以出。宾送于外门外,再拜。明日,宾拜于朝,拜饔与饩,皆再拜稽首。

在来宾私觌之后,主国国君又派其卿大夫到宾所在的馆舍归饔饩等食物,这里的馈赠包括:先是主国卿大夫"奉束帛"给宾,宾接受;随后宾又以乘马、束锦回馈来归饔饩的卿大夫,后者也接受。

(七)主国之君飨宾

> 公于宾,壹食,再飨。燕与羞俶献,无常数。宾介皆明日拜于朝。上介壹食、壹飨。若不亲食,使大夫各以其爵,朝服致之以侑币,如致饔,无傧。致飨以酬币,亦如之。大夫于宾,壹飨,壹食。上介,若食、若飨。若不亲飨,则公作大夫致之以酬币,致食以侑币。

飨宾也是聘礼中的重要环节,此时的馈赠主要是主人燕享宾客时所赠的酬币,《左传》中多有记载,如《襄公十九年》:"公享晋六卿于蒲圃,赐之三命之服;军尉、司马、司空、舆尉、候奄皆受一命之服;贿荀偃束锦、加璧、乘马,先吴寿梦之鼎。"又《襄公二十九年》:"范献子来聘……公享之,展庄叔执币。"杜预注:"公将以酬矣。"从金文和传世文献中的相关记载看,周代的酬币似无定制,但多用贝、玉、马和服饰等物。[①]

(八)宾返国前,主国之君还玉、劳宾

> 君使卿皮弁,还玉于馆。宾皮弁,袭,迎于外门外,不拜,帅大

---

① 孙庆伟:《周代金文所见用玉事例研究》,北京大学中国考古学研究中心、北京大学震旦古代文明研究中心编:《古代文明》第 3 卷,北京:文物出版社,2004 年,第 320—342 页;又见本书前文。

夫以入。大夫升自西阶,钩楹。宾自碑内听命,升自西阶,自左,南而受圭,退,负右房而立。大夫降中庭。宾降自碑内,东面,授上介于阼阶东。上介出请,宾迎。大夫还璋,如初入。宾裼,迎。大夫贿用束纺。礼玉、束帛、乘皮,皆如还玉礼。大夫出,宾送,不拜。

公馆宾,宾辞,上介听命。聘享,夫人之聘享,问大夫,送宾,公皆再拜。公退,宾从,请命于朝。公辞,宾退。宾三拜乘禽于朝,讶听之。遂行,舍于郊。公使卿赠,如觌币。受于舍门外,如受劳礼,无傧。使下大夫赠上介,亦如之。使士赠众介,如其觌币。大夫亲赠,如其面币,无傧。赠上介亦如之。使人赠众介,如其面币。士送至于竟。

据此,宾返国前的主要仪节是:主国之君先行还玉之礼,即将对方国君所赠之圭交予来宾带还给其君,这是对聘礼的反馈;同时回赠对方国君玉帛皮毛之物,作为享礼的回报。待来宾离开主国之都而舍于郊时,主国之君又派卿大夫携币劳宾,这是宾主之间的最后接触,性质等同于宾初抵时的郊劳之礼。至此,聘礼第二阶段的礼仪才告结束。

综上,周代聘礼宾主之间的礼仪和馈赠可归纳如表1。

表1

仪节	场所	馈赠情况
谒关	边境	无馈赠。
郊劳	郊	主国卿大夫代表其君对宾赠币; 宾对前来慰劳的卿大夫赠币与束锦。
致馆设飧	宗庙	无馈赠。
聘、享	宗庙	宾行聘礼,向主国国君献圭; 宾行享礼,以玉帛皮毛等物进献给主国国君和夫人。
私觌	宗庙	宾向主国国君进献束锦等物; 主国国君以乘马、束帛回馈宾。
归饔饩	宗庙	主国国君遣使归饔饩、束帛; 宾馈来归饔饩的使者以乘马、束锦。
飨宾	宗庙	主国国君或卿大夫以酬币赠宾。
还玉	宗庙	主国国君还玉于宾,作为聘礼的回报; 主国国君回赠对方国君玉帛皮毛之物,作为享礼的回报。
返前郊劳	郊	主国卿大夫劳宾及其随从以币。

《仪礼·聘礼》所记自然是最完整、最系统化的礼仪过程,与其最为接近的史事见于《国语·周语上》:

> 襄王使太宰文公及内史兴赐晋文公命,上卿逆于境,晋侯郊劳,馆诸宗庙,馈九牢,设庭燎。及期,命于武宫,设桑主,布几筵,太宰莅之,晋侯端委以入。太宰以王命命冕服,内史赞之,三命而后即冕服。既毕,宾、飨、赠、饯如公命侯伯之礼,而加之以宴好。

韦昭注云:

> 宾者,主人所以接宾、致飧饔之属也。飨,飨食之礼也。赠,致赠之礼也。饯,谓郊送饮酒之礼也。如公命侯伯之礼者,如公受王,以侯伯待之之礼,而又加之以宴好也。太宰,上卿也,而言公者,兼之也。

《仪礼·聘礼》所载是否为周代的史实,需要用出土材料来加以验证,所以在平顶山应国墓地匍盉出土之后,就有学者依据其铭文尝试复原周代的覜聘礼。① 但匍盉铭文记事简略,没有涉及行礼的具体细节,而尚盂铭文正可弥补这一缺憾。这里先将李学勤先生隶定的铭文照录如下:

> 惟三月,王史(使)白(伯)考蔑尚厤,归
> 柔芎(郁)、旁(芳)鬯、臧(浆),尚拜稽首。既稽
> 首,延宾,罵(赞),宾用虎皮冓(称)毁(馈),用
> 章(璋)奉。翌日,命宾曰:"拜稽首天子
> 蔑,其亡厤,敢敏。"用章(璋)。遣宾,罵(赞),用
> 鱼皮两侧毁(馈),用章(璋)先马。逷(原)毁(馈),

---

① 王龙正、姜涛、娄金山:《匍鸭铜盉与覜聘礼》,《文物》1998年第4期,第88—91页;王龙正:《匍盉铭文补释并再论覜聘礼》,《考古学报》2007年第4期,第405—422页。

用玉。宾出,以胆(俎)或(又)延,白(伯)或(又)邉(原)毁(馈),用玉

先车。宾出,白(伯)遣宾于蘷(郊),或(又)舍

宾马。霸白(伯)拜稽首,对扬王休,

用作宝盂,孙子子其万年永宝。

铭文显示,此次聘礼的缘由是周王派遣伯考到霸伯处对其蔑历,其情形类似于"天王使凡伯来聘"(《春秋·隐公七年》)、"天子使南季来聘"(《春秋·隐公九年》)或"天王使召武公、内史过赐晋侯命"(《左传·僖公十一年》)以及"王使毛伯卫来赐公命"(《左传·文公元年》)等事例。周代贵族相见彼此必有馈赠,有学者称之为"贽见礼"。[①] 在尚盂铭文所载的整个行礼过程中,霸伯尚是主人,王使伯考是宾,两者之间相互馈赠多次,而要判断这些馈赠的性质,关键是要把握它们是在何种仪节下所发生的。以下分别述之:

(一)宾归酒醴、馈虎皮、奉璋

铭文开头即述王遣伯考蔑历霸伯尚,并赐霸伯柔郁、旁邕、浆等酒醴,这是伯考此行的目的,也是整个礼仪的核心。周代的"蔑历"多包含有考察某人出身和功绩之意,所以常有赏赐,[②]如鲜簋铭文载王蔑历鲜而赐其"祼玉三品"和"贝廿朋"、尹姞鬲则记天君(王后)蔑历尹姞而赐其"玉五品"和"马四匹"。从性质上讲,伯考代王赐霸伯酒醴等同于《聘礼》中宾向主人献圭和玉帛,这也就是说,此前的若干环节如伯考谒关、霸伯遣使郊劳以及致馆设飨等仪节或未发生,或曾经发生但铭文不载。

铭文中所述的"宾用虎皮称馈,用璋奉",按照《聘礼》的程序,当有两解:一是宾(伯考)向主人(霸伯)行享礼,所献的虎皮和玉璋都是周

---

① 杨宽:《"贽见礼"新探》,《古史新探》,北京:中华书局,1965年,第338—370页。
② 唐兰:《"蔑历"新诂》,《唐兰先生金文论集》,北京:紫禁城出版社,1995年,第224—235页。

王所赐,而由王使伯考转交给霸伯;二是伯考此时所行的是"私觐"之礼,虎皮玉璋是伯考个人馈赠给霸伯的礼物。李学勤先生取前解,认为这里的"璋"和翌日霸伯所用之璋为同一件器物,霸伯将其"还玉"于伯考。但细审尚盂铭文,在伯考"归柔郁、旁甽、浆"后,"尚拜稽首",这是霸伯对王蔑历和赏赐的答谢,说明王所赐至此已经结束,所以铭文紧接着说"既稽首",霸伯迎请伯考,随后伯考奉赠霸伯虎皮和玉璋,从发生顺序上看这显然是另一独立而完整的仪节——归酒醴在先,馈虎皮玉璋在后。更重要的是,当伯考归酒醴之后,霸伯"拜稽首"以谢,而在伯考"用虎皮称馈,用璋奉"时,霸伯则无此仪节,这足证酒醴是周王所赐,而虎皮玉璋则是伯考的私觐之物。

(二)翌日,霸伯命宾,用璋

在伯考归酒醴的次日,霸伯命宾(伯考),"拜稽首天子蔑"而"用璋",其中的因果关系很明确——对天子的蔑历和赏赐予以回报,在礼仪上与《聘礼》的"还玉"环节相对应。李学勤先生认为霸伯所用之璋就是前日伯考所奉之璋,恐非是,因为据上文的分析,前日伯考所奉的玉璋并非王赐给霸伯的,而是其私觐霸伯之物,所以霸伯"用璋"之璋只能是另一件玉璋,而断无将伯考私觐之物又托其进献给周王之理。

霸伯在王蔑历之后奉璋,在礼仪上与周代册命礼中被册命者在受册命后"反入堇璋"或"反入堇圭"最为接近,都是对王赐的回馈,①只不过在册命时,被赐者当面献堇璋,而在这里霸伯需托王使伯考转奉给周王。

霸伯用璋也可看作是觐礼的一种仪节。裘卫盉铭文载"唯三年三月既生霸壬寅王称旂于丰,矩伯庶人取堇璋于裘卫,才八十朋",可见当时贵族觐见周王,玉璋是常用或必备之物。于霸伯而言,伯考的身份是代王宣命的王使,所以霸伯见伯考就如见周王本人,献以玉璋合乎当

---

① 孙庆伟:《说周代册命礼中的"反入堇璋"和"反入堇圭"》,《古代文明研究通讯》总第23期,2004年12月。

时的礼仪。

(三)遣宾,用鱼皮两侧,用璋先马;再馈,用玉

在伯考代王蔑历并归霸伯酒醴,而霸伯又奉璋于伯考并由其转奉给周王之后,伯考作为王使的职责已经完成,所以霸伯"遣宾",进入到飨宾、送宾归国诸礼节了。

据铭文,在"遣宾"过程中,霸伯对伯考有两次馈赠,先用鱼皮、璋、马馈之,后又赠之以玉。以金文观之,此类馈赠是周代的通例,最典型的两例如下:

> 蒻簋:唯六月既生霸辛巳,王命蒻眔叔鯥父归吴姬飤器,师黄宾璋一、马两,吴姬宾帛束,对扬天子休,用作尊簋,季姜。

> 十二年大簋:唯十又二年三月既生霸丁亥,王在㽙侲宫,王呼吴师召大,锡趞睽里。王令膳夫豖曰趞睽曰:余既锡大乃里。睽宾豖璋、帛束,睽令豖曰天子:余弗敢吝。豖以睽履大锡里,大宾介璋、马两,宾睽介璋、帛束。大拜稽首,敢对扬天子丕显休,用作朕皇考剌伯尊簋,其子子孙孙永宝用。

上述铭文中的"宾",王国维曾论曰:"古者宾客至,必有物以赠之,其赠之事谓之宾,故其字从贝,其义即礼经之傧字也。……后世以宾为宾客字,而别造傧字以代宾字。……宾则傧之本字也。"①至确。尚盂铭文中不称"宾",而讲"用",辞虽不同,但意思是一致的。

霸伯对于伯考两次馈赠的性质,或有两种可能性:

一种可能是两者分别相当于《聘礼》中的主人对来宾私觌的回赠以及主人飨宾时的酬币。据《聘礼》,主人对宾私觌的回馈之物有"庭实"(乘马)和束帛,这与铭文中的鱼皮、璋、马等物大体吻合;而尽管铭文中未明言霸伯燕飨伯考,但这是聘礼中的应有之义,不言自明,飨宾

---

① 王国维:《与林浩卿博士论洛诰书》,《观堂集林》,北京:中华书局,1959年,第40—44页。

则必有酬币,而如前文所述,周代酬币并无定制,但多见贝、玉、马和服饰等物,这与铭文所说的再馈用"玉"也是可以吻合的。

另一种可能则是霸伯对于伯考的"加礼"或"厚礼",类似例子在《左传》中多见,如僖公二十四年载:"宋及楚平,宋成公如楚。还,入于郑。郑伯将享之,问礼于皇武子。对曰:'宋,先代之后也,于周为客,天子有事,膰焉;有丧,拜焉。丰厚可也。'郑伯从之,享宋公,有加,礼也。"又,宣公九年:"夏,孟献子聘于周。王以为有礼,厚贿之。"成公十年:"(晋)公疾病,求医于秦。秦伯使医缓为之。……公曰:'良医也。'厚为之礼而归之。"于霸伯而言,作为一个异姓附庸的宗族之长,①能够得到周王的蔑历无疑是格外的尊荣,由此对王使伯考施以丰厚的馈赠既合乎情理,也合乎礼仪,这也是通篇铭文所暗含的意味。

(四)宾出,设俎,馈玉和车

"宾出,以俎又延",李学勤先生释作"宾已经离席辞出,又接引回来",恐未妥。因为铭文随后又讲"宾出,伯遣宾于郊",由此可见"宾出"必定是离开前一处所而来到新场所——前一次"宾出"是说伯考离开行礼的宗庙回到所住的馆舍,而后一次"宾出"则是指伯考离开馆舍到达霸国之郊,唯有如此解释才合乎伯考作为王使的行踪。所以,第一次"宾出",霸伯设俎,并再次将玉和车赠予伯考,其礼仪与《聘礼》中的"归饔饩"最为接近。《聘礼》记载主国之卿"归饔饩"时要以"束帛"馈宾,而铭文中正好记载霸伯在设俎的同时,又用玉与车馈伯考,在仪节上与《聘礼》所载吻合。至于器类上的差别,或是时代不同之故,或是通例与特例之别,或是当时本无定制,所以不能拘泥。

(五)宾出,伯遣宾于郊,舍马

这段铭文意思清晰明了,证实《聘礼》所记在宾返国抵郊之时、主

---

① 发掘者将大河口墓地称为"霸国"墓地,但有学者认为霸并非诸侯国,而是依附晋人的"怀姓九宗"一支的封地,霸伯并非诸侯而是宗族之长。参看田伟:《试论绛县横水、翼城大河口墓地的性质》,《古代文明研究通讯》总第50期,2011年9月。

国国君对宾再行郊劳之礼确是周代的史实。《聘礼》中记"遂行,舍于郊。公使卿赠,如觌币",而铭文所记则是霸伯自己赠给伯考马,虽有小异,但两者在性质上是完全一致的。

这里再把《仪礼·聘礼》和尚盂铭文所述的仪节对比如表2:

表2

《仪礼·聘礼》		尚盂		
仪节顺序	仪节名称	尚盂仪节顺序	对应《聘礼》仪节	仪节名称
1	主宾行聘、享礼	1	1	伯考代王蔑历霸伯,归王所赐的酒醴。
2	宾私觌主人	2	2	伯考私觌,馈霸伯虎皮、玉璋。
3	主人归饔饩	3	5	霸伯堇璋于伯考,由其转交于王。
4	主人飨宾	4	4、2	霸伯先用鱼皮、璋、马,再用玉,作为飨伯考的酬币以及对其私觌的回馈。
5	主人还玉	5	3	在伯考离开前,霸伯送俎食于馆舍,并赠伯考玉和车。
6	返前郊劳宾	6	6	霸伯送伯考于郊,再赠伯考马。

比较上述两者,足证《仪礼·聘礼》当有所本,造成文献与金文差异的原因可能有以下几点:一是今传《仪礼·聘礼》所载礼仪是诸侯国之间的聘问之礼,而尚盂所载则是王使和侯国封君间的交往,两者之间本就存在不同;其次,铭文记事难免简略,于礼仪环节不能一一陈述,如谒关、郊劳等事不见于尚盂铭文,很可能是省略不记,而非当时并无此礼;再次,礼仪本身存在灵活掌握的空间,周代又格外强调"礼之所尊,尊其义也。失其义,陈其数,祝史之事也"(《礼记·郊特牲》),所以周人在行礼中注重"礼从宜,使从俗"(《礼记·曲礼》)的原则,作为个案的尚盂铭文与作为通例的《聘礼》文本自然是不可能一一对应的,但它依然可以作为我们了解西周早中期高等级贵族之间聘礼的极佳典范。

(本文原载北京大学考古文博学院、北京大学中国考古学研究中心编:《考古学研究》十,北京:科学出版社,2012年)

从葛陵楚简看楚地的祭祷用玉

1994年,河南省文物考古研究所等单位在河南新蔡李桥镇葛陵村发掘了一座大型战国楚墓(94XGM1001)。据发掘者的研究,墓葬年代在战国中期前后,墓主人是楚国封君平夜君成。该墓共有东、西、南、北、中五个椁室,在南室的车伞盖上发现两层(区)竹简,发掘者分别编号为甲区和乙区。据发掘者的统计,竹简现存1571枚,总字数约8000字。①

整理者将葛陵楚简简文分为两类:一类是卜筮祭祷的记录,占绝大多数;另一类是遣策,仅有20余枚。这种分类较为简略,实际情况可能更为复杂。② 在祭祷简文中,保留有大量用玉的记载,是研究楚地用玉制度的重要材料。③

一、献祭的对象

《周礼·春官·大宗伯》述大宗伯之职是"掌建邦之天

---

① 河南省文物考古研究所:《新蔡葛陵楚墓》,郑州:大象出版社,2003年。在发掘报告公布的材料中,有学者核对出重收的竹简三例,所以新蔡葛陵一号墓出土竹简总数当为1568枚。参见宋华强:《新蔡葛陵楚简初探》,武汉:武汉大学出版社,2010年,第22—23页。

② 如宋华强就把葛陵楚简分为卜筮简、祝祷简、楚王命人祈福简、祭祷文书简、求取祭物简、受盟简以及其他等七类。《新蔡葛陵楚简初探》,第44页。

③ 有学者称此类玉器为"享玉",并与人执的"瑞玉"相对,并不妥当。参看于成龙:《战国新蔡葛陵楚简中的"享玉"制度》,《中国历史文物》2005年第4期,第40—42页。

神、人鬼、地示之礼,以佐王建保邦国",据此可知周代的祭祀对象当包括天神、人鬼、地示三大系统。按《大宗伯》的记载,属于天神系统的有昊天上帝、日、月、星、辰以及司中、司命、风师、雨师等神灵,属于地示系统的有社稷、五祀、五岳、山、林、川、泽以及四方百物,而人鬼则专指祖先神。

楚人以"信巫鬼,重淫祀"著称,这在楚简中有真实的反映。据不完全统计,楚地出土的卜筮简所见神灵总数有100位左右,其数量已经大大超过了传世文献的记载。① 楚简所见的神灵数量虽多,但概括而言,仍不出天神、地祇和人鬼三大范畴。从简文来看,楚人对三类神灵都有献祭玉器的习俗。

(一) 天神

1. 太

太是楚人信仰的至上神,在楚简中颇为常见。有研究者归纳楚简中的"太"具有以下几个鲜明特点:

> 第一,在已发现的卜筮简中,它几乎都出现了,是战国楚人普遍信仰的神灵;第二,是祈福祭祷的对象,在卜筮简中,它总是位居最前列;祭品在诸神灵中也最贵重;第三,它作祟,是"解"的对象,可见并非全是善神。②

学术界普遍相信,简文中的"太"就是传世文献中的"太一"。太一最早是元气神和星官天神,经过谶纬家的改造,逐步演变成皇天上帝的代名词,成为了楚人信奉的至上神。在葛陵简中,有两条以玉祭祀太一的记载,分别是:

---

① 晏昌贵:《巫鬼与淫祀——楚简所见方术宗教考》,武汉:武汉大学出版社,2010年,第77页。

② 同上书,第81页。此节有关太和太一的描述多据该书。

①我王于林丘戕(之岁),九月☐(甲三:1)

☐[无]咎。又(有)敓(祟)见于卲(昭)王、文☐(甲三:2)

☐亡(无)咎。又(有)敓(祟)与𪏮,同敓(祟)见于大(太)☐(甲三:3)

大(太),备(佩)玉䚨。睪(择)日于是覍(期),䛿(赛)祷司命、司录☐(甲三:4)

②☐酓(之日),䕼(荐)大(太)一犈,绥之㠯(以)䚨玉,旂(祈)之。既成,牺马,先之㠯(以)一璧,迈而遣(归)之。邌(迻)吝(文)君之祝(说)☐(甲三:99)

此外,包山简 213 和望山简 54 均见用"佩玉一环"来祭祷太的记载。①

《周礼·春官·丧祝》称:"掌胜国邑之社稷之祝号,以祭祀、祷祠焉。"贾公彦疏:"祭祀谓春秋正祭,祷祠谓有故祈请。祈请求福曰祷,得福报赛曰祠。"从上述两条简文的内容来看,显然都不属于春秋正祭,而是临时的祷祠。进一步细究,两者也有细微的差别。其中第①条是因为太一作祟于墓主平夜君,故用玉献祭以求攻解,属于攘灾之祭,是"祷"之一种;②而第②条则明确说"祈之",故以玉祈太,可以归之于"祠"。

2. 诸司神

楚人信仰多种司神,其中以司命最为常见。葛陵简有用玉献祭司命的记载:

①☐宔(主)与司命,遱(就)祷璧玉䚨。 ☐(乙四:97)

②大(太),备(佩)玉䚨。睪(择)日于是覍(期),䛿(赛)祷司

---

① 本文所引葛陵简以外的楚简,除注明者外,均据陈伟主编:《楚地出土战国简册(十四种)》,北京:经济科学出版社,2009 年。

② 据统计,楚简中所见的"祷"约有十种,常见者如赛祷、举祷等。参看晏昌贵:《巫鬼与淫祀——楚简所见方术宗教考》,第 237 页。

命、司录□(甲三:4)

　　□备(佩)玉珥,睪(择)日于□□(零:219)

葛陵简甲三:4 和零:219 可拼合,可知祭祷司命、司禄均用佩玉。①其他楚简中有类似记载,如:

　　侯(后)土、司命各一少(小)环(望山:54)
　　地主、司命、司祸、各一(小)环(包山:225)

从所献祭的玉器来看,司命、司禄和司祸似乎没有等级差别。

(二)地祇

1. 土地神

楚简中的土地神有社、后土、地主等多种。传世文献中此三者可以互训,但楚简中三者同出,所用祭品也有差别,其中社的地位最尊,其次是后土,再次是地主。② 在葛陵简中,以玉献祭的土地神主要是地主,如:

　　①□咎。□□□祷堡(地)宝(主)一痒(牂),备(佩)玉珥,㠯(以)□至室□□(甲三:52)
　　②□……一青义(牺),[先]之一璧;䠩祷于堡(地)宝(主)[一]青义(牺),先之一璧;䠩祷于二天子各痒(牂)□(乙二:38、46、39、40)

2. 山川神

(1)大水

大水的具体指向不明,但无疑应该属于山川神系统。葛陵简中有用玉祷大水的记载:

---

① 宋华强:《新蔡葛陵楚简初探》,第42页。
② 晏昌贵:《巫鬼与淫祀——楚简所见方术宗教考》,第128页。

□頋(夏)层、言(享)月恳(赛)祷大水,备(佩)玉䣄。睪(择)日于屈㭪(乙四:43)

在其他楚简中也屡见同类记载,如:

赛祷太佩玉一环,侯(后)土、司命、司祸各一少(小)环,大水佩玉一环,二天子各一少(小)环,危山一块。(包山:213—214)

享荐大水一佩玉环(天星观:148)

奥祷太,佩玉一环。矦(后)土、司命,各一少(小)环。大水佩玉一环(望山:54)

大水一环(望山:55A、55B)

[大]水佩玉一环(望山:130)

从上述几条简文来看,都是在赛祷大水时献祭了玉器,所用器物则以玉环为主。

(2)二天子

二天子在楚简中屡见,学术界普遍认为二天子即尧之二女娥皇、女英,帝舜南征道死苍梧,二妃死于江、湘之间,遂化为山川神灵。① 葛陵简中有归佩玉于二天子的记载:

①□屑祷一麇(鹿)。归备(佩)玉于二天子,各二璧;归□(甲一:4)

②□一麇(鹿),归备(佩)玉于二天子,各二□(甲三:81、182-1)

③□塁祷于二天子各两㸓(牂),瑗(缓)之吕(以)䣄玉。□(甲三:166、162)

此外,前引包山简213—214中也有"赛祷……二天子各一少(小)环"的记载,可见献祭给二天子的玉器主要是璧和环。

---

① 晏昌贵:《巫鬼与淫祀——楚简所见方术宗教考》,第151页。

(3) 郳山

葛陵简可见如下记载:

☐备(佩)玉,于郳山一玨璜☐(乙三:44、45)

郳山即危(峞)山,楚简中颇见,包山简214就有"峞山一珏"的记载。一般认为危山即三危山,也即《尚书·尧典》所谓"窜三苗于三危"之三危山,因其与江汉地区古三苗族关系密切,故楚人祀之。①

(4) 四方神

在楚简中,东、南、西、北四方神均见祭祀。葛陵简中保留以玉祭祀北方的数条记载:

①☐忻(祈)福于北方,瑿祷一备(佩)璧。☐(甲一:11)
②祷北方一犆,先之一璧;歔(就)☐(乙四:14)
③北方兄(祝)祷乘良马、珈[璧](乙四:139)
④☐于北方一牺,先之以[璧](乙三:40)

此外江陵秦家嘴M99简11有"缨之吉玉,北方"的记载。② 从上述简文来看,以璧享祭四方神应是当时通行的做法。

(三) 人鬼

1. 三楚先

葛陵简中多见祭祀三楚先的例证,如:

①☐☐歔(就)祷三楚先屯一牂,绥之赴玉;歔(就)祷☐☐☐(甲三:214)
②颛(夏)枽肯(之月),己丑酓(之日),昌(以)君不懌(怿)之古(故),遠(就)祷三楚先屯一痒(牂),瑗(绥)之赴玉。壬辱(辰)

---

① 晏昌贵:《巫鬼与淫祀——楚简所见方术宗教考》,第139—142页。
② 同上书,附录二"秦家嘴卜筮祭祷简释文辑校"。

酓(之日)祷之。☐(乙一:17)

③☐玉,举祷于三楚祙(先)各一痒(牂),瑗(绶)之卦[玉]☐(乙三:41)

从其他简文来看,所谓的"三楚先"应该是指老童、祝融和穴熊,或老童、祝融和鬻熊。如:

④又(有)敓(祟)见于司命、老嬗(童)、祝螎(融)、空(穴)酓(熊)。癸酉酓(之日)举祷☐(乙一:22)

螎(融),空(穴)酓(熊)各一痒(牂),瑗(绶)之卦玉。壬唇(辰)酓(之日)祷之。☐(乙一:24)

⑤举祷楚先老僮、祝融、鬻熊,各一牂(包山:217)。

《史记·楚世家》记楚人族源甚详:

> 楚之先祖出自帝颛顼高阳。高阳者,黄帝之孙,昌意之子也。高阳生称,称生卷章,卷章生重黎。重黎为帝喾高辛居火正,甚有功,能光融天下,帝喾命曰祝融。共工氏作乱,帝喾使重黎诛之而不尽。帝乃以庚寅日诛重黎,而以其弟吴回为重黎后,复居火正,为祝融。
>
> 吴回生陆终。陆终生子六人,坼剖而产焉。其长一曰昆吾;二曰参胡;三曰彭祖;四曰会人;五曰曹姓;六曰季连,芈姓,楚其后也。昆吾氏,夏之时尝为侯伯,桀之时汤灭之。彭祖氏,殷之时尝为侯伯,殷之末世灭彭祖氏。季连生附沮,附沮生穴熊。其后中微,或在中国,或在蛮夷,弗能纪其世。
>
> 周文王之时,季连之苗裔曰鬻熊。鬻熊子事文王,蚤卒。其子曰熊丽。熊丽生熊狂,熊狂生熊绎。熊绎当周成王之时,举文、武勤劳之后嗣,而封熊绎于楚蛮,封以子男之田,姓芈氏,居丹阳。楚子熊绎与鲁公伯禽、卫康叔子牟、晋侯燮、齐太公子吕伋俱事成王。

《史记集解》引徐广曰:"《世本》云:'老童生重黎及吴回。'"又引谯周曰:"老童即卷章。"按理,"三楚先"应该是固定的称谓,不应有两种不同的组合。如果从年代上考虑,"三楚先"更有可能是指老童、祝融和穴熊,但对此问题学术界尚存在争议。①

2. 诸楚王

葛陵简所载祭祷的先王有荆王、文王、平王、昭王、惠王、简王和声王等,其中荆王是指文王之前的楚王。② 在葛陵简中,相关记载有以下数条:

①☐罌祷备(佩)玉,各羿璜。册告自㝨(文)王㠯(以)橐(就)圣趩王,各束绘(锦)珈璧。(甲三:137)

②王、㝨(文)君。罌祷于邵(昭)王、獻(献)惠王、㝨(文)君各一备(佩)玉。辛未㝨(之日)祷之。☐(乙一:21、33)

③☐㠯(以)𢒎玉,𢻹(荆)王橐(就)祷,𢻹牢,𢒎;文王㠯(以)豢,橐(就)祷大牢,𢒎。☐(乙四:96)

因为随葬简牍墓葬的墓主多是楚王室成员及其后裔,因此在简文中常见以玉献祭楚王的记载,如望山简28"归佩玉一环束大王",简106和107"归玉束大王",简109则是"圣趩王、悼王,各佩玉一环。东邸公,佩玉一环",形式与葛陵简所见基本一致。

3. 其他祖先

楚王之外,葛陵简中还可见到以玉献祭的其他祖先,如文君(平夜文君)、文夫人等:

①王、㝨(文)君。罌祷于邵(昭)王、獻(献)惠王、㝨(文)君各一备(佩)玉。辛未㝨(之日)祷之。☐(乙一:21、33)

②㝨(文)佚(夫人),罌祷各一备(佩)璧。或罌祷于盛武君、

---

① 参看陈伟:《新出楚简研读》第三章第四节"楚人祷祠记录中的人鬼系统以及相关问题",武汉:武汉大学出版社,2010年,第103—132页。

② 河南省文物考古研究所:《新蔡葛陵楚墓》,第183页。

命(令)尹之子瀔,各大牢,百☐(乙一:13)
③☐[平]夜文君各一玉☐(甲三:121)

发掘报告已经指出,文君和文夫人是受祭最多的先祖。文君在简文中又称"坪夜文君"或"坪夜文君子良",也即曾侯乙墓竹简中的"坪夜君",包山楚简中的"文坪夜君子良"。子良见于《左传》哀公十七年,是楚昭王之子,惠王之弟,也是始封的坪夜君。① 因为他是墓主坪夜君成的直系先祖,因此祭祀最为频繁。② 从简文来看,献祭给文君和文夫人的玉器均是一璧。

二、祭祷用玉

《周礼·春官·典瑞》载典瑞的职责为"掌玉瑞、玉器之藏,辨其名物与其用事,设其服饰",郑玄注称:"人执以见曰瑞,礼神曰器。"《周礼·春官·大宗伯》又记:"以玉作六器,以礼天地四方,以苍璧礼天,以黄琮礼地,以青圭礼东方,以赤璋礼南方,以白琥礼西方,以玄璜礼北方,皆有牲币,各放其器之色。"按此,所谓"六器"应是周代最重要的祭祀用玉。

但葛陵简所提到的祭祷用玉主要有两类,一类是直接点明了具体器类,如璧和璜;另一类则是泛称,如佩玉和卦玉(玉卦)。这里分别加以讨论。

1. 璧

璧是葛陵简中最常见的器类,它所献祭的对象涵盖各类神祇,如天神类的太一、司命,地祇类的地主、北方、二天子,以及人鬼类的圣趄王、

---

① 《左传》哀公十七年:"王与叶公枚卜子良以为令尹。沈尹朱曰:'吉。过于其志。'叶公曰:'王子而相国,过将何为!'他日,改卜子国而使为令尹。"
② 发掘报告推测子良很可能就是墓主平夜君成的祖父,而简文中提到的王孙厝则可能是平夜君成的父亲。

平夜君和文夫人等。

按《周礼·春官·大宗伯》的说法,璧是礼天的专用之器。从简文来看,璧在战国时代多用为佩玉。如葛陵简甲一:4 称"归佩玉于二天子,各二璧",简甲一:11 称"举祷一佩璧",简乙一:13 "举祷各一佩璧",都直言璧是佩玉。据我们之前的统计,楚墓中的玉璧也多见于墓主的身体周围,大体也反映了玉璧的佩戴功用。①

值得注意的是,葛陵简中多言用璧,而上引其他楚简则多见用环,特别是在祭祀同一神灵时,也存在用璧和用环的差别,如:祭祀司命和地主,葛陵简用璧,包山和望山楚简皆言用小环;祭祀二天子,葛陵简用二璧,而包山简记载仅用一小环;祭祀圣趄王,葛陵简用璧,而望山简用佩玉一环。

已经有学者指出,楚简中的相关记载已经清晰地反映了当时祭祷规格存在着差别,其中以祭品的级别和数量最为显著。以葛陵楚墓和包山二号楚墓为例,前者墓主平夜君成是封君,后者的墓主昭佗是大夫,前者身份地位高于后者。对比两墓出土的简文,就会发现当两者牺牲数量相同时,平夜君所用的级别总是高于昭佗;而如果牺牲的级别相同时,平夜君成所用的数量就多于昭佗。② 因此,葛陵简中多言用璧,而其他楚简中则以环为主,当与平夜君成身份尊贵密切相关,同时也反映了在当时璧的地位要高于玉环,这大概也是《周礼》将璧列为"六器"的原因之一。

2. 璜

葛陵简乙三:44、45 有玭璜,简甲三:137 则有羿璜,且两条简文都明确称璜是"佩玉"。这里的玭璜,或释为"疏璜",意指刻镂之璜;或释为"双璜",用法与天星观简的"一双璜"类似。羿字的释法也多样,或

---

① 可参看拙著《周代用玉制度研究》第二章第八节"楚及邻近地区",上海:上海古籍出版社,2008 年,第 110—127 页。

② 宋华强:《新蔡葛陵楚简初探》,第 215—216 页。

释作"拱",或释作"友",或释作"工",也最有可能是表示一双之意。①

这里最需注意的是璜与珩的问题。因为在战国时期,珩已经取代了璜成为组玉佩中的核心构件,且中山王墓出土的墨书玉器就自名为珩。② 葛陵楚墓出土两件所谓的玉璜,其形制都是典型的玉珩造型。③ 另外,在望山二号楚墓出土的遣策中明言有"一双璜""一双琥(珑)""一玉钩"和"一环"等玉器。相应地,该墓出土的玉器包括玉璜 12 件、龙形玉佩 5 件、玉带钩 1 件和水晶环 1 件,而所有这些玉璜均作玉珩状。④ 由此似乎可以推断,虽然在战国时期从形制和佩戴方式而言,玉璜已经演变为玉珩,但楚地保留了旧有名称,仍称此类器物为璜。由于目前在楚简中不见玉珩的名称,这种可能性应该是存在的。⑤

葛陵简中璜仅两见,分别是祭祷峗山和先王,可能在当时较少用在祭祀活动中,其等级差别也不易总结。

3. 佩玉

葛陵简中提到的佩玉也可以细分为两类,一类是仅言佩玉,另一类则是在佩玉之前或之后标出具体器类,如璧、璜之类。另外,在包山简和望山简中还有"佩玉一环"的说法,由此可见凡佩饰玉器均可称佩玉。从简文中器类的出现频率来看,那些泛言"佩玉"者都应该以璧、环类器物为主。

《左传》哀公二年记卫大子在两军对垒之际,临阵祷曰:"曾孙蒯聩敢诏告皇祖文王、烈祖康叔、文祖襄公……敢告无绝筋,无折骨,无面伤,以集大事,无作三祖羞。大命不敢请,佩玉不敢爱。"孔颖达疏:"在

---

① 宋华强:《新蔡葛陵楚简初探》,第 430、439 页。
② 河北省文物研究所:《䜌墓——战国中山国国王之墓》,北京:文物出版社,1995 年,图 193。
③ 河南省文物考古研究所:《新蔡葛陵楚墓》,图版五十四:1、2。
④ 湖北省文物考古研究所:《江陵望山沙冢楚墓》,表十四,图版八二、八三和八四,北京:文物出版社,1996 年。
⑤ 有关璜、珩之别,可参看拙著《周代用玉制度研究》,第 167—168 页。

军中无圭璧,故以佩玉。"既然葛陵祭祷简屡见以"佩玉"献祭,那么卫太子的行为也未必就是在军中的权宜之计。

4. 卦玉

卦玉,简文中也作玉卦,此外还有"佩玉卦"(甲三:52、乙四:43)、"璧玉卦"(乙四:97)的说法。关于卦的解释,主要有两说,宋华强认为卦通"玭",是蚌类器物,所谓的卦玉,就是指"用蜃甲为饰的玉";陈伟则释简文中常见的"卦亡咎"之卦为"吉",如此卦玉就可以理解为"吉玉"。① 鉴于秦家嘴 M99 简 11 有"缨之吉玉北方一环",简 14 有"缨之吉玉",以及天星观卜筮简中有"司命、司祸、地主,各一吉环"的说法,那么,把卦玉释作"吉玉"无疑更加妥当。② 如此,葛陵简中的"佩玉卦""璧玉卦"实际上就是"吉玉佩"和"吉玉璧"的意思,秦诅楚文所谓的"吉玉宣璧"也属同类。③

三、用玉方式

葛陵简常见的用玉方式有四种,分别是:缨(缨之)、先之、归和加璧。

1. 缨(缨之)

"缨以兆玉"和"缨之以兆玉"是葛陵简中最常见的用玉方式,此种"缨"玉的方式在《山海经》中也多见,因此引起了学者们的注意。

《山海经·西山经》:"婴以百珪百璧",郭璞注:"婴谓陈之以环祭也。"百珪百璧当然可以"陈之以环祭",但简文中提到的祭祷玉器通常

---

① 宋华强:《新蔡葛陵楚简初探》,第 369 页。
② 晏昌贵:《巫鬼与淫祀——楚简所见方术宗教考》附录二"秦家嘴卜筮祭祷简释文辑校"。
③ 郭沫若:《诅楚文考释》,《郭沫若全集·考古编》第 9 卷,北京:科学出版社,1982 年,第 295—298 页。

只有一两件,如何能够"环祭"？因此学者们提出了多种新说,如罗新慧注意到"缨之以兆玉"之前,必有献牲的仪节,所以认为"缨"就是把玉器悬系在祭牲之上以献神;① 而于成龙则主张"缨"是"以玉祀神"之专语,天星观楚简中的"瓔"则是"以玉祀神"的专字。② 从简文的辞例来看,当以前说为好。值得注意的是,山西侯马机运站附近的晋国祭祀遗址中,在多座祭祀坑中就发现牲体之下叠压着玉器的现象,这些玉器很有可能就是系挂在牺牲之上的,应该是"缨之以兆玉"的具体体现。③

2. 先之

葛陵简中有多条简文提到在献祭牺牲之前有"先之以一璧"（甲三:99）或"先之一璧"（乙二:38、46、39、40,乙四:14）的仪节。类似的记载在《左传》中也数见,如:僖公三十三年传述郑商弦高"以乘韦先,牛十二犒师";襄公十九年记鲁襄公享晋六卿时,"贿荀偃束锦、加璧、乘马,先吴寿梦之鼎";襄公二十六年郑伯享子展,"赐之先路三命之服,先八邑;赐子产次路再命之服,先六邑";襄公二十六年,宋平公夫人馈之左师向戌锦与马,"先之以玉"。杨伯峻先生已经指出,凡《左传》中提到献物时,皆以轻物为先。④ 由此而言,葛陵简中在牺牲之前献祭的玉璧,在价值上都应该低于同一次祭祀活动中所使用的牺牲。

此种"先之"的方式在考古发现也有线索可寻。在山西侯马秦村发现的一处东周祭祀遗址中,共发掘祭祀坑240座,其中90%的祭祀

---

① 罗新慧:《说新蔡楚简"婴之以兆玉"及其相关问题》,《文物》2005年第3期,第88—90页。

② 于成龙:《〈山海经〉祠祭"婴"及楚卜筮简"瓔"字浅说》,《古文字研究》第25辑,北京:中华书局,2004年,第369—373页。

③ 山西省考古研究所侯马工作站:《2000年侯马省建一公司机运站祭祀遗址发掘报告》,《三晋考古》第3辑,太原:山西人民出版社,2001年,第128—155页。

④ 杨伯峻编著:《春秋左传注》,北京:中华书局,1990年,第1045—1046页。

坑底部带有壁龛,龛内多放置有玉器。① 很显然,这些龛内的玉器必然是在掩埋牺牲之前放置,无疑就是此种"先之"行为的真实反映。

虽然"缨之"和"先之"的结果都是把玉器献给了神灵,但两者实际上是有所区别的。"缨之"的对象主要是献祭的牺牲,是对牺牲的一种装饰,以便更好地娱神和媚神;而"先之"则是直接把玉器献给神灵,玉器本身就是礼神之器,只不过它不是该次祭祀活动中的主礼器而已。

3. 归

葛陵简有数条"归"玉的记载,如"归佩玉于二天子,各二璧"(甲一:4),"归一璧"(乙三:50,甲三:163)。此外,天星观和望山楚简中也都有"归玉"或"归佩玉"的记载。

有学者已经指出,"归"与"馈"通,都是表示进献、馈送的祭祀动词,但两者进献的物品不同。在简文中,凡是祭牲、酒食都用"馈",而佩玉、冠带、偶车马都用"归"。祭牲、酒食鬼神可食,故简文"馈祭"连称;佩玉、冠带、车马不可食,故简文"归"不与"祭"连称。②

4. 珈璧

葛陵简甲三:137 提到"束锦珈璧",零:397 和零:727 则残留有"珈璧"。简文中的"珈璧",在传世文献中作"加璧",如《左传》襄公十九年有"赂荀偃束锦、加璧、乘马,先吴寿梦之鼎"的记载。

两周时期,丝织品通常与玉器一起使用。《仪礼·聘礼》记宾主私觌时,"宾觌,奉束锦,总乘马","上介奉束锦,士介四人皆奉玉锦束,请觌"。束锦、乘马和玉就是来宾在觌见主君时进献的礼物,这些器物组合实际上就是所谓的"合六币"的问题。《周礼·秋官·小行人》记:"合六币:圭以马,璋以皮,璧以帛,琮以锦,琥以绣,璜以黼。"锦是有织纹者,而帛色单纯,礼尚纯,故锦次于帛,因此《聘礼》规定宾在行聘礼

---

① 山西省考古研究所侯马工作站:《侯马晋田热力公司陶寺文化与东周祭祀遗址及汉代陶窑》,《中国考古学年鉴·2002》,北京:文物出版社,2003 年,第 140—141 页。

② 晏昌贵:《巫鬼与淫祀——楚简所见方术宗教考》,第 279 页。

时用束帛,而私觌时则献束锦。清儒凌廷堪据此解释为:"束帛则加璧,束锦则加琮,琮下璧一等,则锦亦下束帛一等。"不过,孙诒让对此并不赞同,他认为:"此经圭马璋皮,文相取配,实可互用也。其璧琮琥璜,亦以皮马为庭实。"①验之楚简所载,显然孙诒让的解读更接近历史真实。

需要指出的是,缨之、先之、归和珈璧都是具体的仪节,而不是进献给神灵的最终方式。从文献记载来看,周代献祭玉器的惯常方式有三种:燎、埋、沉。② 就目前的考古材料而言,楚地的祭祀坑中经常可以见到瘗埋的玉器,说明埋祭的方式在当时是流行的,③那么,由此可以推断楚人也应有燎玉和沉玉的习俗,只是这类遗存可遇不可求而已。

(本文原载北京大学中国考古学研究中心、玉器与玉文化研究中心编:《玉器考古通讯》2018 年第 1 期)

---

① (清)孙诒让:《周礼正义》,北京:中华书局,1987 年,第 3003 页。
② 参看拙文《周代祭祀及其用玉三题》,《古代文明》第 2 卷,北京:文物出版社,2003 年,第 213—229 页;又参本书前文。
③ 荆州博物馆:《湖北荆州熊家冢墓地 2006—2007 年发掘简报》,《文物》2009 年第 4 期,第 4—25 页。

第三章　玉之埋

西周"葬玉"的若干认识
——以虢国墓地 M2001 为中心

西周墓葬中常见以玉随葬的现象，而随着上村岭虢国墓地和北赵晋侯墓地的发掘，对于西周墓葬出土玉器的认识显得更为急迫，但囿于材料，相关的研究很难深入。最近出版的《三门峡虢国墓》(第一卷)(以下简称《虢国墓》)公布了虢国墓地 M2001 等几座墓葬的所有随葬玉器资料，为我们认识西周的"葬玉"提供了极好的素材。①

一

依据《虢国墓》的有关报道，我们首先对 M2001 随葬玉器的位置和组合作一复原，并对其中的早期遗留物以及某些有特征的玉器进行必要的说明。

(一)外棺和椁之间：M2001 外棺和椁之间所见玉器不多，主要是一些饰件。依据《虢国墓》图十二及有关文字叙述可做如下复原：椁室东侧中部有玉管一件，椁室东北角有玉器十八件，包括圭形器、人龙合纹佩、兽形饰、兽首形饰、兽首形佩和小玉环等。椁室的西侧有角刃玉币一件。另外在椁室周

---

① 河南省文物考古研究所、三门峡市文物工作队：《三门峡虢国墓》第一卷，北京：文物出版社，1999年。

围共有石贝495枚和玉贝15件。

上述玉器中,椁室东侧的玉管M2001:446附近发现有一件木雕,而其他的十八件玉饰则被压在一件盾牌之下,因此发掘者推测它们分别是木雕和盾牌上的饰件,但因为盾牌已经腐朽,故无法弄清这些玉件的具体位置及其组合方式。不过从《虢国墓》图一四六所公布的上述玉器来看,将盾牌附近所有十八件玉饰均看成是盾牌上的镶嵌物恐有不妥。例如其中的人龙合纹佩,是西周高等级墓葬中常见的器类之一,这种佩饰通常在器体中部有一穿孔以供佩系,显然不会用作镶嵌物。此外,这里出土的一件兽首形佩M2001:506,在器体中部也有一穿孔,证明它是用来佩戴而非镶嵌的。

椁室周围最重要的玉石器是五百余件玉石贝。这些玉石贝的一端都有一个小穿孔,同时结合其出土位置和分布规律,发掘者已经明确指出它们都是系挂在棺罩上的缀饰。

(二)外棺盖板上:据《虢国墓》图十一,在外棺盖板上放置有宽援玉戈二、窄援玉戈一、戚一、刀三、柄形器一、长条形玉残片三、平刃玉匕一、璋一、角刃玉匕二、圆形石片一和石戈一件。这些玉石器中除一件宽援玉戈放置在棺盖板的中部外,余者均集中在盖板的西端。《虢国墓》26页的有关叙述中提到外棺盖板上有玉圭,但在图十一中并未标明,228—234页所列的出土器物表中也没有提到外棺盖板上有玉圭,可证26页的文字叙述有误。

外棺盖板上的M2001:22这件玉戚是典型的早期遗留物,其形制特点是圆弧刃、器体中部有一大圆穿、器身两侧有牙饰。类似的玉戚至少见于以下的西周墓葬中:襄县西周墓、[1]宝鸡竹园沟M7伯各墓[2]和扶风齐家M19[3](图3-1)。其中襄县西周墓的年代约在武成时期、竹

---

[1] 河南省博物馆:《河南省襄县西周墓发掘简报》,《文物》1977年第8期,第15页。
[2] 卢连成、胡智生:《宝鸡䤚国墓地》,北京:文物出版社,1988年,第65页。
[3] 陕西周原考古队:《陕西扶风齐家十九号西周墓》,《文物》1979年第11期,第5页。

图3-1　西周墓葬出土玉戚
1. 虢国墓地 M2001:22；2. 襄县西周墓出土；
3. 宝鸡竹园沟 BZM7:21；4. 扶风齐家 M19:31

园沟 M7 约在康昭时期，扶风齐家 M19 约为穆王时期，而 M2001 虢季墓则在西周晚期宣、幽的时期，可见这种器物数量少但年代跨度大。更早的例证则见于妇好墓中，其中妇好墓标本 591 玉戚和上述西周墓葬中出土者形制几乎完全相同。① 戚本是斧钺类器物，故《说文》称："戚，戉也。"西周时有戚，如《诗·大雅·公刘》说："弓矢斯张，干戈戚扬。"毛传曰："戚，斧也，扬，钺也。"稍后的文献也有提到玉戚的，如《礼记·

---

① 中国社会科学院考古研究所：《殷墟妇好墓》，北京：文物出版社，1980 年，第 140 页。

明堂位》:"季夏六月,以禘礼祀周公于大庙……朱干玉戚,冕而舞大武。"郑玄注说:"戚,斧也。"清吴大澂在其所著的《古玉图考》中则将这种带有齿牙装饰的玉斧考定为玉戚。其实,齿牙的有无并非判别戚、斧的标准,它实际上是一种时代特征,常见于龙山晚期至商代玉器上,最典型者就是所谓的牙璋。到了西周时期,无论是牙璋还是这里所说的玉戚都呈衰落之象,西周墓葬出土的这类器物都是早期的遗留物。

放在外棺盖中部的 M2001:21 这件玉戈,通长 40.5 厘米。按照作者先前的研究,这种前锋略下垂、援面上起中脊、中脊两侧用砣具琢出浅凹槽的大玉戈是典型的商代作风,类似的器物在晋侯墓地中也发现有多件。① 外棺盖板上的另一件玉戈 M2001:26,造型规整、援面平整、中脊不突出、前锋呈等腰三角形状,是典型的西周玉戈做法。盖板上的另一件窄援玉戈 M2001:29,造型和 M2001:26 类似,只是形制较小而已(图 3-2)。

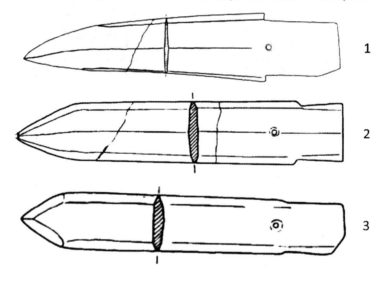

图 3-2 M2001 出土玉戈
1. M2001:21; 2. M2001:26; 3. M2001:29

---

① 孙庆伟:《晋侯墓地出土玉器研究札记》,《华夏考古》1999 年第 1 期,第 60—71 页;又参本书后文。

《三门峡虢国墓》将 M2001:28 这件残玉器定为璋缺乏必要的证据。① 该器虽然一端平整,一端残破呈斜刃状,符合《说文》中所谓"半圭为璋"的说法,但正如发掘者所言,这显然是一件"用旧玉改制而成"的器物(图 3-3:1)。② 即使"半圭为璋"的说法是正确的,但这件器物呈斜刃的一端是自然残破所致,而非出于人为的制作,况且器体中部的穿偏在一侧,表明它应是一件横置的刀类器物,而不会是玉璋。

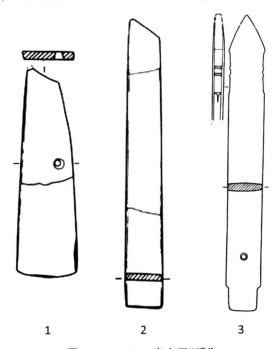

图 3-3 M2001 出土玉"璋"
1. M2001:28; 2. M2001:585; 3. M2001:540

---

① 璋是西周玉器研究中的一个难点,一方面是在传世文献和西周金文中都有关于璋的记载,但另一方面,出土材料中则缺乏可以指实为璋的器类。作者曾经论证西周时期所谓的璋实际上就是我们现在一般所称的玉圭和玉戈,参看孙庆伟:《〈考工记·玉人〉的考古学研究》,北京大学考古文博学院、北京大学中国考古学研究中心编:《考古学研究》四,北京:科学出版社,2000 年,第 115—139 页;又参本书前文。

② 河南省文物考古研究所、三门峡市文物工作队:《三门峡虢国墓》第一卷,第 141 页。

（三）内棺盖板上，M2001内棺盖板上放置有较多的玉石器，包括戚、琮、璧、璜、戈、龙、虎、鹿、鸟、鸽、鳖、鱼、牛首、马首以及各种几何形状的缀饰物，但发掘者未对这些玉器的组合情况做详尽的描述。根据《虢国墓》图十五、十六和十七，大体上可以将外棺盖上的玉器分成三部分：上部（北部）主要是璧、戈和璋等器体较大的"礼器"和一些动物形佩饰；中间则是一些器体略大的平刃玉匕、角刃玉匕等长条形玉器以及五组条形玉片；下部（南部）则是一件玉琮和一件玉琮残片。

内棺盖上部的这件玉戚，和外棺盖上所见者器形极其相似而器体略小，也是早期的遗留物。而其中的一件玉璧 M2001:566，呈圆角方形，发掘者已经指明是用旧玉改制而成。

这一组玉器中被定名为素面璋的两件玉器，造型迥异，不可能属于同一器类（图3-3:2、3）。首先，诸如 M2001:585 这样一端有斜刃的长条形并非西周玉璋的必备造型，而另一件所谓的璋 M2001:540 显然就是一件玉戈，它和普通玉戈的不同之处在于在前锋下两侧内敛并且分别琢出两个牙状凸起，虽然这种造型在西周玉戈中缺乏可资比较者，但《三门峡虢国墓》将其定名为璋，也并没有令人信服的依据，而且和该报告所遵循的"半圭为璋"的原则发生冲突。作者怀疑 M2001:540 这件玉戈是一件改形器，因此才有这样怪异的造型。

内棺盖中部的五组条形玉片排列整齐，各成体系，原先无疑是镶嵌或粘结在某种器物上的，而这五组条形玉片周围则是长条形的平刃、角刃玉匕或素面璋，因此我们认为这里每一组条形玉片其实是和它附近的一件玉匕或璋组成一套完整的柄形器的，玉匕或璋相当于柄，而成组的条形玉片则是柄形器的牙饰（图3-4）。[①] 但由于缺乏对发掘情况

---

① 柄形器是西周墓葬中常见的器类之一，但多数是不带牙饰的"柄"，不过在等级较高的墓葬中则多见有牙饰者。柄形器的"柄"，常见的有两类：一类是素面、上端略收缩形成颈部者，另一类则是装饰有龙、凤纹，器体外侧有牙状凸起者。但西周玉器的组合甚为随意，以长条形玉器充当柄形器的"柄"是完全可能的。

西周"葬玉"的若干认识——以虢国墓地 M2001 为中心　　267

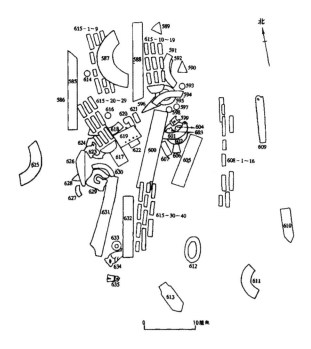

图 3-4　M2001 内棺盖上中部随葬玉器平面图

的了解,我们很难确定玉匕(柄)和牙饰之间的具体对应关系。

内棺盖中部还有十余件动物形玉饰和玉牌、管、珠等器物,其中的双人面纹佩 M2001:619 是一件改制器,其上部已经残缺而仅保留了下半部,在其底部则有斜穿孔六个,这种造型的牌饰在晋侯墓地 M31 和 M92 中都有发现,[1]都是串珠佩饰中的主要构件。考虑到其下部还有璜、环和小玉戈等器物,推测它们原来都是连缀在这件双人面纹佩饰上的。在这些动物形玉饰中也包含有多件早期遗留物,如其中 M2001:620 这一件玉猪龙,就是典型的红山文化玉器,而两件鳖形佩 M2001:561 和 M2001:603 也同样属于红山玉器的遗留,表现出浓厚的红山玉

---

[1]　北京大学考古学系、山西省考古研究所:《天马——曲村遗址北赵晋侯墓地第三次发掘》,《文物》1994 年第 8 期,第 22—33 页;《天马——曲村遗址北赵晋侯墓地第五次发掘》,《文物》1995 年第 7 期,第 4—39 页。

器作风,如两者均用砣具在背部雕琢出鳖背和足、前者在下颚部作出"牛鼻形"系戴孔、后者从头到尾的"天地穿"钻孔等均是;而这里的一件所谓马首形佩 M2001:558 则是典型的商代正面兽首像,其"臣"字形大眼以及刚劲有力的线条也是商代玉器的标志性符号(图3-5)。①

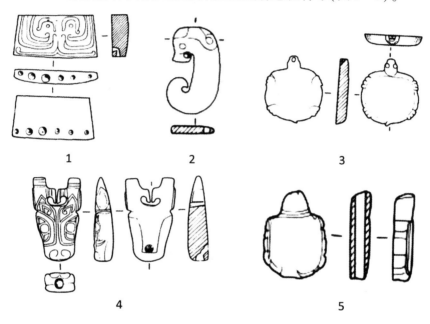

图3-5 M2001 内棺盖中部的动物形玉饰和玉牌
1. 双人面纹佩 M2001:619; 2. 玉猪龙 M2001:620; 3. 鳖形佩 M2001:561; 4. 马首形佩 M2001:558; 5. 鳖形佩 M2001:603

西周墓葬中虽然有玉琮的发现,但数量很少,而且其中还包括相当多的早期遗留物,这种现象在晋侯墓地和沣西井叔墓地都有发现。② M2001 内棺盖下部的这件玉琮 M2001:637,器高仅 5.25 厘米。从所公

---

① 有关红山玉器和商代玉器特征的讨论,可参看吴棠海先生在北京大学考古系的讲义《古玉的制作工艺与鉴赏》(二),2000 年5月。

② 如晋侯墓地 M8 墓主人两腿之间的一件玉琮就是良渚文化的遗留物,参看拙著《晋侯墓地出土玉器研究札记》一文。而张家坡井叔墓地 M170:197 这件带有凤鸟纹的玉琮,据吴棠海先生的观察则是一件齐家文化的遗留物,但在西周时期又加刻了凤鸟纹。

布的线图看,这件玉琮采用两端穿孔的方法来取出琮芯料,而这种钻孔方法在齐家文化中十分流行,因此,我们认为这一件玉琮当是齐家文化的遗留物。① 另一件玉琮为残片,这里不论。

(四)内棺内:M2001随葬玉器主要分布在墓主人的身体周围,以下我们依据《三门峡虢国墓》的有关描述和插图来复原墓主人身体各个部位所放置的玉器。

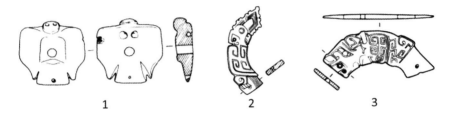

图3-6 M2001发饰构件
1.鹰形佩 M2001:669-1;2.钩喙鸟形璜 M2001:663-1;3.虎形璜 M2001:665-1

头部:首先是在墓主人头部的右上方有一组串饰,共包括73件颗构件,发掘者依据其出土位置认为是束绾发髻的发饰。在墓主人脑后也发现有一组发饰,由鹰形佩、璜、玦和管等17件组成,发掘者已经指出这组发饰中的主要构件都是早期遗留物,如其中的钩喙鸟形璜和虎形璜是典型的商代玉器,而其中的鹰形佩则是红山文化玉器(图3-6)。② 其中M2001:665这件虎形璜上有三个而非通常的两个钻孔,这其实反映了这件玉器自身功能的转变以及商周时期佩戴方式上的不同,也就是说,这件商代玉虎原先只有一个钻孔以供佩系,因此佩戴时此器必然是垂直的,而到了西周时期,在器体的前后两端又各钻一孔,这样,原本垂直佩系的商代玉虎就变成了水平佩戴的西周虎形玉璜了。从这件玉器上三个钻孔的位置来看,商代的钻孔必然在虎口处,西周增

---

① 在甘青地区不仅有这类的玉琮出土,还发现有采用两端钻孔方法取出的琮芯料。参看阎亚林:《甘青宁地区史前玉器初步研究》,北京大学考古系硕士论文,1999年。
② 河南省文物考古研究所、三门峡市文物工作队:《三门峡虢国墓》第一卷,第530页。

图 3-7　M2001 缀玉瞑目

钻的两孔则分别在虎的下颌和尾部。

脸部:缀玉瞑目一组共 142 件颗(图 3-7)。这套玉覆面和晋侯墓地所出土者结构基本相同,都是利用或改制某些特定造型的玉片来组合成人面器官,然后在其四周围绕三叉形或梯形玉片。据发掘者描述,凡有纹饰的玉片都是将有纹的一面朝下,而系戴孔则是穿透这些玉器的背面和侧面,这表明制作玉覆面时是把玉片无纹饰的一面缝纫在布帛之上,而后把有纹的一面紧贴在墓主人的脸部,而布帛的一面则朝上。类似现象也见于晋侯墓地。①

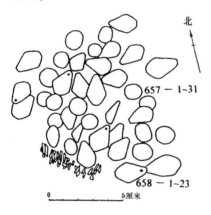

图 3-8　M2001 口含玉

口部:共出口含玉 54 件(图 3-8),包括玉珠 31 件和玉贝 23 件,另有石贝一枚。其中的玉珠多数是加工玉器钻孔时所余的芯料,但经过琢磨处理。

颈部:项饰一组,由 6 件马蹄形玉佩和 112 颗玉珠组成(图 3-9)。

胸腹部之上:七璜连珠组玉佩一组,共包括构件 374 件颗(图 3-10)。这套组玉佩包括上下两部分,上部是由玛瑙珠和玉管组成的项饰,以便佩戴整组玉佩,下部主体则是由玛瑙珠和玉管连接的七件玉璜,佩戴于胸腹之前。在这组玉佩之上

---

① 笔者参与发掘的晋侯墓地 M8 和 M31 中的玉覆面都是如此。

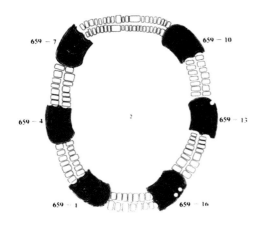

图 3-9　M2001 项饰

则叠压着 M2001:643 这件长达 31.9 厘米的大玉戈。

胸腹部之下：墓主人左肩下压有玉璧三件，右肩下有玉璧一件，均素面；腰下则有玉戈两件，盆骨下也有素面的玉璧两件（图 3-11）。其中的一件玉戈 M2001:682 虽然略有残破，但其内部的牙状凸起清晰可见，而另一件玉戈 M2001:681 内部正背面各有阴刻细线十道，表明它们都是商代玉器的残留。[①]

手部：墓主人双手各握束腰龙纹玉管一件。

上身两侧：有少量的管、角形玉匕、龙凤纹璋（实为通常所说的柄形器）、鞢、觽和龙纹佩等饰件。

图 3-10　七璜连珠组玉佩

---

① 孙庆伟：《晋侯墓地出土玉器研究札记》，《华夏考古》1999 年第 1 期，第 60—71 页。

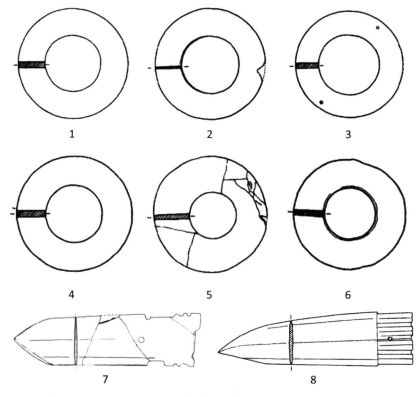

图3-11　M2001墓主胸腹部之下的玉璧及玉戈
1. M2001:677,放置于墓主左肩下；2. M2001:678,放置于墓主左肩下；
3. M2001:679,放置于墓主左肩下；4. M2001:676,放置于墓主右肩下；
5. M2001:683,放置于墓主右侧骨盆下；6. M2001:684,放置于墓主左侧骨盆下；
7. M2001:682,放置于墓主腰下；8. M2001:681,放置于墓主腰下

脚端：两组共八件玉片，发掘者认为是墓主人脚趾间的夹玉。另外，在墓主人的左脚下又有长条形玉片两件，发掘者将其命名为"踏玉"。

二

在进行有关的讨论之前，有必要对"葬玉"这一概念进行分析和界定。夏鼐是最早对葬玉的名称和内涵进行讨论的考古学者，他主张葬

玉"是指那些专门为保存尸体而制造的随葬玉器,而不是泛称一切埋在墓中的玉器"。① 但也有学者指出,"葬玉是指基于某种信仰而为死者准备的玉件"。②《三门峡虢国墓》的作者将该墓地出土的玉器分为礼器、佩饰、敛玉、棺饰、用具、饰件和其他等七类,其中属于敛玉类的有缀玉瞑目、手握玉、口含玉、脚趾夹玉和踏玉等。③ 很显然,《三门峡虢国墓》所说的敛玉就是夏鼐先生所说的葬玉。但是《三门峡虢国墓》主要撰稿人姜涛先生又主张虢国墓地的葬玉应从广义和狭义两方面来理解:广义上的葬玉包括墓葬中出土的所有玉器,而狭义者则仅指瞑目、握玉、脚趾夹玉、踏玉和口含玉等。至于为什么要对葬玉作广义和狭义的划分,划分的标准如何,姜涛先生则未作解释。④ 将缀玉瞑目、含玉和握玉等归纳为葬玉固然是没有疑义的,但是通常被排除在葬玉体系之外的其他所谓的礼器和佩饰器等,它们和葬玉之间是有内在的联系,还是简单地共存在同一墓葬之中呢? 换言之,当功能各异的玉器被用作随葬品后,它们是否丧失其固有的功能而重新组合成一个有机的整体并发挥出崭新的功能呢? 我们认为这是理解西周葬玉的关键性问题,而要对这一问题作出回答,则必须要从明确周人以玉随葬的动机着手。

确凿的、和这一问题直接相关的西周时期的文字材料目前仍然阙如,但是《左传》中保留的子产的一段论述给我们提供了至关重要的启示。《左传》昭公七年记载子产在回答晋卿赵景子有关"伯有能为鬼乎"的提问时,他说:"能。人生始化曰魄,既生魄,阳曰魂。用物精多,

---

① 夏鼐:《汉代的玉器——汉代玉器中传统的延续和变化》,《考古学报》1983年第2期,第133页。
② 邵望平:《海岱系古玉略说》,《中国考古学论丛》,北京:科学出版社,1993年,第131—141页。
③ 河南省文物考古研究所、三门峡市文物工作队:《三门峡虢国墓》第一卷,第532—533页。
④ 姜涛、李秀萍:《虢国墓地出土玉器的认识与研究》,邓聪主编:《东亚玉器》II,香港:香港中文大学中国考古研究中心,1998年,第47—65页。

则魂魄强,是以有精爽至于神明。匹夫匹妇强死,其魂魄犹能冯依于人,以为淫厉,况良霄,我先君穆公之胄,子良之孙,子耳之子,敝邑之卿,从政三世矣。……而强死,能为鬼,不亦宜乎!"子产的这段话揭示了周人丧葬观念中最为关键的一个逻辑关系,即:人死后化为魂魄,死者魂魄的强健与否取决于随葬"物精"的多少,而物精的多少则取决于用"物"的多少。具体到良霄(即伯有)此人,则因为其家族三世为郑国之卿,死后"用物也弘",所以其魂魄强健而理所当然地"能为鬼"。①

很自然产生的一个问题就是,在周人的观念当中,能够给魂魄提供这种"物精"的"物"是什么?《国语·楚语下》楚昭王和其大夫观射父之间的一段对话又为我们提供了答案。当观射父向昭王讲述先王事神乃以"一纯、二精、七事"等物时,昭王疑惑道:"所谓一纯、二精、七事者,何也?"观射父的回答是:"圣王正端冕,以其不违心、帅其群臣精物以临监享祀,无有苛慝于神者,谓之一纯。玉、帛为二精。天、地、民及四时之务为七事。"由此可见,周人以玉随葬的行为当是扎根于这样的两层信仰:首先,物精能够令死者的魂魄强健;其次,玉是能够提供这种"精"的"物"。

周人不仅相信玉这种物质中富含"物精"或者说"精气",而且还相信精气本是游离于天地之间的一种物质,玉中所含的精气同样是外来的。这种思想在不少先秦文献中都可以见到,但最典型者是《吕氏春秋·尽数》中的一段论述:"精气之集也,必有入也。集于羽鸟,与为飞扬。集于走兽,与为流行。集于珠玉,与为精朗。集于树木,与为茂长。集于圣人,与为琼明。"既然珠玉之精朗乃是出于"精气之集",那么,古人判断某一件玉石器物是否富含精气就有了可感观的标准:精朗者,含精多;晦暗者,含精少。换言之,"精朗度"高的玉石所蕴含的"精"自然

---

① 据《左传》襄公三十年记载在伯有被郑国其他几位公室子皮、子晳和公孙段攻杀于羊肆后,为伯有大、小敛并葬其于斗城者就是子产,因此,子产说伯有死后"其用物也弘"应该是可信的。

要多于"精朗度"低的玉石。这种"集于珠玉,与为精朗"观念对于西周葬玉制度上的深远影响我们下文再作探讨。①

将使用葬玉的动机归结为使用玉精来强魂健魄的观念比笼统地说用葬玉来敛尸要更为明确,而且得到文献材料的支持。但同时也带来了新的问题,因为在周人观念中人死后不仅有魂魄的产生,而且魂魄是分离的,各有其归宿,这就是《礼记·郊特牲》所说的"魂气归于天,形魄归于地"。周人这种魂魄分离的信仰,必然也会作用于当时的埋葬制度,具体到葬玉,必然要回答葬玉究竟是兼顾魂魄,还是有所侧重。张光直先生曾经考察过中国古代的灵魂观念,并得出结论说,"那么古代的埋葬制度与习俗便必然具有双重的目的与性格,即一方面要帮助魂气顺利地升入天界,一方面要好好地伺候形魄在地下宫室里继续维持人间的生活"。但他又指出,"即自西汉初期以前一直到三代的竖穴木椁墓,不论在墓室的结构上还是在尸体的保存上都不显著表现使尸体长期保存的措施。所以在汉代以前,也许在墓葬习俗上说,并没有在形魄的供奉上有特殊努力的证据。从另一方面看,根据随葬品的种类与上面装饰的花纹,当时更重要的考虑可能是如何帮助神魂走入天界……而到了晚期即西汉以后则对形魄更加重视"。②

因此,我们在这里可以概括地讲,首先,在玉为精物这一观念的作用下,西周葬玉可以是泛指墓葬中随葬的一切玉器,在这层意义上说,任何随葬的玉器首先被关注的是作为精物的"玉",而不是有具体造型和实际功用的"器"。其次,在魂魄分离观念的指导下,西周葬玉更多的是为了服务于升天的"魂",而不是归地的"魄",所以,葬玉是"专门为保存尸体(形魄)而制造"的说法并不合于周人的理念。

---

① 有关先秦时期精气观念的研究可参看裘锡圭:《稷下道家精气说的研究》,《文史丛稿——上古思想、民俗与古文字学史》,上海:上海远东出版社,1996年,第16—50页。

② 张光直:《〈中国著名古墓发掘记〉序》,《考古人类学随笔》,北京:生活·读书·新知三联书店,1999年,第18—20页。

三

为了更好地分析 M2001 的随葬玉器和探讨西周的葬玉制度,我们试将 M2001 號季墓、M2012 梁姬墓和 M2011 號太子墓出土玉器列为表 1,进行对比。

表1

位置		墓 葬		
		號季墓(M2001)	梁姬墓(M2012)	號太子墓(M2011)
棺椁之间		1.椁室东北角有圭形器等 18 件玉器;2.椁室周围有用作棺罩饰件的玉石贝 500 余件。	1.椁室北端有玉戈、石戈和柄形器等;2.椁室西北角有石贝一组 65 件。	1.椁室南端石贝一组 202 件;2.椁室东侧玉环 9 件、鸟形佩和束绢形佩各 1 件。
外棺盖板		戈、戚、刀、匕等兵器类;璋、柄形器和圆形玉片等。	小臣毁玉戈 1 件。	大玉戈 1 件;石戈和圭 87 件。
内棺盖板		1.戚、戈等兵器类;2.动物形玉饰件;3.几何形饰件;4.璧、璋、琮等。	1.戈、匕、柄形器;2.玉璧 2 件;3.玉环 1 件置于铜方盒内。	
墓主人身体周围	头部	1.头部右上方发饰一组 73 件;2.脑后发饰一组 17 件。	1.头顶部有圆玉管 1 件;2.头部两侧和左右耳部各有玉玦 1 件;3.脑后正中玉玦 1 件和残柄形器 1 件。	耳部玉玦 4 件。
	脸部	缀玉瞑目一套 142 件。		
	口部	1.玉珠 31 件;2.玉贝 23 件;3.石贝 1 件。	残柄形器 1 件和玉蚕 2 件,可能用作口含玉。	口含玉管 4 件。
	颈部	项饰一组共 118 件颗。	1.项饰两组;2.残柄形器 1 件。	项饰一组。
	胸腹部上	大玉戈 1 件;七璜联珠组玉佩一套。	1.五璜联珠组玉佩一套;2.玉玦一对;3.鹿、牛、猪、鱼、蝉等动物形玉饰。	1.胸部有玉戈 1 件;2.盆骨处有人、龙、鱼和柄形器等饰件。

续 表

位　置		墓　葬		
		虢季墓(M2001)	梁姬墓(M2012)	虢太子墓(M2011)
墓主人身体周围	胸腹部下	1. 左肩下玉璧3件；2. 右肩下玉璧1件；3. 盆骨下玉璧2件；4. 腰下玉戈2件。	1. 左肩和腰下各有玉璧1件；2. 右侧腰下玉璜1件。	
	胸腹两侧	管、璋、觿、柄形器、匕、龙纹佩等饰件。		右臂外侧玉璧1件。
	手部	两手各握玉管1件。	1. 两手各握玉管1件；2. 左右手腕各有腕饰1组。	1. 左手玉管1件、右手小玉管7件；2. 左右各有腕饰1组。
	脚部	1. 两脚各有脚趾夹玉一组4件；2. 左脚下有踏玉2件。	脚端玉圭2件用作踏玉。	左腿外侧玉琮1件。

《三门峡虢国墓》还报告了其他四座未遭盗掘的小型墓葬的发掘情况,其中或多或少地有玉器随葬。为方便讨论,这里我们将其中的随葬玉器列为表2。

表2

位　置	墓　葬			
	M2016	M2017	M2018	M2019
棺椁之间	椁室北端玉鱼1件和石贝41件。			
棺盖板	玉匕1件、凤鸟纹佩1件、柄形器1组。	玉匕1件、柄形器2件、玉管2件。		
墓主人身体周围	头侧玉玦2件和鱼形饰1件。	鱼形含玉1件、左右手各握玉管1件。	鱼形口含残片4件、龙凤纹残片1件。	口含石贝6件。

在了解西周葬玉的基本观念,并将上述墓葬随葬玉器进行必要的比较之后,我们才有可能正确理解虢国墓地所反映的西周葬玉制度。

以下的有关讨论，依然以 M2001 號季墓为中心，通过 M2001 和其他墓葬出土玉器的比较来展开有关的分析。

（一）根据表1，我们可以对这三座墓葬随葬玉器的情况作初步的归纳。首先，三座墓葬的随葬玉器都主要集中在这样三个位置：棺椁之间、内外棺盖板上以及墓主人的身体周围；其次，上述位置所陈设的玉器器类也有一定的规律性，其中棺椁之间最常见饰棺的玉石贝以及少量的佩饰器，内外棺盖板上则以戚、戈、圭以及柄形器等礼仪性器物为主，墓主人身体周围是随葬玉器最为集中的地方，虽然器类复杂，但以装饰性的佩饰器为主。

通过表2我们可以看出，尽管表内四座墓葬随葬玉器极其有限，但其器类和分布依然表现出同样的规律性：石贝见于棺椁之间；棺盖板上放置柄形器和玉匕一类的礼仪性玉器；墓主人身体周围所见者主要是装饰性的玦以及用作玉琀的残片。

表1所列三墓的墓主人明确，等级清楚。M2016 和 M2017 各有两鼎一簋出土，发掘者推测墓主是號季的侍从，属士一级，而 M2018 和 M2019 两墓的出土物仅有表2所列的各项，其墓主人的社会地位显然较 M2016 和 M2017 两墓主人要低。因此，上述墓葬随葬玉器在陈设位置上所表现出来的规律应该是当时的通例。

（二）虽然从广义上讲凡随葬在西周墓葬中的一切玉器都可以看成是葬玉，但从上述七座墓葬出土玉器可以看出西周葬玉中有最为基本的两个部分：含玉和握玉。以上七座墓葬无一例外地有含玉，而表1中的三座墓葬则都有握玉。含玉和握玉在不同等级墓葬中的普遍使用，表明它们在西周葬玉中具有更为突出的地位。

关于含玉，《公羊传》定公五年何休注云："含，天子以珠，诸侯以玉，大夫以碧，士以贝，春秋之制也。"尽管上述墓葬所出含玉在数量和器类上都有差异，但无法由此归纳出何休所说的等级制度，这种现象在其他地区的西周墓葬中也得到反映。例如用作含玉的玉蝉，既见于宝鸡竹园沟 M4 弳季墓,①也见于扶风云塘 M6②那样的单棺小墓,再如玉蚕,也同时见于晋侯墓地 M102 晋侯夫人墓③和云塘 M14 一类的小型墓中。西周墓葬中含玉的多样性及其无等级性(这里指的是同一种玉器器类可以用作不同等级墓主人的含),从另一个侧面证明了周人在把某件玉器用作含玉时,他们注重的是玉的"物精"而不是该件玉器的器形和原有功用。

基于这一层理解,我们认为虢季墓出土的含玉其实包含有深刻的文化内涵。首先从含玉的数量考虑,该墓共出有 55 件口含的玉石贝和珠,远远超过其他六座墓葬,这应该可以理解为子产所说的"用物也弘"的一种体现;同理,虢季墓随葬有数量最多的玉器,也应该用这种观念来解释,即用玉愈多,死者所能攫取的"物精"也越多,相应地,死者的魂魄也就越强健。其次,从含玉的质地而言,"虢季墓所出的数十粒口琀玉则大部分是用钻孔所余的料芯经琢磨加工制成。这些料芯其质地均为上好的和阗软玉"。④ 以琢玉时钻孔所余的芯料作国君的口含玉,除了再次证明周人在使用葬玉时重"质"轻"形"的理念之外,更进一步揭示了玉质的优劣和其含"物精"多少的辩证关系。虽然现在有人坚信古人对于玉石质地的认识仅仅停留在"美石为玉"的程度上,但我更倾向于相信即使早在新石器时代晚期古人就已经能够对玉质的优劣做出很明确的判断,只是我们还无法获知其具体的判断标准和判断方式。⑤ 但是,既然周人重玉乃是扎根于玉是精物的信仰,那么,含

---

① 卢连成、胡智生:《宝鸡弳国墓地》,第 170 页。
② 陕西周原考古队:《扶风云塘西周墓》,《文物》1980 年第 4 期,第 46 页。
③ 北京大学考古系、山西省考古研究所:《天马——曲村遗址北赵晋侯墓地第五次发掘》,《文物》1995 年第 7 期,第 35 页。
④ 河南省文物考古研究所、三门峡市文物工作队:《三门峡虢国墓》第一卷,附录四《虢国墓出土玉器玉质的初步鉴定》,第 580 页。
⑤ 有关古人对玉石质地的认识,笔者在《〈考工记·玉人〉的考古学研究》中有过较详细的讨论,可参看。

"精"量的多少理所当然地成为周人判断玉质优劣的标准。含"精"的多少是抽象的、无法感知的,但在精气"集于珠玉,与为精朗"这一观念的支配下,问题就转换为鉴别玉料的"精朗"程度了,即含精愈多,则玉愈为精朗。玉石的精朗与否是具象的、可以感知的,这就是《说文》所总结的玉有"五德",即从色泽、纹理、声音、韧性和硬度等物理角度来衡量玉的质量,凡此五点,古代的玉工在长期的实践中,完全可以作出准确的判断,而由此也可以推定和阗玉在中国古代始终受到偏爱的原由是因为它所表现出来的物理特征符合古人(至少是周人)判断玉料是否"精朗"的标准。那么,使用钻孔所剩的和阗玉芯料作为虢季的含玉,也是出于希望多获取"物精"的缘故。[①]

总括以上的论述,我们可以形成这样的一种认识:为了让死者获得更多的"物精",周人习惯于从两方面着手,一是单纯地从"量"上增加随葬的玉器,二是从"质"的方面下功夫,以"精朗"度高的玉器随葬能够在"物精"的供给上有事半功倍的效果,而对于后者而言,可以不必在乎所用之物是琢磨精致的器具,还是未经雕琢的边角废料。因此,我们也可以说,西周葬玉的等级制度不仅表现在随葬玉器的数量上,同时也表现在随葬玉器的质量上。虽然就目前的出土材料来看,我们还不能对西周葬玉在"质"和"量"上所表现出来的等级制度进一步量化和具体化,但是,如果说等级越高的墓葬,则所用葬玉的数量就越多,而且

---

① 林巳奈夫先生也有类似的意见,他在《佩玉和绶——序说》一文中指出"软玉在战国—汉代间,诚如此处所说的,确实具润泽有温、纹理露于外,叩之鸣美音等等特色。但是,将其比拟于人的儒教性道德标准,的的确确是有强烈的杜撰嫌疑,也很难接受那是软玉受重视的真正原因。玉之德最好还是求诸于其他的理由"。林氏所说的"德",其实正是我们在文中所反复强调的"物精"或"精气",因为他说:"而补益强化生命力的、是阳之精纯者,是故,汉人对玉特别尊重,正是玉所具有的这种力量,此力即玉之德。"林氏又说:"此一德和一般我们想到的伦理性的德,是不同的,它是指赋予自然界生长、再生的原始动力、是一种神秘的力量。"参见林巳奈夫著,杨美莉译:《中国古玉研究》,台北:艺术图书公司,1997年,第108—109页。

所用葬玉的质量也越高,这总是符合西周的史实的。

(三)对比表1和表2,M2001 虢季墓和 M2012 梁姬墓出土玉器中最引人注目者是两组组玉佩。两墓出土的组玉佩在结构上存在着明显的差异,这首先体现在组玉佩中主要构件璜的数量上,M2001 组玉佩由若干玛瑙珠连接七件玉璜组成,而 M2012 组玉佩仅有五件玉璜。其次是两组玉佩中的玉璜在工艺上也有明显的差异,M2001 玉佩的七件玉璜均雕琢有精致的龙纹或人龙合纹,其中的三件正反两面均装饰有纹饰,而 M2012 组玉佩的五件玉璜中有两件素面无纹,另外三件的纹饰较 M2001 所见者要简单。其实在素面的两件玉璜中,其中的一件 M2012:115-26 已经在璜的两端各琢出了一个龙眼,因此,严格来讲,这是一件未及完工的玉璜。再次,M2001 的七件玉璜玉质一致,"均为青玉,大小依次递减",而 M2012 的五件璜则是"玉质、大小、纹样有别",① 这些玉璜在玉质和纹饰上的差异从《三门峡虢国墓》有关彩版可以清楚地看出。这种差别带给我们的印象是 M2001 组玉佩是经精心设计和施工而成的,而 M2012 组玉佩则似乎有凑合的感觉。

早在清代就有学者对周代的组玉佩进行研究,② 后来郭沫若在研究西周铜器时论证西周金文中的"黄"是周代佩玉之"珩"的本字,而"衡"乃假借字,并认为"黄"字"实古玉佩之象形也"。③ 郭氏的这一论断是对西周组玉佩研究的重大突破,此后郭宝钧又根据考古材料对周代的组玉佩进行了尝试性的复原。④ 但五六十年代以来,陈梦家和唐兰两先生同样依据西周金文材料,却先后指出西周金文的"黄"不是佩

---

① 河南省文物考古研究所、三门峡市文物工作队:《三门峡虢国墓》第一卷,第154、277页。

② 有关组玉佩的研究史,可参看贾峨:《两周"杂佩"的初步研究》,杨伯达主编《传世古玉辨伪与鉴考》,北京:紫禁城出版社,1998年,第125—180页。

③ 郭沫若:《释黄》《释亢黄》,《金文丛考》,北京:人民出版社,1954年,第162—174、243页。

④ 郭宝钧:《古玉新诠》,《历史语言研究所集刊》第20本下册,1949年。

玉而是服饰,如陈梦家先生说:"金文名物之黄不是玉器而是衣服的一种。"他还说:"金文的朱黄、素黄、金黄、幽黄、葱黄即《玉藻》的朱带、素带、锦带、幽衡、葱衡。"①而唐兰先生则从毛公鼎铭文出发,论定"黄"字古文"跟佩玉之形,全无关涉。'芾黄'之'黄',金文或作'亢',都应该读为'横'⋯⋯可见'黄'或'横'都可从用'衡'来代替。"唐先生又说:"'葱衡'本身不是佩玉而是系佩玉的带⋯⋯'上有葱衡,下有双璜'是指系在葱色的衡(带)上的玉佩,主要是双璜。'璜'其实是'珩','璜'是古字,'珩'是春秋以后的新字。"②

针对陈、唐两先生的有关论断,孙机先生在近年重新作了详细的审视,结果论定"黄是命服中的玉佩,至此已无可置疑"。根据最新的出土材料,孙机先生又将 M2001 和 M2012 以及晋侯墓地出土的这一类多璜组玉佩考定为《礼记·玉藻》所说的"德佩",而相应地,周人所佩戴的玉质工具类则属于《礼记·内则》所说的"事佩",除此之外,还有"德佩"和"事佩"均无法包容的佩饰器,如用一件梯形玉牌缀联多串玛瑙珠的饰件。③

M2001 和 M2012 组玉佩最明显的差别除了玉璜的工艺之外,还表现在前者有七璜而后者仅有五璜,发掘者将玉璜数量上的差异理解为墓主人身份等级有别所致,这固然有理,但是进而把 M2001 的七璜组

---

① 陈梦家:《西周铜器断代》,燕京研究院:《燕京学报》新一期,北京:北京大学出版社,1995 年,第 277—280 页。

② 唐兰:《毛公鼎"朱韍、葱衡、玉环、玉瑹"新解——驳汉人"葱珩佩玉说"》,《光明日报》1961 年 5 月 9 日。

③ 孙机:《周代的组玉佩》,《文物》1998 年第 4 期,第 4—14 页。在孙机先生之前,林巳奈夫先生在前揭文中也讨论了"德佩"的含义,但他在坚持"此一德和一般我们想到的伦理性的德,是不同的"的基础上,说:"德佩推测本来是各族特有的'物'所秉赋之'德'之玉制品⋯⋯德佩,本来是作成似鬼神之形态,而携于身上的,就近蒙受鬼神所秉赋之德的影响。"相比之下,孙机先生并没有做这样的分析,而是将"德佩"之"德"直接理解为儒家道德之"德"了。两家之说孰为有理,还有待于以后的研究。

玉佩和《周礼·春官·典瑞》所谓"侯伯七命……礼仪皆以七为节"联系起来则并不一定合适。① 从目前的出土材料来看，还不能得出这种规律性的意见。比如晋侯墓地 M8 和 M31 是一组夫妇异穴合葬墓，M31 夫人墓出土类似六璜组玉佩，而 M8 晋侯墓中却没有发现结构类似的组玉佩；又如晋侯墓地 M91 这座晋侯墓中出土一套五璜联珠组玉佩，但在其夫人墓 M92 中则有八璜联珠组玉佩。因此，组玉佩中玉璜的数量可能包含了一定的等级观念在内，但现在要指实使用者的身份等级和玉璜数量的具体对应关系还为时过早。

问题的另一面是，如唐兰先生所统计的，"黄"在金文中有不同的称呼，包括：葱黄、幽黄、幽亢、朱黄、朱亢、黄、五黄、冋黄和金黄等，用来修饰"黄"的这些字，大都与颜色有关，而唐先生反对"黄"是玉佩的理由之一就是："葱、幽、朱、金是颜色，但决非玉色。"孙机先生对唐说有所辨正，如将朱黄理解为考古所见涂朱之玉璜，而葱（素）、幽（黝）则以玉之本色解之，至于金黄，则推测可能是指铜珩而言。暂且不论孙机先生的解说是否正确，就金文中不同的名目来说，必然代表着某种差异。尤其值得注意的是，称为"葱黄"的玉佩目前只见于毛公鼎和番生簋两器铭中，而毛公和番生二人，是"总理（太史和卿事）两寮及公族及宰职"，"其权限远远超过前此历代王朝职官，颇近于后世的宰相，与《周礼》天官冢宰相类，然其具体职掌却又大大超过天官冢宰"的一类人物，②这种现象恐怕不是出于偶然。再如《国语·晋语中》记载周襄王拒绝晋文公"请隧"等无理要求时，即以"先民有言曰'改步改玉'"为理由，类似的记载也见于《左传》定公五年，当鲁国执政季平子死后，其家臣阳虎"将以玙璠敛"，但玙璠乃鲁君所佩之玉，故季平子的另一家臣仲梁怀"弗与"，并且也要求阳虎"改步改玉"，由此可见周代佩玉确有其等级差别。但上述不同名称的"黄"究竟蕴含着何种差异，这一问

---

① 河南省文物考古研究所、三门峡市文物工作队：《三门峡虢国墓》第一卷，第 532 页。
② 张亚初、刘雨：《西周金文官制研究》，北京：中华书局，1986 年，第 109 页。

题已经涉及周代的舆服制度,内容庞杂,容当另撰文讨论。①

和 M2001、M2012 两墓组玉佩结构上的差异相比,更可引起注意的是 M2011 虢太子墓中此类组玉佩的阙如。M2011 太子墓出列鼎七件,和虢季墓相同,而多于梁姬墓的五鼎。从墓葬规模上,M2011 虢太子墓也要大于梁姬墓。1950 年代在虢国墓地发掘的 M1052 也是一座虢太子墓,同样随葬有列鼎七件,但随葬的玉器仅有头部两侧的两件玉玦,颈部的一串项饰和胸部的一件石璧,也不见组玉佩的使用。② 我们推测这种现象是由周代的命服制度所决定的,也就是说,M2001 和 M2012 出土的这种组玉佩或者说"德佩",是周代命服中的重要组成部分,因此,未经受命者,即使贵为诸侯世子者也不得服此玉佩。

周代的诸侯都是必须经周王册命的,这在金文和传世文献材料中都有例证,前者如井侯簋、宜侯夨簋、克罍和克盉,后者则如《诗·大雅·崧高》《韩奕》和《诗·鲁颂·閟宫》等均是,因此,《诗·唐风·无衣》毛传云:"诸侯不命于天子则不成为君。"周天子册命诸侯,既有周王亲命者,也有周王遣使赐命者。《无衣》孔颖达疏:"庄元年《穀梁传》云'礼有受命,无来锡命,锡命非正也'。然则诸侯当往就天子受命,此

---

① 对于周代舆服制度的等级问题有两种针锋相对的观点,如黄然伟先生说:"据六七十篇记有官阶之赏赐铭文分析,知西周之赏赐其赏赐器物数量之多寡,与官阶之高低及官员之职司并无关联;同一官阶所得之赏赐,赏赐物之质与量并不相同。由此亦可窥见当时册命同一官阶任事时,其赏赐无固定之标准也。"又说:"其赏赐或多或少,盖视时王及赏赐者之好恶及其所有而定。"但陈汉平却认为:"虽说非册命赏赐无常,虽一时、一地、一事、一人非册命赏赐物之数量与质量或可无一定标准,但若长时间、大规模、多数量进行统计,由于亲者近、疏者远、高者尊、低者卑,因此,一般赏赐物品仍有好坏、多少、贵贱之差别。"因此,"西周册命舆服制度与受命百官、诸侯之爵位有关,册命赏赐舆服,因爵位不同而有不同"。针对黄然伟的说法,陈汉平明确指出其"最要之原因在于……黄氏简单认为凡官职名称相同者,其爵秩品位高低亦相同,殊不知官名相同者,其爵秩等级可有品位高低之不同。"黄、陈两说均详陈汉平:《西周册命制度研究》,北京:学林出版社,1986 年,第 264—267、276 页。

② 中国科学院考古研究所:《上村岭虢国墓地》,北京:科学出版社,1959 年,第 28—29 页。

在国请之者,天子赐诸侯之命,其礼亡。案春秋之世,鲁文公、成公,晋惠公、齐灵公,皆是天子遣使赐命。《左传》不讥之。则王赐诸侯之命,有召而赐之者,有遣使赐之者。"而周天子赐诸侯命的时间,似乎也无严格的规定,以《左传》所载鲁君受赐命为例,有在即位当年即受赐命者如鲁文公,也有即位多年后才赐命者如鲁成公(事在成公八年),更有在死后被追命者,如鲁桓公。桓公之被追命在庄公元年,《春秋》庄公元年载:"王使荣叔来锡桓公命。"《公羊传》:"其言桓公者何?追命也。"卫襄公也是死后被追命的,《左传·昭公七年》载:"王使成简公如卫吊,且追命襄公曰……"从诸侯死后尚有追命来看,周代诸侯受命于天子必是常制,则受命之诸侯必有命服。

和诸侯必经受命类似的是周代的命妇制度。《仪礼·丧服》郑玄注说:"君命其夫,则后夫人亦命其妻矣。"《释名·释亲属》则说:"夫受命于朝,妻受命于家也。"命妇之事虽不见于铜器铭文,但有学者认为彝铭中之"皇妣""皇母"之称,乃就命妇而言。① 因此,可以认为凡受命之诸侯,其夫人必也同时受命,故诸侯夫人也得有命服。

和列国诸侯及诸侯夫人必受命于周天子相比,列国太子则不一定受君命。直接的证据我们还没有找到,但可以列国大夫有受命与非受命于周天子者作为旁证。如《公羊传》庄公元年记载:"夏,单伯逆王姬。单伯者何?吾大夫之命乎天子者也。"此处强调单伯乃是经周天子所命之大夫,以示其尊崇。既有受命于周天子者,则有未经受命者。如《左传》成公二年载:"晋侯使巩朔献齐捷于周。王弗见,使单襄公辞焉。曰:'……今叔父克遂有功于齐,而不使命卿镇抚王室,所使来抚余一人。而巩伯实来,未有职司于王室,又奸先王之礼,余虽欲于巩伯,其敢废旧典以忝叔父?'"周定王坚持不见告捷于周的晋大夫巩朔的原因,即在于巩朔此时还不是"命卿",故"未有职司于王室",也就是郑玄所说列国之卿在"三命受位"后,"始有列位于王,为王之臣也"。又《国

---

① 陈汉平:《西周册命制度研究》,第33页。

语·晋语一》记载:"武公伐翼,杀哀侯,止栾共子曰:'苟无死,吾以子见天子,令子为上卿,制晋国之政。'"可见列国卿大夫受命于周天子是很高的礼遇,否则不会被曲沃武公用作政治交易的筹码。诸侯之卿大夫能受命于周天子者是有严格的名额限制的,《公羊传》庄公元年何休注说:"礼,诸侯三年一贡士于天子,天子命与诸侯辅助为政,所以通贤共治,示不独专,重民之至。大国举三人,次国举二人,小国举一人。"何休所言当然并不一定是周代确实实行的制度,但从上引数例来看,受命于周天子即使在"礼崩乐坏"的春秋时期尚且被视为极高的荣誉,其在西周之世,无疑是更加严格的。因此,虢国墓地 M1052 和 M2011 所属的两位虢太子,很可能是未经周王赐命者,故不得服命服,随葬器物中自然缺少作为命服重要组成部分的组玉佩了。①

(四)和其他各座墓葬相比,M2001 虢季墓出土玉器中另一引人注目者是覆盖在该墓墓主人脸部的一套玉覆面。虽然和晋侯墓地出土的多组玉覆面相比,虢季墓的这套玉覆面并无异常的特征可言,都是利用一些残玉片加上某些特定造型的玉饰件拼成人脸轮廓和五官形状,但在虢国墓地,这套玉覆面却显得格外醒目。

作为西周葬玉重要组成部分的玉覆面,其出现时间不会早于穆王时期,这是因为在晋侯墓地中时代最早的一组墓葬 M9 和 M13 中以及宝鸡強伯及其夫人墓中都不见玉覆面的使用,而晋侯墓地 M9 和 M13

---

① 如果我们坚持虢季及梁姬所佩之组玉佩乃其命服的一部分,则必须对晋侯墓地随葬玉器的若干现象作出解释:如 M8 和 M31 组,M31 晋侯夫人墓随葬有和梁姬墓类似的五璜组玉佩,但 M8 晋侯墓则不出这种组玉佩。对于这种现象,我们可以作出的推测有两点:一是 M8 随葬有多组结构不同的组玉佩,这些组玉佩可能是另一种形式的"德佩",或者和上文所提到的某种"黄"对应;而另一种可能则是 M8 墓主人晋献侯至死未受王命,而其夫人后死,并经周王赐命,所以献侯夫人有组玉佩,而献侯则否。但从该墓出土的晋侯苏钟铭所载墓主人晋侯苏生前的功绩来看,说晋侯苏未经周王的册命,恐怕不在情理之中。因此,当以前一种可能性是。当然,等到晋侯墓地所有出土玉器材料整理公布后,我们对于这一问题的认识也必将会有所深入。

的年代上限和弭伯墓的年代下限均在穆王时期。目前可确证随葬有玉覆面的最早墓葬为沣西张家坡 M157 井叔墓，其时代在懿王时期，①但值得注意的是，在扶风齐家 M19 中，墓主人头部出土包括玉鸟、玉鱼等 17 件穿孔玉器，发掘者推测是瞑目上的缀饰。② 齐家 M19 的年代在穆王晚期，此时出现玉覆面的雏形（即不作五官状），也在情理之中。

一个值得注意的现象是虢国墓地中玉覆面的罕见，此次公布的材料中仅见于 M2001 虢季墓，其他高等级墓葬如 M2012 梁姬墓和 M2011 虢太子墓中都不见有出土，与此形成鲜明对比的是，在晋侯墓地中玉覆面则基本同时见于晋侯及其夫人墓当中。③ 在张家坡井叔墓地中，除了 M157 和 M170 井叔墓之外，玉覆面的构件还残存于 M303、M2、M327 和 M128 等几座墓葬当中，④而从张家坡 M303 这几座墓葬的规模来看，其墓主人身份要远低作为国君夫人的梁姬和虢太子，对于这种不甚合理的现象，我们暂时还无法作出解释。⑤

（五）M2001 墓主人身体下放置多件玉璧和玉戈也是值得注意的现象，M2012 梁姬墓也有类似的现象，但所用玉器数量要少得多，而

---

① 中国社会科学院考古研究所：《张家坡西周墓地》，北京：中国大百科全书出版社，1999 年，第 254 页。

② 陕西周原考古队：《陕西扶风齐家十九号西周墓》，《文物》1979 年第 11 期，第 7 页。

③ 在晋侯墓地中，除了未随葬玉覆面的 M9 和 M13 组、完全遭到盗掘的 M6 和 M7 组、M32 和 M33 组以及 M1 和 M2 组外，其他如 M91 和 M92 组、M8 和 M31 组、M62、M63 和 M64 组都有玉覆面的发现，而唯一的例外则是 M93 和 M102 组，其中 M93 晋侯墓中有玉覆面的随葬，但 M102 则未见。M102 不见玉覆面的原因，很可能是因为该墓主人非晋侯之正夫人，而是"妾属之类"。参见北京大学考古系、山西省考古研究所：《天马——曲村遗址北赵晋侯墓地第五次发掘》，《文物》1995 年第 7 期，第 38 页。

④ 中国社会科学院考古研究所：《张家坡西周墓地》，第 255—259 页。

⑤ 一种可能是虢国施行某种较为特殊的丧葬习俗，如上村岭虢国墓地上自 M2001 和 M2009 这样的国君墓，下到普通的平民墓葬都是竖穴土坑墓，而晋侯及其夫人墓以及井叔墓则以单墓道的甲字形大墓或中字形的双墓道大墓为主。而墓道的有无和多少通常被认为是墓主人身份地位的标志。

M2011号太子墓则不见。对于两周及汉代墓葬中所见的类似现象,笔者曾经有过讨论,认为这是在死者大殓时放置在墓主人身体之下的。①而上文我们反复强调的以玉精来强健死者魂魄的观点,在此能够较好地解释 M2001 号季墓和 M2012 梁姬墓使用不同数量的玉璧、玉戈的现象,但正如在前文所言,在目前我们还无法将西周用玉等级上的差异进一步具体化和量化。

(六)对照表1所列三墓的随葬玉器,可以大致了解西周男女贵族使用玉器上的异同。从 M2001 和 M2012 对比似可认为男性墓主人所拥有的仪仗类器物如戈、戚、圭等要略多,这一点在 M2011 号太子墓表现得尤为突出,该墓所出玉器不多,戈、圭类器物占了很大的比重。不过,更为深刻的印象则是西周时期男女贵族在装饰性玉器的使用上差别不甚明显,如普遍使用项饰、腕饰和耳饰玦,让人不禁有"须眉不让巾帼"之感。这种现象使我们有理由相信对于周人而言,对玉石质饰物艳丽色彩及其外在装饰作用的追求并非女性的专利,周人同样甚至更为关注的是玉石的文化和社会内涵,这大概也是春秋以后儒家屡屡"比德于玉"的历史背景。②

通过以上分析,我们可以就西周葬玉形成这样几点认识:第一,西周的葬玉有广、狭义之分,广义上讲,墓葬陈设的一切玉器均是葬玉,其功用就是为了强健墓主人的魂魄,尤其是为强魂所设,而狭义上的葬玉,则是含玉、玉覆面、握玉、棺饰用玉等为死者专门准备的玉器,而无论是广义还是狭义的葬玉,都有一定的等级差别;第二,口含玉和手握

---

① 孙庆伟:《晋侯墓地出土玉器研究札记》,《华夏考古》1999 年第 1 期,第 63 页;又参本书后文。

② 如果要考察西周墓葬出土玉器的性别差异,晋侯墓地的材料无疑比虢国墓地更具优势,可惜的是有关材料尚未整理公布,但据作者初步接触所获的印象,和虢国墓地还是相当一致的。

玉是西周葬玉中最为基本的组成部分，反映了周人丧葬习俗中的古老传统，而作为一种丧葬传统，它们在使用上并没有等级的差别；第三，西周葬玉的陈设有一定的规律性，棺椁之间多见饰棺用玉，棺椁盖板上则见多件仪仗类器物，而墓主人的日常用器，包括礼制性和装饰性的则多在墓主人的身体周围，其目的当是为了死者更为便利地吸取玉精；第四，西周葬玉的等级差别不仅表现在随葬玉器的数量上，同时也表现在所用玉器的质量上，高质量的玉器或者说"精朗度"高的玉器被认为能够给死者提供更多的物精；第五，西周葬玉中的性别差异并不明显，而且这种差异很可能是从属于等级差别的；第六，大约从穆王晚期开始，高等级西周墓葬的葬玉开始复杂化、系统化，至西周晚期达到其顶峰。

（本文原为2000年11月"中国古代玉器与玉文化高级研讨会"论文，未刊）

晋侯墓地出土玉器研究札记

山西天马——曲村遗址晋侯墓地是近年来最为重要的考古发现之一,而其中出土的大量精美玉器尤为引人注目。本文欲就已发表的相关材料,[①]并结合当时的发掘经历,草成小记数札,以就教于专家学者。

一、玉璧

璧是西周玉器中常见的器类。在晋侯墓地中,除随葬玉器被盗掘一空的 M6、M7、M32、M33 及 M1 外,余者均有玉璧出土,且一墓多件。

在讨论晋侯墓地出土的玉璧之前,我们有必要对西周玉璧的基本形制有明确的界定。西周玉璧造型的基本特征是圆形、片状有中孔,但在如何区分璧、瑗、环三者上尚有分歧。《尔雅·释器》谓:"肉倍好谓之璧,好倍肉谓之瑗,肉好若一谓之环。"但事实上关于《尔雅》的这一解释,吴大澂和那志良

---

① 本文所用晋侯墓地出土的玉器材料,均据北京大学考古学系及山西省考古研究所编的以下简报:a.《1992 年春天马——曲村遗址墓葬发掘报告》,《文物》1993 年第 3 期,第 11—30 页;b.《天马——曲村遗址北赵晋侯墓地第二次发掘》,《文物》1994 年第 1 期,第 4—28 页;c.《天马——曲村遗址北赵晋侯墓地第三次发掘》,《文物》1994 年第 8 期,第 22—33 页;d.《天马——曲村遗址北赵晋侯墓地第四次发掘》,《文物》1994 年第 8 期,第 4—21 页;e.《天马——曲村遗址北赵晋侯墓地第五次发掘》,《文物》1995 年第 7 期,第 4—39 页。

也有不同的理解(图3-12)。夏鼐先生则指出璧、瑗、环的区分乃汉儒故弄玄虚,他主张三者皆可称璧。① 近年台湾学者邓淑苹也认为"断面为窄长方形的片状板圆形有中孔者,不论其实体'肉'与'好'的比例如何,都可称为璧"。②

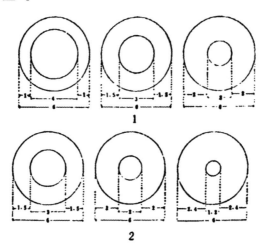

图3-12 对《尔雅》瑗、环、璧的解释
1. 吴大澂说；2. 那志良说

从出土的实物看,片状有中孔的这一类器物,其"肉""好"比例确实存在着差别,这一点我们可以通过良渚文化和西周玉璧的对比来说明。在《良渚文化玉器》一书中发表的17件玉璧中,其孔径与璧径之比均在1/4—1/5之间,大致可以反映出良渚玉璧"肉宽好窄"的特征；同时,笔者又对20余件西周玉璧进行观察和统计,发现西周玉璧的孔径与璧径之比一般为1/2,或孔径略大。③ 这一比例和吴大澂所言的

---

① 夏鼐:《商代玉器的分类、定名和用途》,《考古》1983年第5期,第456—457页。
② 邓淑苹:《故宫博物院所藏新石器时代玉器研究之一——璧与牙璧》,《"故宫"学术季刊》(台北)1987年第5卷第1期。
③ 孙庆伟:《西周墓葬出土玉器研究——兼论西周葬玉制度》,北京大学考古系硕士论文,1996年。

璧,或那志良所谓的环相当。

西周玉器中尚有肉好比例差别甚大的一类器物,如宝鸡竹园沟 M6 出土的 1 件玉环,外径 6.7 厘米,而孔径则达 6.2 厘米;[①]又如茹家庄 M1 甲室出土的 2 件玉环,外径 7.3 厘米—7.4 厘米,而"肉宽"仅为 0.6 厘米,[②]这一类器物不称之为璧而名之以环,显然是合适的,而类似的器物也见于晋侯墓地。[③]

如果以孔径与璧径之比为 1/2 作为西周玉璧的基本特征,那么晋侯墓地出土的玉器中,符合这一比例者不仅包括原已定名为玉璧者,还应包括数量更多的被称为玉环的器物,如 M8:217、M8:232、M8:233 以及该墓所出若干组玉佩中的环类构件,另外还有 M31:66、M31:108、M63:61、M93:8 等。晋侯墓地出土的玉璧,在形制上还可以做一步的划分:

A 型:无牙素面玉璧,包括标本 M2:3、M8 :232、M8:233、M31:108、M93:17 等(图 3-13:1)。

B 型:无牙有纹玉璧,主要装饰龙纹或变体龙纹,有标本 M92:131、M92:132、M31:66、M63:61 等(图 3-13:2、5)。

C 型:牙璧,仅 2 件,为标本 M8:217 和 M93:8(图 3-13:3、4)。

在西周玉璧中,A 型璧始终是主流,流行于整个西周时期,且不同等级墓葬中均见出土。B 型璧只在西周中期后段开始流行,目前仅见于晋侯墓地和上村岭虢国墓地。而上村岭虢国墓已公布的材料仅包括 M2006:80 这 1 件盘龙状璧。[④] 另外,M2001 墓主胸部的 1 件大玉璧,推测也应属于这一类型。宝鸡弜国墓地尽管等级较高,但因其时代均

[①] 卢连成、胡智生:《宝鸡弜国墓地》,北京:文物出版社,1988 年,第 188 页。

[②] 同上书,第 325 页。

[③] 晋侯 M8 曾出土 1 件玉地极佳的玉环,"肉"极窄,具体材料尚未公布。

[④] 河南省文物考古研究所、三门峡市文物工作队:《上村岭虢国墓地 M2006 的清理》,《文物》1995 年第 1 期,第 9 页。

晋侯墓地出土玉器研究札记　　293

图 3 - 13　晋侯墓地出土玉璧

1. A 型璧(M2:3);2、5. B 型璧(M63:61、M31:66);3、4. C 型璧(M8:217、M93:8)

在西周早中期,故也未见装饰龙纹的玉璧。

西周时期的牙璧,也即所谓的璇玑者,除晋侯墓地出土的 2 件外,见诸报道的尚有另外两例,1 件出土于黄陂鲁台山 M36,墓葬年代在西周早期;①另 1 件则见于西周中期的浚县辛村 Ml。② 晋侯墓地 M8 年代约在宣王之世,而 M93 则迟至两周之际,4 件器物跨越了整个西周时期。从器形上看,鲁台山 M36:18、辛村 Ml:33 和龙山时代的风车形璇玑最接近,即周身有三个明显的方向一致的组牙,而曲村出土的 2 件,造型和普通的"璇玑"差别甚大,但在其他地区的收集品中则各有一例

---

① 黄陂县文化馆、孝感地区博物馆、湖北省博物馆:《湖北黄陂鲁台山两周遗址与墓葬》,《江汉考古》1982 年第 2 期,第 51 页。

② 郭宝钧:《浚县辛村》,北京:科学出版社,1964 年,第 65 页。

相似者。其中 M8:217 和延安地区的 1 件采集品颇似①(图 3-14:1),而 M93:8 则与夏鼐公布的 1 件器物接近②(图 3-14:2),但这 2 件采集品的年代均不能确定。从西周墓中罕见牙璧这一现象来看,我们认为曲村出土的这 2 件器物很可能是早期的遗留物。西周早期甚至商代玉器在晋侯及其夫人墓中出土并非孤例,前者如 M31:108 带字玉环(本文以璧称之),经李学勤先生的研究,认为是文王时期的遗物,其上刻铭记载了文王伐唐人一事;③后者则如 M63 椁室西北角出土的铜方盒中的多件玉器,被认为"与妇好墓的同类器如出一辙"。④

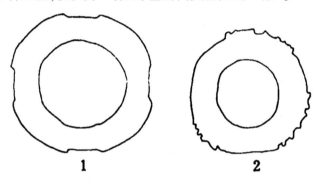

图 3-14 采集的牙璧
1. 姬乃军公布的延安地区采集品;2. 夏鼐公布的采集品

西周时期玉璧的功能,据笔者先前的研究,至少包括这样几项:祀天地鬼神祖先的祭器,馈赠之礼以及盟誓之质。⑤ 本文仅就玉璧在墓葬中的独特功能略作探讨。

---

① 姬乃军:《延安市发现的古代玉器》,《文物》1984 年第 2 期,第 84—87 页。
② 夏鼐:《所谓玉璇玑不会是天文仪器》,《考古学报》1984 年第 4 期。(不知道夏先生此文中,哪一件是图 3-14:2 这件牙璧,没有核对上。)
③ 李学勤:《文王玉环考》,《华学》1996 年第 1 期。
④ 山西省考古研究所、北京大学考古学系:《天马——曲村遗址北赵晋侯墓地第四次发掘》,《文物》1995 年第 8 期,第 21 页。
⑤ 孙庆伟:《西周墓葬出土玉器研究——兼论西周葬玉制度》,北京大学考古系硕士论文,1996 年。

上文已提到,玉璧始终流行于西周各期的墓葬中,同时它们在墓葬中的出土位置也有一定的规律性,笔者统计为以下几类:

1. 墓主头顶部,如宝鸡竹园沟 M13、M7、M1 等。①
2. 墓主的胸腹部,如济阳刘台子西周墓,沣西 M17 等。②
3. 墓主胸腹背部均有,如晋侯墓地 M8、M31。

就目前的材料来看,将玉璧置于墓主头顶的现象,主要见于西周早期墓中,其中年代最晚者则见于穆共时期的长甶墓中,③穆共以后的西周中晚期墓葬则不见这一现象。但应注意的是,在东周墓葬中,将 1 件玉(石)璧或大玉(石)环(部分事实上也是璧)置于墓主头顶的做法又开始流行,如洛阳中州路的诸多春秋墓,④太原金胜村 M251 赵卿墓,⑤淮阳平粮台 M16,⑥以及长丰杨公 M8⑦ 等均是。事实上,墓主头顶置璧的现象还持续到西汉时期,如湖南溆浦马田坪西汉墓,⑧而满城汉墓、南越王墓出土的玉衣和台湾表德轩所收藏的玉衣头罩顶部均嵌有一玉璧,⑨其位置和功用当和周代墓葬中在墓主头顶部直接放置玉璧

---

① 卢连成、胡智生:《宝鸡㚏国墓地》,第 47、96、130 页。
② a. 德州行署文化局文物组、济阳县图书馆:《山东济阳刘台子西周早期墓发掘简报》,《文物》1981 年第 9 期,第 30 页;b. 中国社会科学院考古研究所沣镐工作队:《1984—85 年沣西西周遗址、墓葬发掘报告》,《考古》1987 年第 1 期,第 22 页,图版壹·2。
③ 陕西省文物管理委员会:《长安普渡村西周墓的发掘》,《考古学报》1957 年第 1 期,第 75—85 页。
④ 中国科学院考古研究所:《洛阳中州路》(西工段),北京:科学出版社,1959 年。
⑤ 山西省考古研究所、太原市文物管理委员会:《太原金胜村 251 号春秋大墓及车马坑发掘简报》,《文物》1989 年第 9 期,第 59—86 页。
⑥ 河南省文物研究所、淮阳县文物保管所:《河南淮阳平粮台十六号楚墓发掘简报》,《文物》1984 年第 10 期,第 18—27 页。
⑦ 安徽省文物工作队:《安徽长丰杨公发掘九座战国墓》,《考古学集刊》二集,北京:科学出版社,1982 年,第 47—60 页。
⑧ 湖南省博物馆、怀化地区文物工作队:《湖南溆浦马田坪战国西汉墓发掘报告》,《湖南考古集刊》二集,1984 年,第 38—69 页。
⑨ 邓淑苹编:《群玉别藏》,台北:台北故宫博物院,1995 年。

是一致的。而汉代的玉璧,诸多学者如苏健、①吕品、②陈江风③等均认为和当时的天道观念有关,而赵殿增则以翔实的出土材料令人信服地证明玉璧在汉代为天门的象征,墓主灵魂经此到达天国。④ 因此,通过两周及汉代墓葬中玉璧放置的相似性来看,我们可以认为流行于东周、汉代以璧象征天或天门的观念至少在西周早期即已萌芽,而产生这种象征意义的原因可能来自这样两个方面:一是西周时期玉是一种重要的礼神、礼天的物质;二是璧的造型可能符合当时人们的天道观念。

在西周中晚期墓葬中,玉璧不再置于墓主头顶而多见于墓主胸腹部或胸腹背部,其中后者目前仅见于晋侯墓地诸墓中,推测上村岭虢国墓地也应有类似现象。必须注意的是,玉璧的这种放置方式也同样延续至东周和西汉时期。在洛阳中州路 M107、M115、M135,⑤淮阳平粮台 M16,溆浦马田坪多座战国及西汉墓中都见玉璧置于墓主胸腹部的情形,而曲阜鲁故城 M58,⑥满城汉墓及南越王墓则将玉璧置于胸腹及背部,其中满城汉墓窦绾的漆棺外壁还嵌有玉璧。

如果说墓主头顶置 1 件玉璧象征天门以供墓主灵魂出入的话,那么在胸腹背部置多件玉璧当有其他的含义。从满城汉墓和南越王墓胸背部的玉璧均出于玉衣之内来看,其无疑是和玉衣一道用于敛尸的。这种解释也便于理解为何墓葬等级越高,其胸背部随葬玉璧数量也就相应增多。而以玉璧敛尸,也于文献有征。《庄子·列御寇篇》:"庄子将死,弟子欲厚葬之,庄子曰:'吾以天地为棺椁,日月为连璧。'"此所谓的连璧当即是施于其身以敛尸的玉璧。《周礼·春官·典瑞》:"疏

---

① 苏健:《汉画中的神怪御蛇和龙璧图考》,《中原文物》1985 年第 4 期,第 81—88 页。
② 吕品:《"盖天说"与汉画中的悬璧图》,《中原文物》1993 年第 2 期,第 3—11 页。
③ 陈江风:《汉画像中的玉璧与丧葬观念》,《中原文物》1994 年第 4 期,第 67—70 页。
④ 赵殿增、袁曙光:《"天门"考——兼论四川汉画像砖(石)的组合与主题》,《四川文物》1990 年第 6 期,第 3—11 页。
⑤ 中国科学院考古研究所:《洛阳中州路》(西工段)。
⑥ 田岸:《曲阜鲁城勘探》,《文物》1982 年第 12 期,第 1—12 页。

璧琮以敛尸。"郑玄注云:"以敛尸者,于大敛焉加之也。"从晋侯墓地玉璧出土时多被丝织物所覆盖,以及出土时排列较整齐等现象来看,这些玉璧应是在大殓时施于墓主身体的。

关于牙璧或所谓璇玑的功用,吴大澂曾定为:"王者正天文之器,汉世以来,谓之天文仪器者是也。"① 后经夏鼐先生的大力辨正,天文仪器一说始为瓦解,② 但其功能仍未确知。曲村晋侯墓地出土的 2 件,当也是敛尸之物。辛村 M1:33 器体甚小,郭宝钧先生曾列几件相似小璧,均为其他器物上的镶嵌物,③ 此器大抵也是如此。黄陂鲁台山 M36:18 出土位置不明,其功用也只能存疑。

二、玉琮

晋侯墓地出土且已见诸报道的玉琮共 5 件:M8:204、M8:207、M8:235、M91 和 M102 各 1 件,而其中仅有 M8:235 公布有照片,余者仅知为内圆外方型玉琮,具体数据尚未发表。类似的器物见于西周墓葬者尚有以下几例:济阳刘台子西周早期墓出土 1 件,④ 高仅 2 厘米,且只有一端有射口;张家坡井叔 M170:197,其上装饰有凤鸟纹;⑤ 另外长安花园村 M15⑥

---

① 吴大澂:《古玉图考》,见桑行之等编《说玉》,上海:上海科技教育出版社,1993 年,第 641 页。

② 夏鼐:《所谓玉璇玑不会是天文仪器》,《考古学报》1984 年第 4 期,第 403—412 页。

③ 郭宝钧:《浚县辛村》,北京:科学出版社,1964 年,第 64 页。

④ 德州行署文化局文物组、济阳县图书馆:《山东济阳刘台子西周早期墓发掘简报》,《文物》1981 年第 9 期,第 18—24 页。

⑤ 中国社会科学院考古研究所沣西发掘队:《陕西长安张家坡 M170 号井叔墓发掘简报》,《考古》1990 年第 6 期,第 504—510 页。

⑥ 陕西省文物管理委员会:《西周镐京附近部分墓葬发掘简报》,《文物》1986 年第 1 期,第 1—31 页。

和平顶山北滍村 M1①各出 1 件,但均未公布具体材料。

　　在本文中,我们还将晋侯墓地 M13、M8、M31、M91 和 M93 等墓中出土于墓主头顶部的圆筒状器,原报告称之为"括发玉管""管状束发器"或"玉筒"的一类器物,也定名为玉琮。这一判断主要是基于如下几点考虑:第一,笔者参与发掘的 M8 及 M31 中"束发器"的出土位置,均离墓主头顶有相当的距离,若用作束发,当紧贴头部为是;第二,这种所谓的"束发器"造型甚为简单,仅中间一大中孔,附近又无其他附件发现,很难有束发的功效;第三,据《仪礼·士丧礼》,为便于袭敛,坚束其尸,周人死后有不冠之俗,而仅以一桑笄安发,如宝鸡強国墓地的多位墓主(包括強伯),其头部即出铜发笄而不见其他束发器,此外,虢国墓地 M2006 墓主头部也仅出玉发笄。②迄今为止,在已发掘的西周墓中有发饰者属罕见,大致可证《士丧礼》的记载是有根据的;第四,长安花园村 M15、北滍村 M1 以及曲村晋侯墓地 M102 中,其所出玉琮即见于墓主头顶部,而曲村 M93 和 M102 为夫妻异穴合葬墓,M102 头部置内圆外方型玉琮,则 M93 墓主头部的圆筒状器也当解释为玉琮为妥;第五,在玉琮最为流行的良渚文化以及受其影响的石峡文化中,即出有内外皆圆的筒状玉琮,表明此类玉琮自有其渊源。凡此五点,大致可证笔者所论不谬。

　　有关玉琮的功能,历来众说纷纭,邓淑苹曾罗列诸家之说,③兹不赘述。但玉琮在西周墓葬中的特殊功用,则似未被各家所认识。

　　上文所列各玉琮,除晋侯墓地 M8:204、M8:207 出于墓主小腿部外,余者仅见两种情形,其中最常见者即是上文所言的见于墓主头顶

---

①　河南省文物研究所、平顶山市文管会:《平顶山市北滍村两周墓地一号墓发掘简报》,《华夏考古》1988 年第 1 期,第 30—44 页。

②　河南省文物考古研究所、三门峡市文物工作队:《上村岭虢国墓地 M2006 的清理》,《文物》1995 年第 1 期,第 4—31 页。

③　邓淑苹:《故宫博物院所藏新石器时代玉器研究之二——琮与琮类玉器》,《"故宫"学术季刊》(台北)1988 年第 6 卷第 2 期。

部。而在上述各墓中,年代最早者为长安花园村 M15,据李学勤先生考证,大约在穆晚共早,和长由墓年代大体相当,①出玉琮的曲村诸墓年代最早者为 M13,大约也在穆王时期;最晚者为曲村 M102,原报告推测可迟至两周之际或跨入春秋之世。换言之,目前的材料表明墓主头顶置琮的现象主要流行于穆王晚期至两周之际。同时,我们还注意到,凡墓主头顶出玉琮者,即不见有玉璧伴出于头部。在上文有关玉璧的论述中,我们已经指出头顶置璧的现象在西周中晚期中断,其最晚一墓即是和长安花园村 M15 年代相当的长由墓。至此,我们似可相信,在穆王晚期或至迟在共王早期,墓主头顶置璧的习俗被玉琮所替代,那么头顶处的玉琮,当和玉璧一样,也应是天或天门的象征。而进入春秋之世后,玉璧又重新替代了玉琮,从璧到琮再到璧,其间的两次转变正和穆王及春秋早期这两个重要的社会变革时期相对应,其中是否有某些更深层的联系,还值得深入考虑。

  玉琮在西周墓葬中的另一类出土位置是墓主的大腿内侧,共见三例:曲村 M8、M91 及山西洪洞永凝堡 M5。② 其中前两者为内圆外方形琮,而后者属内外皆圆的圆筒状琮。

  以上三墓的年代均在西周晚期。其中曲村 M91 被认为是晋靖侯之墓,约在厉王时期;M8 墓主是晋献侯,为宣王之世;永凝堡 M5 也定在宣王之世,原报告并认为墓主"有男性特征"。若此,则此三墓墓主均为男性,孙华先生曾谓 M8 墓主两股间玉琮为其生殖器套,③其说可从。类似的现象也见于东周及汉代墓葬中,如洛阳东周城北墙 M60,④

---

① 李学勤:《论长安花园村两墓青铜器》,《文物》1986 年第 1 期,第 32—36 页。
② 山西省文物工作委员会、洪洞县文化馆:《山西洪洞永凝堡西周墓葬》,《文物》1987 年第 2 期,第 1—16 页。
③ 北京大学考古学系、山西省文物考古研究所:《天马——曲村遗址北赵晋侯墓地第二次发掘》,《文物》1994 年第 1 期,第 4—28 页。
④ 洛阳博物馆:《河南洛阳春秋墓》,《考古》1981 年第 1 期,第 24—26 页。

长沙浏城桥 M1①以及满城汉墓等,其中刘胜玉衣内玉琮被认为用作生殖器套无疑,则此习俗至少可上溯至西周晚期。

玉琮在西周墓葬中的两种功用:象征天或天门,以及用作男性墓主的生殖器套,均和《周礼》中所谓的"以黄琮礼地""享后夫人以琮"等"阴性"功能记载相反。其实,琮的"阳性"功能早在新石器时代即已体现出来,据霍巍、李永宪的研究,新石器时代的玉琮基本出于男性墓中。② 因此,笔者推测,由于在春秋以后玉璧重新替代玉琮以象天,受当时阴阳观念的影响,成书于战国时期的《周礼》在以璧为阳性的前提下,臆造出以琮礼地等相关的阴性功能。

最后还必须提及的是,尽管西周墓葬中出土玉琮数量甚少,但仍包括早期的遗物,如曲村 M8:235,有学者已指出该玉琮为良渚文化的遗物,③其说甚是。而其他未公布详细材料者,也同样不排除有早期遗物的可能。

三、大玉戈

本文所讨论的大玉戈,是指器身长度超过 20 厘米者,同时考虑到古人"美石为玉"的观念,原报告所谓大石戈者,也在本文讨论的范围之内。在我的另一篇小文中,我已就西周玉戈的性质有过较详细的论述,此处就大玉戈再作一些补充说明。

晋侯墓地出土的大玉戈,已公布材料者可统计如下(事实上出土数量远大于此):

1. M8:棺室两侧各两例,外棺盖上 1 件,墓主胸部 1 件,其中仅 1

---

① 湖南省博物馆:《长沙浏城桥一号墓》,《考古学报》1972 年第 1 期,第 59—72 页。
② 霍巍、李永宪:《关于琮、璧的两点刍议》,《考古与文物》1992 年第 1 期,第 60—66 页。
③ Jessica Rawson, *Chinese Jade from the Neolithic to the Qing*, London: British Museum Press, 1995, p. 151.

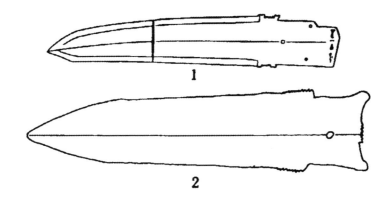

图 3-15 带钼牙饰玉戈
1. 晋侯墓地 M63:114；2. 妇好墓标本 476

件(M8:216)公布有照片,但未作文字说明。另外,笔者在发掘 M8 东侧的车马坑时,在打破该车马坑的 1 座祭祀坑中也出有 1 件长逾 40 厘米的大玉戈,具体材料也还未发表。

2. M31:椁室东侧出土 1 件(M31:10),墓主胸部也见 1 件(M31:72),但均未作介绍。

3. M63:其出大玉戈 12 件,具体位置均未作说明,其中 M63:60、M63:114 公布了材料(图 3-15:1)。

4. M92:椁室东南角出土 4 件(M92:104-107),M92:17 也见于椁室东侧,但从其紧贴椁室来看,可能原先放在外棺盖上,以后跌落。其中 M92:106 有详细介绍(图 3-16:5)。

5. M93:外棺盖上有首尾相连的大玉戈 5 件,胸部至少 1 件(M93:7),另外墓室填土中有弃置的玉戈(大玉戈?)。仅 M93:7 和 185 有详细介绍(图 3-16:2;图 3-17:2)。

6. M102:椁室东南角出土 1 件,未作介绍。

西周墓葬出土及传世品中的大玉戈尚有如下几例:黄陂鲁台山 M36:19,出于墓主胸部(图 3-17:1);上村岭虢国墓地 M2001 也至少有 1 件大玉戈见于墓主胸部;传世品中则有著名的太保戈(图 3-16:1),

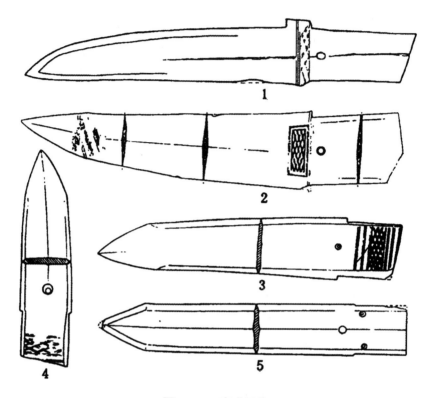

图 3-16 商式玉戈
1. 太保戈；2. 晋侯墓地 M93:7；3、4. 许昌大路陈村采集品；5. 晋侯墓地 M92:106

据多位学者考证,被认为属周初召公奭无疑。① 另据介绍,太保戈也可能出自墓葬,伴出者尚有另外 1 件无铭大玉戈,但下落已不明。②

在我的那篇小文中,曾讨论了西周时期大玉戈和大玉圭的关系,认为,西周时期的大型玉戈、玉圭不仅在器形上极为相似,它们的功能也是一致的。这种器形大,制作规整,多出土于墓主胸部的大玉戈事实上也是西周时期的一种瑞圭,同样可以用作墓主身份地位的象征,而且执

---

① 蔡运章、郭引强:《论太保玉戈铭文及相关问题》,"纪念北京建城 3040 年及燕文化讨论会"论文。

② 李学勤:《太保玉戈与江汉的开发》,《走出疑古时代》,沈阳:辽宁大学出版社,1994年,第 136 页。

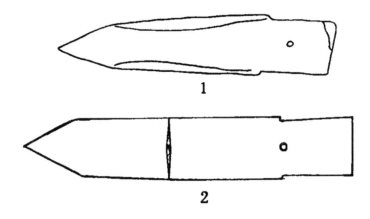

图 3-17　典型周式玉戈
1. 黄陂鲁台山 M36:19；2. 晋侯墓地 M93:185

大玉戈者的地位要高于执玉圭者(指平常意义上的圭)。①

尽管在功能上,大玉戈可用作瑞圭,但戈的名称却至少在商代即已出现。如妇好墓出土的 1 件大型玉戈(标本 580),其上有铭曰"卢方皆入戈五"六字,而陈志达先生指出,在该墓所出的 39 件玉戈中,另有 4 件和这件刻铭玉戈在"形制与玉料上都比较接近",推测同是卢方所纳的玉戈;②再如美国哈佛大学福格艺术博物馆藏 1 件长 22.9 厘米的大玉戈,其上有刻铭"曰□王大乙,才林田,䑈翊"。据李学勤先生的观察认为是真器真铭,并考证出是䑈其人在某次祭祀大乙的过程中执此戈以侍王,事后刻铭以记。③ 戈的名称,也见于西周时期的彝铭,如夷王时器裵盘即记王赐师裵"琱戈五"。《说文》:"琱,治玉也,一曰石似玉。"《尔雅·释器》:"玉谓之雕。"故此处的琱戈五当是 5 件玉石戈。因此,笔者推测玉戈只有用作象征身份地位的瑞器时方可称为圭,其他场合则仍以戈名之。

---

① 孙庆伟,"Research on Western Zhou Dynasty Jade Gui and Related Issues", *China Archaeology and Art Digest*, Vol. 1, No. 1, Hong Kong, 1996。
② 陈志达:《商代的玉石文字》,《华夏考古》1991 年第 2 期,第 65—69 页。
③ 李学勤:《论美澳收藏的几件商周文物》,《文物》1979 年第 12 期,第 72—76 页。

从造型上看，这些大玉戈具有两个最显著的特点：一是援面上均有较明显的中脊，二是相当部分玉戈的援本处或内部有极细线纹构成的方格或菱形装饰。

援面上起中脊的玉戈事实上还包括两种情形，一类是不仅有明显的中脊，且在中脊两侧有明显的浅凹槽，而另一类则仅有中脊而无浅槽。属于前者的有曲村 M92:106 和太保戈，后者则包括黄陂鲁台山 M36:19 和曲村 M93:185 等。关于援面上的中脊，据香港杨建芳先生的研究，始于商代中期而流行于商晚期，并指出中脊两侧的浅凹槽是用凸面砺石往返磨擦援面而成。① 而近年台湾吴棠海先生也证明此种作风在商代甚为流行，但他认为援面中脊两侧的凹槽乃是用砣具琢出的。②

既然援面上起中脊及凹槽为商代玉戈的流行做法，那么诸如太保戈及曲村 M92:106 这一类出于西周时期墓葬的器物，究竟是商代器物的直接遗留，还是周人吸收商人琢玉风格的自作器，就很值得考虑了。由于大玉戈的材料有限，要回答这一问题颇为不易，因此我们还必须和西周墓葬出土的小玉戈的风格特征加以对比。经过我们的观察总结，在数量众多的小玉戈中，绝大多数援面平缓或略起中脊，罕见中脊两侧有凹槽者，而且这一作风贯穿整个西周时期。③ 和大玉戈援面有凹槽作风相似的小玉戈仅见数例，如昌平白淳村 M2:19④ 和宝鸡竹园沟 M5:9⑤ 等，其时代均在西周早期，中晚期以后此类遗物则更为罕见，表明此种作风在西周时期乃是随着时间的推移而趋于消亡的。此外，再

---

① 杨建芳：《商代玉戈之分期》，《香港中文大学中国文化研究所学报》第 13 卷，1982 年。
② 吴棠海：《认识古玉——古代玉器制作与形制》，台北：中华自然文化学会，1994 年。
③ 孙庆伟：《西周墓葬出土玉器研究——兼论西周葬玉制度》，北京大学考古系硕士论文，1996 年。
④ 北京市文物管理处：《北京地区的又一重要考古收获——昌平白浮西周木椁墓的新启示》，《考古》1976 年第 4 期，第 246—258 页。
⑤ 卢连成、胡智生：《宝鸡強国墓地》，第 245 页。

结合下文还要谈到的一些理由,笔者认为太保戈及曲村 M92:106 一类的器物为周人所俘获的商式器物,而非周人的自作器。而黄陂鲁台山 M36:19 和曲村 M93:185 一类的大玉戈,则体现了周式大玉戈的典型特征。

和太保戈器形极似的尚有曲村 M93:7,该器直援,上刃略作弧形,锋尖偏下,下刃则较平直,锋首作斜三角状。长方形内,近援处有一圆穿,内端略作下斜状(图 3-16:2)。值得注意的是两戈均在援本处装饰有细线斜方格纹,西周墓葬出土的此类玉戈,目前仅见这 2 件,但可供参照者则有许昌大路陈村的 2 件采集品,①这 2 件商代玉戈器形虽略小于太保戈和曲村 M93:7,但其内部所装饰的细斜线方格纹则如出一辙(图 3-16:3、4)。这也可作为太保戈本身为商式器的一个旁证。至于太保戈上有关召公开发南土的铭文,则当是周人获此器后加刻的。

曲村 M63:114 最显著的特点是其阑部的钥牙装饰,为目前西周墓出土大玉戈中所仅见,但类似的现象见于妇好墓标本 476,②该玉戈也是在相应位置刻出若干极细的钥牙(图 3-15:2)。在整体造型上,曲村 M63:114 和太保戈及 M93:7 相似,即上刃弧形,锋尖偏下,下刃平直,长方形内作下斜状,援本处有圆穿。此外,该玉戈内部所刻的"邑凡伯弓"四字,颇具甲骨文风格,而这种极细小的刻铭和太保戈及李学勤先生所谓文王玉环③上的刻铭风格是一致的。上述特征表明该玉戈也应是商代的遗物。

通过对以上各玉戈的分析,可确定为周人自作的大玉戈仅有黄陂鲁台山 M36:19 和曲村 M93:185。它们的共同之处是两刃均较平直,锋首作等腰三角形状,援面上略起中脊但两侧不琢出凹槽,长方内较规

---

① 河南省文物研究所:《许昌县大路陈村发现商代墓》,《华夏考古》1988 年第 1 期,第 23—26 页。
② 中国社会科学院考古研究所:《殷墟妇好墓》,北京:文物出版社,1986 年,图版一〇七。
③ 李学勤:《文王玉环考》,《华学》1996 年第 1 期。

整，一般不向下倾斜。鲁台山 M36 为西周早期墓，而曲村 M93 约在两周之际，此两墓所出玉戈均具典型的周式作风，表明周式玉戈的制作在西周时期是延续的。而诸多商式玉戈在西周墓中的出土，或可印证《逸周书·世俘解》所谓"凡武王俘商，得旧玉亿有百万"的记载。

四、玉人

据发掘简报，晋侯墓地中 M91、M92、M8、M31、M63 和 M102 等均有玉人形饰出土，且一墓多件，如 M63，即至少出有玉人 12 件。已公布的材料仅包括以下 6 件：M92:92-14，M8:184、202、203，M63:90-15 以及 M63:187 等。这 6 件玉人又可分为侧面片状玉人和正面片状玉人两类。

属于侧面造型者有 M92:92-14、M8:202 和 M63:187，这一类玉人造型的特点是整体作侧身人形，胸腹部作侧面卷龙状，下肢弯曲，有的在臀部以下又饰一倒立卷龙，作长尾状，如 M8:202 和 M63:187（图3-18:3、4）；同时，这 2 件玉人头部也饰以一倒立侧面龙形，似头发向后作披散状。M92:92-14 则较为简单，头部和臀部均无龙形饰，可能和该器器形过小有关（高仅 3.5 厘米）。较这几件片状侧面玉人早出土且制作更为精巧者当推 1984 年冬季长安张家坡井叔墓地 M157 出土的 1 件，编号为 84SCCM157:104。据张长寿先生介绍，这件高仅 6.8 厘米，厚 0.5 厘米的玉人由三龙一凤和两个人头像组成。该器上部一侧是一侧面的头像，胸后为倒立的龙形，龙身上又有一较小的侧面人头；器身中部为一卷龙，造型和曲村出土的几件相似；下肢弯曲，但一侧为一仰望的龙形，另一侧为一尖喙向下的凤鸟[①]（图3-18:5）。另外可供参照的还有这样两例：扶风强家村 M1:86[②] 和平顶山北滍村 M1:

---

① 张长寿：《西周的龙凤人物玉雕》，《文物天地》1993 年第 4 期。
② 周原扶风文管所：《陕西扶风强家一号西周墓》，《文博》1987 年第 4 期，第 5—20 页。

晋侯墓地出土玉器研究札记　307

图 3-18　片状侧面玉人
1. 北滍村 M1：110；2. 强家村 M1：86；3、4. 晋侯墓地 M8：202 和 M63：187；5. 井叔墓地 M157：104

110①（图 3-18：2、1）。

近年公之于世的私家藏玉中也有 2 件造型相似的侧面状玉人：1 件为台湾养德堂所藏，在台北故宫博物院举办的成立七十周年古玉特展中展出，后录于展览图录《群玉别藏》。② 该玉人和曲村 M63：187 最为接近，器身作弓状，头后有倒龙状饰，但未琢出龙眼，臀部以下也无龙形尾；但在大腿部琢出一圆眼，余者和 M63：187 几乎完全一致。另 1

---

① 河南省文物研究所：《平顶山市北滍村两周墓地一号墓发掘简报》，《华夏考古》1988 年第 1 期，第 30—44 页。

② 邓淑苹编：《群玉别藏》，台北：台北故宫博物院，1995 年，第 125 页。

件则为香港何东爵士(Sir Joseph Hotung)的藏品,1995 年曾在大英博物馆展出,后录于罗森(Jessica Rawson)所编的展览图录。① 这 1 件碧玉玉人高 12.1 厘米,器身不作弓形而为长条状,脑后有椭圆形龙眼,但倒龙状发饰造型并不明显,下肢卷曲但腿部并不明显,臀部以下无龙形尾,但在脚下琢出一圆眼卷龙。在上述出土侧面片状玉人的墓葬中,年代最早者为张家坡井叔 M157,张长寿先生定为懿王时期,此外,强家村 M1,原报告定在孝王之世,曲村的几墓则以 M92 为最早,或以为是晋靖侯之墓,约在厉王之世。若此,则这种侧面片状玉人大约在西周中期偏晚阶段始为流行,西周晚期则更多见。

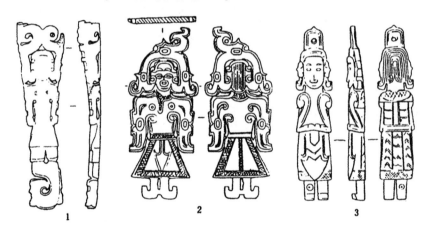

图 3-19 片状正面玉人
1. 晋侯墓地 M8:203; 2. 晋侯墓地 M8:184; 3. 晋侯墓地 M63:90-15

属于正面片状玉人的 3 件器物是:M8:184、203 和 M63:90-15。其中 M8:184 头顶有共身的三玉龙作发饰或冠饰,玉人浓眉、大眼、阔鼻,身着高领衣,束腰,下裳作梯形,前有垂叶形饰,两上肢也为圆形龙状,两足外撇(图 3-19:2);M8:203 则是 1 件未完工的玉人,但从轮廓上看,该玉人头部两侧发饰及两臂也作卷龙形,下裳无疑也作梯形,

---

① Jessica Rawson, *Chinese Jade from the Neolithic to the Qing*, p.51.

图 3-20 台湾暂集轩新藏片状正面玉人

两腿分开,但脚下又合成一未完工的卷龙(图 3-19:1);M63:90-15 虽也作正面站立状,但头部为一高冠,浓发下掩两鬓而不作龙形,所着服饰也有异于前者,上着中长下摆服,后有披肩,下裳作长方形,在前面也有垂叶形饰,两脚作自然站立状(图 3-19:3)。

就笔者目前所见的材料而言,这一类正面片状玉人尚不见于其他西周墓葬中。但就在 1995 年台北故宫博物院的古玉特展中,属于台湾暂集轩的 1 件玉人(图 3-20),不论从造型还是服饰上看,都和曲村 M8:184 极其相似。从公布的照片来看,①该玉人身上尚留有明显的朱砂痕,这和晋侯墓地玉器出土情形是完全一致的。考虑到这件玉人和 M8:184 的相似性,以及 M8 玉器未被盗掘等情况,笔者推测该玉人很可能是从晋侯墓地 M1、M2 组墓盗掘后流入台湾的。该图录公布的暂集轩的另 1 件龙人纹璜、养德堂所藏的人纹璜及上文提到的侧面片状玉人,②均可在晋侯墓地的出土物中见到相似的器物。

---

① 邓淑苹编:《群玉别藏》,第 123 页。
② 邓淑苹编:《群玉别藏》,第 118、120 页。

在此还有必要提到西周墓葬中出土的另一类玉人——圆雕玉人，目前仅见三例：灵台白草坡 M1:99、①白草坡 M2:59 和洛阳东郊西周墓出土的 1 件②（图 3-21）。而其中白草坡 M2:59 和洛阳东郊出土玉人的臣字形眼、蚕形眉、阔鼻及头上的岐冠，均可见于商代玉人中，如殷墟妇好墓标本 371、372、373 及 376 等。而白草坡 M1:99 玉人的梭形眼则为西周玉人常见的造型。

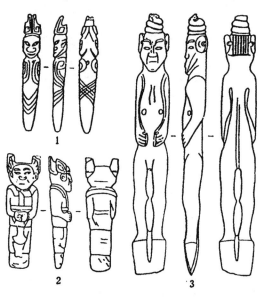

图 3-21 西周墓葬出土的圆雕玉人
1. 灵台白草坡 M2:59；2. 洛阳东郊西周墓出土；3. 灵台白草坡 M1:99

在传世的圆雕玉人中也有 2 件可定为西周时期的遗物，这 2 件玉人分藏于不列颠博物馆和香港敏求精舍，③其共同作法是头着平顶冠，冠上有Ψ形纹、弯眉、梭形眼、阔鼻、双手相握于腹前，下身均着裙，裙前

---

① 甘肃省博物馆文物队：《甘肃灵台白草坡西周墓》，《考古学报》1977 年第 2 期，第 99—130 页。
② 傅永魁：《洛阳东郊西周墓发掘简报》，《考古》1959 年第 4 期，第 187—188 页。
③ Jessica Rawson, *Chinese Jade From the Neolithic to the Qing*, p.282.

有垂叶形饰,和曲村 M8:184 玉人的垂叶形饰相似,这些特征均可证明此二器为西周遗物无疑。

尽管在晋侯墓地出土玉器中尚未见圆雕玉人的报道,但并不排除存在的可能性。如和曲村 M63:90-15 伴出的玉人尚有 6 件,且"形制各不相同",而和这些玉人共出的玉熊、鸟、龟、牛等,已被肯定为商代遗物,此中是否也有商代的玉人?此外,墓地中年代最早的 M9、M13 中以及其他各墓中是否也有早期的遗物?在对发掘资料全面整理之前,只能存疑。

(本文原载《华夏考古》1999 年第 1 期)

強国墓地玉器及其用玉制度

1974—1981年宝鸡市博物馆的考古工作人员在该市渭河南北两岸的茹家庄、竹园沟和纸坊头等地清理发掘了西周墓葬27座(含BRM3这座空墓)、车马坑2座和马坑4座。根据出土的铜器铭文，发掘者认为上述三处墓地都是西周早中期的強国贵族墓地。由于这批墓葬大都保存完好，年代和等级序列比较完整，出土玉器资料丰富，因此是研究西周玉器和西周用玉制度的重要材料。[①] 现根据此次对強国墓地出土玉器的重新整理，对该墓地随葬玉器的概况及其所反映的用玉制度略作探讨。

一、墓葬概况及其随葬玉器

(一) 墓葬概况

在所发掘的27座墓葬中，除BZFM1位于纸坊头墓地，BRM1—M4等四座墓葬见于茹家庄墓地外，其余22座墓葬均位于竹园沟墓地。为方便论述，现根据原报告的有关描述和研究，将除BRM3这座空墓之外的其他所有26座墓葬的基本情况整理如表1。

---

① 卢连成、胡智生：《宝鸡強国墓地》，北京：文物出版社，1988年。

表1

墓地	墓葬	时代	墓主及性别	盗扰情况	墓口规模（长×宽－深）m	随葬铜器①	棺椁重数
纸坊头	BZFM1	成王	㢠伯	被扰	不明	残留鼎5簋5	不明
茹家庄	BRM1	穆王	㢠伯	完整	8.48×5.2－12.2	鼎8簋5	一椁两棺
茹家庄	BRM2	穆王	㢠伯夫人井姬	完整	4×3.2－11.26	鼎6簋5	一椁两棺
茹家庄	BRM4	穆王	不明	完整	3.53×1.9－1.77	无	一椁一棺
竹园沟	BZM13	康王	㢠伯	完整	3.75×4.4－2.8	鼎7簋3	一椁两棺
竹园沟	BZM7	昭王	㢠伯	完整	4.3×3.2－3.2	鼎3簋2	一椁两棺
竹园沟	BZM4	昭穆之际	㢠季	完整	3.9×3.75－2.0	鼎4簋2	一椁两棺
竹园沟	BZM1	成康	㢠季	被扰	不明×2.62－2.5	残留鼎5簋3	一椁一棺
竹园沟	BZM3	成康	男	完整	3.5×2.1－3.0	鼎1簋1	一椁一棺
竹园沟	BZM8	成康	男	完整	3.2×1.8－2.2	鼎1簋1	一椁一棺
竹园沟	BZM6	成康	M8墓主之妻	完整	2.8×1.8－1.7	罐1盘1	一椁一棺
竹园沟	BZM20	成康	男	完整	3.9×2.95－3.0	鼎2簋2	一椁一棺
竹园沟	BZM19	成康	男	完整	3.25×1.95－3.0	鼎1簋1	一椁一棺
竹园沟	BZM15	成康	不明	完整	3.0×1.5－1.5	无	单棺
竹园沟	BZM16	成康	不明	完整	2.8×1.8－1.9	无	无棺椁
竹园沟	BZM14	成康	男	完整	2.85×1.6－2.0	鼎1簋1	单棺
竹园沟	BZM10	成康	不明	完整	2.5×1.45－2.0	戈3	单棺
竹园沟	BZM11	成康	不明	完整	2.5×1.3－1.6	鼎1戈4剑1	单棺
竹园沟	BZM18	成康	男	完整	3.72×2.35－2.9	鼎1簋1	一椁一棺
竹园沟	BZM21	成康	男	完整	2.3×1.2－2.2	兵器多件	单棺
竹园沟	BZM22	成康	不明	被扰	不明	残留戈1刀1	不明
竹园沟	BZM17	昭穆	不明	完整	2.73×1.6－1.5	觯1	单棺
竹园沟	BZM2	昭穆	不明	被盗	不明	铃2泡2	不明
竹园沟	BZM5	穆王	女	完整	4.5×3.1－4.5	无	一椁一棺
竹园沟	BZM9	穆王	女	完整	3.7×2.45－4.5	鼎2簋2	一椁一棺
竹园沟	BZM12	穆王	不明	完整	3.0×1.7－4.0	罐2	单棺

① 随葬铜器的统计以鼎、簋为主，若某座墓葬未随葬铜鼎和铜簋，则罗列其他铜器。

综合铜器铭文所显示的墓主身份、墓葬规模和随葬器物等几个方面的因素,可以把上述26座墓葬分为三个等级:

第一等级:BZFM1、BZM13、BZM7 和 BRM1 等 4 座弓魚伯墓及 BRM2 井姬墓。这一等级墓主的身份相当于西周列国之诸侯。

第二等级:BZM1、BZM4 以及 BZM5、M9 和 M20 等 5 座墓葬。根据铜器铭文和墓葬位置,发掘者认为 BZM1、BZM4 两墓的墓主人是两代弓魚季。后三座墓葬的随葬铜器虽少于前两墓但又明显多于第三等级诸墓,且其墓葬规模接近或大于两座弓魚季墓,因此其墓主身份当和弓魚季相当;尤须提到的是,BZM13、BZM7 两位弓魚伯和 BZM1、BZM4 两位弓魚季的配偶墓葬也应在竹园沟墓地诸墓中,而诸如 BZM5、M9 这样规模大、随葬品丰富的女性墓当最有可能,但因缺乏铜器铭文等确凿的证据,所以不能论定。这一等级墓主的身份当与列国之大夫相当。

第三等级:其他 16 座墓葬,这些墓葬的规模和随葬品和前两类墓葬差别很大,但因为它们和弓魚伯、弓魚季墓共处同一墓地,所以其墓主当是弓魚伯和弓魚季家族中身份较低者,约相当于列国之士。

(二) 随葬玉器

在宝鸡弓魚国墓地中,玉器主要出土于第一、二等级墓葬,第三等级墓葬则很罕见。原发掘报告对这些墓葬随葬玉器的数量和出土位置作了比较详尽的描述,这为我们此次重新整理和进一步研究奠定了良好基础。但由于多数墓葬中的随葬玉器在出土时已严重散乱,且发掘时又缺乏可供对比研究的出土资料,所以发掘者未能辨认出某些器物之间的组合关系,以致原报告对某些串饰组合关系的复原可能与实际情形有所出入:如原报告对各墓所出的玉璜均是单独描述而未注意到同一墓葬中的多件玉璜之间可能存在的组合关系,而随着新资料的不断出现,尤其是在上村岭虢国墓地和天马——曲村晋侯墓地发掘之后,同一西周墓葬所出的多件玉璜通常用来组成多璜组玉佩已经成为一种常识;再如,在原报告中,由玛瑙珠、料珠和绿松石珠所组成的珠类串饰也多是被视为单件器物的,而当前的考古资料显示在西周墓葬,尤其是高等级的西周墓葬中,这些珠类串饰最主要功用并非独立成器,而是把诸如玉璜、玉鱼、玉鸟、小玉戈、小玉圭等其他构件连缀在一起组成组玉佩。另外,原报告对某些器物的质料也存在着误判,其中最常见者是将玻璃器当作玉器。鉴于此,现根据发掘报告的有关描述,并参考其他西周墓葬随葬玉器的一般规律,本文对弫国墓地各墓随葬玉器的出土位置、数量及其组合关系重新整理如下;而如果原报告对某件器物质料判断有误,则在器物说明中加以纠正。

1. 第一等级墓葬

五座第一等级墓葬均有玉器出土,其中 BZFM1 早年被窑洞所扰,据传当时出土有大宗玉器,但已经下落不明,①故这里仅对其他四座墓葬随葬玉器进行统计。

(1) BZM13 和 BZM7

BZM13 和 BZM7 两座弫伯墓的二层台上各埋有一名殉妾,但前者的殉妾有随葬玉器而后者则无,其具体情况见表2。

表2

位 置	墓 主		
	BZM13 弫伯	BZM13 殉妾	BZM7 弫伯
二层台上	无	无	头端(南)二层台上玉戚1。
棺椁之间	无	头端圆玉片2、璧1。	无
外棺盖板	无	无外棺。	无
内外棺之间	左侧内外棺之间玉凿料1、戚1、锛1。	无外棺。	无
内棺盖板	无	无	无

---

① 卢连成、胡智生:《宝鸡弫国墓地》,第17页。

续 表

位置		墓　主		
		BZM13 强伯	BZM13 殉妾	BZM7 强伯
棺内	头部	舌形玉器1、鱼5、柄形器1、璧1、凿1、戈1、蚕3、长条形器1、煤玉玦2组4件。	煤玉玦1组2件。	煤玉玦2、璧1。
	颈部	玛瑙项饰1组。	玛瑙串饰1组、璜1。	玉兽面2、小玉戈2件、串饰1组。
	胸腹部	右侧小玉戈2。	右肩部玉斧1。	璜5、鱼3、璧1、圆玉片1、铲1、锛1件。
	手部	无	无	无
	脚部	无	无	无

如表2所示,BZM13的随葬玉器多集中在墓主的头部周围,其中的多数器物如玉鱼、玉蚕和小玉戈通常不会单独使用,而应是串饰中的构件;与此相应的是,原报告所公布的墓主颈部所佩项饰仅由二十五件玛瑙管和十三件玛瑙珠组成,可能也非实际情况,据此推测上述玉鱼、玉蚕和小玉戈等均是项饰上的缀饰。墓主头部所出其他器物的功能暂不明确,但其中可能包含有饰发玉器和墓主的含玉。

原报告将BZM13殉妾颈部所出器物分为两组串饰,其中BZM13∶122主要由绿松石珠组成,而BZM13∶123则仅由玛瑙珠和玛瑙管组成。但事实上,因为构件过少,以致两组项饰的直径太小而不足以佩戴,况且西周时期的项饰通常都是以玛瑙珠、绿松石珠和料珠等物配合使用,以形成鲜明的色彩对比,所以BZM13∶122和BZM13∶123其实属于同一组项饰,而与其伴出的玉璜也应是该组串饰上的构件,其总体结构当类似于竹园沟墓地的BZM1∶11以及扶风北吕墓地中的ⅤM148∶18甲这两组串饰。①

类似地,BZM7墓主颈部的串饰当与其胸部所出的五件玉璜组成

---

① 罗西章:《北吕周人墓地》,西安:西北大学出版社,1995年,彩版一∶1。

一组五璜组玉佩,类似的器物在虢国墓地和晋侯墓地的高等级墓葬中均很常见。

(2) BRM1 和 BRM2

BRM1 的椁室分为东西两部分,东部的乙室放置有墓主人弶伯的两重棺,西部的甲室则放置有殉妾的单棺,甲乙两室均随葬有较多玉器。此外,在该墓的墓道和二层台上共有殉人七具,但除 7 号殉人耳部有一件玉玦外,其他殉人均无随葬玉器。BRM2 的随葬玉器则均属于墓主弶伯夫人井姬。现据原报告,将两墓的随葬玉器归纳如表3:

表3

位 置		墓 主		
		BRM1 弶伯(乙室)	BRM1 殉妾(甲室)	BRM2 井姬
椁盖板		椁盖板西侧带牙饰柄形器 3、东侧鱼 2、鸟 2。	无。	无。
棺椁之间		无。	少量铜鱼、玉鱼。	铜鱼、锡鱼和串贝。
外棺盖板		头端带牙饰柄形器 2、东侧玉鱼 7。	无外棺。	左(西)侧放置有小玉戈 1、无牙饰柄形器 1。
内棺盖板		无。	头端玉兔 1、带牙饰柄形器 1;脚端玉饰 1、玉鱼 8。	无。
棺内	头部	鸟 3、鱼 3、兔 1 件。	玦 26、煤玉玦 4、兽头玉饰 1、穿孔玉饰 3、鹿 5、虎 1、牛 1、鸟 4、小玉石子一组 25 件(含)、方形玉片 4。	玉玦 2、煤玉玦 2、夔龙 1。
	颈部胸腹部	四璜佩玉一组过颈下垂至胸部;胸部大玉戈 1、小玉戈 4、斧 1、锛 1、无牙饰柄形器 7、角形玉饰 1、锥形玉饰 2、管 2、带牙饰柄形器 5、鹿 4、虎 2、牛 5、蚕一组 6 件;腹部小玉戈 4、凿 3、棒形玉饰 1、带牙饰	四璜佩玉一组过颈;胸部三璜佩玉一组、小玉戈 5、带牙饰柄形器 2、左胸部玉蚂蚱一组 12 件、蚕 3、蝉 1、石泡 1;下腹部带牙饰柄形器 4、鱼 17。	小玉戈 1、五璜佩玉一组过颈并下垂至胸腹部、玛瑙玉蚕(10 件)串饰一组、玉贝(121 件)玉戈(13 件)玉鸟(2 件)玉鱼(2 件)串饰一组、小玉块(芯料?)一组 32 件、莲瓣形玉片饰一组 8 件;胸

续　表

位　置		墓　主		
		BRM1 彊伯(乙室)	BRM1 殉妾(甲室)	BRM2 井姬
		柄形器 1;小腹部小玉石子一组 133 件、小玉料 2;胸腹部共散落有玉鸟 6、玉鱼 10、方形玉片 4。		腹部散落无牙饰柄形器 7;小腹部大玉戈 1 件。
腰部		左侧兽面玉饰 1、皮囊内玉舌形器 1;右侧锥形玉饰 1、无牙饰柄形器 1、玉蚕 1。	左侧玦 54、煤玉玦 30、环 2;右侧煤玉块 16、穿孔玉饰 8。	左侧带牙饰柄形器 1 组。
手部		左臂玉贝一组 16 件。	右手腕饰一组 13 件玉贝。	无
腿脚部		右侧散落玉鱼 8 件。	无	腿部无牙饰柄形器 1。

　　BRM1 和 M2 两墓出土玉器丰富,且多集中在两墓主的胸腹部,所以增加了复原其组合关系的难度。在这些随葬玉器中,包括多件圆形穿孔玉片和大量的玛瑙珠、料珠、绿松石珠等物,前者一般用作串饰的总束系于颈后,而各种珠类器物则用来联系其他玉质构件,由此可以想象两墓所出的部分单件玉器当分属于若干组串饰。由于出土时这些器物散乱叠压在一起,所以很难判定各组串饰的具体组合关系,但可以肯定的是,BRM1 甲、乙两室所出的各四件玉璜和 M2 的五件玉璜当分别是两组四璜组玉佩和一组五璜组玉佩上的主要构件,类似的器物在同属西周早中期之际的晋侯墓地 M13 和 M113 两座晋侯夫人墓中均见。[①]

　　2. 第二等级墓葬

　　(1)BZM1 和 BZM4

　　在这两座彊季墓中,BZM1 被扰,随葬玉器不完整;BZM4 保存完

[①] 北京大学考古系、山西省考古研究所:《天马——曲村遗址晋侯墓地第二次发掘》,《文物》1994 年第 1 期,第 20—21 页;《天马——曲村遗址晋侯墓地第六次发掘》,《文物》2001 年第 8 期,第 20 页。

整,墓主及其殉妾均有随葬玉器。两墓的随葬玉器参见表4:

表4

位置		墓 主		
		BZM1 弜季	BZM4 弜季	BZM4 殉妾
棺椁之间		不明。	无	无
外棺盖板		不明。	玉铲1。	无外棺。
内棺盖板		不明。	无	无
棺内	头部	无	璜形器1、玉鸟2。	蝉1、鱼1、凿1。
	颈胸部	一璜串饰1组。	四璜组玉佩1组。	三璜组玉佩1组。
	腰腹部	璧1、鱼2、玉片1、煤玉玦1、璜形器1件。	鱼2、龟1、凿1、斧1、棒形饰1、玉饰件1。	小玉戈2。
	手部	无	不明。	无
	脚部	不明。	无	无

以上两墓随葬玉器较少,器物组合关系相对清楚,均以多璜组玉佩为主要饰件,但用于连缀玉璜的玛瑙珠和绿松石珠数量较少,这是一个较为明显的特征。至于两墓所出的单件玉器,其具体功用很难判断,但BZM4墓主头部的两件玉鸟颇有可能用作饰发之物,而其殉妾头部所出的玉蝉则可能是含玉。

(2) BZM5、M9和M20

据原报告的判断,BZM5、M9的墓主为女性,而M20的墓主为男性,三座墓葬随葬玉器见表5:

表5

位置	墓 葬		
	BZM9	BZM5	BZM20
二层台	无	右侧二层台玉戈1。	无
棺椁之间	无	无	无
棺盖板	无	无	无

续 表

位置		墓葬		
		BZM9	BZM5	BZM20
棺内	头部	玉玦2、煤玉玦1件。	玉玦2、石玦2、煤玦2、鱼1、方玉片3。	煤玉玦2件。
	颈部	夔龙形饰1,玉牛首1,玛瑙珠、料管、玉蚕串饰1组数十件。	玛瑙珠、玉管串饰1组120余件。	玛瑙管3件。
	胸部	3璜组玉佩1组,玛瑙珠、料管、玉蚂蚱串饰1组数十件,锛1。	玉锛2、鱼2件。	无
	腰腹部	腹部玛瑙珠、料管串饰1组100余件,戈1件。	玉鸟2件。	无
	手部	无	无	无
	腿部	无	残柄形器1。	足端小圭1组6件。

以上三座墓葬中,BZM9 的随葬玉器最为丰富,且多集中在墓主的颈胸部,其准确的组合关系很难复原,其中墓主颈部的玉蚕项饰类似于晋侯墓地 M113 所见者,[①]胸部的三件玉璜当属于另一组串饰,而胸部左侧所出的一组玉蚂蚱则应是一组腕饰中的构件,类似之物在虢国墓地 M2012 梁姬墓中曾经出土。[②]

BZM5 的墓室曾遭水浸,器物多散乱,随葬玉器除墓主头部的玦类器物外,主要是墓主颈部所佩的一组串饰,而墓主胸腹部所见的玉鱼和玉鸟也可能是该组串饰中的构件。

BZM20 的随葬玉器甚少,其中墓主颈部所见的 3 件玛瑙管,原报告据出土位置推定为项饰,但事实上 3 件玛瑙管根本无法围成项圈用

---

① 北京大学考古系、山西省考古研究所:《天马——曲村遗址晋侯墓地第六次发掘》,《文物》2001 年第 8 期,第 16 页。

② 河南省文物考古研究所、三门峡市文物工作队:《三门峡虢国墓》第一卷,上册,北京:文物出版社,第 280 页。

于佩戴,而且它们和一件铜发饰伴出,所以应是墓主的饰发之物。

3.第三等级墓葬

在16座第三等级墓葬中,仅BZM6、BZM8、BZM12、BZM15、BZM16、BZM19和BRM4随葬有少量玉石器,其具体情况为:

BZM6:墓主胸部有兽面玉饰1件;右臂有凸缘环1件,可能是臂钏类饰物。

BZM8:仅在墓主头部出土玉管1件,可能是发饰。

BZM12:墓主胸部有残玉璧1件。

BZM15:墓主胸部放置玉戈1件。

BZM16:墓主颈部佩戴玻璃璜1件;胸腹部有璧、戈、锛各1件,玉片2件。

BZM19:墓主头部有小玉管1件,可能是饰发之器。

BRM4:墓主颈部有6件料珠,原报告认为是项饰,但不能排除用作发饰的可能性。

二、用玉制度

本文所谓的用玉制度是指因为墓主的年代、身份地位、性别及其族属或居住地域等方面的原因而导致其随葬玉器上的差异。在西周时期,虽然玉器广泛地融入当时的礼仪和世俗生活,但墓葬出土资料主要是服饰用玉、礼仪用玉和丧葬用玉三大类,[①]因此本文对弓鱼国墓地所见用玉制度的讨论也主要围绕这三类器物。

(一)弓鱼国墓地所见的服饰、礼仪和丧葬用玉

西周时期的玉器通常具有多重功能,因此要判断在某座墓葬中某

---

① 孙庆伟:《周代墓葬所见用玉制度研究》,北京大学考古文博学院博士学位论文,2003年。

件器物的具体功用,就既要了解此类器物的基本功能,也要结合其在墓葬中的出土位置以及组合关系等多方面因素加以综合分析。现根据上文的复原和统计,将强国墓地各墓出土的服饰、礼仪和丧葬用玉整理如下。

1. 服饰用玉

西周时期,服饰用玉是贵族人士的必备之物,并已成为彰显身份地位的重要标志物,所以强调"古之君子必佩玉"和"君子无故玉不去身"(《礼记·玉藻》),而目前考古资料中所见的西周服饰用玉主要有发饰玉器、耳饰玦、项饰和多璜组玉佩等数种。

综合西周墓葬的出土资料,可知西周时期的发饰玉器主要包括两类:一类是用来束发、绾发的束发器,主要是玉笄或其他形制细长的器物如玉鱼或柄形器等,另外则有器体中空的玉管或玉筒形器;另一类是纯粹用来装饰头发的饰发器。因为在考古资料中有时很难从功能上区分两者,所以本文将它们统称为发饰玉器。需要指出的是,由于文献中缺乏对周代发饰玉器的明确记载,因此只能从墓葬中墓主头部所出的玉器中加以甄别,很显然,这种辨认不可避免地带有发掘者和研究者的主观判断,本文的相关研究也不例外。

耳饰玦是西周墓葬中常见的器物,强国墓地多座墓葬中均有出土,而数量众多的煤玉玦更是该墓地最具特色的器类之一,此类器物在其他西周墓葬中十分少见。

本文所谓的项饰是指佩戴于墓主颈部但其构件中不包括玉璜的串饰,反之,则归入多璜组玉佩中。虽然项饰和多璜组玉佩均佩戴于墓主的颈部,但因为后者的主要构件是玉璜,且其主体部分垂于佩戴者的胸腹部,所以将两者分开讨论。

现将强国墓地出土的上述器类归纳如表6:

表6

墓葬		器类			
		发饰玉器	耳饰玦	项饰	多璜组玉佩
第一等级	BZM13 墓主	柄形器、长条形器各1件。	煤玉玦2组4件。	玛瑙珠、玛瑙管、玉蚕、玉戈项饰1组。	无
	BZM13 殉妾	无	煤玉玦1组2件。	无	单璜串饰1组。
	BZM7	无	煤玉玦2件。	无	五璜组玉佩1组。
	BRM1 墓主	玉鸟3、鱼3、兔1件。	无	可能有玛瑙珠、料珠串饰。	四璜组玉佩1组。
	BRM1 殉妾	玉鹿5、虎1、牛1、鸟4件。	玉玦80、煤玉玦50件。	可能有玛瑙珠串饰。	四璜组玉佩1组。
	BRM2	无	玉玦和煤玉玦各2件。	玉蚕、玛瑙珠、料珠串饰1组；玉鱼、玉鸟、小玉戈和海贝串饰1组。	五璜组玉佩1组。
第二等级	BZM1	无	煤玉玦1件。	无	单璜串饰1组。
	BZM4 墓主	玉鸟2、玛瑙管10件。	无	无	四璜组玉佩1组。
	BZM4 殉妾	玉鱼和玉凿各1、玛瑙珠、料珠和绿松石珠共20余件。	无	无	三璜组玉佩1组。
	BZM5	无	玉玦、石玦、煤玉玦各2件。	玛瑙珠串饰1组。	无
	BZM9	无	玉玦2、煤玉玦1。	玛瑙珠、料珠、玉蚕串饰1组。	三璜组玉佩1组。
	BZM20	玛瑙管3件。	煤玉玦2件。	无	无
第三等级	BZM8	小玉管1件。	无	无	无
	BZM16	无	无	无	玻璃璜1件。
	BZM19	小玉管1件。	无	无	无
	BRM4	无	无	料珠6件。	无

2. 礼仪用玉

在文献记载中,周代的礼仪用玉有所谓的"五瑞""六瑞""六玉"和"六器"等不同说法:

"五瑞"——《尚书·尧典》:"辑五瑞,既月乃日,觐四岳群牧,班瑞于群后。"《白虎通·瑞贽篇》:"何谓五瑞?谓珪、璧、琮、璜、璋也。"

"六瑞"——《周礼·春官·大宗伯》:"以玉作六瑞,以等邦国,王执镇圭,公执桓圭,侯执信圭,伯执躬圭,子执谷璧,男执蒲璧。"《周礼·春官·典瑞》:"王晋大圭,执镇圭,缫藉五采五就,以朝日。公执桓圭,侯执信圭,伯执躬圭,缫皆三采三就,子执谷璧,男执蒲璧,缫皆二采再就,以朝觐宗遇会同于王。"《周礼·考工记·玉人》:"玉人之事,镇圭尺有二寸,天子守之;命圭九寸,谓之桓圭,公守之;命圭七寸,谓之信圭,侯守之;命圭七寸,谓之躬圭,伯守之。"

"六玉"——《仪礼·觐礼》:"方明者,木也,方四尺。设六色,东方青,南方赤,西方白,北方黑,上玄,下黄。设六玉,上圭,下璧,南方璋,西方琥,北方璜,东方圭。"郑注:"六色象其神,六玉以礼之。"

"六器"——《周礼·春官·大宗伯》:"以玉作六器,以礼天地四方,以苍璧礼天,以黄琮礼地,以青圭礼东方,以赤璋礼南方,以白琥礼西方,以玄璜礼北方,皆有牲币,各放其器之色。"

以上文献所载的周代礼仪用玉,大多得不到考古资料的支持,甚至和考古资料相互抵触。[①] 而已有的出土资料表明,玉圭是西周时期最为主要的礼仪用玉,它被广泛地使用在册命、朝觐以及祭祀等重大礼仪活动中。[②] 关于周代玉圭的形制,学术界曾经有过争论,而现在学

---

① 孙庆伟:《〈考工记·玉人〉的考古学研究》,北京大学考古文博学院、北京大学中国考古学研究中心编:《考古学研究》四,北京:科学出版社,2000年,第115—139页;又参本书前文。

② 孙庆伟:《西周玉圭及相关问题的初步研究》,《文物世界》2000年第2期,第76—80页。《周代金文所见用玉事例研究》,北京大学中国考古学研究中心、北京大学震旦古代文明研究中心编:《古代文明》第3卷,北京:文物出版社,2004年,第320—342页;又参本书前文。

术界除了把条形片状有三角形尖首的一类玉器称为玉圭外,也将西周墓葬中大量出现的所谓玉戈视为玉圭,事实上,玉圭是省略了内部的玉戈,两者仅有制作工序上的差别,①因此本文所说的玉圭即兼及两者。

西周时期玉圭的形制基本接近,其主要差别表现在器体的尺寸上。综合多处西周墓地出土的玉圭资料,可以看出这一时期的玉圭大体上分为两类:一类是器长超过20厘米的大型器,另一类则是长度在10厘米左右小型器,相应地,大型器的宽度和厚度也明显大于后者。因为大型器主要见于诸侯和大夫级贵族墓,所以应是这些贵族的瑞圭;反之,小型玉圭多见于低等级墓葬,且通常用作串饰中的构件或单独的饰件,因此不应视为礼仪用器。

在強国墓地中,虽然出土了一定数量的玉圭(戈),但以小型器为主,器长超过20厘米的大型器则仅有BRM1 乙:234 和BRM2:52 两器,而后者还是由一件柄形器改制而成的,由此可见強国墓地中此类器物的匮乏。

相比而言,该墓地所出土的柄形器,尤其是前端带有牙饰的柄形器更加引人注目。柄形器的确切功用,现在还不清楚,以前有学者认为就是文献所说的"牙璋"②或"璋"③,也都缺乏确凿的证据,但可以肯定这种形制复杂、制作精致且缺乏实际功用的玉器应该是西周时期的某种礼仪用玉。在強国墓地中,此类带牙饰的柄形器主要集中在 BRM1 和 BRM2 两座第一等级的墓葬之中,也证明柄形器具备礼仪功能。

---

① 夏鼐:《商代玉器的分类、定名和用途》,《考古》1983 年第 5 期,第 458—459、461 页。
② 王永波:《牙璋新解》,《考古与文物》1988 年第 1 期,第 36—46 页。
③ 姜涛、李秀萍:《论虢国墓地 M2001 号墓所出"玉龙凤纹饰"的定名及相关问题》,香港中文大学中国考古艺术研究中心编:《南中国及邻近地区古文化研究——庆祝郑德坤教授从事学术活动六十周年论文集》,香港:香港中文大学出版社,1994 年,第 107—113 页;李学勤:《〈周礼〉玉器与先秦礼玉的源流——说祼玉》,邓聪主编:《东亚玉器》I,香港:香港中文大学中国考古艺术研究中心,1998 年,第 34—36 页。

3. 丧葬用玉

丧葬用玉是西周墓葬出土玉器的主体，在西周晚期高等级墓葬中则有成系统的丧葬用玉，包括饰棺用玉、玉石覆面、含玉、敛尸玉璧、握玉、足端敛玉以及墓地祭祀用玉等七大类。

饰棺用玉：是指荒帷或墙柳等棺罩上所缀的玉石鱼或玉石圭，这类器物最早在张家坡井叔墓地的发掘中发现并确认了其具体功用。[①] 在强国墓地中，仅在BRM1棺椁之间发现有少量的玉鱼和铜鱼，它们均属饰棺之物；此外，BRM2棺椁之间所出的铜鱼和锡鱼，以及BZM5棺椁之间的蛤壳和蚌饰也具有相同的功用。

玉覆面：玉覆面是周代丧葬用玉中最具特色的器类，因其流行时间在西周中期偏晚阶段之后，故强国墓地中未见出土。

含玉：含玉是西周墓葬中很普遍的器类，但在强国墓地中却很罕见，其中BRM1殉妾头部的25件小玉石子和BZM4殉妾头部的1件玉蝉可能是墓主的口含之物。

敛尸玉璧：这类器物散见于高等级西周墓葬中，强国墓地中未见出土。

握玉：握玉在西周墓葬中也很流行，常见的器类是束腰形玉管或其他器体细长的玉器。在强国墓地中，仅BZM4殉妾腰部出土的两件玉戈可能是其握玉。

足端敛玉：少数西周墓葬墓主的足端有放置玉器的现象，器类和数量均不固定，强国墓地BZM20墓主足端所见小玉石圭1组6件当属此类器物。

墓地祭祀用玉：目前已知的墓地祭祀用玉仅见于晋侯墓地M8、

[①] 张长寿：《西周的葬玉——1983～1986年沣西发掘资料之八》，《文物》1993年第9期，第58—59页；《墙柳与荒帷——1983～1986年沣西发掘资料之五》，《文物》1992年第4期，第49—52页。

M31、M64、M63、M62以及M93诸墓的部分祭祀坑中,①而其他西周墓地包括強国墓地则均未见。

(二)強国墓地所见的用玉制度

通过上文的整理和分析,兹将強国墓地用玉制度的主要特征归纳如下:

1. 族属和地域特征

強国是西周王朝的一个异姓附庸小国,因此可以将強国墓地的出土玉器和典型周人墓葬如张家坡井叔墓地、虢国墓地和晋侯墓地所见者进行比较研究。从随葬玉器的数量和概率而言,強国墓地的随葬玉器以服饰用玉为主,礼仪用玉次之,丧葬用玉则最为罕见。在此三类器物中,強国墓地出土的服饰用玉不仅数量最多,而且在器类、形制以及使用方式上均与周人墓葬所见者相同,这表明強国的居民和周人具有相同的服饰习惯。在礼仪用器方面,玉圭和柄形器等瑞玉在強国墓地中的出现,尤其是BRM1乙室和BRM2分别出土了大型玉戈,证明以玉圭为代表的"周礼"同样在強国流行,这也与该国附庸小国的性质相符。相比而言,強国墓地仅见零星的丧葬用玉,数量少,器类单一,造成此种现象的原因主要有两点:首先,相比服饰、礼仪等物质和制度层面的用玉而言,丧葬用玉属于更深层次的风俗习惯,因此它受周文化的影响要相对缓慢和谨慎;其次,从现有资料来看,周系统的丧葬用玉形成和流行高峰是在西周中期偏晚阶段和西周晚期,而強国墓地的年代下限是西周中期的穆王时期,此时的周人墓葬同样缺乏丧葬用玉。所以综合来讲,強国贵族的用玉习惯和同时期的周人基本相同,该墓地用玉制度表现出典型的周式风格。

---

① 李伯谦:《从晋侯墓地看西周公墓墓地制度的几个问题》,《考古》1997年第11期,第57页。

2. 时代特征

纵观周代墓葬出土的玉器资料,周代用玉制度的变迁大体可以划分为三大阶段:第一阶段为西周早期至西周中期前段(下限到共王);第二阶段为西周中期后段、西周晚期至春秋晚期;第三阶段为战国时期。① 由于强国墓地墓葬年代集中在西周早期和中期偏早阶段,所以不利于考察其用玉制度随时代的变迁,但该墓地出土玉器表现出这一阶段用玉制度的若干普遍特征,如服饰用玉中多见动物造型的饰发玉器、耳饰玦、玛瑙珠和料珠串饰,高等级墓则有多璜组玉佩等少量装饰性器物;部分高等级墓葬开始使用大型玉圭;缺乏成系统的丧葬用玉,偶见含玉、握玉,绝对不见玉覆面和墓地祭祀用玉等西周中晚期才出现的器类。

3. 等级特征

在强国墓地当中,其随葬玉器的等级差别主要表现为以下几点:首先,第一、二等级的墓葬均随葬玉器,而第三等级墓葬则仅有部分墓葬随葬玉器,表明这些墓主在生前对于玉器的拥有量存在很大的差异;其次,第一、二、三等级墓葬随葬玉器的数量和器类基本呈递减之势;第三,从"料、工、形、纹",也即玉器的玉料、制作工艺、器形以及纹饰等方面考察,②但凡玉质好、结构复杂、器形大、有纹饰、制作精的器物均见于第一、二等级墓,而第三等级墓葬所见者则均为料差、形简、素面的小件器物。以上三点差别是就该墓地内部所见者而言,反映了强国墓地各墓主身份地位的差别,而如果将强国墓地中几座强伯及其夫人墓所出玉器和其他诸侯级墓葬如张家坡井叔及其夫人墓、虢国墓地中虢季及其夫人墓、晋侯墓地中晋侯及其夫人墓的随葬玉器进行"料、工、形、

---

① 孙庆伟:《周代墓葬所见用玉制度研究》,北京大学考古文博学院博士学位论文,2003年。

② 吴棠海:《古器物学研究·玉器篇》,北京大学震旦古代文明研究中心讲义,2004年7月。

纹"的比较,其间的差距同样显著,因为在整个强国墓地中,质料好、制作精、有纹饰的器物屈指可数,而这种差别无疑是因为和井叔、虢季以及晋侯相比,异姓的强伯显然处于较低的地位。

4. 性别特征

在西周时期,男女墓葬随葬玉器无论在器类,还是在使用方式上均无显著区别,但相对而言,高等级男性贵族墓多见礼仪类器物,而女性墓则多见服饰用玉,强国墓地的用玉情况也大抵如此,这在该墓地的夫妻异穴合葬墓或有殉妾的墓葬中表现得尤其明显,其中最典型者如 BRM1 乙室中墓主未随葬耳饰玦,而该墓甲室中的殉妾则随葬有多达 130 件的煤玉玦;反之,乙室出土了整个墓地形制最大的一件大型玉戈,而甲室则仅见数件小玉戈。此外,第二等级的 BZM5 和 BZM9 两座女性墓均有数量较多的服饰玉器,这也表明女性在使用装饰类玉器方面要优于同等级的男性。

作为西周王朝畿内的一个异姓小方国,强国的精神和物质文化很自然地会受到周文化的强烈影响,所以就整体而言,强国墓地出土的玉器及其用玉制度和同时期的周人墓葬所见者表现出高度的相似性,而没有形成具有独立风格的用玉体系;同时,由于其国小势弱,其部族首领强伯和强季未能成为王朝重臣,因此该墓地出土玉器普遍简陋、粗劣。但作为保存比较完整的西周早中期贵族墓地,强国墓地的出土玉器对于研究西周玉器和西周用玉制度仍具有不可替代的作用。

(本文原载北京大学震旦古代文明研究中心等编著:《强国玉器》,北京:文物出版社,2010 年)

东周楚系贵族墓葬用玉制度研究

公元前771年至公元前221年的东周时期是中国历史上列国纷争的年代,但也是文化繁荣、思想异常活跃、争鸣激烈的时代,这个时期亦是人类文明精神的重大突破时期,即雅斯贝斯所谓的"轴心时代"。① 在中国"轴心时代"的灿烂文明中,北方以晋(韩、赵、魏)为表率,南方则由楚独领风骚。作为南方地域文化的重要代表,楚文化深刻地影响着长江流域自周以后的古代文化。② 玉器作为一种重要的制度、文化和思想载体,是我们研究和探索楚文化的重要切入点。目前所见楚系玉器绝大部分均出自贵族墓葬③中,本文即以东周时期楚系贵族墓葬的用玉制度为研究核心,继而窥探当时的文化与社会。

需要说明的是"楚系玉器"这一概念。楚是东周时期南方的雄国,国力强盛、疆域广阔,在楚国的邻近地区,尤其是楚国以北地区,分布有众多的小国。随着楚国势力的扩张,这些小国或是沦为楚国的附庸,或是被楚所灭,在文化面貌上受楚

---

① 〔德〕卡尔·雅斯贝斯著,魏楚雄、俞新天译:《历史的起源与目标》,北京:华夏出版社,1989年,第7—13页。

② 吴正龙:《东周楚系玉器风格研究》,北京大学硕士学位论文,2014年,第1页。

③ 楚系墓葬数量巨大,20世纪90年代已发掘的楚墓数量已达6000座左右,20多年过去了,楚墓的数量自然更多,已达万座之多。但其中相当部分尚未公布详细资料,很显然,要对所有楚系墓葬的出土玉器进行研究既不现实也无必要。根据学者的研究,一般将楚系墓葬的等级划分为王、封君、卿、上大夫、下大夫、士、平民等。本文所谓的贵族墓葬是指士级以上的贵族。

文化影响颇深。这些地区的玉器面貌与楚地玉器相同或相似,或者具有较多项楚文化玉器的风格特征,①因此本文"楚系玉器"是指包括楚国及深受其影响的地区或国家在内的贵族墓葬所出的玉器。但是与以往不同的是,本文拟先分析归纳楚国贵族墓葬的用玉制度后,再与深受其影响的地区或国家的贵族墓葬的用玉制度比较,以明晰楚系贵族墓葬内部符合当时实际的用玉情况。

一、楚系贵族墓葬概况及墓葬等级划分

目前已见发表或报道的楚系贵族墓葬主要有:熊家冢墓地、②冯家冢墓地、③淮阳马鞍冢、④淅川下寺墓地、⑤淅川和尚岭与徐家岭楚墓、⑥固始侯古堆 M1、⑦江陵天星观 M1、⑧枣阳九连墩 M1 和

---

① 吴正龙:《东周楚系玉器风格研究》,第 12 页。
② 荆州博物馆:《湖北荆州熊家冢墓地 2006~2007 年发掘简报》,《文物》2009 年第 4 期,第 4—25 页;荆州博物馆:《湖北荆州熊家冢墓地 2008 年发掘简报》,《文物》2011 年第 2 期,第 4—19 页。
③ 荆州博物馆:《湖北荆州八岭山冯家冢墓地考古勘探简报》,《文物》2015 年第 2 期,第 4—8 页;荆州博物馆:《湖北荆州八岭山冯家冢楚墓 2011~2012 年发掘简报》,《文物》2015 年第 2 期,第 9—27 页;荆州博物馆:《湖北荆州八岭山冯家冢楚墓祭祀坑 2013 年发掘简报》,《文物》2015 年第 2 期,第 28—32 页。
④ 河南省文物考古研究所等:《河南淮阳马鞍冢楚墓发掘简报》,《文物》1984 年第 10 期,第 1—17 页。
⑤ 河南省文物研究所、河南省丹江库区考古发掘队、淅川县博物馆:《淅川下寺春秋楚墓》,北京:文物出版社,1991 年。
⑥ 河南省文物考古研究所、南阳市文物考古研究所、淅川县博物馆:《淅川和尚岭与徐家岭楚墓》,郑州:大象出版社,2004 年。
⑦ 固始侯古堆一号墓发掘组:《河南固始侯古堆一号墓发掘简报》,《文物》1981 年第 1 期,第 1—8 页;河南省文物考古研究所:《固始侯古堆一号墓》,郑州:大象出版社,2004 年。
⑧ 湖北省荆州地区博物馆:《江陵天星观 1 号楚墓》,《考古学报》1982 年第 1 期,第 71—116 页。

M2、①信阳长台关 M1、②江陵望山沙冢 M1、③望山 M1 和 M2、④沙洋严仓獾子冢、⑤荆门左冢 M1、⑥包山楚墓、⑦临澧九里 M1、⑧叶县旧县 M1、⑨淮阳平粮台十六号楚墓、⑩长丰杨公楚墓、⑪新蔡葛陵 M1、⑫上蔡郭家庄楚墓、⑬荆州秦家山 M2、⑭江陵藤店 M1、⑮当阳曹家岗 M5、⑯黄冈曹家岗 M5 和芦冲 M1、⑰鄂城百子畈 M5、⑱长沙楚墓甲

---

① 湖北省文物考古研究所:《湖北枣阳市九连墩楚墓》,《考古》2003 年第 7 期,第 586—590 页;刘国胜:《湖北枣阳九连墩楚墓获重大发现》,《江汉考古》2003 年第 2 期,第 29—30 页。

② 河南省文物研究所:《信阳楚墓》,北京:文物出版社,1986 年。

③ 湖北省文物考古研究所:《江陵望山沙冢楚墓》,北京:文物出版社,1996 年。

④ 同上。

⑤ 宋有志:《湖北荆门严仓墓群 M1 发掘情况》,《江汉考古》2010 年第 1 期,第 32 页。

⑥ 湖北省文物考古研究所、荆门市博物馆、襄荆高速公路考古队:《荆门左冢楚墓》,北京:文物出版社,2006 年。

⑦ 湖北省荆沙铁路考古队:《包山楚墓》,北京:文物出版社,1991 年。

⑧ 熊传薪:《湖南临澧九里一号大型楚墓发掘简报》,《湖南省博物馆馆刊》第八辑,2012 年。

⑨ 河南省文物研究所、平顶山市文物管理委员会、叶县文化馆:《河南省叶县旧县 1 号墓的清理》,《华夏考古》1988 年第 3 期,第 1—18 页。

⑩ 河南省文物研究所、淮阳县文物保管所:《河南淮阳平粮台十六号楚墓发掘简报》,《文物》1984 年 10 期,第 18—27 页。

⑪ 安徽省文物工作队:《安徽长丰杨公发掘九座战国墓》,《考古学集刊》2,北京:中国社会科学出版社,1982 年。

⑫ 河南省文物考古研究所:《新蔡葛陵楚墓》,郑州:大象出版社,2003 年。

⑬ 马俊才:《河南上蔡周代墓地发掘获重大发现》,《中国文物报》2007 年 5 月 9 日。

⑭ 湖北省荆州博物馆:《湖北荆州秦家山二号墓清理简报》,《文物》1999 年第 4 期,第 18—28 页。

⑮ 荆州地区博物馆:《湖北江陵藤店一号墓发掘简报》,《文物》1973 年第 9 期,第 7—17 页。

⑯ 湖北省宜昌地区博物馆:《当阳曹家岗 5 号楚墓》,《考古学报》1988 年第 4 期,第 455—500 页。

⑰ 黄冈市博物馆、黄州区博物馆:《湖北黄冈两座中型楚墓》,《考古学报》2000 年第 2 期,第 257—284 页。

⑱ 湖北省鄂城县博物馆:《鄂城楚墓》,《考古学报》1983 年第 2 期,第 223—254 页。

类墓、①六安经济开发区 M566 和 M585。② 其他楚系贵族墓葬有曾侯乙墓③和擂鼓墩 M2、④黄君孟夫妇墓、⑤黄季佗父墓、⑥桐柏月河一号墓、⑦寿县蔡侯墓⑧等。

根据墓葬规模、随葬品数量与质量以及以往学界的研究⑨,现将以上楚系墓葬的等级确定如下:

第一等级:诸侯王及其夫人之墓,此类墓葬有:熊家冢主墓、淮阳马鞍冢、寿县李三孤堆楚幽王墓、黄君孟夫妇墓、桐柏月河一号墓、寿县蔡侯墓。

第二等级:封君、卿、上大夫及其夫人之墓,此类墓葬有:淅川下寺 M2、M1、M3,侯古堆 M1,天星观 M1,长台关 M1,包山 M1、M2,新蔡葛陵 M1,叶县旧县 M1,徐家岭 M3、M9、M10,和尚岭 M1、M2,枣阳九连墩

---

① 湖南省博物馆、湖南省文物考古研究所、长沙市博物馆等:《长沙楚墓》,北京:文物出版社,2000 年。

② 安徽省文物考古研究所、六安市文物管理局:《安徽六安市白鹭洲战国墓 M566 的发掘》,《考古》2012 年第 5 期,第 29—40 页;安徽省文物考古研究所、六安市文物管理局:《安徽六安市白鹭洲战国墓 M585 的发掘》,《考古》2012 年第 11 期,第 23—32 页。

③ 湖北省博物馆:《曾侯乙墓》,北京:文物出版社,1989 年。

④ 湖北省博物馆、随州市博物馆:《湖北随州擂鼓墩二号墓发掘简报》,《文物》1985 年第 1 期,第 16—36 页。

⑤ 信阳地区文管会、光山县文管会:《春秋早期黄君孟夫妇墓发掘报告》,《考古》1984 年第 4 期,302—332 页。

⑥ 信阳地区文管会、光山县文管会:《河南光山春秋黄季佗父墓发掘简报》,《考古》1989 年第 1 期,第 26—36 页。

⑦ 南阳市文物研究所、桐柏县文管会:《桐柏月河一号春秋墓发掘简报》,《中原文物》1997 年第 4 期,第 8—23 页。

⑧ 安徽省文物管理委员会、安徽省博物馆:《寿县蔡侯墓出土遗物》,北京:科学出版社,1956 年。

⑨ 高崇文:《楚墓的考古发现与研究》,北京大学中国考古学研究中心、北京大学震旦古代文明研究中心编:《古代文明》第 8 卷,北京:文物出版社,2010 年,第 163—203 页;王乐文:《江北地区楚墓研究》,吉林大学博士学位论文,2010 年;张鸿亮:《豫南地区楚系墓葬初步研究》,郑州大学硕士学位论文,2007 年;王希维:《战国楚墓葬制研究》,西北大学硕士学位论文,2012 年。

M1、M2,沙洋严仓獾子冢(M1),当阳曹家岗 M5、临澧九里 M1。

第三等级:下大夫及其夫人之墓,此类墓葬有:望山 M1、M2、沙冢 M1、秦家山 M2、下寺 M7、M8、M10、荆门左冢 M1、江陵藤店 M1、黄冈曹家岗 M5、芦冲 M1、鄂城百子畈 M5、淮阳平粮台 M16、杨公 M8、M2、六安经济开发区 M566、M585、长沙楚墓甲类墓、黄季佗父墓。

二、楚系贵族墓葬随葬玉器复原与统计

(一) 楚国贵族墓葬随葬玉器复原与统计

1. 第一等级墓

寿县李三孤堆和淮阳马鞍冢两座楚王墓,由于被严重盗扰,尚未见到有玉器著录。近年熊家冢墓地虽然开展了多次考古工作,但是主冢至今仍未发掘。因此,第一等级楚王墓的用玉情况尚不能了解。

2. 第二等级墓

上述 20 座墓包括多组夫妻合葬墓,为便于比较,将这些墓葬的随葬玉器分别统计。

(1) 下寺 M1、M2、M3(表 1):

表 1

位置		墓葬		
		楚令尹墓(下寺 M2)	孟滕姬墓(下寺 M1)	鄢中姬丹墓(下寺 M3)
椁盖板上		无	无	不明。
棺椁之间		无	无	不明。
棺盖板上		不明。	不明。	不明。
棺内	头部	笄帽 2 件。	头顶有玉梳 1、玉笄 2、耳饰玦 2 件。	不明。
	颈部	玉牌项饰 12 件。	玉牌项饰 13 件。	可能有玉牌项饰 1 组。
	胸腹部	组玉佩多组。	组玉佩多组。	组玉佩多组。
	手部	不明。	不明。	不明。
	腿脚部	不明。	不明。	不明。

(2)叶县旧县 M1、侯古堆 M1、天星观 M1 和长台关 M1(表2):

表2

位 置	墓 葬			
	叶县旧县 M1 (战国早)	侯古堆 M1 (战国早)	天星观 M1 (战国中)	长台关 M1 (战国中偏晚)
椁盖板上	无	无	无	无
侧室	无	陪葬棺中有玉器,器类和数量不明。	南室残留玉璧8、大玉戈2件。	无
外棺盖板上	无	无外棺	无	无
中棺盖板上	无中棺。	无中棺。	无	无中棺。
内棺盖板上	无	不明。	无	无
内外(中)棺之间	无	无	不明。	头端置玉璧1件。
棺内	玉璧2、玉珩8、条形玉饰1、龙形佩1、透雕玉佩1、圆形玉饰1、项饰1串。棺内遭到盗扰,出土时8件玉珩和串饰集中在棺室中部,其他玉器集中靠近棺的北壁。	上半身玉璧4件、鼻塞1对;另有环12、珩5、龙形佩1、管8、玉人1和带钩1件散落在骨架周围;全身分布有料珠。	残留玉璧8件和玉俑6件,具体位置不明。	棺内有带钩1、龙形佩7、珩10、璧9和管4件,具体位置已经不明。

(3)包山 M2、M1(表3):

表3

位 置	墓 葬	
	左尹邵佗墓(包山 M2)	邵佗夫人墓(包山 M1)
椁盖板上	无	无
头箱	无	残留珩1、璧1件。
边箱	北室内有玉条、玉块各1件。	无
外棺盖板	无	无

续 表

位 置		墓 葬	
		左尹邵𩣡墓(包山 M2)	邵𩣡夫人墓(包山 M1)
中棺盖板		无	无中棺。
内棺盖板		盖板上带鞘玉首剑1柄。	无
内外(中)棺之间		头端挡板的铜质铺首衔环上系玉璧1件。	无
棺内	头部	头顶璧1、碎玉3件、骨笄3件。	无
	颈部	肩颈部有珩2件。	无
	胸腹	腰下压璧2件。	无
	手部	无	无
	腿脚	足端玉璧2件。	无

(4)徐家岭 M3、M9、M10(表4):

表4

位 置		墓 葬		
		徐家岭 M3(男性)	徐家岭 M9(男性)	徐家岭 M10(男性)
椁盖板上		无	无	无
棺椁之间		无	璜1、环2、半圆柱穿孔玉器1、玉贝形器156、绿松石片5,多与车马器混杂在一起,当为车马饰。	不明。
棺盖板上		无	无	不明。
棺内	头部	玉环和龙形玉佩各1件。	无	玉璧环多件。
	颈部	无	无	无
	胸部	玉环2件。	无	组玉佩多组、玉璧环多件。
	腹腰及以下	玉璧1、龙形玉佩2,当为组佩。	无	组玉佩多组。

(5)和尚岭 M1、M2(表5):

表5

位置		墓葬	
		和尚岭 M1(男性)	曾仲姬墓(和尚岭 M2)
椁盖板上		不明。	石圭1件。①
外棺盖板		不明。	无
中棺盖板		无中棺。	无
内棺盖板		无内棺。	无
内外(中)棺之间		不明。	无
棺内	头部	玛瑙环1、玉条形饰1、玉棒1件,皆位于棺内,具体位置不明。	玛瑙环1件。
	颈部		玉牌6、玉珩1件。
	胸腹		不明。
	腰部		玉环3、玉觽2件,应为组佩。
	腿脚		玉环1、条形玉饰1件,应为组佩。

(6)九连墩 M1、M2,沙洋严仓 M1(獾子冢)(表6):

表6

位置		墓葬		
		九连墩 M1(男性)	九连墩 M2(女性)	严仓 M1(男性)
椁盖板上		无	无	不明。
棺椁之间		无	无	不明。
棺盖板上		无	有规律地排列着铜璧。	不明。
棺首		无	悬挂玉璧1件。	不明。
棺内	头颈部	玉器皆出于棺室内,有玉圭、璧、玦、璜、管、鞢等,但具体位置不明。	棺内随葬玉、石饰物41件(套),具体位置不明。	棺室内见玉珠。
	胸腹腰部			
	手部			
	腿脚部			

---

① 此圭出土时位于棺外铜盘内,为高等级楚墓中目前唯一所见用圭。根据学界对周代用圭制度的已有研究成果可知,楚人不用圭。墓主为女性,为曾国之女,嫁入楚国。因此,推断此圭原本位置可能在椁盖板上。

(7)当阳曹家岗 M5、新蔡葛陵 M1、临澧九里 M1(表7)：

表 7

位 置	墓 葬		
	曹家岗 M5 (春秋晚)	葛陵 M1(平夜君成) (战国中)	临澧九里 M1 (战国中)
椁盖板上	无	不明。	不明。
椁室内	无	东室出土玉璧1件,水晶、黄玉柱、玉料若干;南室出土玉璧4、玉质扣子5、竹节玉1件;西室出土玉璧6、玉环1、玉饰2、水晶扣1件,应为殉葬人身上的装饰物。	无
棺椁之间	无	不明。	不明。
棺盖板上	不明。	不明。	不明。
外棺底板上	无	外棺底板残留有玉璧2、玉璜1、玉圭1、白石圭8、玉觿1、玉坠3、紫晶扣子3、男性白石人22、女性白石人3,其中1件玉璧根据出土位置应为内棺头挡的装饰物。	无
棺内 头部	不明。	不明。	玉璧6、玉珩4、小环2、长方形玉片3、鸟形玉佩1、三角形玉饰1、绚索纹玉环、玉觿形器、玉圭形器、其他玉饰等,但原位置已扰乱。
棺内 颈部	不明。	不明。	
棺内 胸腹部	2件璧、1件璜在腰部,皆素面。	不明。	
棺内 手部	不明。	不明。	
棺内 腿脚部	卷云纹玉璧1件、玉觿1件在足部。	不明。	

3. 第三等级墓

(1)下寺 M8、M7(表8)：

表 8

位 置	墓 葬		
	以邓墓(下寺 M8)	中妃卫墓(下寺 M7)	下寺 M10(春战之际)
椁盖板上	不明。	无	无
棺椁之间	西北角残留玉觿1、玉人1、玉鱼1、蚕1、环1、玉牌1以及料珠若干,可能是1组串饰。	无	无

续　表

位　置		墓　葬		
		以邓墓(下寺M8)	中妃卫墓(下寺M7)	下寺M10(春战之际)
棺盖板上		不明。	无	无
棺内	头颈部	不明。	玉片、虺龙纹玉牌各1件,另有玛瑙珠和料珠多件。	无
	胸腹腰部	北棺残留玉觿3和料珠数件,南棺残留玉觿4件,均在腰部以下并垂至足部。	琮1、环1、弧形玉条2和双线虺龙纹珑1件。	玉剑柄1件、虺龙纹绿松石牌1件在胸腹部。
	手部	不明。	无	无
	腿脚部	无	无	方形石饰1件在腿部。

(2)望山M1、M2、沙冢M1(表9):

表9

位　置		墓　葬		
		望山M1 (战国中偏晚)	望山M2 (战国中偏晚)	沙冢M1 (战国中偏晚)
椁盖板上		无	无	无
头箱		玉环1、磨石2件。	残留玉剑首饰2、带钩1、璧2、珩12、管4、水晶珠20、玛瑙环1件。	无
边箱		无	无	无
外棺盖板上		无	无	无
中棺盖板上		无中棺。	无	无中棺。
内棺盖板上		无	无	无
内外(中)棺之间		无	头端玉璧1件。	头端玉璧1件。
棺内	头部	头顶玉璧1件。	头顶玉璧1、珩1,头右侧璧1件。	无
	颈部	无	无	无
	胸腹腰部	身体上下共有玉璧、环9件,具体位置不明。	左肩璧1;胸腹上璧1、珩1;腹上龙形佩4、珩2;腹部下有珩3件。	无
	手部	无	无	无
	腿脚部	无	两腿间珩4件;足端下压璧2件。	无

(3) 平粮台 M16，杨公 M8、M2（表10）：

表10

位　置		墓　葬		
		平粮台 M16（战国晚）	杨公 M8（战国晚）	杨公 M2（战国晚）
椁盖板上		无	无	无
头箱		龙形佩1、珩2、环1、匕1、出廓璧1、玉镜架1件。	无	不明。
边箱		无	无	不明。
外棺盖板		无外棺。	无	不明。
中棺盖板		无中棺。	无中棺。	不明。
内棺盖板		无	无	不明。
内外(中)棺之间		棺外头端有玉璧1件。	无	不明。
棺内	头部	头骨下璧1；口含环1件。	头侧玉璧2件。	墓主身体上下共覆盖玉璧36件；另有珩、龙形佩、管以及其他片饰器多件，但具体位置不明；墓主两足之间放置大型玉版2件。
	颈部	无	无	
	胸腹	肩部有珩2；胸腹上璧1、环2、龙形佩3、管3、带钩1件。	腹上玉璧1件；盆骨处龙形佩2件。	
	手部	左臂下环2件。	无	
	腿脚	两股骨处附近龙形佩7件；足端璧2件、齿牙玉牌1、条形玉片2件。	两膝各有玉璧1件。	

(4) 荆门左冢 M1、荆州秦家山 M2、江陵藤店 M1（表11）：

表11

位　置	墓　葬		
	左冢 M1（男性）	秦家山 M2（女性）	藤店 M1
椁盖板上	无	不明。	不明。
侧室	北室玉环1、玉杆1件，应为漆瑟上的装饰物；龙形玉佩1、料珠若干在一起，应为组玉佩。	无	不明。

续　表

位　置		墓　葬		
		左冢 M1（男性）	秦家山 M2（女性）	藤店 M1
棺椁之间		无	无	不明。
棺盖板上		无	无	不明。
棺首		玉环 1 件和一团丝织带。	无	不明。
棺内	头颈部	头顶玉梳 1 件，两耳玉玦 2 件，头部右侧玉鸡、猪、羊各 1 件，左侧玉圭 1、鱼形鱼片 2 件。	玉覆面 1 件，玉璜 2、玉佩 2 件在墓主双耳，头顶玉笄 1 件。	玉饰 1 件置于头骨之下。
	胸腹腰部	腰部玉带钩 1 件。	不明。	不明。
	手部	不明。	不明。	不明。
	腿脚部	不明。	不明。	不明。

（5）六安经济开发区 M566、M585，黄冈曹家岗 M5、芦冲 M1，鄂城百子畈 M5（表 12）：

表 12

位　置		墓　葬				
		开发区 M566（战中晚之际）	开发区 M585（战中晚之际）	曹家岗 M5（战晚）	芦冲 M1（战中偏晚）	百子畈 M5（战中偏早）
椁盖板上		无	无	无	无	无
椁室内		无	北藏室玉带钩 1 件，与铜剑、玉剑璏同在漆木盒中。	无	玉璧 1、玉环 1、料珠 8、料筒 2，它们放置在一起。	头箱玉璧 1 件。
中棺盖板上		无	无	无	放置 16 件小石璧。	无
内棺盖板上		无	不明。	无	无	无
内外(中)棺之间		无	无	中棺头端石璧 1 件。	无	无
棺内	头部	头发内插角质和玉质发簪，头枕玉璧 1 件。	无	无	不明。	无
	颈部	玉花 1、玉珩 2	无	无	不明。	无
	腰及以下	玉珩 2、龙形佩 6、玉管等，为玉组佩。	无	无	无	无

(6)长沙楚墓

长沙的 4 座甲类墓中,战国中期的 M397 棺室遭到盗掘,仅在边箱中发现玛瑙环 1 件。现将其他 3 座墓葬随葬玉器统计如表 13：

表 13

位置		墓葬		
		M89(战国早期)①	M167(战国中偏晚)	M930(战国晚期)
椁盖板上		无	无	无
侧室		无	无	无
外棺盖板上		无	无	无
内棺盖板上		无	无	无
内外棺之间		无	无	无
棺内	头部	玉璧 3 件。	无	石环 4 件。
	颈部	玉玦 2 件。	无	料珠 64 颗和铜玦 2 件。
	胸腹部	腹上玉璧 1；背下璧 3 件、琮 1 件。	腰侧铜剑 1 柄,上有玉剑珥和剑珌各 1 件。	石璧 1 件。
	手部	无	无	无
	腿脚部	足端璧 1 件。	无	无

(二) 其他楚系贵族墓葬随葬玉器复原与统计

1. 黄夫人孟姬墓②与黄季佗父墓(表 14)：

表 14

位置	墓葬	
	黄君孟夫人孟姬(春秋早)	黄季佗父墓(春秋早)
椁盖板上	无	无
陪葬棺	无陪葬棺。	陪葬棺有环 1、砺石 2 和残圭 1 件。
外棺盖板	无	无外棺。
内外棺之间	无	无

---

① 此墓原编号为长沙浏城桥一号墓。

② 黄君孟夫妇墓为同穴夫妻合葬墓,由于黄君孟棺椁被破坏,随葬玉器仅知有大型玉圭 1 件,且出土位置不明,因此,表 14 中无黄君孟棺中随葬玉器统计。

东周楚系贵族墓葬用玉制度研究　　343

续　表

位　置		墓　葬	
		黄君孟夫人孟姬(春秋早)	黄季佗父墓(春秋早)
内棺盖板		无	无
棺内	头部	木竿2,其中1件有玉竿头;玦5件;头骨下散落玉器102件,其中当有发饰。	玉璜1件、玉虎2件。
	颈部	马蹄形玉牌项饰1组多件。	虺龙纹玉牌3件,应是项饰构件。
	胸腹	胸部玉璧1件;胸腹部另有玉虎、璜和觽多件。	玉钺1件、璜2件。
	手部	不明。	不明。
	腿脚	右脚下散落玉器21件。	璜1件。

2. 养伯受墓(桐柏月河一号墓)与寿县蔡昭侯墓(表15):

表15

位　置		墓　葬	
		养伯受墓(春秋晚)	蔡昭侯墓(春秋晚)
椁盖板上		不明。	棺椁结构不明。
陪葬棺附葬坑		北附葬坑有玉器数件,器类不明。	殉人无随葬玉器;但主棺以外发现玉觽3、莲瓣形玉片1件、绿松石1盒共1518颗、玉珠数颗,可能是侧室的器物。
内外椁之间		虺龙纹大玉戈1件。	不明。
内椁盖板		不明。	不明。
外棺盖板		不明。	不明。
内外棺之间		不明。	不明。
内棺盖板		不明。	不明。
棺内	头部	璧、玦、小玉片多件。	纽丝纹环、管、圈各2件。
	颈部	玉牌多件,应是项饰。	长方形虺龙纹穿孔玉牌8件用作项饰。
	胸腹	胸腹部上压牙璋2、钺1件;另密布大量的环、管、虎等饰件。	胸部素面璜和素面璧各2件。
	手部	不明。	不明。
	腿脚	两腿自上而下分布有多件环、虎和玉牌;足端也有玉牌等多件玉器。	两大腿间扁环形器1件;足端龙形佩2件。

3. 曾侯乙墓与擂鼓墩二号墓（表16）：

表16

位　置		墓　葬	
		曾侯乙墓（战国早）	擂鼓墩 M2（战国中偏早）
椁盖板上		无	无
主室以外各室		西室璧2、玦2（此四器均可能从W.C.9陪葬棺散出）；北室璧6。	无
主室内		璧60件、素面佩饰1、鱼形佩饰2、长条形端刃器1、带钩1。	不明。
外棺盖板		无	不明。
内外棺之间		璧3、玉璞2（可能从内棺盖板上散落）。	角质环2153、铜鱼40、铜鸟形饰29件用作棺饰。
内棺盖板		璧7、珩1。	不明。
棺内	头部	头顶左侧琮1、玦2、八棱形缺口玉管2、玉璞1，头下玉梳1、方勒1；含21件（牛6、羊4、猪3、狗2、鸭3、鱼3）；嘴旁V形口塞1。	口含小玉羊、兔各1件。
	颈胸腹部	全身散落璧20件、料珠172颗、穿孔玉片18件和龙形佩17件（胸腹部较集中）；颈部小玉管13、长方形穿孔玉片14；下颌处叠放十六节龙凤玉挂饰1组；肩部长条形坠饰1；背下残玉琮1件；颈部至腰部珩22、腰部以下珩14件；腰部带钩6、方镯2、鱼形饰1、腰左侧玉刚卯5；腹部四节龙凤玉佩1组，腰腹部玉剑1柄；腰部至大腿处齿牙穿孔虺龙纹玉片7、玉璞5。	散落珩2、环8、璧4以及玛瑙珠、料珠27件。
	手部	紫晶珠一组11颗（腕饰？）；左右手各握玉管1件，左手玉鞢1。	不明。
	腿脚部	左膝处玦2、左小腿侧玦1、左腿缺口玉管2、右腿侧琮1；腿部鸟形饰1、管6、长方形穿孔玉片6、大腿处残玉斧1；小腿以下长条形坠饰14、齿牙穿孔虺龙纹玉片1；脚下穿孔玉片2、玉璞2。	无

三、楚国贵族墓葬用玉制度研究

根据文献记载与出土位置,我们可将东周楚国贵族墓葬玉器划分为装饰用玉、丧葬用玉、礼仪用玉。以下分别对其使用制度进行分析与归纳。

(一)装饰用玉

1. 发饰

表17 东周楚国男性贵族墓所见发饰统计表

等级	墓葬	时代	墓主头部附近所见发饰
第二等级	下寺 M2	春秋晚期	头部玉笄帽2件。
	徐家岭 M3	春秋晚期	头顶玉环1、龙形玉佩1件。
	徐家岭 M10	战国早期	头顶玉环1件。
	包山 M2	战国晚期	骨笄3件。
第三等级	望山 M1	战国中期	头顶玉璧1件。
	左冢 M1	战国中期	头顶玉梳1件。
	藤店 M1	战国中期	头骨下玉饰1件。
	平粮台 M16	战国晚期	头骨下玉璧1件。

表18 东周楚国女性贵族墓葬所见发饰统计表

等级	墓葬	时代	墓主头部附近所见玉器
第二等级	下寺 M1	春秋晚期	头部玉梳1、玉笄2件。
	和尚岭 M2	春秋晚期	头部玛瑙环1件。
第三等级	望山 M2	战国中期	头顶大玉璧1、玉珩1件。
	秦家山 M2	战国中期	头顶玉笄1件。
	六安开发区 M566	战国中期	头发插角质和玉质发簪。

性别不明墓有长沙楚墓M89和M930,两墓墓主头部分别有玉璧3件和石环4件。

(1)楚国贵族墓葬发饰类型

根据表10、表11的统计,楚国贵族墓葬所见玉质发饰主要有以下

几类:

　　A类:笄、簪、梳;

　　B类:璧、环;

　　C类:龙形佩、珩、其他片状玉饰。

　　(2)时代特征

　　从上文的统计可知,A、B两类发饰的使用从春秋晚期一直延续至战国晚期,具有相当的连贯性。C类发饰虽然在春秋晚期已现端倪,但是使用频率较低,不具稳定性。

　　(3)等级特征

　　由于第一等级楚墓尚未见到玉器的出土,因此王墓与卿、封君、大夫之墓用玉等级的差异一时尚难以知晓。而卿、封君、大夫墓与士级墓、庶民墓之间的等级差别,根据已有的研究则知差距较大。而本文所讨论的第二与第三等级墓之间所见玉质发饰的类别、结构、数量、使用比例并无较大差异,但是二者使用发饰的时间则有较大区别。根据表17、表18的统计,第二等级墓葬使用玉质发饰的时间从春秋晚期一直延续至战国晚期,而第三等级墓葬则从战国中期开始。这似乎表明楚人使用玉质发饰在战国之前具有较严格的等级性,随着战国时期礼制进一步崩坏,加之儒家倡导的"君子之风"玉文化,战国时期玉质发饰的使用在楚国贵族之间变得较为普遍。

　　(4)性别特征

表19　楚国贵族墓葬使用发饰比例统计表

	第二等级		第三等级	
	男	女	男	女
用发饰墓	3	2	4	3
墓葬总数	11	7	7	5
比　　例	27.3%	28.6%	57.1%	60%

　　东周时期楚国两性贵族墓葬所见发饰和束发方式上均表现出明显的一致性。而且男女两性使用玉质发饰的比例大体接近,而女性略高。

这些情况与整个周代玉质发饰使用的情况是一致的。

2. 耳饰

表 20　楚国贵族墓葬所见耳饰统计表

等级	墓葬	性别	时代	墓主耳部所见玉器
第二等级	下寺 M1	女	春秋晚期	玉玦 2 件。
第三等级	左冢 M1	男	战国中期	玉玦 2 件。
	秦家山 M2	女	战国中期	玉璜 2、玉佩 2 件在双耳。

在周代耳部常见的玉质装饰品多为玉玦，其他种类玉器则较为少见。本文共统计了 41 座楚国贵族墓葬，其中只有 3 座楚国贵族墓发现了玉质耳饰，而且两座墓墓主为女性，应从他国嫁来，或许保留了母国的用玉传统而佩戴玉质耳饰。由此可见耳饰在楚国贵族墓葬中的使用并不普遍。出现此种状况，亦与当时大时代背景有关。根据笔者对整个周代耳饰玦的研究，耳饰玦主要见于西周和春秋墓葬中，至战国时期急剧衰退。目前所见楚国贵族墓葬年代多集中于春秋晚期至战国晚期，而这一时期正是耳饰玦衰退的时期。

3. 项饰

表 21　楚国贵族墓葬所见项饰统计表

等级	墓葬	性别	时代	墓主颈部所见项饰
第二等级	下寺 M2	男	春秋晚期	虺龙纹玉牌 12 件。
	下寺 M1	女	春秋晚期	虺龙纹玉牌 13 件。
	下寺 M3	女	春秋晚期	虺龙纹玉牌 1 组，数量不明。
	和尚岭 M2	女	春秋晚期	玉牌 6、玉珩 1 件。
第三等级	下寺 M7	女	春秋中期	玛瑙珠、料珠、虺龙纹玉牌项饰 1 组。
	开发区 M566	女	战中晚之际	玉花 1、玉珩 2 件。
	长沙楚墓 M89	不明	战国早期	玉珩 2 件。
	长沙楚墓 M930	不明	战国晚期	料珠 64 颗、铜珩 2 件。

(1) 楚国贵族墓葬项饰类型

根据表20统计来看，楚国贵族墓葬的项饰大致可划分为以下两类：

A类：以玉牌为主要构件，并以若干玛瑙珠、料珠串缀而成；

B类：以玉珩为主要构件，并以珠子或其他玉饰连缀而成。此类项饰非常特殊，表中只是统计了明确位于墓主颈部的此类项饰，而在统计过程中我们发现还有更多的此类饰品位于墓主肩部或者胸部。

(2) 时代特征

据上文的统计，东周时期楚国贵族墓葬项饰的使用具有显著的时代性，主要表现为三点：

第一，项饰的使用主要集中于春秋时期。

第二，A类项饰主要见于春秋时期，至战国时期在楚国墓葬中绝迹；B类项饰出现于战国早期，延续至战国晚期。两类项饰流行的时间前后相续，但形式发生了较大的变化。

第三，B类项饰延续至战国晚期，出现了以铜珩代替玉珩的情况。铜珩代替玉珩之后，其流行的时间不限于战国时期，至西汉仍有位于肩部或颈、胸部的此类装饰出土。2011年笔者曾参与陕西杨陵邰城秦汉墓葬的整理工作，在西汉墓中即发现两例此种情况。

(3) 等级特征

楚国贵族墓葬项饰使用的等级特征也十分显著，主要表现在以下两点：

第一，A类项饰其实只见于第二等级墓葬，因为下寺墓地为家族墓地，下寺M7虽然被划归第三等级墓葬，实则墓主社会地位应当高于其他第三等级墓葬的墓主。而与此相反的是B类项饰仅见于第三等级墓葬。毫无疑问，A类项饰的构成更为复杂，比B类项饰更为珍贵。

第二，每一等级的楚国贵族墓葬内部其实如若细分，仍可划分更为细致的阶层。而出土B类项饰的第三等级墓葬则为该等级墓葬中等级偏低者。

(4) 性别特征

从表 20 中可看出,楚国贵族墓葬玉质项饰的使用具有非常鲜明的性别特征,主要表现为两个方面:

第一,绝大数的项饰出土于楚国女性贵族墓中,男性墓只见于下寺 M2。

第二,同一等级的女性贵族墓项饰的使用比例绝对远远高于男性。由此证明,在楚地项饰是具有更多的女性色彩的饰物。

(5) 地域特征

从上文的统计来看,楚地项饰的使用地域特征十分显著,主要表现为两个方面:

第一,A 类项饰只见于淅川下寺与和尚岭墓地,根据学者的研究,这两处墓地与徐家岭楚墓可能同为蒍氏家族墓地。[①] 蒍氏家族墓地所在的南阳地区,在春秋时期地缘政治错综复杂,虽然楚国灭掉其中的一些小国,但此地仍存留不少方国势力。而且这一地区较楚都江陵地区更加靠近 A 类项饰流行的长江以北诸国。蒍氏家族墓地普遍使用 A 类项饰,可能是受它们影响所致。

第二,B 类项饰均见于靠近楚文化圈边缘的地区。

第三,郢都所在的江陵地区,不见玉质项饰的使用。

4. 组玉佩

表 22 楚国贵族墓葬所见组玉佩统计表

等级	墓葬	性别	时代	墓主身上所见组玉佩及其构件
第二等级	下寺 M2	男	春秋晚期	璧 2、环 6、觿 22、虎 3 以及若干玛瑙珠和料珠近百件,另有石串珠 746 颗,当属于多组组玉佩。
	下寺 M1	女	春秋晚期	璧环类 9 件、玉觿 21 件、玉虎 2 件以及玛瑙珠、玉珠和料管 100 余件,当属于多组组玉佩。

---

① 高崇文:《楚墓的考古发现与研究》,《古代文明》第 8 卷,第 166 页;王乐文:《江北地区楚墓研究》,吉林大学博士学位论文,2010 年,第 118—121 页。

续 表

等级	墓葬	性别	时代	墓主身上所见组玉佩及其构件
	下寺 M3	女	春秋晚期	璧3、觿30、虎6、方勒10以及玛瑙珠和料珠数十件,另有石珠952颗,当属于多组组玉佩。
	和尚岭 M2	女	春秋晚期	腰部及以下玉环4、玉觿2、条形玉饰1件,当属组配。
	徐家岭 M3	男	春秋晚期	腰腹及以下位置玉璧1、龙形玉佩2,应为组配。
	徐家岭 M10	男	战国早期	玉璧环多件、玉珩8、龙形玉佩3、料珠11,为多组组玉佩。
	曹家岗 M5	女	春秋晚期	玉璧2件、玉璜1件在腰部。
	包山 M2	男	战国晚期	珩2件在肩部。
第三等级	下寺 M8	男	春秋中期	墓主和陪葬人腰部以下各有觿4件和3件。
	下寺 M7	女	春秋中期	环1、弧形玉条2件在腰部。
	望山 M2	女	战国中期	龙形佩2、珩2件在腹部;另有珩3件在腹下、4件在两腿下。
	开发区 M566	女	战中晚之际	玉珩2、龙形佩6、玉管等在腰部及以下位置。
	平粮台 M16	男	战国晚期	肩部珩2件;腹部环1、龙形佩3和管3件;两股骨附近另有龙形佩7件。
	杨公 M8	不明	战国晚期	盆骨处龙形佩2件。
	杨公 M2	不明	战国晚期	有珩、龙形佩和管,数量不明。
	长沙楚墓	不明	战国晚期	铜珩2、料珠64件在颈部。

根据研究,东周时期主要流行以环、珩、龙形佩为主要构件,并串以各类管珠的组玉佩,①而在楚地这一特征尤其明显,组玉佩的形式以玉璜(珩)或龙形佩饰为中心构成,②因此,在一些经过盗扰的墓葬中,虽

---

① 孙庆伟:《周代用玉制度研究》,上海:上海古籍出版社,2008年,第177—179页。
② 杨小博:《东周楚地玉器的分类、分期、分区和用玉制度研究》,山东大学硕士学位论文,2014年,第78页。

然棺内玉器已离开原位,但根据玉器种类构成及学界已有的研究成果,可推断出这些墓葬的棺内应当随葬有组玉佩。如此,则叶县旧县 M1、侯谷堆 M1、长台关 M1、和尚岭 M1、九连墩 M1 和 M2、葛陵 M1、九里 M1 等墓葬也应随葬有组玉佩。

（1）时代特征

据笔者对周代组玉佩的研究,可将其划分为三种类型:(如图 3－22、3－23、3－24)

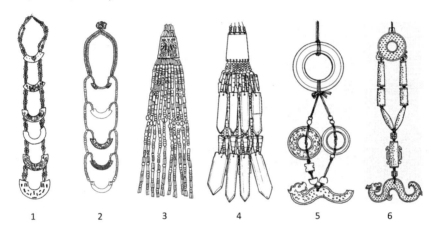

图 3－22　A 型组玉佩　　图 3－23　B 型组玉佩　　图 3－24　C 型组玉佩
1. 晋侯墓地 M31:91；　　3、4. 晋侯墓地 M92:88、91　　5. 中州路 M1316；
2. 虢国墓地 M2012:115　　　　　　　　　　　　　　　6. 鲁故城 M58

据上文统计,楚国贵族墓葬的组玉佩皆为以璧环、珩、龙形佩或虎形佩为主要构件,并以各类管、珠串连,佩戴于腰腹并垂至下肢的 C 型组玉佩。在楚墓中,它们从春秋中期偏晚一直延续至战国晚期,这与此型组玉佩在当时整个华夏地域流行的时间相一致。而在春秋中期偏晚之前的楚墓中,并没有见到组玉佩随葬,不仅如此,在此之前的楚墓基本上没有发现玉石器。①

---

① 左鹏:《楚国珠玉佩饰之研究》,《江汉考古》1998 年第 2 期,第 56—57 页。

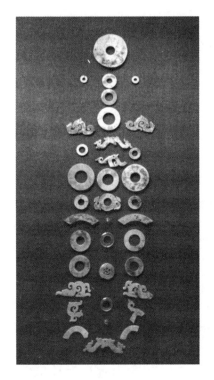

图 3-25　熊家冢墓地陪葬墓出土组玉佩

楚国贵族墓葬组玉佩另一个时代特征是,组玉佩构件中的虎形佩、龙形佩使用的时间。根据上文统计,进入战国时期在楚地虎形佩已经不复存在,龙形佩取代虎形佩成为组玉佩中重要的构件。

(2) 等级特征

根据上文的统计,本文所讨论的第二与第三等级墓之间所见组玉佩的类别、使用比例并无较大差异(表 23)。两等级之间组玉佩使用的等级差异主要是组玉佩数量与结构的差异。第二等级墓葬往往出土多组玉佩,而且组玉佩的构件较多、结构也相对较为复杂。而第三等级墓葬多见一组组玉佩,而且组玉佩的构件相对较少、结构简单。虽然熊家冢主墓尚未发掘,我们还无法清楚得知楚王墓随葬组玉佩的数量与结构,但是从该墓地陪葬墓中发现的一组组玉佩由 36 件单体玉器构成、结构复杂(图 3-25),可以想见楚王墓中的组玉佩形制必然更加华丽、复杂。

表 23　楚国贵族墓葬组玉佩使用比例统计表

	第二等级	第三等级
组玉佩墓	8	8
墓葬总数	20	21
比　　例	40%	38.1%

(3)性别特征

表24　楚国贵族墓组玉佩使用比例统计表

	第二等级		第三等级	
	男	女	男	女
组玉佩墓	4	4	2	3
墓葬总数	11	7	7	5
比　　例	36.4%	57.1%	28.6%	60%

虽然楚国贵族男女均使用C型组玉佩，而且两性墓葬C类组玉佩无论在结构上还是佩系方式上均表现出一致性。但男女贵族两性使用组玉佩的比例却存在较大差异，如表24所示，第二、第三等级女性贵族墓使用组玉佩的比例均高于男性贵族墓，这一现象在战国时期的夫妻异穴合葬墓中表现得更为明显。如六安经济开发区M566与M585为一组夫妻异穴合葬墓，夫人墓M566出土有组玉佩，而夫君墓中却未出土。不仅如此，夫人墓中还随葬有发饰、项饰，而夫君实则身无长物。

(4)地域特征

从上文的统计来看，楚地组玉佩的使用地域特征较为显著，主要表现为两个方面：

第一，淅川下寺、徐家岭与和尚岭蒍氏家族墓地是组玉佩出土最为集中的地点，而且时代最早，这与玉质项饰的使用情况一致。

第二，郢都所在的江陵地区出土组玉佩似乎不多，但事实上应当并非如此。首先，这一地区发掘的贵族墓葬大多经过盗扰，要么棺内随葬品被盗走，要么被扰动至墓内其他地方，致使玉质随葬品保存极不完整。其次，近几年新发现的贵族墓葬尚未刊布详细资料，而无法得知棺内玉质随葬品的具体情况。再次，从熊家冢墓地陪葬墓随葬组玉佩的情况来看，多数楚国高级贵族应该也使用组玉佩。战国晚期楚人先后迁都今河南淮阳与安徽寿春，在这两处都城所在地及附近，都发现重量级的贵族墓葬多使用组玉佩，因此，楚都所在地应是组玉佩出土集中地之一。另外，在楚墓中多有出土人俑，其中一些即绘有组玉佩(图3-26:1-5),甚至在一些有人物造型的器物上,人物身上也佩挂着组玉佩(图3-26:6),可见腰间佩戴玉饰在楚地非常盛行。

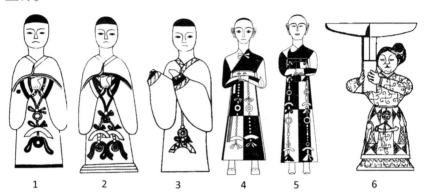

图3-26 楚墓中木俑和人物造型身上所见组玉佩
1、2、3.信阳楚墓 M2:154、168、147;4、5.武昌义地 M6:21;6.六安经济开发区 M566人形灯

5. 玉带钩

表25 楚国贵族墓葬所见玉带钩统计表

等级	墓葬	性别	时代	玉带钩及其出土位置
第二等级	侯古堆 M1	女	战国早期	玉带钩1件位于棺内墓主骨架周围。
	长台关 M1	不明	战中偏晚	玉带钩1件在棺内,具体位置不明。
第三等级	望山 M2	女	战中偏晚	玉带钩1件在头箱中(同有玉剑饰)。
	左冢 M1	男	战中偏晚	玉带钩1件在墓主腰部。
	开发区 M585	男	战中晚之际	玉带钩1件,与铜剑及玉剑璏在椁室内的漆木盒中。
	平粮台 M16	男	战国晚期	玉带钩1件在墓主腹部。

(1)时代特征

由表可知,楚地贵族墓葬开始使用玉带钩是在战国时期,从战国早期开始一直延续至战国晚期。但是在楚国高级贵族墓葬中玉带钩的使用并不普遍。出土位置明确的玉带钩的使用方式并非都位于或近于墓主腰部附近,其中望山 M2、开发区 M585 所见玉带钩均与铜剑及玉剑饰共存一处,或有其特殊含义或使用方式。

(2) 地域特征

从地域上看,玉带钩的使用最早是从楚地靠北的信阳地区开始,逐渐向南及楚国中心区域所在的江陵一带发展。但是江陵一带似乎对玉带钩并非十分青睐,在目前所见出土玉带钩的贵族墓葬中只有望山 M2 和左冢 M1 位于这一地区。而信阳及其以北地区则一直使用。

关于玉带钩在东周的兴起与使用,学界认为是赵武灵王"胡服骑射"改革而引起的,因此带钩的盛行应是从赵国所在的北地开始,进而影响了中原诸国及南方的楚国。

(3) 性别特征

虽然玉带钩在楚国高级贵族墓葬发现不多,但是在仅有的 6 座出土玉带钩的墓葬中,男性贵族墓依然多于女性,尤其在第三等级的下大夫级别的墓葬中更为明显。

(4) 等级特征

玉带钩主要是高等级贵族使用之物。在士一级的楚墓中鲜有玉带钩使用,而多为铜带钩或铁带钩;在平民墓葬中则更几乎不见玉带钩的使用。

(二) 丧葬用玉

按照《仪礼》中有关周代丧礼的记述,周代丧礼以葬日为界,可分为丧、葬、祭三个阶段。因此,在此过程中为死者特设之玉器,均可称为丧葬用玉。

1. 饰棺用玉

表26　楚国贵族墓葬所见饰棺用玉统计表

等级	墓葬	性别	时代	饰棺用玉
第二等级	长台关 M1	不明	战中偏晚	内棺头端外置玉璧1件。
	包山 M2	男	战国晚期	内棺头端外铜铺首上系玉璧1件。
	九连墩 M2	女	战早中之际	内棺盖板上有规律地排列着铜璧,棺首悬挂1件玉璧。
	葛陵 M1	男	战国中期	内棺头端外置玉璧1件。
第三等级	下寺 M8	男	春秋中期	棺椁西北角残留玉觿1、玉人1、玉鱼1、蚕1、环1、玉牌1以及料珠若干。
	望山 M2	女	战中偏晚	内棺头端外置玉璧1件。
	沙冢 M1	男	战中偏晚	内棺头端外置玉璧1件。
	左冢 M1	男	战中偏晚	棺外头端置玉璧1件和一团丝织带。
	芦冲 M1	不明	战中偏晚	中棺盖板上放置16件小石璧。
	曹家岗 M5	女	战国晚期	中棺头端外置石璧1件。
	平粮台 M16	男	战国晚期	内棺头端外置玉璧1件。

(1)时代与地域特征

从上文统计来看,楚墓中饰棺用玉主要有两类:A类是位于棺椁之间的玉觿、玉鱼、玉人、玉蚕、玉环、玉牌等悬挂于饰棺荒帷上的饰物(图3-27);B类是直接贴放或贴系在棺盖板或头挡处的玉璧(图3-28)。这两类饰棺用玉的使用具有十分显著的时代性。

图 3-27　望山 M3 饰棺用璧出土位置　　图3-28　包山 M2 内棺头挡玉璧

A类饰棺用玉只见于春秋中期的下寺M8,至春秋晚期的下寺墓地其他的墓葬则已不见此类饰棺用玉的使用。这与此类饰棺用玉在长江以北诸国使用的时间是一致的。春秋晚期之后在长江以北诸国,A类饰棺用玉被玉饰珠、璜、珩替代,而南方的楚国至战国时期饰棺用玉皆为玉璧所替代。楚地战国时期饰棺玉璧有两种使用方式:一是放置于棺盖板之上;二是系于内棺头端的挡板上,也有少数系于中棺头端的挡板上,左冢M1用于绑系玉璧的丝织带即被很幸运地保存了下来。放置于棺盖板上的用璧从战国早中期之际开始出现,根据目前的考古资料它只延续到了战国中期偏晚阶段,之后尚未见到再次被使用的现象。但是这类饰棺玉璧并没有在此时即淹没于历史的长河中,在西汉前期的高级贵族墓葬中我们仍然见到玉璧被装饰于棺木之上,而此时不限于棺盖板上,连侧板上也镶嵌有玉璧(图3-29)。

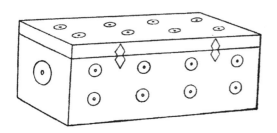

图3-29 满城二号汉墓玉棺外观复原图

图3-30 马王堆一号汉墓漆棺头挡

系于棺木头端挡板的玉璧从战国早中期之际发端,它一经使用便风靡于整个楚地,一般一墓一璧,一直延续至战国晚期。它的使用具有连贯性、稳定性,成为楚地别具特色的一类丧葬用玉。楚国灭亡后,这类饰棺用璧的使用并未戛然而止,而是被沿袭下来,在西汉高级贵族墓中我们仍然可以看到它被描绘在棺椁头端挡板之上。(图3-30)

(2)等级特征

楚墓中的饰棺玉璧一经出现,即成蔓延之势,在楚墓中的使用较为普遍,且不论等级均是一墓一璧。尤其本文只统计了士级以上的贵族墓葬，因此从数量与使用比例上来讲，第二、第三等级的贵族墓使用这类玉璧并不存在等级上的差异。但根据笔者以往的研究，贵族墓与低等级墓之间存在着等级差别，低等级楚墓中常用的为琉璃璧或石璧。

(3) 性别特征

上文已归纳出饰棺用璧的使用具有普遍性，因此并不存在明显的性别差异。

2. 殓尸用玉[①]

表 27　楚国贵族墓葬所见殓尸用玉统计表

等级	墓葬	性别	时代	殓尸用玉
第二等级	当阳曹家岗 M5	女	春秋晚期	玉璧 1、玉觽 1 件在足端。
	侯谷堆 M1	女	战国早期	上半身玉璧 4 件，鼻塞 1 对。
	天星观 M1	男	战国中期	棺内残留玉璧 8 件。
	葛陵 M1	男	战国中期	西室玉璧 6 件，置于殉人身上
	九里 M1	不明	战国中期	棺内残留玉璧 6 件。
	长台关 M1	不明	战中偏晚	墓主身体周围置玉璧 8 件。
	包山 M2	男	战国晚期	头骨下玉璧 1、腰下玉璧 2、足端璧 2 件。
第三等级	长沙楚墓 M89	不明	战国早期	腹上玉璧 1、背下玉璧 3 件。
	望山 M1	男	战中偏晚	身体上下共有玉璧环 9 件。
	望山 M2	女	战中偏晚	头右侧玉璧 1 件，胸腹部上璧 2 件，足端玉璧 2 件。
	秦家山 M2	女	战中偏晚	玉覆面 1 件。
	开发区 M566	女	战中晚之际	头骨下玉璧 1 件。（似头枕玉璧）
	平粮台 M16	男	战国晚期	头枕玉璧 1 件，口含玉环 1 件，上身上下玉璧 3 件，足端玉璧 2、齿牙玉牌 1、条形玉片 2 件。
	杨公 M8	不明	战国晚期	头侧玉璧 2、两膝玉璧各 1 件。
	杨公 M2	不明	战国晚期	墓主身体上下共覆盖玉璧 36 件，足端大型玉板 2 件。

[①] 指为死者魂魄提供物精或为保存死者尸体而特设、施于死者身上的玉器，包括玉覆面、玉含、玉握、足端敛玉和殓尸玉璧等。

据表 27 统计,在楚国贵族墓葬中发现敛尸用玉的种类有敛尸用璧、玉覆面、鼻塞、含玉、足端敛玉。除了丧葬用璧的使用较为普遍外,其他三类敛尸用玉使用得极少,而周代常见的握玉在楚墓中压根不见。秦家山 M2 是楚墓中所见唯一出土玉覆面的墓葬(图 3-31),该玉覆面形制特殊,为整片玉器雕成面部形状,这与周代常见的玉覆面差别较大(图 3-32)。而且这座墓葬墓主为女性,其特殊的葬俗也与传统楚墓差别较大,应为他国女子嫁入楚地。玉握在楚地不见,并不代表楚人在下葬时不使用其他材质的手握,马山一号楚墓出土有布握(图 3-33),为我们了解楚人手握使用情况提供了重要资料。因此,我们可以推断,玉覆面、含玉、足端敛玉、握玉等所组成的成套敛尸用玉并不是楚地的用玉传统,楚人也几乎并不使用它们。这与长江以北诸国敛尸用玉的使用存在着较大差异。因此,下文敛尸用玉的分析只针对敛尸用璧进行。

图 3-31 秦家山 M2 出土的玉覆面　　图 3-32 虢国墓地 M2001 出土玉覆面　　图 3-33 马山一号楚墓出土布握

(1) 时代特征

楚墓中在墓主身体周围放置玉璧的现象,从春秋晚期至战国晚期均可见到。但在春秋晚期至战国早期这样的行为较少,至战国中期使用频率急剧上升,并且用璧的数量也比之前更多,甚至有十几件乃至几十件玉璧包裹墓主身体的情况。

(2) 等级特征

就据上文的统计来看,敛尸玉璧在楚墓第二、第三等级墓葬中使用的等级性并不明显。但它们与士级和庶民墓敛尸玉璧的使用则存在显著的等级性,根据笔者以往的研究,敛尸玉璧在士级与庶民墓中罕见或不见。

(3)性别特征

敛尸玉璧的使用在楚国贵族男女墓葬中并无明显的性别差异。

(4)地域特征

自战国中期始,敛尸玉璧在楚墓中风靡开来,在不同地区的楚墓中均广为盛行,成为楚墓中使用最为普遍的一种玉器。

3. 祭祀用玉

《楚辞章句·九歌》云"昔楚国南郢之邑,沅、湘之间,其俗信鬼而好祠",《汉书·地理志》亦称楚地"信巫鬼,重淫祀",同样的记载还见于《吕氏春秋·异宝》《列子·说符》《淮南子·人间训》等战国、秦汉时期的典籍,这表明楚地巫风盛行、祭祀过甚已成为战国秦汉时人的共识。① 通过对这些文献的研究,我们可以看到无论是人们最基本的衣食住行、婚丧嫁娶,还是精神领域的音乐、舞蹈、绘画等艺术,几乎都浸染着楚地特有的祭祀文化色彩。②

祭祀在某种意义上说是宗教的一种行为表现,它的产生源于神的观念的形成。祭祀目的就是对能够指导和控制自然与人生进程的超力量的迎合与抚慰,其中献祭和致敬就是达到向神讨好并祈求福佑之目的的手段。祭品能起到讨好神的重要作用,而玉器在当时被认为是最好的"精物"之一,无疑是祭品中最重要的一类资源。

从考古材料看楚墓中祭祀用玉的使用主要有两种形式:一种是瘗埋于独立的祭祀坑中;另一种为直接放入墓室中。但直接放入墓室中的祭祀用玉仅从器物形制和出土位置是很难判断出来,我们只能通过墓中所出相关竹简探讨楚人祭祀用玉的使用情况。需要说明的是,卜

---

① 晏昌贵:《巫鬼与淫祀——楚简所见方术宗教考》,武汉:武汉大学出版社,2010年,第1页。

② 任霞:《〈楚辞〉巫俗与祭祀文化研究》,暨南大学硕士学位论文,2011年,第2页。

卜筮祭祷简中的祭祀均是墓主生前的行为,祭祀中所提到的玉器在墓主死后是否都会被放于墓中根本无法确定,因此根据卜筮祭祷简所论的祭祀用玉的使用并不局限于墓葬本身,而是延伸到了当时的社会生活中。

楚国墓葬中,把祭祀用玉直接瘗埋于独立的祭祀坑中的现象只见于荆州熊家冢墓地①和冯家冢墓地②。熊家冢墓地发现的祭祀坑有190余座,其中5座经过发掘,在两座方形祭祀坑底部各出1件玉璧,1座刀把形祭祀坑中出土1件玉璧和2件玉珩。根据简报的介绍,方形祭祀坑位于主墓与大车马坑之间而靠近主墓西南角,其他两座玉器祭祀坑具体位置没有确切说明。熊家冢墓地的年代大致在战国早期至战国中期,相应祭祀坑的年代也应处于这一范围之内。冯家冢墓地殉葬墓BXM1周围发现9座祭祀坑,均进行了发掘,其中两座祭祀坑的坑底放置有玉珩或玉璧作为祭品。

熊家冢墓地由主冢、祔冢、殉葬墓、车马坑、祭祀坑与附属建筑等组成。其中主冢的坑口东西长67米、南北宽70米,规模巨大,为目前所见规模最大、规格最高的楚国高级贵族墓葬,因此,多数学者认为墓主为楚王。③而冯家冢墓地的布局与熊家冢墓地极为相似,其主冢(一号墓)坑口尺寸东西长62米、南北宽约58米,接近而略小于熊家冢主墓,据此种种情况判断冯家冢主墓亦为战国时期某位楚王。

在楚国第二、第三等级的贵族墓葬中,尚没有发现有独立祭祀坑的存在。但通过对楚墓中简策类文字材料的释读与研究,发现其中一类楚简为卜筮祭祷简,为玉器功能的研究提供了另一种可能。

---

① 荆州博物馆:《湖北荆州熊家冢墓地2006~2007年发掘简报》,《文物》2009年第4期,第4—25页;荆州博物馆:《湖北荆州熊家冢墓地考古发掘简讯》,《江汉考古》2008年第2期,第67页。

② 荆州博物馆:《湖北荆州八岭山冯家冢楚墓祭祀坑2013年发掘简报》,《文物》2015年第2期,第28—32页。

③ 徐文武:《熊家冢楚墓墓主身份蠡测》,《江汉论坛》2010年第3期,第67—72页。

出土卜筮祭祷简的贵族墓葬主要有望山 M1、天星观 M1、包山 M2、葛陵 M1，另有秦家嘴 M99、M13、M1 三座士或庶民墓①出土有此类竹简，相当多的学者已对这些简文进行了的深入研究。② 据此，我们对上述墓葬中祭祀用玉情况进行了统计，如表 28：

表 28 葛陵 M1、天星观 M1、包山 M2、望山 M1 卜筮祭祷简所见祭祀用玉③

等级	墓葬	性别	时代	祭祀用玉种类
第二等级	葛陵 M1	男	约前 340 年	玉(23)、玩(1)、璧(23)、疏璜(1)、友(双)璜(1)、珥(2)
	天星观 M1	男	约前 340 年	玉(5)、吉玉(1)、玉玩(1)、环(8)、珥(1)
	包山 M2	男	前 316 年	佩璬(1)、玦(1)、环(1)、小环(3)、绷佩(1)
第三等级	望山 M1	男	战中偏晚	玉(2)、环(8)、小环(2)
士或庶民墓	秦家嘴 M99	不明	战中偏晚	无
	秦家嘴 M13	不明	战中偏晚	无
	秦家嘴 M1	不明	约前 283 年	无

据以上所述材料，我们可以对楚墓中的祭祀用玉进行初步研究：

(1) 时代特征

上述两类祭祀用玉的使用具有十分显著的时代性，主要表现在两

---

① 荆沙铁路考古队：《江陵秦家咀楚墓发掘简报》，《江汉考古》1988 年第 2 期，第 36—43 页。

② 陈伟：《包山楚简初探》，武汉：武汉大学出版社，1996 年；于成龙：《楚礼新证——楚简中的纪时、卜筮与祭祷》，北京大学博士学位论文，2004 年；宋华强：《新蔡葛陵楚简初探》，武汉：武汉大学出版社，2010 年；朱晓雪：《包山楚墓文书简、卜筮祭祷简集释及相关问题研究》，吉林大学博士学位论文，2011 年；饶玉哲：《楚简所见祭祀制度研究》，安徽大学硕士学位论文，2011 年；蔡丽利：《新蔡葛陵楚墓卜筮简集释》，吉林大学硕士学位论文，2007 年；蔡丽利：《楚卜筮简综合研究》，吉林大学博士学位论文，2012 年；卢晨醒：《楚简所见卜筮祭祀研究》，西南大学硕士学位论文，2014 年。

③ 该表据饶玉哲《楚简所见祭祀制度研究》统计而成。表中括号内的数字为该类玉器在简文中出现的次数。

方面：

第一，目前把祭祀用玉瘗埋于祭祀坑中的现象仅见于熊家冢和冯家冢墓地，由于两处墓地的主墓均未发掘，墓地更具体的年代尚难以确定，这两处墓地的年代集中于战国早期至战国中期。因此，目前所见的此种使用祭祀用玉的方式主要在战国早中期。虽然战国晚期的楚王墓也有发现，但因为盗扰原因，未见玉器出土，因此，它们是否使用祭祀用玉尚不清楚。

第二，楚地中卜筮祭祷简主要出自战国中期偏晚至战国晚期偏早的楚墓中，虽然简中的祭祀行为均发生在墓主生前，但相当一部分是为了卜问墓主病情而进行的祭祀或献享。故而祭祀行为距墓主下葬时间并不会相差太远，因此，我们可以将祭祀用玉的时间稍往前延长，那么也集中于战国中期至晚期偏早阶段。

(2) 等级特征

楚地祭祀用玉使用的等级特征也十分明显，主要表现为三个方面：

第一，瘗埋于祭祀坑中的祭祀用玉只见于楚王墓中，其他等级墓葬未见。

第二，直接放入墓中的祭祀用玉多见于第二等级墓葬中，第三等级墓葬则较少。除此之外，第二、第三等级墓葬楚简所见祭祀用玉的种类不同，第二等级墓葬楚简所见祭祀用玉种类较第三等级为多，而且使用的频率更高。

第三，士或庶民墓中不见祭祀用玉的使用。《左传·成公十三年》曾载"国家大事，在祀与戎"，祭祀在周代一开始就被打上了阶级的烙印，自然而然在低等级墓葬中不见祭祀用玉。

(3) 性别特征

目前，尚未在楚国女性贵族墓中发现卜筮祭祷简，由此可见男女两性在此方面的差异是十分显著的。

(4) 地域特征

上述所提到使用祭祀用玉的墓葬，不论是楚王墓还是高等级贵族墓,除了新蔡葛陵 M1,其余墓葬主要集中于楚都所在的江陵地区。尤其是两处楚王墓、包山、望山、天星观等几处墓地,彼此相聚不是甚远,均在以纪南城为中心的半径 30 公里的范围之内。

(三) 礼仪用玉

从文献和考古资料来看,周代的礼仪用玉以圭、璋、璧三类器物为主。① 目前,在楚国贵族墓葬中,尚未见到璋的踪影。虽然玉璧在楚国贵族墓葬中较为常见,但多作为丧葬用玉或装饰之器。因此,我们主要考察楚国贵族墓葬的用圭情况。

表 29　楚国贵族墓葬所见礼仪用玉统计表

等级	墓葬	性别	时代	玉石圭
第二等级	天星观 M1	男	战国中期	南室大玉戈 2 件。②
	葛陵	男	战国中期	外棺底板上玉圭 1、白石圭 8 件。
	九里 M1	不明	战国中期	棺内玉圭形器 1 件。
第三等级	左冢 M1	男	战中偏晚	头部左侧玉圭 1 件。

遍察楚国贵族墓葬,玉石圭的使用相对于同时期楚地以北的诸国虽然极少,但仍具有以下几个特点:

1. 时代特征显著。4 座用圭的墓葬集中于战国中期,在此之前和之后的楚国贵族墓葬中均不见用圭现象。

2. 等级特征显著。在 4 座用圭的楚墓中,卿、封君、上大夫级别的墓葬占 75%,第三等级的下大夫墓只有一座用圭。而且仅见的两件大玉戈亦出土于第二等级墓葬中。

---

① 孙庆伟:《周代用玉制度研究》,第 195 页。
② 关于周代墓葬中玉戈与玉圭关系,前人早有论述,二者本质相同,同属于礼仪用玉。可参看中国科学院考古研究所:《上村岭虢国墓地》,北京:科学出版社,1959 年,第 20 页;夏鼐:《商代玉器的分类、定名和用途》,《考古》1983 年第 5 期,第 458—461 页;孙庆伟:《周代用玉制度研究》,第 195—197 页。

3. 性别特征显著。除临澧九里 M1 性别不明外，其余 3 座用圭墓葬均为男性墓，表明在楚国贵族墓葬中玉石圭为男性所独享。

4. 地域特征显著。在楚国墓葬中玉石圭的使用并不流行，而属于个别行为。

由此可见，玉石圭在楚国贵族墓葬中的使用并不连续、并不流行，这表明用圭并不是楚人原有的用玉传统。而同时期的长江以北列国墓葬几乎都有用圭的习俗，尤以三晋两周地区最为发达，除此之外，东周时期的长江以北列国墓葬随葬玉石圭的比例较西周为高，尤其战国时期墓葬用圭的比例显著增加，用圭随葬之风盛行，圭是周人用以区分社会各阶层的标志性器物。因此，可能在长江以北列国的影响下，楚国个别贵族效仿其俗。

而事实上，周代的礼仪用玉制度是以中原为标准构建的，从楚国发展史来看，它一直将自身置于周文化圈之外。因此，楚人并不想采用周人的用圭制度来构建自身的礼仪用玉制度。但楚人独具特色的礼仪用玉制度为何，以目前的考古材料尚无法归纳出来。

四、楚国贵族墓葬用玉特征总结——兼与桐柏月河一号墓及周文化系统墓葬用玉特征比较

本篇的目的即为"南阳桐柏月河一号春秋墓"的用玉提供一个可比较的对象，进而可以清楚地看出在楚文化深刻影响下的周边小国在用玉制度上与楚是同是异。

笔者曾通过考察与分析整个周代的用玉制度，提出了周代用玉的南北分野现象，即北方是以三晋两周为代表的周文化系统，秦从属之；南方则是以楚国为代表的楚文化系统，楚之属国及吴越均可归入这一体系。二者之间在用玉上表现出强烈的异同点：在服饰用玉方面，两系统基本一致；而在瑞玉和丧葬用玉上，两系统则截然不同。虽然这一说法大体可靠，但推敲细节仍存在问题，问题主要在于深受楚文化影响的

地区或国家的贵族墓葬的用玉制度,并不能简单地等同于楚国贵族墓葬所体现的用玉制度,而是存在一定的差异。

兹将它们的用玉情况归纳为表30,以资比较:

表30

器 类		文 化						
		周文化系统	楚国贵族墓	黄君孟夫妇墓（春早）	养伯受墓（春晚）	蔡昭侯墓（春晚）	曾侯乙墓（战早）	擂鼓墩二号墓（战中）
服饰用玉	发 饰	用	用	用	用	用	用	无
	耳饰玦	用	少用	用	用	用	用	无
	项 饰	用	用	用	用	不用	用	无
	组玉佩	用	用	用	用	用	用	用
	带 钩	用	用	不见	不见	不见	用	不见
瑞玉	瑞 圭	用	不用	用	用	无	无	无
丧葬用玉	饰棺用玉	用	用璧	无	不用	不明	用璧	用,同周文化
	玉覆面	用	不用	不用	用①	不明		
	含 玉	用	不用	不用	不明	不明	用	用
	握 玉	用	不用	不用	不明	不明	用	不明
	殓尸用璧	用	不用	不用	不用	用	用	无
	足端敛玉	用	不用	不用	用	不明	用	无
	墓祭用玉	用	用	不用	不用	用	不用	无

据表30的统计,我们可归纳出以下几点:

第一,深受楚文化影响的地区或国家贵族墓葬在服饰用玉方面表现出与周文化和楚文化的一致性。

第二,在瑞玉使用方面,春秋时期的黄君孟夫妇墓与养伯受墓均使

---

① 养伯受墓发掘简报中虽然没有指出有玉覆面随葬,但课题组曾赴南阳考察该墓出土玉器,从中辨认出应有玉覆面的存在。

用大玉圭,这一情况与周文化系统墓葬相同,而与楚墓相异。

第三,在丧葬用玉方面,深受楚文化影响的地区或国家的贵族墓葬既有相似于周文化系统又有同于楚文化的一面。下面主要以保存完整的养伯受墓与曾侯乙墓为例说明。曾侯乙墓中含玉、握玉、殓尸用璧、足端敛玉皆用,表现出与周文化的一致性,但墓内没有发现玉覆面,这点又与楚文化相同。养伯受墓内使用玉覆面和足端敛玉,表现出与周文化的一致性,而与楚文化相异。由于养伯受墓棺内玉器发掘时受天气和时间影响,当时并未详细记录玉器的出土位置,致使现在我们无法得知墓主是否口中含玉、手中握玉。

因此,基于以上分析,我们认为深受楚文化影响的地区或国家的贵族墓葬,其玉器风格受楚文化影响较大,[①]表现出与楚文化的一致性。在使用制度方面,服饰用玉遵循当时整个社会流行的风尚,而无关性质归属;在瑞圭和丧葬用玉方面,它们的使用更近同于周文化系统,而与楚文化判然有别。这也说明虽然楚国不断蚕食它们的领土,它们接受了楚玉,但并没有接受楚玉的使用制度。

器物与制度,一为物质层面,一为精神层面。而文化变迁通常是分层次、有先后的,"首先是物质层次,其次是制度层次,再其次是风俗习惯层次,最后是思想与价值层次。大体而言,物质的、有形的变迁较易,无形的、精神的变迁则甚难"。[②] 这些在夹缝中生存的国家原本皆为周王分封而建,它们接受了周王朝的爵制,亦深为中原文化所影响。虽然至东周时期国势渐微,先后逐渐被楚国所灭,但是它们依然保留了文化上的传统。因此,无怪乎这些夹缝中生存的小国在用玉上表现出的矛盾状态。

(本文与曹芳芳合著,原载杜金鹏主编:《桐柏月河春秋墓出土玉器研究》,北京:科学出版社,2018年)

---

① 吴正龙:《东周楚系玉器风格研究》,北京大学硕士学位论文,2014年。
② 余英时:《从价值系统看中国文化的现代意义》,《中国思想传统的现代诠释》,南京:江苏人民出版社,2003年,第1—47页。

俘玉与分器——周代墓葬中前代玉器的来源与流传

玉石资源的稀有和匮乏、玉器加工制作之费时费力以及古人独特深厚的崇玉文化，是古玉世代相传的主因。在考古发掘中，常常可以在周代墓葬中见到夏商时期乃至新石器时代的玉器，这种特殊现象已经引起了学者的关注，①本文拟就这些前代玉器的来源与流传作一简要的探讨。

一般而言，这些前代玉器的确切来源通常是不可知晓的，但检索文献记载，大致可以知道王朝更替是周人获取前代玉器的主要渠道，尤其武王克商一役，斩获尤多。如《逸周书·世俘解》记载："凡武王俘商旧宝玉万四千，佩玉亿有八万。"显然，这里所记的"万四千"和"亿有八万"不必是实数，但殷周变革之际周人俘获商代玉器之众由此可见一斑。

无独有偶，成汤灭夏之际也曾俘获夏人的玉器，如《史记·殷本纪》记载："桀败于有娀之虚，桀奔于鸣条，夏师败绩，汤遂伐三㚇，俘厥宝玉，义伯、仲伯作典宝。"虽然此处不载俘获宝玉的具体数量，但玉器是殷人缴获的主要战利品也是可以想见的。

---

① 〔英〕罗森(Jessica Rawson)著，孙心菲等译：《古代玉器的再使用》，《中国古代的艺术与文化》，北京大学出版社，2002年，第194—218页；袁永明：《商代西周墓葬中出土前代玉器初识》，《中原文物》2000年第3期，第43—47页。

而有意思的是,这些俘获的前朝旧玉并不都被周王独享,而是通过"分器"的方式使列国诸侯也得以分享,"分器"也就成为周代分封制度中的核心内容。《史记·周本纪》载:"(武王)命南宫括、史佚展九鼎保(宝)玉。……封诸侯,班赐宗彝,作分殷之器物。"

但周代分封中的"分器"并不是简单地瓜分战利品,而是要借此达到"展亲"之目的,也就是通过分享战利品来联络同姓宗族,稳固新建之政权。如:

《尚书·旅獒》:"惟克商。……王乃昭德之致于异姓之邦,无替厥服,分宝玉于伯叔之国,时庸展亲,人不易物,惟德其物。"

《国语·鲁语下》:"古者,分同姓以珍玉,展亲也;分异姓以远方之职贡,使无忘服也。"

从出土和传世文献来看,周人分器的种类庞杂,举凡车马、弓矢、服饰、旗帜和玉器均在其中。周人所分的玉器多不可考,但鲁国所分得的"夏后氏之璜"因载诸史册而最为著名,事见《左传·定公四年》,曰:"昔武王克商,成王定之,选建明德,以藩屏周,故周公相王室以尹天下,于周为睦。分鲁公以大路、大旂,夏后氏之璜,封父之繁弱……"《淮南子·氾论训》高诱注:"半璧曰璜,夏后氏之珍玉也。"由这些记载可知鲁国不仅分得玉器,而且其中有夏代的遗留物。

周代墓葬中的前代玉器,尤其是商代玉器的另一重要来源当是殷遗民所持有的商代旧玉。这里所谓的殷遗民主要包括两类人:一类是武王克商之前不堪忍受纣王暴虐而归顺周人的"有商子孙"如辛甲大夫、太师疵、少师强等人(事见《史记·周本纪》)以及微氏家族等(见墙盘铭文),另一类则是武王克商之后分封的殷商旧贵族如武庚、箕子等所谓的"殷之余民"。由于西周初年周人采取宽容的统治政策,所以这些殷遗民都能继续保持原有的奢侈生活。1997年在河南鹿邑县太清宫发现的长子口墓是一座典型的西周早期殷遗民贵族墓,有学者甚至怀疑墓主长子口就是纣王的庶兄微子启,墓中出土多件典型的商代玉器,其风格特征与殷墟妇好墓出土的同类器如出一辙,这些玉器无疑是墓主生前拥有的故朝旧物。①

即便周人对殷遗民采取较为宽容的怀柔政策，②但王朝变更之际的现实政治依然是残酷的。《史记·宋微子世家》记载："周武王伐纣克殷，微子乃持其祭器造于军门，肉袒面缚，左牵羊，右把茅，膝行而前以告。于是武王乃释微子，复其位如故。"据此不难想见，克商前后来归顺周人的殷商贵族们必然要准备大量礼物献给新王朝的统治者，而玉器正是周代贽见礼中的常备之物，③所以殷遗民手中的大量商代玉器由此途径进入周人之手。这种在危难之际以贵重玉器晋见他人以求活命的习俗在东周时期依然流行，如《左传·文公十八年》记载莒国太子仆因为国内政治纷争而投奔鲁国时，"以其宝玉来奔，纳诸宣公"；而《左传·哀公十七年》则载卫庄公在失去政权后投奔戎州己氏，恳求对方"活我，吾与女璧"。

周代墓葬中不仅可以见到夏商时期玉器，甚至也有新石器时代玉器遗留。如作者1992年在发掘山西天马——曲村遗址晋侯墓地M8晋献侯墓时，就在墓主的两腿之间发现一件典型的良渚文化玉琮（图3-34）；陕西梁带村芮国墓地M27芮桓公墓中出有一件新石器时代晚期的玉琮（图3-35），M26仲姜墓则出土一件红山文化所独有的玉猪龙（图3-36）；沣西张家坡M170井叔墓出土的新石器时代玉琮上加琢有西周时期所流行的凤鸟纹，则是对早期玉器的一种再加工（图3-37）。④这类更早时代玉器的来源最难获知，但四方的职贡应是渠道之一。

从文献记载来看，四夷对中央王朝贡玉起源甚早，如今本《竹书纪

---

① 河南省文物考古研究所、周口市文化局：《鹿邑太清宫长子口墓》，郑州：中州古籍出版社，2000年。
② 有关周初殷遗民的境况，可参看杜正胜《略论殷遗民的遭遇与地位》，《历史语言研究所集刊》第53本第4分，1982年，第661—709页。
③ 杨宽：《"贽见礼"新探》，《古史新探》，北京：中华书局，1965年，第338—370页。
④ 中国社会科学院考古研究所：《张家坡西周墓地》，北京：中国大百科全书出版社，1999年，彩版9。

俘玉与分器——周代墓葬中前代玉器的来源与流传　371

图3-34　晋侯墓地 M8:235 玉琮

图3-35　芮国墓地 M27:217 玉琮

图3-36　芮国墓地 M26:162 玉猪龙

图3-37　沣西张家坡 M170:197 玉琮

年》载帝舜"四十二年,玄都氏来朝,贡宝玉"。而据《尚书·禹贡》,禹时九州岛所贡物品中就颇多玉石之器,如青州之"怪石"、扬州之"瑶、琨"、梁州之"璆"、雍州之"球""琳"和"琅玕"等。商汤灭夏后立即命伊尹制定贡纳制度,《逸周书·王会解》所附《商书·伊尹朝献》载其事曰:"汤问伊尹曰:'诸侯来献,或无马牛之所生而献远方之物,事实相反不利。今吾欲因其地势所有献之,必易得而不贵,其为四方(献)令。'伊尹受命,于是乎为《四方献令》。"据甲骨文中的相关记载,商代四方诸侯所献之物以"玉、石、齿(及其制品)、贝"为主,而一些出土的商代王室玉器上所见的某方或某人"入戈""入石"等文字资料正可证明这些器物出自四方臣属的贡奉。① 这些纳入的玉器,未必都出于自愿,也有因王朝统治者强索而不得不予者,如《韩非子·喻老》记载:"周有玉版,纣令胶鬲索之,文王不予;费仲来求,因予之。"这就是纣王向周文王强索玉器。

职贡制度在周代得以继续,《尚书·旅獒》:"惟克商,遂通道于九夷八蛮。西旅厎贡厥獒。太保乃作《旅獒》,用训于王。曰:'呜呼!明王慎德,四夷咸宾。无有远迩,毕献方物,惟服食器用……'"《国语·鲁语下》:"昔武王克商,通道于九夷、百蛮,使各以其方贿来贡,使无忘职业。"《穀梁传·桓公十五年》:"古者诸侯,时献于天子,以其国之所有。"而《周礼·天官·大宰》则将畿外诸侯的岁贡概括为"九贡",其中颇多玉器珍玩。② 在这些各地贡入的种种玉器中,无疑会有当地所产的前期玉器,《尚书·顾命》所谓"越玉五重:陈宝、赤刀、大训、弘璧,琬、琰,在西序;大玉、夷玉、天球、河图,在东序",其中就颇多四方旧玉,其物质基础当是四方的职贡。

对于这些前代玉器,尤其是周王所分之器,周人是格外珍惜的。顾炎武《日知录》卷二十二"古器"条:"洪氏《随笔》,谓彝器之传,春秋以来,固已重之,如郜鼎纪甗之类,历历可数。不知三代《逸书》之目,汤有《典宝》,武有《分器》,而《春官》有典庸器之职,祭祀出而陈之,则固前乎此矣。故夏后氏之璜,封父之繁弱,密须之鼓,阙巩之甲,班诸鲁公、唐叔之国,而赤刀、弘璧、天球、河图之属,陈设于成王之顾命者,又天子之世守也。"③

正因为如此,鲁公伯禽所分得的"夏后氏之璜"成为鲁国世代相传

---

① 杨升南:《甲骨文中所见商代的贡纳制度》,《殷都学刊》1999 年第 2 期,第 27—32 页;杨州:《殷代甲骨文中所见玉器的贡纳与加工》,《北方论丛》2008 年第 5 期,第 1—3 页。

② 叶友琛:《〈周礼〉中的玉器贡赋制度》,《湖南科技学院学报》2008 年第 7 期,第 1—4 页。

③ 顾炎武著,黄汝成集释,栾保群、吕宗力校点:《日知录集释》,石家庄:花山文艺出版社,1990 年,第 958 页。

的国宝,鲁人对它情有独钟。如《春秋·定公九年》记载季孙氏家臣阳虎在叛乱之际,窜入鲁君宗庙而"得宝玉、大弓",也就是将"夏后氏之璜,封父之繁弱"两物盗出,杜预注曰:"弓、玉,国之分器。得之足以为荣,失之足以为辱,故重而书之。"

而在"夏后氏之璜"以外,鲁君还有另一世代相传而来源不明的宝玉"玙璠"。《左传·定公五年》载:"六月,季平子行东野。还,未至,丙申,卒于房。阳虎将以玙璠敛,仲梁怀弗与,曰:'改步改玉。'"杜预注称:"昭公之出,季孙行君事,佩玙璠,祭宗庙。今定公立,复臣位,改君步,则亦当去玙璠。"可见"玙璠"是历代鲁君专用之器,所以《说文·玉部》释之为"鲁之宝玉"。

不仅鲁国如此,周代其他各国也有类似的传世宝玉,如宋国也有所谓的"夏后氏之璜"。

《左传·哀公十四年》:"向魋出于卫地,公文氏攻之,求夏后氏之璜焉。与之他玉,而奔齐,陈成子使为次卿。"

因为鲁、卫皆有"夏后氏之璜",所以清代梁玉绳对此很有疑惑,称:"周分鲁公以夏后氏之璜,此有一无二之宝也。乃哀十四年传卫公文氏求向魋夏后氏之璜,岂流传不止一璜耶?"杨伯峻先生则说:"盖夏后氏之璜,未必真为夏代之物,不过当时有此称耳,何为不可以有二?"[①]

以现在的考古材料来看,夏代玉器在周代流传并不罕见,所以鲁可以有"夏后氏之璜",宋自然也可以有。而从向魋如此珍重来看,他手中的"夏后氏之璜"或许也是宋国的"国之分器"。

晋国世代相传的宝玉则是"垂棘之璧"。《左传·僖公二年》记载"晋荀息请以屈产之乘与垂棘之璧假道于虞以伐虢",晋献公颇不情愿,其中的原因在《韩非子·十过篇》中有解释,它引晋献公语称:"垂棘之璧,吾先君之宝也。"而在后人看来,晋之垂棘之璧甚至可以与著名的和氏璧相提并论,如《三国志·魏志·钟繇传》注引《魏略》曰:"垂

---

① 杨伯峻编著:《春秋左传注》,北京:中华书局,1990年,第1688页。

棘出晋,虞虢双禽;和璧入秦,相如抗节。"

考古资料也显示这类早期遗留物确实与众不同,比如这类玉器几乎都出土于高等级的贵族墓中,国君级墓葬尤甚,这说明在当时此类器物普通人是难以企及的。同时,这些早期玉器在周代墓葬中常常具有特殊的摆放位置或使用方法,如晋侯墓地 M63 棺椁之间西北角出有铜盒一件,内盛玉人、玉熊、玉牛、玉鹰、玉鸮、玉罍和玉龟等三十多件器物,都是商代玉器,这当然不会是偶然行为,而是有意识地将这批早期器物加以区分,可视为一种早期的收藏(图 3 - 38);①再如芮国墓地 M27,墓主芮桓公所佩七璜组玉佩中的七件玉璜都是商代至西周早中期的玉器,这很可能也是有意识地将这些早期玉璜组合成一套佩玉的;而 M26 仲姜墓出土的红山文化玉猪龙被单独放置在棺内东北角,也明显与其他随葬玉器"保持距离"。凡此种种,均说明时人已经有意识地区分早期遗留和当时所作的玉器。

图 3 - 38　晋侯墓地 M63 早期玉器

(左)M63:90 - 23 玉鸟;(中)M63:90 - 2 玉熊;(右)M63:156 玉鸮

另一个值得注意的现象是,前代玉器在周代墓葬中出现的几率是不均衡的,比如在晋侯墓地中以 M8 和 M63 两墓最为多见,芮国墓地的

---

① 李伯谦:《晋穆侯夫人随葬玉器反映的西周后期用玉观念的变化》,原载山东大学考古系编《刘敦愿先生纪念文集》,济南:山东大学出版社,1998 年;收入《文明探源与三代考古论集》,北京:文物出版社,2011 年,第 308—313 页。

前代玉器则主要集中在 M27、M26 和 M19 这组墓葬。晋侯墓地 M8 是晋献侯墓,据墓中出土的晋侯苏钟铭文记载,墓主曾经随周王征伐东国、南国而受赏赐,所以该墓的祔葬车马坑是迄今所见面积最大的西周时期车马坑,墓中随葬玉器的数量质量均胜过此前历代晋侯。晋侯墓地 M63 的墓主则是晋文侯之母,由于晋文侯保护周平王东迁洛邑,被封为侯伯,赏赐丰厚,所以其母亲墓葬中的某些玉器很有可能是平王赐给文侯,而文侯又转而孝敬其母亲的。芮国墓地 M27、M26 和 M19 的墓主分别是芮桓公及其两位夫人,据我们的研究,芮桓公也因参与平王东迁而有功受赏,所以他的墓葬规格和随葬品数量均超越其他芮国国君,这也便于理解何以桓公及其夫人墓中包含有较多早期玉器。此外,借由赏赐、贽见、馈赠、交换以及交易等途径,玉器在周代贵族间频繁流动,这也是造成前代玉器流传的重要原因,凡此种种,作者已有专文研究,兹不赘述。①

(本文原载《"故宫"文物月刊》[台北]2012 年第 9 月总第 354 期;又载北京大学中国考古学研究中心、玉器与玉文化研究中心编《玉器考古通讯》2013 年第 1 期)

---

① 孙庆伟:《晋侯墓地 M63 墓主再探》,《中原文物》2006 年第 3 期,第 60—67 页。《由物见人——芮国玉器中折射出的芮国史事》,"陕西韩城出土芮国文物暨周代封国考古学研究国际学术研讨会"论文,上海博物馆,2012 年 8 月;又见本书后文。《周代金文所见用玉事例研究》,北京大学中国考古学研究中心、北京大学震旦古代文明研究中心编:《古代文明》第 3 卷,北京:文物出版社,2004 年,第 320—342 页;又见本书前文。

第四章　玉之史

由物见人：芮国玉器折射出的芮国史事

位于陕西韩城梁带村的芮国墓地是近年两周考古的重要发现，墓地规模宏大，出土物丰富。最近笔者在根据发掘报告和器物图录整理芮国玉器时，①发现若干特殊现象并试图加以解释，由此意识到其中蕴含有丰富的史事。

一

检视芮国玉器，最直观的印象就是五座带墓道大墓随葬玉器的数量极其悬殊。M27 芮桓公墓随葬玉器质与量俱佳，堪称厚葬，而 M28 芮伯墓的棺内居然不见任何玉器，同等级墓葬间在随葬品数量上何以反差如此之大，其中的原因确实值得深思。

在整个芮国墓地中，M27 是最特殊的一座，这不仅在于它有特别丰富的随葬品，更在于它是整个墓地中唯一一座带有两条墓道的中字形大墓。众所周知，墓道的数量是衡量周代墓葬等级的重要标志，一般而言，同一封国历代国君墓所用

---

① 陕西省考古研究院、渭南市文物保护考古研究所、韩城市文物旅游局：《陕西韩城梁带村遗址 M27 发掘简报》，《考古与文物》2007 年第 6 期，第 3—22 页；《陕西韩城梁带村遗址 M19 发掘简报》，《考古与文物》2007 年第 2 期，第 3—14 页；《陕西韩城梁带村遗址 M26 发掘简报》，《文物》2008 年第 1 期，第 4—21 页。陕西省考古研究院、渭南市文物保护考古研究所、韩城市景区管理委员会：《梁带村芮国墓地：二〇〇七年度发掘报告》，北京：文物出版社，2010 年；孙秉君、蔡庆良：《芮国金玉选粹——陕西韩城春秋宝藏》，西安：三秦出版社，2007 年。芮国玉器的整理结果参见本文的附录。

墓道数量是一致的;反之,如果国君墓的墓道数量发生变化,背后的原因往往是封国和国君个人地位的变化,这一点在北赵和羊舌两处晋侯墓地中表现得尤为突出。在北赵晋侯墓地的九组十九座晋侯及其夫人墓中,带有两条墓道的中字形墓仅有 M93 和 M63 两座,其余的晋侯和晋侯夫人墓都是甲字形大墓。而到了羊舌晋侯墓地,5 座大型墓皆为中字形大墓。我们曾经指出,晋侯墓地 M93 的墓主是保护平王东迁的晋文侯,因有功而被封为诸侯之长,所以文侯超越他之前的八代晋侯而享有双墓道大墓;M63 墓主是文侯之母穆姜,但她在文侯之后去世,这时晋国的地位已经因文侯而得到提高,所以她的墓葬反而超越丈夫晋穆侯的 M64 而得以使用两条墓道。同样的道理,北赵晋侯墓地之后的羊舌墓地,墓主是文侯的子孙昭侯、孝侯及其配偶,也都可以使用两条墓道。①

　　平王东迁,主要仰仗四大诸侯,即晋文侯、郑武公、②秦襄公③和卫武公,④而有意思的是,除上面提到的晋、芮两国诸侯墓葬外,目前考古所见的春秋时期双墓道大墓还有以下几处:甘肃礼县大堡子山 M2 和 M3、⑤新郑后端湾 M21 郑伯墓⑥以及辛村卫国墓地,⑦正好分属于秦、

---

① 相关论述可参看孙庆伟:《晋侯墓地 M63 墓主再探》,《中原文物》2006 年第 3 期,第 60—67 页;《试论曲沃羊舌墓地的归属问题》,北京大学古代文明研究中心编:《古代文明研究通讯》2007 年总第 33 期。

② 《左传·隐公六年》:"我周之东迁,晋、郑焉依。"

③ 《史记·秦本纪》:"西戎犬戎与申侯伐周,杀幽王郦山下。而秦襄公将兵救周,战甚力,有功。"

④ 《史记·卫康叔世家》:"(武公)四十二年,犬戎杀周幽王,武公将兵往佐周平戎,甚有功,周平王命武公为公。"

⑤ 对大堡子山两座大墓墓主的判断有多种意见,可参看北京大学考古文博学院、甘肃省文物考古研究所:《礼县大堡子山秦子"乐器坑"相关问题探讨》,《文物》2008 年第 11 期,第 54—66 页。

⑥ 杜平安、王惠霞、宋守杰:《郑伯、郑国"中"字形大墓》,《中州今古》2004 年第 6 期,第 62—63 页。

⑦ 郭宝钧:《浚县辛村》,北京:科学出版社,1964 年。

郑、卫三国。辛村墓地的情况比较复杂,包括多组单墓道和双墓道大墓,这可能与两周时期卫君的地位变迁有关,①但有研究发现两周之际卫君墓存在"从单墓道到双墓道的转变"的现象。② 很显然,秦公、郑伯和卫君使用双墓道大墓也都缘于他们在平王东迁中的功勋。平王东迁,不仅是周王朝都邑的变迁,更重要的是周代政治版图和新旧权贵的更替。四国之中,"晋居深山,戎狄之与邻,而远于王室,王灵不及",③国力不强是可以想见的;郑是宣王时新封的诸侯,但始封君桓公友随即死于幽王之难,武公即位,才是第二代,根基尚浅;秦国更不必说,长期在西戎为周人养马,平王东迁后襄公始列为诸侯;卫国虽是老贵族,又地处中原,但周围大国林立,所以自己都觉得"褊小"。④ 平王东迁之后,这四国的国力都得到很大的增长,晋国始大、郑庄小霸、秦霸西戎,而历来"褊小"的卫国也一度能与郑国相抗衡,都是因为王室倚重的结果。

芮是畿内小国,所以芮公及其配偶墓葬多是带一条墓道的甲字形墓,而 M27 芮桓公墓的双墓道就显得极为突兀。再考虑到 M27 的年代正是春秋早期,结合当时史事,唯一合理的解释就是墓主芮桓公也曾经参与过平王东迁,因有功而受赏赐,所以死后才有使用双墓道大墓的殊荣。《史记·周本纪》记载幽王被杀后,"于是诸侯乃即申侯而共立故幽王太子宜臼,是为平王,以奉周祀"。除了晋文、秦襄、郑武和卫武等人,"共立"平王的"诸侯"还应该包括芮桓公这一类不载于史籍的人物,以上的分析弥补了史料的不足。

---

① 如据《史记·卫康叔世家》,成王"举康叔为周司寇",子康伯"事周康王为大夫"(《史记索隐》引宋忠言),所以康叔父子必为王朝卿士;但到了顷侯时,"厚赂周夷王,夷王命卫为侯";武公时,因"将兵往佐周平戎,甚有功",所以"周平王命武公为公"。从这些记载不难看出西周时期卫君地位一定发生过变化。
② 冯峰:《东周丧葬礼俗的考古学观察》,北京大学考古文博学院博士学位论文,2010 年。
③ 《左传·昭公十五年》。
④ 《左传·隐公四年》。

除去墓葬形制和随葬品数量,芮桓公的谥号也反映出他在芮国诸君中的突出地位。"桓"为美谥,自郑桓公谥"桓"开始,当时各国随即流行,而谥"桓"者多以武功著称,如:

《逸周书·谥法解》"辟土服远曰桓",孔晁注"以武正定";《文献通考》孔注"以武力征四夷"。

《周公谥法释义》注"以威正人",刘熙曰:"桓,武也。以武力出征,四夷畏服而远遁,故曰桓。"①

童书业先生也指出,"读《左传》《史记》等书,知西周中叶以来,列国君臣以至周天子谥号,多与其人之德行、事业以至考终与否大略相当。……谥为'桓'或'武'者,多为武功昭著之君(即周桓王虽有繻葛之败,然固能合诸侯以讨强郑,尚有'王亦能军'之誉)。齐桓公为霸主,鲁桓公时国势极盛(别有考),郑桓公东取虢、郐,建立新国,曲沃桓叔建国强于晋……"②

既然谥"桓"者多以武功著称,尤其是以"武力征四夷",这与芮桓公拒犬戎、护平王的事功正好吻合。古本《竹书纪年》记载"晋武公元年,尚一军。芮人乘京,荀人董伯皆叛"。晋武公元年当周桓王五年和鲁隐公八年,也即公元前715年,与芮桓公同时或略晚。既然芮人能主动进犯曲沃武公,这说明在当时芮国是具有一定国力的。

平王东迁之后,在晋、秦、卫、郑四国,晋文、秦襄、郑武和卫武的继位者及其配偶都能继续使用双墓道,但在芮国,芮桓公因佐平王东迁有功而能用双墓道大墓,但他的两位夫人以及他之后的芮君M28墓主依然只能使用一条墓道,与前述四国的差别非常明显。但芮桓公这种情况也不是孤例,张家坡井叔墓地就与此类似,在M157、M152、M170和M168四座井叔墓中,只有时代最早的M157为双墓道大墓,而其他三

---

① 关于"桓"的谥法释义,可参看汪受宽:《谥法研究》之附录《谥字集解》,上海:上海古籍出版社,1995年,第388—389页。

② 童书业:《春秋左传研究》附录《周代谥法》,上海:上海人民出版社,1980年,第382页。

座都只有一条墓道。① 这种现象说明周代贵族使用墓道数量的多少既取决于个人功绩,也与其国族地位相关——张家坡 M157 井叔和芮桓公因个人功绩而得以使用双墓道,但他们所受的赏赐未足以改变国族地位,所以他们的后人乃至配偶都不能使用双墓道;反之,晋文、秦襄、郑武和卫武等人贡献尤大,不仅个人受到周王的厚封,国家地位也得到提高,后人得以世袭其爵,自然也能保留使用双墓道的权力。

二

与 M27 芮桓公墓随葬大量玉器形成鲜明反差的是 M28 棺内居然无任何玉器随葬,这对于一座甲字形大墓而言无论如何都是难以理解的。在已有的考古发现中,仅平顶山北滍村应国墓地 M95 和它最为相似,这也是带一条墓道的甲字形大墓,墓主是西周中晚期之际的一位应侯,共随葬器物 400 余件,包括 5 鼎 6 簋的铜器组合,但其中却只有一件玉环、两件玉珠和数片残玉片,与应侯的身份极不相称。②

很显然,贵为诸侯而完全不用玉器随葬一定是有特殊原因的,但这类原因通常难以获知。主持芮国墓地 M28 发掘的张天恩先生依据文献记载,推测该墓墓主是芮桓公之子芮伯万,因"多宠人"而被其母亲芮姜驱逐,并被掳为人质而居外,所以墓中不见玉器随葬。③ 这种解释,确是一个创见,但基于对一些文献解读上的不同,这里可以再作补

---

① 中国社会科学院考古研究所:《张家坡西周墓地》,北京:中国大百科全书出版社,1999 年,第 376—379 页。另,韩巍对四代井叔的排序提出过新的看法,即:M170 最早,约在共王时期;M152 其次,为懿孝时期;M157 约在孝夷时;M165 最晚,可能到厉王时。这种新排序并不影响本文的相关论述。参看韩巍:《西周金文世族研究》,北京大学历史系博士论文,2007 年,第 139 页。

② 河南省文物研究所、平顶山市文物管理委员会:《平顶山应国墓地九十五号墓的发掘》,《华夏考古》1992 年第 3 期,第 92—103 页。

③ 张天恩:《芮国史事与考古发现的局部整合》,《文物》2010 年第 6 期,第 40—41 页。

充和阐述。

芮伯万的事迹主要见载于《左传》和古本《竹书纪年》，而且两者可以互补和互证，以下按时间早晚顺序列为表1：

表1

公元纪年	周王纪年	鲁国纪年	晋国纪年	《左传》	古本《竹书纪年》
前709年	桓王十一年	桓公三年	武公七年 哀侯九年	芮伯万之母芮姜，恶芮伯之多宠人也，故逐之，出居于魏。	（武公）七年，芮伯万之母芮姜逐万，万出奔魏。
前708年	桓王十二年	桓公四年	武公八年 小子侯元年	秋，秦师侵芮，败焉。小之也。冬，王师、秦师围魏，执芮伯以归。	1.（武公）八年，周师、虢师围魏，取芮伯而东之。2.桓王十二年秋，秦侵芮。冬，王师、秦师围魏，取芮伯而东之。①
前707年	桓王十三年	桓公五年	武公九年 小子侯二年	无	1.（武公）九年，戎人逆芮伯万于郊。2.九年，戎人逆芮伯万于郏。②
前703年	桓王十七年	桓公九年	武公十三年 缗侯二年	秋，虢仲、芮伯、梁伯、荀侯、贾伯，伐曲沃。	无
前702年	桓王十八年	桓公十年	武公十四年 缗侯三年	秋，秦人纳芮伯万于芮。	无

首先，把芮伯万看作芮桓公之子，在年代上是可以说通的。据《史

---

① 两条记载均据《路史·国名纪》戊注，但《路史》同时所引两条，第一条本《水经·河水注》引《竹书纪年》："（晋武公）八年，周师、虢师围魏，取芮伯而东之。"此属古本。第二条所引除多一"冬"字外，则全同今本。说详方诗铭、王修龄：《古本竹书纪年辑证》，上海：上海古籍出版社，1981年，第70页。

② 前条据《路史·国名纪》戊注，后条据《水经·河水注》引《竹书纪年》，参看方诗铭、王修龄《古本竹书纪年辑证》，第70页。

记·十二诸侯年表》，平王东迁时五位主角的卒年分别是：秦襄公十二年"伐戎至岐而死"，是为平王五年（前766）；卫武公五十五年而卒，为平王十三年（前758）；晋文侯三十五年卒，为平王二十五年（前746）；郑武公二十七年卒，为平王二十七年（前744）；平王本人在位五十一年，卒年最晚，在公元前720年。

因为无法知道平王东迁时芮桓公的大致年龄，所以他的活动下限就很难准确判断，但既然平王本人卒于公元前720年，那么芮桓公的卒年也可以在此前后。作为桓公之子，芮伯万活动时代自然可以晚到公元前700年前后，这与《左传》和古本《竹书纪年》所载芮伯万的活动年代可以吻合。

综合上表所列文献，可以勾勒出公元前709—前702年芮伯万的活动轨迹：公元前709年芮伯万被逐，出奔于魏；次年，"王师、秦师"或"王师、虢师"执芮伯万；再次年，芮伯万被释放，但他没有回到芮国，而是被戎人纳于郊或郟；五年之后，也即鲁桓公十年，"秦人纳芮伯万于芮"，他才回到自己的国家。

上述行踪，表面上看似乎顺理成章，但其中却隐含一个极大的矛盾：一方面《左传》记载鲁桓公十年秦人送芮伯万返国，但另一方面又说鲁桓公九年的秋天"虢仲、芮伯、梁伯、荀侯、贾伯，伐曲沃"。而据古本《竹书纪年》，此时芮伯万还寄居在戎人之地，如何能够参加虢仲主导的联军伐曲沃武公？所以合理的解释就是这里参与伐曲沃的"芮伯"并不是芮伯万，而是芮伯万被逐后芮国另立的新君。前述张天恩文认为在芮伯万被逐后是芮姜掌握了芮国政权，她"不仅处理内政果断，而且抵御外敌有术，是一位颇有韬略的女政治家"。芮姜在当时无疑是发挥重要作用的，但这种解释显然无法解决《左传》桓公九年和桓公十年两条记载的相互矛盾。

基于上述理解，我们再对当时的史实作如下解读。

（1）公元前709年

文献："芮伯万之母芮姜，恶芮伯之多宠人也，故逐之，出居于魏。"

(《左传》)"(武公)七年,芮伯万之母芮姜逐万,万出奔魏。"(古本《竹书纪年》)两条文献记载大致相同。

史实:芮伯万被逐、居魏,芮国在芮姜主导下另立芮君;从春秋各国情况来看,这位新君很可能是芮伯万之弟,当然也可能是其子。

(2)公元前708年秋

文献:"秋,秦师侵芮,败焉。小之也。"(《左传》)"桓王十二年秋,秦侵芮。"(古本《竹书纪年》)两条文献记载相同。

史实:秦国此时侵芮,最大可能是因为芮伯万亲秦,在他被逐出后,秦人起兵伐芮国新君。这种解读有利于理解为何数年之后送芮伯万归国的是秦人。

(3)公元前708年冬

文献:"冬,王师、秦师围魏,执芮伯以归。"(《左传》)"八年,周师、虢师围魏,取芮伯而东之。"以及"桓王十二年秋,秦侵芮。冬,王师、秦师围魏,取芮伯而东之。"(古本《竹书纪年》)执芮伯万的究竟是"王师、秦师"还是"周师、虢师",甚为关键。

史实:在秦伐芮国新君之后,作为反制,支持芮国新君的周王室和虢国乘机围魏并执芮伯万,这样也就解决了执芮伯万的究竟是"王师、虢师"还是"王师、秦师"的悬案。

(4)公元前707年

文献:"九年,戎人逆芮伯万于郊(郏)。"(古本《竹书纪年》)

史实:虽然周王和虢仲释放了芮伯万,但芮国已有新君,芮伯万无法返国,所以投奔戎人而居于郊或郏。有学者解释芮伯万奔戎是因为芮国被芮姜占领,①其实除了芮姜之外,还有她拥立的新君。

(5)公元前703年

文献:"秋,虢仲、芮伯、梁伯、荀侯、贾伯,伐曲沃。"(《左传》)

史实:虢仲联合芮国新君等诸侯伐曲沃武公,芮伯万仍当居于郊或

---

① 王晖、谢伟峰:《韩城芮国考——从梁带村发现谈起》,《文博》2007年第3期,第8页。

郑。数年前周师和虢师围魏执芮伯万，这是在实际上拥立芮国新君即位，所以这位芮伯听命于虢，参与以虢仲为首的联军伐曲沃武公。

（6）公元前702年

文献："秋，秦人纳芮伯万于芮。"（《左传》）

史实：芮伯万奔戎五年后，在特定时机下，借助秦国力量夺回政权，回到芮国。

所以，《左传》和古本《竹书纪年》中有关芮伯万的记载其实反映的是一次芮国政权的更迭，斗争的一方是芮伯万，另一方是他的母亲芮姜及其拥立的新君，其中芮伯万以秦国为靠山，而芮姜及新立的芮伯则有周王和虢国为后盾。这场纷争历时八年，芮伯万在经历被逐、被执、奔戎之后终于在秦国的帮助下夺回了自己的政权。尽管《左传》和古本《竹书纪年》中的有关记载多语焉不详之处，但只有作上述解读，方才游刃有余而不至相互矛盾。

以春秋的史实来看，芮伯万的经历在当时并不鲜见，最接近的例子当是晋鄂侯。据《左传》记载，由于受到曲沃庄伯等势力的攻击，鄂侯败走于随，在他居随期间，王命虢公立他的儿子光为晋君。① 过了一年，"翼九宗五正顷父之子嘉父逆晋侯于随，纳诸鄂，晋人谓之鄂侯"。② 但因为一国不可有二君，既然鄂侯的儿子已经被立为晋君，所以晋鄂侯再也没有机会回到翼都，而只能被迫居于鄂并亡于鄂了。相比晋鄂侯，芮伯万更为幸运，虽被逐、被执，但最终夺回了政权。

前述张天恩文也注意到 M28 中没有随葬玉器是不正常现象，并认为是芮伯万"归国之后，应能自省其身，过不尚修饰的简朴日子可能是汲取教训的反映"。这种解释当然有合理之处，但芮伯万毕竟是重新掌握政权的国君，就算能够卧薪尝胆，也不至于死后不用一件玉器随

---

① 《左传·隐公五年》记载："曲沃庄伯以郑人、邢人伐翼，王使尹氏、武氏助之。翼侯奔随……秋，王命虢公伐曲沃，而立哀侯于翼。"

② 《左传·隐公六年》。

葬。尤其考虑到 M28 不仅没有随葬玉器，而且据发掘报告描述，该墓"随葬的众多青铜重器未铸铭文，纹饰多较草率"，这就更加说明 M28 墓主是没有按照正常礼制埋葬的，所以是否还有另一种可能，即 M28 并不是芮伯万的墓葬，而是芮伯万被放逐期间新立的芮伯之墓？可以想见，当芮伯万在秦人的帮助下返国之后，芮姜拥立的这位芮君的结局只能是被杀或被废。在春秋时代，这类君主通常是死无葬身之地，但也有按照较低礼仪来埋葬的例子，如《左传·成公十八年》载："十八年春王正月庚申，晋栾书、中行偃使程滑弑厉公。葬之于翼东门之外，以车一乘。"那么，这位曾经取代芮伯万的芮君，或许也有类似晋厉公的命运。

秦人送芮伯万返国，可能正是导致芮国沦为秦国附庸的动因。芮伯万之后，芮君屡屡朝觐秦公，如："德公元年（前 677），梁伯、芮伯来朝。""成公元年（前 663），梁伯、芮伯来朝。"而在芮伯万返国之后仅六十余年，"缪公二十年（前 640），秦灭梁、芮"。① 芮国最终亡于秦人之手。

在芮国墓地出土的玉器中，有两件器物比较特别，一件是 M502:61 玉璜，另一件是 M586:10 玉璜，上面都饰有刚劲的方折云纹，而带有同类纹饰的玉器在凤翔秦公一号大墓出土数件，是典型的秦式风格。② 这两件秦式玉器在芮国贵族墓中出现，也折射出秦、芮之间的密切关系。

三

芮国玉器还有一个显著特点，那就是早期遗留物占了相当的比例，这已经引起了研究者的关注，如在《芮国金玉选粹》中，作者对多件玉器的最初制作年代、改形年代以及埋葬年代分别加以说明。随后，《梁

---

① 均据《史记·秦本纪》。
② 古方主编：《中国出土玉器全集 14 陕西》，北京：科学出版社，2005 年，第 86—87 页。

带村芮国墓地：二〇〇七年度发掘报告》也设立专节讨论早期遗留的玉器。

古人对于早期玉器的搜集，自然是因为玉器宝贵而加以特别的珍藏。这类玉器的来历，通常是不可知晓的，但通过战争掠夺是一种主要渠道，如：

《尚书·汤誓》："（汤）遂与桀战于鸣条之野。……夏师败绩，汤遂从之，遂伐三朡，俘厥宝玉。"

《逸周书·世俘》："凡武王俘商旧宝玉万四千，佩玉亿有八万。"

由此可见，汤灭夏、武王克商，都曾俘获前朝大量的玉器，这是三代玉器流传的重要方式。这些前朝旧玉，并不都被周王独享，列国诸侯也得以分享，"分玉"是周人分封中的重要内容。

《尚书·旅獒》："惟克商。……王乃昭德之致于异姓之邦，无替厥服，分宝玉于伯叔之国，时庸展亲，人不易物，惟德其物。"

《国语·鲁语下》："昔武王克商，通道于九夷、百蛮，使各以其方贿来贡，使无忘职业。……古者，分同姓以珍玉，展亲也；分异姓以远方之职贡，使无忘服也。"

所以周人的分玉并不是简单地瓜分战利品，而是要通过"展亲"的手段，也就是强调宗法，联络宗族来达到巩固政权之目的。在周王分赐的各类玉器中，以鲁国所得的"夏后氏之璜"最为有名。

《左传·定公四年》："昔武王克商，成王定之，选建明德，以藩屏周，故周公相王室以尹天下，于周为睦。分鲁公以大路、大旂，夏后氏之璜，封父之繁弱……"

诸如"夏后氏之璜"这类玉器，由于是诸侯分封时周王所赐，所以就成了国之重器，历代相传。顾炎武《日知录》卷二十二"古器"条："洪氏《随笔》，谓彝器之传，春秋以来，固已重之，如郜鼎纪甗之类，历历可数。不知三代《逸书》之目，汤有《典宝》，武有《分器》，而《春官》有典庸器之职，祭祀出而陈之，则固前乎此矣。故夏后氏之璜，封父之繁弱，密须之鼓，阙巩之甲，班诸鲁公、唐叔之国，而赤刀、弘璧、天球、河图之属,陈设于成王之顾命者,又天子之世守也。"①

正因为如此,鲁公伯禽所分得的"夏后氏之璜"到了春秋时期依然是鲁国的国宝,而鲁人对它更是情有独钟,以至季孙氏家臣阳虎在叛乱出逃之际,也对"夏后氏之璜"念念不忘,先是从鲁国宗庙中盗出宝玉,后又归还鲁君。②

鲁国之外,宋国也有所谓的"夏后氏之璜"。

《左传·哀公十四年》:"向魋出于卫地,公文氏攻之,求夏后氏之璜焉。与之他玉,而奔齐,陈成子使为次卿。"

因为鲁、卫皆有"夏后氏之璜",所以清代梁玉绳对此很有疑惑,称:"周分鲁公以夏后氏之璜,此有一无二之宝也。乃哀十四年传卫公文氏求向魋夏后氏之璜,岂流传不止一璜耶?"杨伯峻先生则说:"盖夏后氏之璜,未必真为夏代之物,不过当时有此称耳,何为不可以有二?"③

以现在的考古材料来看,夏代玉器在周代流传并不罕见,④所以鲁可以有"夏后氏之璜",宋自然也可以有。而从向魋如此珍重来看,他手中的"夏后氏之璜"或许也是宋国的"国之分器"。

考古资料还显示,周人对于这类早期遗留物均有特别珍重的意识。比如,这类早期玉器几乎都出土于高等级的贵族墓中,尤以国君级墓葬居多,这说明在当时古玉是比周玉更加贵重的器物。同时,这些早期玉器在周代墓葬中常常具有特殊的摆放位置或使用方法,如晋侯墓地

---

① 顾炎武著,黄汝成集释,栾保群、吕宗力校点:《日知录集释》,石家庄:花山文艺出版社,1990年,第958页。

② 《春秋·定公八年》:"(阳虎)盗窃宝玉、大弓。"杜注:"宝玉,夏后氏之璜。大弓,封父之繁弱。"《春秋·定公九年》:"得宝玉、大弓。"杜注:"弓、玉,国之分器。得之足以为荣,失之足以为辱,故重而书之。"《左传》于此记作"夏,阳虎归宝玉、大弓。"杜注:"无益近用,而只为名,故归之。"

③ 杨伯峻编著:《春秋左传注》,北京:中华书局,1990年,第1688页。

④ 袁永明:《商代西周墓葬中出土前代玉器初识》,《中原文物》2000年第3期,第43—47页。

M63 棺椁之间西北角出有铜盒一件,内盛玉人、玉熊、玉牛、玉鹰、玉鸮、玉鳖和玉龟等三十多件器物,都是商代玉器,这当然不会是偶然行为,而是有意识地将这批早期器物加以区分,李伯谦先生将其视为一种早期的收藏;①再如芮国墓地 M27,墓主芮桓公所佩七璜组玉佩的七件玉璜都是商代至西周早中期的玉器,很可能是有意识地将这些早期玉璜组合成一套佩玉的;②而 M26 仲姜墓出土的红山文化玉猪龙,是单独放置在棺内东北角,也明显与其他随葬玉器"保持距离"。

芮国玉器中的早期玉器从何获得,很难确知。但芮不仅是姬姓诸侯,③而且芮伯在周初是王朝重臣,地位几乎与周、召和毕公等人相仿,④那么,在周王"分宝玉于伯叔之国"或"分同姓以珍玉"时,芮伯无疑是有分享资格的。

在芮国墓地中,早期玉器主要还是集中在 M27、M26 和 M19 这组墓葬,这自然与芮桓公佐平王东迁密切相关。在周代金文资料中,屡见周王或王后赏赐有功臣属玉器的记载,如噩侯鼎记王赐噩侯"玉五瑴"、尹姞鼎提到天君(王后)赐尹姞"玉五品"。⑤ 那么,平王东迁之后对有功诸侯进行隆重的赏赐,是可以想见的事情,而在给芮桓公的赐物中包含若干的早期玉器,也并不令人感到意外。无独有偶,晋侯墓地 M63 穆侯夫人墓中也出土了大量精美的早期玉器,我们曾经提出,"把

---

① 李伯谦:《晋穆侯夫人随葬玉器反映的西周后期用玉观念的变化》,原载山东大学考古系编:《刘敦愿先生纪念文集》,济南:山东大学出版社,1998 年;收入《文明探源与三代考古论集》,北京:文物出版社,2011 年,第 308—313 页。

② 孙秉君、蔡庆良:《芮国金玉选粹——陕西韩城春秋宝藏》,第 58 页。

③ 《世本八种·秦嘉谟辑补本》卷七:"芮氏,周司徒芮伯,周同姓也。"

④ 《尚书·顾命》:"成王将崩,命召公、毕公率诸侯相康王,作顾命。惟四月哉生魄,王不怿。……乃同召太保奭、芮伯、彤伯、毕公、卫侯、毛公、师氏、虎臣、百尹、御事。"《尚书·康王之诰》:"康王既尸天子,遂诰诸侯,作康王之诰。……太保暨芮伯咸进,相揖。"

⑤ 孙庆伟:《周代金文所见用玉事例研究》,北京大学中国考古学研究中心、北京大学震旦古代文明研究中心编:《古代文明》第 3 卷,北京:文物出版社,2004 年,第 320—342 页;又见本书前文。

M63 看作文侯之母晋姜的墓葬,还有利于解释该墓随葬玉器的特殊性。如发掘者所指出的,该墓所出的多件玉器具有典型的商代风格。而此次借拍照的机会有条件近距离地观察,甚至觉得这些商代玉器的精美程度要超过妇好墓所出者,晋侯墓地其他晋侯夫人墓出土玉器就更是远不如该墓所见者。另外,M63∶41 这组由数十件玉器组成的超大型组玉佩也是迄今所见最大的一组西周组玉佩,经过仔细观察,发现其中的构件基本上都是西周早中期和西周晚期偏早阶段的器物,表明它们也是墓主生前的收藏,而对精美玉器如此宏富的收集也非等闲之辈可以做到的,我甚至怀疑其中的相当部分原是周平王赐文侯之物,而文侯又转而孝敬其母亲了。"①

四

玉覆面是周代最具特点的丧葬玉器,芮国墓地 M26 的发掘简报提到"棺内墓主面部有玉覆面等",但没有公布具体材料。随后,主持发掘的孙秉君队长在《陕西韩城芮国大墓述略》一文中对 M26 描述到,"棺内有墓主随身佩带和随葬的 500 余件玉器",并详细介绍了主要器类及组合关系,但却没有提到是否随葬有玉覆面。② 为此,作者致电孙秉君先生询问有关 M26 玉覆面的情况,秉君队长不但发来邮件介绍详情,而且提供了所有相关器物照片。在邮件中他写到,"关于 M26 玉覆面之事是这样:墓主口中发现口琀多件,另在头部发现有 2 对玉觿,4 件碎玉,当时定为玉覆面,不一定对。从晋侯墓地和虢国墓地的玉覆面看,有些问题",并客气地要求我"帮助看看"。③

仔细审视这 2 对玉觿和 4 件碎玉,我认为还是不宜把它们看作玉

---

① 孙庆伟:《晋侯墓地 M63 墓主再探》,《中原文物》2006 年第 3 期,第 65 页。
② 孙秉君、蔡庆良:《芮国金玉选粹——陕西韩城春秋宝藏》,第 28 页。
③ 孙秉君先生 2012 年 2 月 8 日给作者的邮件。

覆面的构件,原因有二:首先,从晋侯墓地和虢国墓地出土资料来看,西周晚期和春秋早期的玉覆面结构复杂,多用数十件玉器组合成五官形状,周围再缀以一周三叉形或三角形玉片,而 M26 墓主头部的这几件器物显然无法形成如此复杂的玉覆面;其次,周代玉覆面的各件玉饰都是先缝缀在丝帛之上,然后再覆盖于死者脸部的,所以每件玉饰都有数个穿孔(多数为斜对穿)以供缝缀,而 M26 的这几件器物上都没有类似穿孔,所以必然不会是玉覆面的构件。

以前我曾经对周代的玉覆面做过系统研究,并得出一些比较具体的结论,如:"玉覆面的起源应在共王时期","西周中晚期是玉覆面的繁荣期","西周中晚期和两周之际,玉覆面主要见于第一等级墓葬,而在春秋晚期以后,则各个等级墓葬均见使用","在随葬玉覆面的西周墓葬中,其墓主可以肯定者大抵都是姬姓的周人及其配偶,如井叔、晋侯以及虢季等位均是,这种现象可能暗示了玉覆面是姬姓周人特有的丧葬习俗"。①

验之以最近十年间新出的考古资料,学者认为上述有关"缀玉幎目的流行时代、地域和等级等问题的把握基本是正确的",②而对上述观点形成挑战的考古资料则见于山西横水的倗国墓地。

据发掘简报,横水墓地 M2 为倗伯墓,墓主俯身葬,头下有玉覆面,但结构极为简单,仅用两件圆玉片表示双眼,两件玉璜互扣代表嘴部。发掘者把倗伯墓年代定为"穆王时期或略晚"。③ 对于倗伯的族属,发掘者虽然没有确指,但鉴于 M1 为倗伯夫人毕姬墓,而"西周时期保持严格的同姓不婚习俗,M2 是倗伯的墓葬,则倗国不应是姬姓"。④ 随

---

① 孙庆伟:《周代用玉制度研究》,上海:上海古籍出版社,2008 年,第 236—245 页。
② 冯峰:《东周丧葬礼俗的考古学观察》,第 14 页。
③ 山西省考古研究所、运城市文物工作站、绛县文化局:《山西绛县横水西周墓发掘简报》,《文物》2006 年第 8 期,第 4—18 页。
④ 吉琨璋、宋建忠、田建文:《山西横水西周墓地研究三题》,《文物》2006 年第 8 期,第 48 页。

后,李零、①张天恩②等学者先后撰文指出倗为怀姓九宗之一,当为隗姓。按照这些意见,我们以前有关玉覆面起源和族属的论断都需要修正。但仔细加以分析,倗伯墓的出土资料还不足以改变上述论点。

先说玉覆面出现的年代。发掘简报称横水墓地 M2 的年代是"穆王时期或略晚",可见在材料完全整理清楚之前,对墓葬年代的判断还不能准确到王世,所以参与发掘的田建文先生更强调 M2 的年代是在"西周中期"。③ 事实上,发掘简报认为倗伯墓的墓葬形制与晋侯墓地 M7、M32、M33 以及 M91、M92 等墓接近,那么倗伯墓的年代上限绝不会早过共王,因此,我们有关"玉覆面的起源应在共王时期"的观点暂时还不需要修正。

再说族属。在前引李零先生文中,已经证明倗伯即冯伯,而冯族的姓氏,历来有两说:一为姬姓说,二为归(隗)姓说,而且两说都出于《世本》佚文,单从文献上讲很难取舍。现在学术界取隗姓说而舍姬姓说,主要证据有三:其一,倗伯墓的葬俗有别于姬姓周人,如墓葬呈东西向、俯身葬、用殉人,显示出"非我族类"的特征,所以不太可能会是姬姓;其二,横水 M1 的墓主是倗伯夫人毕姬,既然夫人是姬姓,"西周时期保持严格的同姓不婚习俗",那么倗伯自然只能是隗姓了;其三,传世铜器中有倗仲鼎,铭文作"倗仲作毕媿媵鼎万年永宝用",这是倗仲为嫁给毕国的隗(媿)姓女作媵器,毕为姬姓无异说,那么倗只能是隗(媿)姓了。但上述三点,都有可讨论的余地。

首先,葬俗上的差别并不能证明倗伯非姬姓,最有力的反证就是战国中山王墓。该墓在丧葬习俗上颇具特色,但中山国族属就是姬姓的白狄。

---

① 李零:《冯伯和毕姬——山西绛县横水西周墓 M2 和 M1 的墓主》,《中国文物报》2006 年 12 月 8 日第 7 版。

② 张天恩:《晋南已发现的西周国族初析》,《考古与文物》2010 年第 1 期,第 54—55 页。

③ 田建文:《有关横水大墓的两个问题》,《中国文物报》2007 年 1 月 19 日第 7 版。

再说婚俗,虽然从总体上讲,周人有同姓不婚的习惯,所以从毕姬的族属来反推倗伯不能为姬姓是较为稳妥的做法。但同姓不婚在当时并不是铁律,陈鹏先生《中国婚姻史稿》就指出:

> 同姓不婚,原为周制,后世相承,遂定之于礼,禁之于法。然周天子实自犯之,穆王之有盛姬(见《穆天子传》)即其例也。春秋以降,诸侯婚同姓者尤多,宋"三世内娶","楚王妻媦"(注:媦,妹也。《公羊传》)是本异姓诸侯,各从其俗,固无足怪,而姬姓诸侯,秉周礼者,嫁娶亦未尝以同姓为忌。且有径与周王室婚者。

在罗列多条周代贵族同姓相婚的具体事例后,他归纳为,"综此观之,同姓不婚之制,自穆王以降,迄于春秋,随周政陵夷,不为时所重久矣"。[①] 所以,从毕姬之姓氏来反证倗伯非姬姓其实并不足论。

倗仲鼎铭文"倗仲作毕媿䐅鼎万年永宝用"被很多学者看作倗为隗(媿)姓的铁证,因为毕为姬姓是无法质疑的,毕隗(媿)只能是嫁到毕国的隗(媿)姓女子,那么,作䐅器的倗仲即使不是毕隗(媿)的父亲,也至少是同姓的长辈。一般而言,倗仲鼎铭文只能作这样的理解,但具体到这里,还不能完全排除这样一种可能——从倗伯墓的葬俗来看,确实是"怀姓九宗"一类的土著,而毕媿也是出自"怀姓九宗",两者之间必有极密切的关系,与周人相比,倗与毕隗(媿)的母族更近,所以当毕隗(媿)出嫁到毕国,同为土著的姬姓倗仲为毕隗(媿)作䐅器。[②] 李零先生提出隗(媿)姓的"怀姓九宗"是春秋时代隗(媿)姓赤狄的祖先,所以我颇怀疑姬姓的倗很可能是春秋时代姬姓白狄的祖先。

综上,横水墓地 M2 的倗伯当是姬姓,从《世本》佚文"冯氏,文王第

---

① 陈鹏:《中国婚姻史稿》,北京:中华书局,1990 年,第 398—399 页。
② 要了解倗与隗(媿)的关系,关键是要了解"怀姓九宗"的内涵。按《左传·定公四年》杜注,"怀姓九宗"是"唐之余民",具体族氏和构成并不清楚,但在王国维作《鬼方昆夷猃狁考》之后,"怀姓九宗"便与"隗姓狄人"划上等号。其实狄人历史悠久,来历复杂,远不是非此即彼的简单分类,这从蒙文通先生《周秦少数民族研究》一书中很容易感受到。

十五子毕公高之后,毕万封魏,支孙食采于冯,因氏焉"来判断,倗与毕之间的关系非同一般,很有可能是毕姓的一支而沦为戎狄的。某些姬姓部落沦为戎狄在当时并不罕见,晋陕之间的犬戎、骊戎和河北鲜虞都是姬姓部族而被视为戎狄的。① 姬姓的倗与姬姓的毕联姻,就如晋献公娶狐姬和骊姬,在当时并不足怪。② 虽然从埋葬习俗上看,倗与典型周人是有明显差别的,但既为姬姓,倗与周人在族源和文化上无疑是有联系的,倗伯墓中出土姬姓周人所独有的玉覆面正为此作了很好的注脚。

除倗伯墓外,近年公布的玉石覆面中还有两例值得注意,一例见于南阳万家园 M202,③另一例则出土于叶县旧县的许灵公墓。④ 万家园 M202 年代在两周之际,所以玉覆面的结构与晋侯墓地和虢国墓地所见者相似,但遗憾的是这座墓里没有随葬铜礼器,缺少可以判断墓主族属的文字资料。许虽是姜姓国,但许灵公墓的时代已在春秋晚期,这时玉覆面已经"成为各个阶层皆可使用的丧葬用器,其固有的等级意义丧失殆尽"。自然地,玉覆面为姬姓贵族专用的习俗也随之瓦解了。

相比之下,更需要引起我们思考的问题是为什么一些姬姓贵族墓不使用玉覆面,比如横水墓地 M1 毕姬墓、虢国墓地 M2012 虢季夫人墓、平顶山应国墓地的各位应侯以及芮国墓地的芮桓公及其配偶。其中毕、虢和应都是"文之昭""武之穆"和"周公之胤"一类最正宗的姬

---

① 徐中舒:《殷周之际史迹之检讨》,原载《历史语言研究所集刊》第七本第二分,今据《徐中舒历史论文选辑》,北京:中华书局,1998 年,第 652—691 页。

② 《左传·庄公二十八年》:"晋献公娶于贾,无子。烝于齐姜,生秦穆夫人及太子申生。又娶二女于戎,大戎狐姬生重耳,小戎子生夷吾。晋伐骊戎,骊戎男女以骊姬归,生奚齐,其娣生卓子。"

③ 南阳市文物考古研究所:《河南南阳市万家园 M202 发掘简报》,《中原文物》2007 年第 5 期,第 12 页。

④ 平顶山市文物管理局、叶县文化局:《河南叶县旧县四号春秋墓发掘简报》,《文物》2007 年第 9 期,第 32 页。

姓周人,而芮国墓地的芮桓公,从族属而言,是周之同姓;从地位来讲,曾佐平王东迁,能用双墓道,等级自然不低;从财力上说,用七璜组玉佩和诸多金器随葬,多数晋侯也难以比肩;从时代上讲,两周之际正是玉覆面使用的高峰,北赵和羊舌墓地晋侯墓葬即是明证。这些姬姓贵族都不用玉覆面,确实费解。在有确凿证据之前,我们只能以通例和特例来加以解释了,或者就如胡适所说的那样,"凡治史学,一切太整齐的系统,都是形迹可疑的,因为人事从来不会如此容易被装进一个太整齐的系统去"。[1]

附录:芮国墓地出土玉器概况

梁带村芮国墓地分北、南和西区,共有大、中、小型墓葬1300余座。墓地的发掘经历了两个阶段:其中2005—2006年发掘了M27、M19和M26三座大型墓葬,2007年则清理各类墓葬36座。

依据墓葬形制、规模及随葬品种类,发掘者将这些墓葬分为四个等级:

第一等级:中字形大墓M27和甲字形大墓M502、M26、M19、M28。其中M27、M26和M19属于同组墓葬,墓主分别是春秋早期的芮桓公、桓公夫人仲姜以及桓公次夫人。M502和M28未出土相应的文字资料,但从墓葬形制和随葬品组合来看,墓主也应是芮公。

第二等级:随葬铜礼器的中型竖穴土坑墓,仅北区M586和西区M18两座,墓主是芮国大夫级贵族。

第三等级:不随葬青铜礼器的中型竖穴土坑墓,包括南区M17、M31和M35,西区M2、M49、M51等6座,墓主是芮国的士级贵族。

在原报告中,北区M508被定为小型墓,但该墓墓口长3.26米,宽1.7米,明显大于其他小型墓而与上述6座中型墓接近,而且M508口

---

[1] 罗尔纲:《师门五年记·胡适琐记》,北京:生活·读书·新知三联书店,1998年,第50页。

小底大,墓底长达 4 米,已与第二等级两墓的墓底长度接近,所以这座墓葬归入第三等级为宜。

第四等级:其他 25 座小型竖穴土坑墓,墓主都是芮国的平民。

(一) 第一等级墓葬随葬玉器①

1. M502 和 M28

M502 共出土玉石器 24 件组,发掘报告有详细的描述,但对其中数件器物的定名可作商榷,包括:M502:53 玉璋、M502:54 玉铲、M502:55 玉刀以及 M502:56 玉铲。这四件器物中,除 M502:55 玉刀外,其他三件器物都是由早期玉刀或玉铲类器物改制而成的,功能已经改变,所以不宜再用原来的名称。这几件器物在改形后形制基本相同,都是长条形片状玉器,所以通常被看作"半圭为璋"之璋,这其实是缘于后代学者对于文献的误读。璋确实是周代重要的瑞玉,但形制如何,迄今没有一致意见。② 类似的长条形片状玉器在周代大墓中并不少见,如上村岭虢国墓地 M2001 号季墓内棺盖板上就出有五件,它们下端都与成组的玉牙饰相连,所以在功能上等同于西周的柄形器。③ 虽然 M502 这四件器物的末端没有牙饰,但它们与 M502:18、72 这两件柄形器以及 M502:64-3 这组牙饰都放置在外棺盖板上,④暗示它们在功能上具有一致性。

M502 和 M28 随葬玉器概况见附表 1:

---

① 为更全面了解芮国墓地使用玉器的情况,本文的统计也兼及某些石器。关于周代玉石器的区分和界定,可参看孙庆伟:《周代用玉制度研究》,第 6—8 页。

② 孙庆伟:《周代用玉制度研究》,第 213—217 页。

③ 河南省考古研究所等:《三门峡虢国墓》(第一卷)上册,北京:文物出版社,1999 年,第 27 页,图 15。

④ 发掘报告称 M502:72 这件柄形器"出土于椁室西壁附近略偏北位置,距椁底约 60 厘米",据此可知此器原来当放置在外棺盖板上,后因某种原因滑落至棺椁之间。参看《梁带村芮国墓地:二○○七度发掘报告》,第 37 页。

附表1

位　置	墓　葬	
	M502	M28
墓室填土	上部填土中出残石圭1件。	上部填土中出石圭1件。
椁盖板上	无	无
棺椁之间	西侧有玉管(镦)两件,其中一端连接有机质杆状物;另,东西两侧散落大量铜鱼和石贝。	东北角出玉圭3、西北角出石磬10件,东西两侧散落大量石贝,石泡33和方形石饰13件与漆器伴出,另有石刀1件。
外棺盖板	玉戈1、长条形玉器3、柄形器2件、柄形器牙饰1组。	无
内棺盖板	无	无
棺内 头部	两侧各有玉环1。	无
棺内 口部	含残玉琮1、方形玉片2、三角形玉片2、残玉环1、玉饼(圆形玉片)1、残玉玦1、长条形玉片2、残玉片8。	无
棺内 颈部	玉牌项饰1组	无
棺内 胸腹部上	长条形片状玉器1、戈形玉佩1、玉鸟1。	无
棺内 胸腹部下	无	无
棺内 腰部	无	无
棺内 手部	海贝腕饰2组。	无
棺内 腿脚部	左脚腕玉鸟1、右脚腕玉璜1。	无

2. M27、M26和M19

相比上述两墓,这组墓葬随葬玉器明显丰富,其中M27共出土玉器249件(颗)、M19出土66件(颗),而M26则多至500余件(颗)。根据发掘简报,将这三座墓葬随葬玉器的大致情况整理如附表2：

附表 2

位置		墓葬		
		M27	M26	M19
墓室填土		上部出残玉石圭、戈等器物 19 件。	玉人形饰 2，另有玉觿和玉管。	不明。
椁盖板上		无	无	无
棺椁之间		铜翣下玉圭 2。	3001 件玛瑙珠与海贝、铜鱼、陶珠及料珠伴出。	玛瑙珠 1876 件、石贝 869 件。
外棺盖板		至少玉戈 1。	铜翣下放置大玉戈 2。	玉戈 1。
内棺盖板		无	无	无
棺内	头部	玉玦 3 组 6 件、素面白玉管 1、玉兽面 1。	东北角有红山文化玉猪龙 1、西北角有煤玉串饰 1 组、玉玦 1 对在头部两侧（另有 6 件位置不明）、口含碎玉若干，另有玉觿 4 件在头部。	玉玦 3 对 6 件。
	颈部	七璜组玉佩。	七璜组玉佩 1 组、玉牌项饰 2 组。	玉牌和玉管项饰各 1 组。
	胸腹部上	七璜组玉佩 1 组、大玉戈至少 2 件、璧 5、①凸缘璧 1、梯形玉牌 1、人龙纹佩 1、鱼形璜 3、兽面饰 4、龙形玉觿 1、方柱形玉管 1。	右肩部梯形玉牌组玉佩 1 组、玉兽面 1、玉贝 1 对、钩喙玉鸟 1、团身玉鸟 1；另有玉人 1、玉虎 1、玉熊 1、花蕾形玉佩 1、玉蝉 1，也可能都在腰腹部。	墓主佩戴玉瑗、玉蚕、玉鱼、玉觿和柄形器等饰物，当在腰腹部，但具体位置不明。
	胸腹部下	至少龙纹玉璧 1。	玉匕首 1。	
	腰部	玉剑 1、神人形佩 1、龙纹玉管 1、玉兽面 2。	玉戚 1 和玉神人 1、龙形玉觿 4、竹节状柄形器 1、玉牛 1。	
	腰坑内	凤鸟纹柄形器 1。	无腰坑。	无腰坑。

---

① 这 5 件玉璧也可能全部或部分在墓主胸腹部下，发掘简报未说明。

续 表

位 置	墓 葬		
	M27	M26	M19
手部	肘部玉龙1、两手龙形玉觿各1、左手方形柄形器1和双兽面玉饰1、左右手玉鰈各1、左手玉鸟1对。	两手握饰各1组、右手腕饰1组、左手玉挖耳勺1(另1件位置不明)。	肘部有串饰1组、左手腕饰1组;双手均有握玉,但器类不明。
腿脚部	腿部玉琮4、足部凤纹纹柄形器1、左右脚踝玉兽面各1。	大量残玉料、半成品以及残损玉器散置于右股外侧。	脚腕有串饰1组、左右足部玉牛首各1。

(二) 第二等级墓葬

两座第二等级墓葬中,M586墓主为一老年男性,共随葬玉器21件(组),其中多见改形器;M18墓主则是年龄在30岁左右的壮年男子,随葬玉石器数件。具体情况见附表3:

附表3

位 置		墓 葬	
		M18	M586
墓室填土		无	无
椁盖板上		无	无
棺椁之间		无	东侧玉管1、条形石片2。
外棺盖板		玉戈1、长条形玉片2件。	无
内棺盖板		无	无
棺内	头部	两侧玉玦3对6件。	无
	口部	碎玉88粒。	无
	颈部	玉环和龙纹玉佩各1件。	无
	胸腹部上	玉璜3件。	无
	胸腹部下	无	无
	腰部	无	无
	手部	无	条形玉片1。
	腿脚部	左腿外侧三角形玉坠和条形坠各2、左脚腕龙形玉佩1、右脚腕不规则形玉坠1。	无

(三)第三等级墓葬

七座第三等级墓葬都随葬有少量玉石器,具体是:

M17,墓主是53岁左右的男性,随葬玉器包括:墓室填土中残石圭1件,头部玉玦2件,颈部玛瑙珠串饰1组,右手玛瑙珠腕饰1组。

M31,墓主为40岁左右的女性,随葬玉器有:墓室填土中石圭1件,椁室东侧玉圭1件,头部玉玦2、玉珠1、璜形器1和残玉佩1件,腰部右侧残玉佩1(可与头部的残玉佩拼对),下肢左侧有璜形器1件。

M35,墓主的性别年龄不明,随葬的玉石器包括:墓室填土中石圭1件,棺椁之间有140件石坠与铜鱼、海贝和陶珠等伴出,墓主头部有玉玦2件,颈部有玛瑙珠项饰。

M2,墓主男性,年龄不明。随葬玉器有:棺椁之间有石坠8件,墓主头部玉玦2,口含碎玉2,颈部玛瑙珠项饰1串。

M49,墓主性别年龄不明,随葬的玉石器有:棺椁之间石坠100余件,墓主口含石片4件,颈部有玛瑙珠项饰1组。

M51,墓主为一年龄约55岁的老年男性,随葬玉石器包括:棺椁之间有石坠,墓主头部玉玦2,口含碎玉8粒,颈部玛瑙珠、料珠、绿松石珠和玉牌项饰1组。

M508,墓主性别年龄不明,随葬玉石器有:棺盖板上有长条形玉版和牙饰组成的柄形器1组,墓主头部玉玦1和椭圆形玉坠2,胸部有海贝1和石贝3件组成的串饰1组,右侧腰际条形玉片1,手部绿松石珠1件。

(四)第四等级墓主

25座小型墓中,有11座随葬少量玉石器,具体情况是:

M02,墓主是年龄约35岁的女性,头部蚌玦2,口含碎石7件。

M05,墓主性别年龄不明,口含蚌片6,肩部残石片2,盆骨处石圭1、蚌片2,可能是手握之物。

M517，墓主是 50 岁左右的女性，头部有玉玦 1 件，口含碎玉 17 粒。

M518，墓主是 45—50 岁的男性，仅头部有残玉玦 1 件。

M521，墓主性别年龄不明，口含残玉玦 3 片，胸部有残石环 1 件。

M525，墓主是 40 岁以下的女性，口含碎玉。

M526，墓主是成年女性，口含玉玦碎片 3 件。

M527，墓主是 40 岁以下的女性，头部两侧各有石玦 1 件。

M1，墓主是 45—50 岁的男性，口中出石含 1 件。

M11，墓主是 55 岁左右的女性，右耳处出汉白玉玦 1 件。

M21，墓主性别年龄不明，头部两侧各有玉玦 1 件。

通过对出土资料的整理，可以看出芮国墓地随葬玉器的基本情况是：

礼仪类玉器中，主要有玉戈（圭）和玉璧两类。玉戈常置于墓主的胸部，象征其生前执圭之貌；璧放置在墓主的胸前和背后，既显示其尊贵，又有敛尸的功用。

服饰玉器中，主要是耳戴玉玦，颈部有玉牌或玛瑙珠项饰，胸前有多璜组玉佩和梯形玉牌组玉佩，手和脚腕也有串饰或单件玉饰。

丧葬玉器中以玉石含和握玉最为常见，而棺椁之间散落的荒帷上的坠饰也比较多见。

当然，这些器物在不同等级墓葬中的出现概率是完全不同的，大体来讲，多数器类仅见于第一和第二等级墓葬中，而第三和第四等级墓葬中通常只有耳饰玦和玛瑙珠串饰这类基本服饰用玉以及玉含这种"民俗性"丧葬用器。换言之，在两周之际的芮国，玉器主要是贵族，尤其是高等级贵族的专属物，而对于社会的中下层而言则纯属奢侈品。

总体而言，芮国玉器在器类、组合、摆放位置以及性别、等级差别等方面都体现了当时的通例，符合周代玉器和周代用玉制度的基本原则。

（本文原载陕西省考古研究院、上海博物馆编：《两周封国论衡——陕西韩城出土芮国文物暨周代封国考古学研究国际学术研讨会论文集》,上海:上海古籍出版社,2014年;又载北京大学中国考古学研究中心、玉器与玉文化研究中心编:《玉器考古通讯》2014年第1期)

礼失求诸野——试论"牙璋"的源流与名称

一、前言

牙璋是中国早期玉器中最为特殊的一类器物,它器形大、制作精、分布范围广,引起的关注与争议也最多,但迄今为止,对于这类器物的名称、功能、最早发源地以及传播路线等一系列关键问题,学术界还缺乏共识。① 造成这种现象的主要原因在于多数牙璋是采集品,缺乏明确出土地点或出土层位,不利于判断它们的制作和流传年代,所以有学者指出,要解决牙璋这一"古玉研究上的迷题","必有待考古工作者更多的努力,发掘出更多的实物"。②

近年来,在陕西商州东龙山和河南巩义花地嘴遗址相继出土了牙璋,它们的出土层位明确,年代确凿,为解决有关此

---

① 有关牙璋的论著很多,对考古出土资料收集较完备的有:王永波:《耜形端刃器的分类与分期》,《考古学报》1996年第1期,第1—61页;对流散在世界各地博物馆牙璋资料收集完备者当推林巳奈夫:《中国古代的石刀形玉器和骨铲形玉器》,收入氏著,杨美莉译:《中国古玉研究》,台北:艺术图书公司,1997年,第286—349页。此外,香港中文大学考古艺术中心编:《南中国及邻近地区古文化研究——庆祝郑德坤教授从事学术活动六十周年论文集》(香港:香港中文大学出版社,1994年)则是以牙璋为主要论题的论文集,收录各家意见较为完备。

② 邓淑苹:《也谈华西系统的玉器(二)》,《"故宫"文物月刊》(台北)1993年总第126期。

类器物的种种争议提供了重要契机。本文拟从几个集中出土牙璋的地区如中原、山东、陕北以及成都平原着手，对上述地区重点遗址出土的牙璋进行考古背景、器物形制、文化传播的综合考察，以期获得对牙璋这类器物的新理解。本文的研究思路是从考古发掘地点、层位关系明确的牙璋出发，归纳出牙璋形制演变的基本规律，再以此规律来判断大量采集品的年代，进而确定牙璋的最初起源地及其传播方向，再分析其固有名称及背后隐藏的历史背景。需要说明的是，因为本文的主要关注点是牙璋的源流与名称，因此对于各地零散出土，尤其是西周及其以后遗址中出土的牙璋，如无特殊需要一般不涉及。

二、中原及邻近地区的牙璋

到目前为止，中原及邻近地区经考古发掘出土的早期牙璋主要见于二里头、花地嘴、下王岗和东龙山等四处遗址，共7件。这里根据相关发掘报告将这7件牙璋的具体情况介绍如下。

1. 二里头遗址出土的牙璋

二里头遗址共出土牙璋4件，分别是：

（1）73YLIIIKM6:8。青砂石质，制作精细，身、内之间有两道锯齿形阑，阑上各出有两个扉牙，两阑之间有锯齿形饰，表面有朱砂痕并印有席纹，通长49.5厘米（图4-1:1）。

该器出土的M6是一座长方形竖穴土坑墓，墓口长2.3米，宽1.38米。墓室东北角有一盗洞，残留有部分人骨和10余件器物，包括铜爵1、陶盉1，牙璋则见于墓室中部，在墓底的中部还发现有大面积朱砂。发掘者根据出土铜器和陶器特征判断这是一座二里头文化三期的墓葬。①

---

① 中国社会科学院考古研究所：《偃师二里头》，北京：中国大百科全书出版社，1999年，第241、250页，彩版2-1，图版118-5。

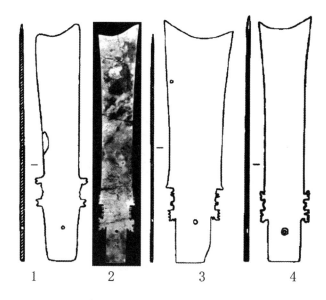

图4-1 二里头遗址出土的牙璋
1. 73YLⅢKM6:8; 2. 75YLⅦKM7:5; 3. 80YLVM3:4; 4. 80YLVM3:5

(2) 75YLⅦKM7:5。青黄色玉质,身、内之间有两道锯齿形阑,锯齿锐利,齿间有刚劲的凸棱相连,制作极为精致,器长48厘米(图4-1:2)。①

75YLⅦKM7 这座墓葬是村民取土时发现的,后经当地文物部门清理。② 除玉璋之外,该墓还出土有铜爵、玉钺、柄形器、绿松石饰以及涂朱的圆陶片等物,发掘者依据出土的铜爵特征判断这是一座二里头文化四期的墓葬,但墓葬规模因破坏严重而无法确知。

(3) 80YLVM3:4 和 80YLVM3:5。两器均为青灰色,形制也大致相同,身、内之间各有两道锯齿形阑,其中前者长54厘米,表面覆盖有一层朱红色颜料;后者略短,长48.1厘米(图4-1:3、4)。

---

① 中国社会科学院考古研究所:《偃师二里头》,第341页。
② 偃师县文化馆:《二里头遗址出土的铜器和玉器》,《考古》1978年第4期,第270页。发掘简报未说明该墓的年代,但在《偃师二里头》中这座墓葬被定为二里头四期。

出土这两件牙璋的 80YLVM3 也是一座长方形竖穴土坑墓,西南距离二里头遗址 1 号宫殿约 350 米,墓口长 2.15、宽 1.3 米。墓葬未遭盗掘,墓内发现有漆棺痕迹,墓底还有厚约 2—3 厘米的朱砂,两件牙璋见于墓室中部相当于人骨的部位。根据出土陶器特征,发掘者认为这是一座二里头文化二期的墓葬。①

2. 花地嘴遗址出土的牙璋

花地嘴遗址位于河南省巩义市站街镇,1992 年文物普查时发现,2001—2004 年在此进行了发掘。调查和发掘表明,遗址现存面积约 35 万平方米,遗物时代比较单一,多属于"新砦期类遗存"。②

牙璋 T17H40:1 出土于灰坑 H40 中,③以墨玉制作,凹弧刃,阑部有对称的牙饰,器体通长 30 厘米(图 4 - 2:1)。

目前学术界关于新砦期类遗存的归属存在多种意见,④但多数学者认为新砦期是从河南龙山文化晚期向二里头文化一期的过渡阶段,在年代上要早于二里头文化一期,因此花地嘴 T17H40:1 牙璋的年代要早于上述二里头遗址所见的 4 件。

3. 东龙山遗址出土牙璋

东龙山遗址位于陕西省商洛市区东南约 2.5 公里处的丹江北岸台地上。1997—2002 年陕西省考古研究院在此进行了多次发掘,证明这

---

① 中国社会科学院考古研究所二里头队:《1980 年秋河南偃师二里头遗址发掘简报》,《考古》1983 年第 3 期,第 199—205 页。

② 郑州市文物考古研究所、北京大学考古文博学院:《河南巩义市花地嘴遗址"新砦期"遗存》,《考古》2005 年第 6 期,第 3—6 页。

③ 据参与整理花地嘴遗址出土材料的张莉博士告知,H40 是一座圆形坑,坑内只发现一具非正常死亡的人骨以及这件牙璋,此外未见其他包含物。据此似可推测 H40 非一般意义上的灰坑,而很有可能是一座祭祀坑或一座墓葬。

④ 各家意见可参看常怀颖:《二里头文化一期研究初步》,载北京大学震旦古代文明研究中心、河南省文物考古研究所、河北省文物研究所编:《早期夏文化与先商文化研究论文集》,北京:科学出版社,2012 年,第 45—71 页。

图 4-2　花地嘴、东龙山和下王岗遗址出土的牙璋
1. 花地嘴 T17H40:1；2. 东龙山 M83:1；3. 下王岗 T23②A:29

是一处以夏商遗存为主,兼有仰韶和龙山时代遗存的重要遗址。发掘者并指出,东龙山遗址夏代早期遗存在年代上与二里头文化一、二期相当,但在文化面貌上与二里头文化有显著差别,应单独命名为"东龙山文化"。①

东龙山牙璋出土于该遗址夏代早期墓葬 M83 中。这是一座长方形竖穴土坑墓,墓口长 2.2 米、宽 0.6 米、深 0.75 米,墓室内发现有木棺的痕迹,墓口外有四个对称分布的柱洞,发掘者推测是墓上建筑的遗存。在墓室填土中发现石璧 3 件,墓主的右胸部有玉戚 1 件,右腿外侧

---

① 陕西省考古研究院、商洛市博物馆:《商洛东龙山》,北京:科学出版社,2011 年,第 278 页。

有石圭1件,牙璋则放置在墓主左臂外侧。经鉴定,墓主是一年龄约45岁的男性。M83:1牙璋以墨玉制作,凹弧刃,单阑,通长27.6厘米(图4-2:2)。①

4. 淅川下王岗出土的牙璋

下王岗遗址位于河南省西南部的淅川县宋湾乡,该遗址分布有仰韶、屈家岭、龙山和二里头时期的遗存。牙璋T23②A:29出土于地层堆积中,原报告定名为玉戈,并根据该层包含物将其定为二里头文化三期的遗物。② 此器青玉质地,大部残缺,残长仅8.9厘米,但因为保留有阑和内部,所以早有学者指出它不是玉戈,而是一件带有单阑的牙璋(图4-2:3)。③

上述7件牙璋出土单位明确,时代清楚,因此对于研究牙璋的形制演变具有至关重要的意义。这里按照出土单位的早晚顺序,可将上述7件器物排列如下:花地嘴T17H40:1(新砦期类遗存)→东龙山M83:1(二里头文化一、二期)→二里头80YLVM3:4和80YLVM3:5(二里头文化二期)→下王岗T23②A:29和二里头73YLIIIKM6:8(二里头文化三期)→二里头75YLVIIKM7:5(二里头文化四期)。

考虑到牙璋是一种礼仪特征非常显著的玉器,那么早期制作的玉器很有可能一直使用到晚期阶段,④换言之,严格意义上讲,上述出土单位的早晚关系并不能完全代表这7件牙璋制作年代的早晚序列。从形制上看,这7件牙璋可以分为两大类:一类是花地嘴、东龙山和下王岗等遗址出土的单阑型牙璋,另一类则是二里头遗址出土的4件两阑

---

① 陕西省考古研究院、商洛市博物馆:《商洛东龙山》,第89—91、129页。
② 河南省文物研究所、长江流域规划办公室考古队河南分队:《淅川下王岗》,北京:文物出版社,1989年,第299页,图版108:9。
③ 王永波:《耜形端刃器的分类与分期》,《考古学报》1996年第1期,第4页。
④ 邓淑苹先生早已注意到多件早期牙璋在晚期地层单位中出土的现象,参看氏著《"牙璋"研究》,《南中国及邻近地区古文化研究——庆祝郑德坤教授从事学术活动六十周年论文集》,第37—50页。

型牙璋,两者之间的差别甚为显著。值得注意的是,单阑牙璋多见于新砦期等较早遗迹单位中,而两阑型牙璋则均见于二里头二期以后的较晚单位里,这种现象表明牙璋形制演变的总体趋势是由单阑向两阑发展。在上述7件器物中,唯一的例外是下王岗T23②A:29,这件器物在形制上是年代较早的单阑型,而它的出土地层却是二里头文化三期,但鉴于这是一件残器,而且是出土于地层堆积而非墓葬当中,那么它很有可能是早期器物破损之后而被丢弃,所以尽管出土地层年代较晚,但它的制作年代仍可能较早。

总之,通过对上述7件器物的观察,可以看出从新砦期到二里头四期之间牙璋形制演变的总体趋势是从单阑向两阑过渡,而这一过渡期大约在二里头文化一、二期之间;同时,鉴于花地嘴遗址出土的新砦期牙璋在形制上已经相当成熟,可以推定至少在龙山晚期单阑型牙璋就已经在该地区出现并流行了,此一推论当然有待于新材料的验证。

除上述发掘出土的牙璋外,在中原地区还有数件征集品,具体是:

1. 郑州杨庄村牙璋

1958年7月,郑州市南郊二里岗杨庄村村民采集到一件牙璋,但迟至1962年春村民才将它上缴给河南博物馆。这件牙璋青玉质,器表涂有朱砂,凹斜刃,有两阑和牙饰,通长66厘米(图4-3:1)。这件牙璋出土时并未见其他伴出器物,但考虑到它的出土地点是二里岗期商文化的集中分布区,所以就一直被认为是一件商代早期的器物。[①] 另据报道,杨庄距离郑州商城内城东南角仅约500米,从20世纪50年代以来在此地收集到大量的商代青铜器和玉器,所以应是一处二里岗期的商代墓地,故而也有人判断这件牙璋很有可能是某座商代墓葬中的随葬品。[②]

[①] 赵新来:《郑州二里岗发现的商代玉璋》,《文物》1966年第1期,第58页。

[②] 河南省文物考古研究所:《郑州商城——1953—1985年考古发掘报告》,北京:文物出版社,2001年,第10页。

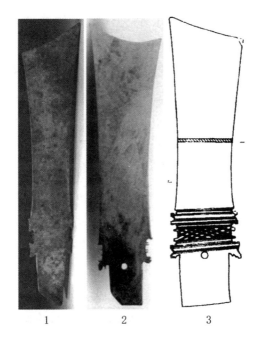

图 4-3　杨庄、望京楼、陈村遗址出土的牙璋
1. 郑州杨庄牙璋；2. 新郑望京楼牙璋；3. 许昌大路陈村牙璋

2. 新郑望京楼牙璋

20 世纪 80 年代在新郑望京楼遗址曾经采集到一件牙璋，但采集的具体地点、时间以及出土情况均未见详细报道。这件牙璋青色玉质，有两阑和对称的牙饰，通长 41 厘米（图 4-3:2）。有研究者将它与二里头遗址出土的牙璋进行比较后认为此器"应为二里头同期遗物"。①

3. 许昌大路陈村出土牙璋

1986 年 3 月，许昌大路陈村农民在起土时发现了一座墓葬，挖出了三十多件青铜器和玉石器。由于墓葬被严重破坏，墓圹大小和随葬品的位置无法得知。

---

① 赵炳焕、白秉乾：《河南省新郑县新发现的商代铜器和玉器》，《中原文物》1992 年第 1 期，第 85—86、90 页。

大路陈村征集到的这件牙璋也是凹斜刃,两阑,阑上有对称的牙饰和平行线纹,其中还夹有若干阴刻的交叉平行线所组成的菱形纹,通长37.5厘米(图4-3:3)。原报告未说明牙璋的具体年代,但指出从出土的铜器特征来看,这是一座二里岗上层阶段的墓葬。[①]

从形制上看,上述3件采集品与二里头遗址出土的几件牙璋十分相似,特别是望京楼牙璋在发现之初就被推测可能属于二里头文化时期,而最新考古发现也证明望京楼遗址有内外两重城墙,分别建于二里岗文化和二里头文化时期,[②]因此这件牙璋很有可能出土于该遗址二里头时期的某个遗迹单位中。

望京楼牙璋之外,其他两器都被视为典型的商代早期牙璋。[③] 尤其是大路陈村牙璋因为有伴出铜器,所以被定为二里岗上层阶段的标准器,但后来发表的清理报告称,"据当事人讲:共发现两具人骨架,基本上埋于南北向的一条线上,头皆向北。铜鼎放置在北边人骨架头部的西侧;铜兵器、玉器和石器放置在盆骨的西侧……在墓的周围发现了一些二里头文化时期的陶片和散乱的人骨(带有珠[朱]砂)"。[④] 一座墓葬中有南北纵向分布的两具人骨架,这在商代墓葬中是非常少见的,而且墓葬周围又有"二里头时期的陶片和散乱的人骨",所以颇怀疑这两具人骨及征集到的随葬品其实是出于两座墓葬——一座为二里岗期,另一为二里头文化时期。退一步讲,即便这件牙璋确实和其他铜器共出于同一座二里岗期墓葬,也不妨碍它是二里头时期的器物而遗留

---

① 河南省文物研究所:《许昌县大路陈村发现商代墓》,《华夏考古》1988年第1期,第23—26页。

② 张松林、吴倩:《新郑望京楼发现二里头文化和二里岗文化城址》,《中国文物报》2011年1月28日。

③ 杨育彬、孙广清:《河南出土三代玉器及相关问题》,《中原文物》2003年第5期,第31—38页。

④ 河南省文物研究所:《许昌县大路陈村发现商代墓》,《华夏考古》1988年第1期,第23页。

到二里岗时期。

至于杨庄牙璋,它被看作是早商器物的唯一理由就是此地分布有大量的二里岗期商文化遗存,这显然是不能令人信服的。据有关统计,在郑州商城所有出土的213件玉器中,明确为牙璋者仅杨庄这一件;① 即便从整个商系墓葬随葬玉器情况来看,也没有见到其他随葬牙璋的例证。② 这些现象无不说明牙璋这类器物在二里岗期商文化阶段即已急剧式微,换言之,即便大路陈村牙璋和杨庄牙璋确实出土于二里岗期的遗迹单位之中,但从它们的形制特征上看,实际上都是二里头文化三、四期的作品。

三、山东地区的牙璋

据统计,山东地区目前共有四处遗址出土过8件牙璋,③这里综合相关资料罗列分析如下。

1. 临沂大范庄牙璋

大范庄遗址位于临沂市东20公里处,自1973年发现以来,进行过多次考古调查以及两次小规模发掘。据调查报告,在大范庄遗址先后出土过两件牙璋,其中LD2:10牙璋为灰绿色玉,通长30.2—32.9厘米(图4-4:1);LD2:11牙璋则为灰白色玉,"表面抛光已黯然无光,质松且轻,似经高温长时间烧烤所致",通长26.6—27.3厘米(图4-4:2)。④

---

① 宋爱平:《郑州商城出土商代玉器试析》,《中原文物》2004年第5期,第46—58页。该文将郑州商城东城墙探沟CET8出土的一件带斜刃的残玉器也归入牙璋,但该器的一侧有穿孔,与牙璋在内部穿孔的做法迥异,因此不会是牙璋。

② 郜向平:《商系墓葬研究》,北京:科学出版社,2011年,第221—235页。

③ 栾丰实:《二里头遗址出土玉礼器中的东方因素》,韩国河、张松林主编:《中原地区文明化进程学术研讨会文集》,北京:科学出版社,2006年,第283—298页。

④ 冯沂:《山东临沂市大范庄遗址调查》,《华夏考古》2004年第1期,第3—15页。

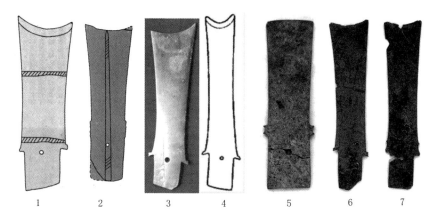

图 4-4 山东地区出土的牙璋

1、2. 临沂大范庄 LD2:10、11；3. 海阳司马台遗址出土牙璋；4. 五莲上万家沟北岭出土牙璋；5、6、7. 沂南罗圈峪 YL:10、11、12

由于这两件牙璋都是 1977 年冬农民平整土地时发现的,①缺乏明确层位关系,所以调查报告没有给出准确的年代,而只是依据其他研究者的意见,推测 LD2:10 牙璋应是"目前我国出土的牙璋中年代最早的一件",以后又有学者更进一步把两器的年代确定为"大汶口文化末期至龙山文化前期"。② 但据调查报告,在大范庄遗址不仅可以"采集到大量的大汶口文化、龙山文化和岳石文化遗物",而且"遗址表面耕土中可采集到商周至汉代文化遗物",因此,无论是把 LD2:10 牙璋视为"我国出土的牙璋中年代最早的一件",还是把这两件牙璋判断为大汶口文化或龙山文化早期的遗物,其实都缺乏确凿的地层证据。

2. 海阳司马台牙璋

海阳司马台遗址是一处以龙山文化和岳石文化遗存为主的遗址,1979 年 12 月当地村民在农田改造过程中发现一件牙璋,最初登记为

---

① 原调查简报只注明两件牙璋为采集品,但未说明具体出土时间和发现情况,前引王永波《耙形端刃器的分类与分期》一文指出两器为 1977 年冬农民平整土地时发现。

② 栾丰实:《二里头遗址出土玉礼器中的东方因素》,第 283—298 页。

"墨玉戈",以后在调查简报中又改称为"玉钺";①另据介绍,与牙璋同出的器物还包括玉璇玑1、凸缘玉环1以及陶罐1件。② 从形制上看,这件所谓的"墨玉戈"或"玉钺"是一件典型的牙璋,器呈墨绿色,制作精致,一面保留有切割的痕迹,通长27.5厘米(图4-4:3)。

原调查简报没有明确说明这件牙璋的年代,而只是将它笼统归入到龙山时代遗物当中。而根据调查简报所披露的内容来看,司马台遗址不仅有龙山时代的遗存,同时还发现有岳石文化的堆积,此后的试掘工作更证明这里是一处包含有大汶口、龙山、岳石以及东周等不同时期遗存的遗址,③因此无法遽断这件牙璋就一定出于某个龙山时代的遗迹单位。

3. 五莲上万家沟北岭④

1986年村民在开山造田时发现牙璋一件,器呈灰褐色,通长33.5厘米(图4-4:4)。因为没有发现伴出器物,研究者只是依据在发现地点方圆数公里范围内分布有龙山时代的遗址而把该器定为龙山时代遗物,论据显然是不够充分的。

4. 沂南罗圈峪村⑤

1988年7月沂南县罗圈峪村民炸山建房时发现一组玉石器共16件,包括牙璋4、锛8、镯1、矛1、铲1以及凿1件。据村民描述,这批玉石器放置在一个宽约20厘米、深约50厘米的山石裂缝中,除玉石器外,无其他伴出器物。

4件牙璋中,3件完整而另一件仅存内部。其中YL:10青黄色,长

---

① 王洪明:《山东省海阳县史前遗址调查》,《考古》1985年第12期,第1061—1062页。
② 关于这件牙璋出土的具体情况可参看王永波《耜形端刃器的分类与分期》一文。
③ 烟台市文管会、海阳县博物馆:《山东海阳司马台遗址清理简报》,《海岱考古》第1辑,济南:山东大学出版社,1989年,第250—253页。
④ 王永波:《关于刀形端刃器的几个问题》,《"故宫"文物月刊》(台北)1994年总第135期。
⑤ 于秋伟、赵文俊:《山东沂南县发现一组玉、石器》,《考古》1998年第3期,第90—92页。

24.8厘米;YL:11 为深褐色,长 25.8 厘米;YL:12 亦为深褐色,长 30.8 厘米;YL:14 青黄色,仅残存 5.5 厘米(图 4-4:5、6、7)。由于牙璋出土地点附近没有发现其他遗迹现象,原报告根据牙璋的形制推断为龙山时代遗物,并推测这批玉石器当出于一座祭祀坑。

综上,山东地区目前发现的 8 件牙璋具有两个显著特征:首先,这 8 件器物无一例外都是采集品,缺乏明确的出土层位关系,以往研究者只是依据当地多见龙山时代遗存而把这些器物视为龙山时代甚至是大汶口文化晚期的遗物,并进而把山东地区论定为牙璋的发源地,这无疑是缺乏说服力的;但另一方面,从形制上看,上述 8 件器物都是单阑型牙璋,参照中原地区牙璋的演变规律,它们确实都是时代较早的牙璋,准确地讲,这些牙璋的制作年代应在龙山晚期到二里头文化一、二期之间。

四、陕北地区的牙璋

陕北地区牙璋集中见于神木石峁遗址。该遗址位于陕西省榆林市神木县高家堡镇洞川沟附近的山梁上,1976 年戴应新先生发现并调查了石峁遗址,征集到一批极具特色的陶器和 126 件玉器,而最为引人注目的就是其中的 28 件牙璋。[1] 随着这批资料的集中刊布,[2] 石峁牙璋成为牙璋研究的焦点,不少学者对这批牙璋的埋藏性质、年代及来源等问题进行过有益的探讨。[3]

---

[1] 戴应新:《陕西神木县石峁龙山文化遗址调查》,《考古》1977 年第 3 期,第 154—157 页。

[2] 戴应新:《神木石峁龙山文化玉器探索(一至五及"完结篇")》,《"故宫"文物月刊》(台北)1993 年总第 125—130 期。据戴应新先生统计,各有关学术机构收藏的出自石峁遗址的牙璋至少有 35 件,他本人所征集的 28 件均藏陕西历史博物馆。

[3] 王炜林、孙周勇:《石峁玉器的年代及相关问题》,《考古与文物》2011 年第 4 期,第 40—49 页。

虽然石峁牙璋数量众多,但都是采集品,所以年代不易判定。所幸的是,戴应新先生早年在征集这批玉器时,就向相关当事人咨询过牙璋等器物的出土情况,获知石峁玉器多出于当地的石棺墓中。1981年,陕西半坡博物馆对石峁遗址进行了试掘,清理了四座石棺墓,虽然其中没有发现牙璋,但根据随葬陶器特征首次将该遗址中石棺墓遗存的年代判定为大口文化二期,这也就为石峁牙璋的年代判断提供了重要依据。①

随着出土资料的不断丰富,近年又有学者对石峁遗址出土陶器进行了更为系统的研究,指出该遗址存在两组时代略有早晚的文化遗物。早段以石峁H1组为代表,包括单把鬲、敛口盉、敛口斝、双鋬鬲、折肩罐、双耳罐、单耳罐等,属于龙山晚期;晚段以1981年发掘的石棺墓M2为代表,包括三足瓮、盆形斝、折腹尊等,时代当晚于龙山晚期,其绝对年代已进入夏纪年范围。②

从形制上看,戴应新先生所公布的28件牙璋大致包括两类:第一类是典型的单阑式牙璋,包括编号为SSY:1、2、3、4、5、6、7、8、9、10、11、12、13、14、19、20、21、23、24、25、26、27、28的23件器物(图4-5:1、2);③第二类则包括SSY:15、16、17、18、22等5件器物,它们的共同点是阑部及阑部以上有数个对称的钮牙(图4-5:3-6)。

---

① 西安半坡博物馆:《陕西神木石峁遗址调查试掘简报》,《史前研究》1983年第2期,第92—100页。

② 张宏彦、孙周勇:《石峁遗存试析》,《考古与文物》2002年第1期,第56—61页;王炜林、孙周勇:《石峁玉器的年代及相关问题》,《考古与文物》2011年第4期,第40—49页。

③ 戴应新先生《神木石峁龙山文化玉器探索(二)》一文称石峁遗址共征集到28件牙璋,但该文实际介绍的器物仅27件,缺少编号为SSY:28这件器物。但同时,该文49页在介绍编号为SSY:23-25这3件器物时,却又公布了4件器物图(图四一、四二、四三和四四),而且原文文字部分在介绍完第二十二号牙璋后直接跳到第二十四号,中间缺第二十三号牙璋,由此推测图四四的这件器物就是第二十三号牙璋,也即编号为SSY:28的这件器物。

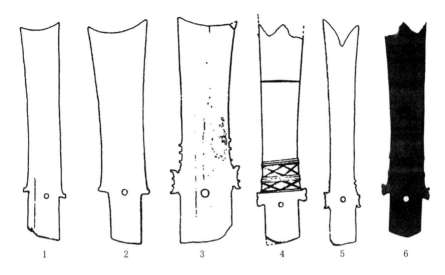

图4-5　神木石峁遗址出土牙璋
1. SSY:6; 2. SSY:7; 3. SSY:15; 4. SSY:16; 5. SSY:17; 6. SSY:18

很显然,石峁遗址出土的单阑式牙璋与中原及山东地区所见的同类器物形制基本接近,那么它们的年代也应大致相当,即在龙山晚期至二里头文化一期之间,这与上述学者所论石峁遗存的年代正相吻合。

至于石峁遗址的其他5件牙璋,它们形制上既有共同点,但每件器物又各有特色,如SSY:17前端未磨刃,并呈深V字形,而非一般牙璋所见的凹弧刃,戴应新先生已经指出这种风格的牙璋在三星堆祭祀坑颇为多见;而SSY:16这件牙璋阑部上方阴刻有三组阴线纹和交叉线纹,其风格与大路陈村牙璋颇为接近。但从总体上看,这类阑部有对称牙饰的牙璋应该是从单阑式牙璋向两阑式牙璋的过渡型式,因此它们的流行年代应当在两者之间,也即二里头文化一期这一阶段。

五、成都平原的牙璋

自20世纪20年代以来,成都平原三星堆一带就屡有玉器出土;①其中最重要且经过科学发掘出土的牙璋主要见于三星堆祭祀坑②以及成都金沙遗址。③

1. 三星堆一号祭祀坑的牙璋

据原发掘报告,三星堆一号祭祀坑共出土牙璋40件,但其中既有明显不属于牙璋类器物的,如标本K1:81和97两器,原报告定为A型璋,但形制与平常意义上的牙璋迥异,而应属于玉刀类器物;反之,也有一些改制或残缺的牙璋被归入到其他器类当中,如标本K1:78就是一件凹弧刃端残缺的牙璋,原报告将其定名为"玉斤"。④

原报告还对40件牙璋进行了详细的型式划分,以至于每一件牙璋就代表了一种型式,但这种缺乏层位关系的纯粹形制比较既无说服力,也流于琐碎。事实上,牙璋某些造型细节上的差别是由于受到玉料形状的限制、器形改制或仿制以及器物制作未完工等多方面因素的影响,而未必都是时代差别所导致,因此我们将三星堆一号祭祀坑的牙璋重作分析,并划为以下三类:

第一类:器体形制与中原地区所见的典型牙璋类似,上部有凹弧刃,中部有两阑,下部是长方形内,整个器体呈倒梯形,即从内部向上逐渐加宽,前端的凹弧刃成为全器最宽处。这类牙璋以K1:23、K1:01两器最为典型,另外K1:170前锋残缺,阑部两侧外突,但尚未雕琢出牙

---

① 相关发现可参看陈显丹:《三星堆出土玉石器研究综述》,《四川文物》2007年第2期,第59—63页。

② 四川省文物考古研究所:《三星堆祭祀坑》,北京:文物出版社,1999年。

③ 成都市文物考古研究所、北京大学考古文博院:《金沙淘珍》,北京:文物出版社,2002年;成都文物考古研究所:《金沙玉器》,北京:科学出版社,2006年。

④ 四川省文物考古研究所:《三星堆祭祀坑》,第101页。

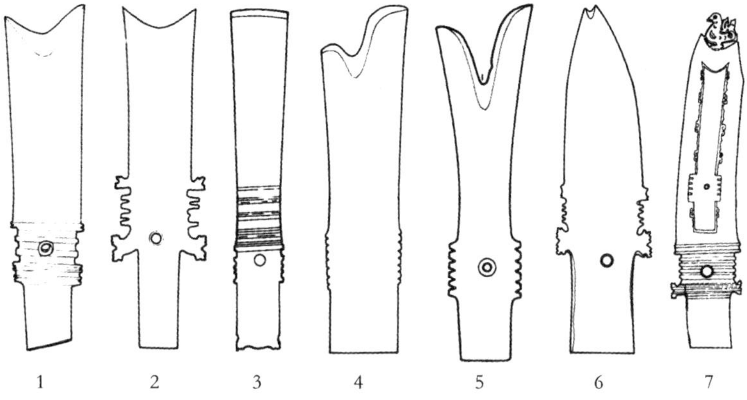

图 4-6 三星堆一号祭祀坑出土牙璋
1. K1:23; 2. K1:01; 3. K1:170; 4. K1:02; 5. K1:275; 6. K1:011; 7. K1:235-5

饰，应是一件没有完工的器物；原报告定名为"玉斤"的 K1:78，前端残缺后又改制，但总体特征仍属于这类牙璋。故第一类牙璋共 4 件（图 4-6:1、2、3）。

第二类：器形特征与神木石峁 SSY:17 接近，即阑部有对称的牙饰，前端不磨刃，但深凹呈 V 字形，属于这类的牙璋仅 K1:02、K1:275 两器（图 4-6:4、5）。

第三类：戈形牙璋，即把大型玉戈的三角状前锋加以改制，形成一个开口略小的凹弧刃或雕琢成一个卧鸟形饰，同时将戈的援本部加以改制，琢出两阑和牙饰。由于这类牙璋都是利用玉戈改制而成的，所以此类器物与第一类牙璋最明显的差别就在于器体的最宽处在阑部，而前端凹弧刃则成为全器的最窄处。此外，尽管这些戈形牙璋的两阑间大多琢出对称的牙饰，但这些牙饰均钝宽，与中原地区两阑式牙璋上锐利的牙饰风格迥异，表明这些戈形牙璋是对后者的模仿，但在制作工艺上已然衰退。①

---

① 邓淑苹先生在描述三星堆祭祀坑出土的这类牙璋造形时使用了"呆滞"一词，传神地概括出这些仿制牙璋在工艺上的衰退，参看氏著：《"华西系统玉器"观点形成与研究展望》，《"故宫"学术季刊》（台北）2007 年第 25 期。

属于这类的器物主要包括原报告所划分的 D 型和 E 型玉璋,具体有:K1:151、K1:155、K1:05、K1:153、K1:272、K1:011、K1:146、K1:84、K1:96、K1:144-1、K1:010、K1:168、K1:235-3、K1:97-7、K1:75、K1:86、K1:04、K1:263-8、K1:231、K1:03、K1:29、K1:97-1、K1:213-214、K1:166-2、K1:06、K1:218、K1:94、K1:235-5、K1:161、K1:95、K1:210、K1:223、K1:87、K1:90 等 34 件(图 4-6:6、7);此外,原报告归入玉石戈类的几件器物,如 K1:353、K1:23-1、K1:155-1、K1:222 等,或是在前锋琢出凹弧刃,或是在援本部琢出两阑和牙饰,也应归入到这一类型当中。因此,三星堆一号祭祀坑出土的戈形牙璋共计 38 件。

综上,三星堆一号祭祀坑共出土三类牙璋 44 件。

2. 三星堆二号祭祀坑的牙璋

据原发掘报告,三星堆二号祭祀坑共出土牙璋 17 件,但原报告所定的 4 件 A 型玉璋在形制上与我们通常所说的牙璋差别甚大,暂不纳入讨论的范围。至于其余 13 件牙璋,如果抛开一些细小的差别,则都可以归入上文划定的三星堆一号坑的第二类牙璋,即阑部有牙饰,前端呈深 V 字造型。这些器物之间的最大差别主要表现在阑部,或有二里头牙璋所见的典型两阑,如 K2③:167 和 K2③:202-4(图 4-7:1),或有卷云纹状镂空的阑部,如 K2③:165(图 4-7:2)、202-2、324、314-2 以及 320 等 5 器,或在阑部两侧刻出凹槽而未及进一步雕琢出牙饰,如 K2③:174、322-7、321 等数器(图 4-7:3)。

3. 金沙遗址出土的牙璋

金沙遗址出土玉器总数超过 900 件,在已公布的材料中共有牙璋 5 件,分别是 2001CQJC:6、71、955、136 和 141(图 4-8:1-5);此外,2001CQJC:479、480、1173、628、645 等器,尽管在造型上类似于牙璋,但器长都在 5 厘米左右,显然不是典型的实用性牙璋(图 4-8:6)。

上述 5 件牙璋可分为两类,其中前 4 器在风格上近于中原地区典型的两阑式牙璋,如《金沙淘珍》曾将这类器物称为"玉双阑斧形器",

礼失求诸野——试论"牙璋"的源流与名称　423

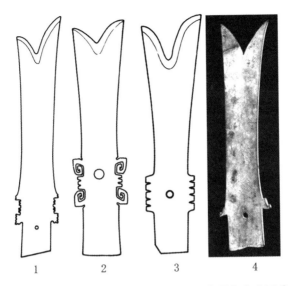

图4-7　三星堆二号祭祀坑和荆州汪家屋台出土牙璋
1. K2③:202-4；2. K2③:165；3. K2③:174；4.汪家屋台牙璋

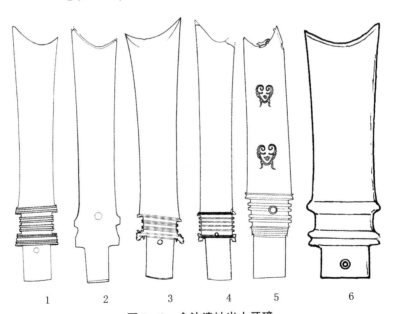

图4-8　金沙遗址出土牙璋
1. 2001CQJC:6；2. 2001CQJC:71；3. 2001CQJC:955；
4. 2001CQJC:136；5. 2001CQJC:141；6. 2001CQJC:479

虽然不称作牙璋,但也肯定了它们的两阑造型;后者的前端虽然残缺,但仍可以看出属于三星堆一号祭祀坑的戈形牙璋,所以原报告称之为"玉双阑鸟锋戈形器"。

由此可见,三星堆两座祭祀坑和金沙遗址出土牙璋不仅数量多,而且在形制上的差别是很显著的,暗示它们的来源和时代颇有不同。三星堆祭祀坑的发掘者认为"这批成组的玉璋不是同一时期做成,而是在使用过程中逐年增添的",这无疑是正确的,但它们的演变规律未必就是"形制短小、两侧齿饰简单的玉璋年代可能稍早;而形制宽长、齿饰复杂的玉璋,年代可能稍晚"。①

总结上文的相关分析可知,三星堆祭祀坑和金沙遗址出土的牙璋共有三类:第一类是两阑式牙璋,数量较少,主要见于三星堆一号祭祀坑和金沙遗址中,此外20世纪30年代从广汉中兴乡盗掘出的数件也可归入此类;②第二类是前端呈深V字形的牙璋,集中见于三星堆二号祭祀坑,一号祭祀坑也有少量出土;第三类是戈形牙璋,数量最多,尤其集中在三星堆一号祭祀坑,金沙遗址也有少量出土。要确定这三类器物的年代序列,关键是要确定它们各自的来源。

上述第一、三类牙璋的来源比较容易确定。其中第一类牙璋在中原、山东以及陕北地区都很常见,而在成都平原出土牙璋中却仅占很小的比例,这无疑说明此类器物是一种外来因素,当然,其中某些器物如金沙2001CQJC:6、71、136等器的阑部牙饰或失于呆滞,或是呈未完工的状态,表明此种两阑式牙璋在传入成都平原之后当地居民又曾经仿制,故而在风格上与中原所见者又有所区别;反之,上述第三类牙璋不但仅见于成都平原,而且出土数量众多,这正揭示它应是在当地制作的器类。而第二类牙璋的情况相对复杂,一方面,三星堆两座祭祀坑出土

---

① 四川省文物考古研究所:《三星堆祭祀坑》,第354—358页。
② 邓淑苹:《"牙璋"研究》,《南中国及邻近地区古文化研究——庆祝郑德坤教授从事学术活动六十周年论文集》,第37—50页。

多件这类牙璋,说明它在当地曾经相当流行;另一方面,除三星堆和陕西神木石峁(图4-5:5)之外,湖北荆州汪家屋台也出土过一件(图4-7:4),①表明该类牙璋的分布范围相当广泛,而且石峁和汪家屋台所出两器在形制上又表现出早于三星堆诸器的特征,故而对于这类牙璋的发源地暂且存疑,以待新的出土资料。

据此可以推断上述三类牙璋的制作年代了。第一类牙璋的年代最为明了,据前文中的相关讨论,可知它们的年代上限是二里头文化二期,下限则不应晚于二里头四期。第二类牙璋的年代则可参照神木石峁和荆州汪家屋台遗址出土的同类器,后两器都呈现出单阑式向两阑式牙璋过渡的特征,所以最有可能是二里头文化一期阶段的器物,②但三星堆祭祀坑出土的这类牙璋均有典型的两阑风格,所以它们的年代上限当不早于二里头文化二期,同时考虑到它们阑部形制多变,说明此类牙璋曾经长时期盛行于三星堆文化,因此它们的年代下限或可放宽到二里头文化四期。至于数量最多的第三类牙璋,很明显它们都是由典型的商式玉戈改制而成的,所以它们的制作年代不会早过二里岗下层阶段,又鉴于这类器物均出土于三星堆一号祭祀坑,而"一号祭祀坑器物埋藏的下限不会晚于殷墟二期,上限不会早于殷墟一期,应在殷墟一期之末与殷墟二期之间",③那么这类戈形牙璋的制作年代应在早商至殷墟一期之间。

六、礼失求诸野——牙璋的源流与名称

关于牙璋的起源,学术界曾经提出多种意见,既有学者认为是东夷

---

① 院文清:《石家河文化玉器赏析(下)》,《收藏家》2010年第8期,第73页。
② 院文清:《石家河文化玉器赏析(上)》一文仅说1997年春季在汪家屋台"发现一处石家河文化时期的遗址,从该遗址出土有两件玉牙璋"(《收藏家》2010年第7期,第52页),但缺乏对牙璋出土地层单位的详细报道,但从行文上看,很有可能是采集的器物。
③ 四川省文物考古研究所:《三星堆祭祀坑》,第429页。

集团的礼器,①也有学者认为出于华西集团,②还有人以为是二里头遗址在继承海岱地区东夷的牙璋传统之后,成为这类器物"扩散的起点或者中介点"。③ 我们认为,要确定牙璋的源流,既要明确各地出土牙璋的年代序列,也要分析各地区内牙璋的出土状况以及当时的社会背景,把牙璋这种礼仪色彩浓厚的器物放入具体的时空背景下加以考察。

这里依据上文的有关分析,把各有关遗址出土牙璋的制作年代(非出土单位的年代)排定如下:

属于龙山晚期至二里头文化一期之间的牙璋有:中原地区的花地嘴T17H40:1、下王岗T23②A:29和东龙山M83:1,山东地区大范庄、司马台、上万家沟北岭和罗圈峪等4处遗址所采集的8件牙璋以及神木石峁28件单阑式牙璋。

属于二里头文化二期至四期的牙璋有:二里头遗址80YLVM3:4、80YLVM3:5、73YLIIIKM6:8以及75YLVIIKM7:5等4件发掘出土的牙璋,郑州杨庄、新郑望京楼以及许昌大路陈村采集的3件牙璋,三星堆一号祭祀坑4件两阑式牙璋、2件深V字形牙璋,三星堆二号祭祀坑13件两阑式牙璋以及金沙遗址出土的4件两阑式牙璋。

属于二里岗早商阶段至殷墟一期的牙璋则有三星堆一号祭祀坑出土的38件戈形牙璋,金沙遗址出土的2001CQJC:141牙璋也属于此类。

因此,单从年代上讲,中原地区、山东地区和陕北神木一带皆有可能是牙璋的发源地,但如果进一步分析,则牙璋的起源只能是中原地区而非山东和陕北,这是因为:

第一,在中原地区牙璋的使用是持续的。所谓持续,是指在该地区

---

① 王永波:《耝形端刃器的分类与分期》,《考古学报》1996年第1期,第50—56页。

② 邓淑苹:《"牙璋"研究》,《南中国及邻近地区古文化研究——庆祝郑德坤教授从事学术活动六十周年论文集》,第37—50页。

③ 许宏:《最早的中国》,北京:科学出版社,2009年,第220页。

至少从新砦期以降直到二里头文化四期，牙璋都是作为一种重要的礼仪用器而频繁使用；反之，在山东和陕北地区出土的牙璋都带有早期风格，不见二里头文化二期以后的器类，说明牙璋在此两个区域内仅短暂使用。

第二，在中原地区牙璋的使用是普遍的。所谓普遍，是指花地嘴、东龙山以及二里头遗址的6件牙璋均出土于墓葬之中，说明牙璋是当时贵族阶层所普遍拥有的礼器，尤其是考虑到上述几座墓葬的规模均不大，墓主充其量是当时的中下层贵族，那么不难推测同时期高等级贵族所拥有的牙璋无论在品质和数量上都要更为惊人。反观山东地区所见的8件牙璋，虽然制作年代较早，但无一例外都是采集品，尤其是迄今为止在山东龙山文化和岳石文化的墓葬中还没有发现一例以牙璋随葬的现象，表明牙璋在该地区的普遍性远不如中原地区，应属于一种偶见现象。至于神木石峁牙璋，虽然数量颇不少，但是否出于当地的石棺墓中还有待于证实，而且使用时代又过于集中在龙山晚期至二里头文化一期这一短暂时段，在持续性和普遍性上都不如中原地区。①

第三，无论学者对牙璋这类器物如何定名，但都承认它是一种相当重要的礼仪用器。从龙山晚期至二里头文化四期这个漫长阶段，牙璋的分布范围东起山东，北到陕北，西到四川，南达长江沿岸，一种礼器如此广泛传播的背后必有一种强大的文明作为支撑，具体到这一历史阶段，具备此种力量的文明只能是中原地区的夏文明。特别是近年来有

---

① 假使石峁牙璋确是石棺墓的随葬器物，以其数量之多，则它在石峁石棺墓中的分布应该是很普遍的，但1981年半坡博物馆发掘的4座石棺墓却无一出土牙璋；此外，近年来石峁遗址屡遭盗掘，大量石峁玉器流散到私人藏家手中，主要器类有牙璧、三联璧以及钺等，牙璋十分少见，这似也说明牙璋不是石棺墓中的随葬之物；再者，从神木新华遗址玉器坑的发现来看，当地在龙山晚期和夏代已有集中埋葬玉器的习俗（最有可能是出于祭祀之目的）。综合上述迹象，笔者推测石峁牙璋极有可能是集中出土于类似新华玉器坑的一类遗存之中。另据陕西考古研究院孙周勇先生告知，有线索表明某些石峁玉器出自石峁城址的城墙之中，个中涵义很耐人寻味。

越来越多的学者主张早期夏文化应该到河南龙山文化晚期中去寻找，如李伯谦先生即明确指出"以登封王城岗遗址大城为代表的河南龙山文化晚期遗存、以新密新砦遗址二期为代表的新砦期遗存、以偃师二里头遗址为代表的二里头文化代表了二里头文化的早、中、晚期的发展轨迹，王城岗大城可能是史籍中'禹都阳城'的阳城，新砦期遗存可能是'后羿代夏'时期的夏文化，二里头文化则可能是'少康中兴'以后直至夏桀灭国时期的夏文化"，①这也就是说，牙璋的流行时代正与夏文化的三个发展阶段相始终，这正揭示出牙璋应是夏王朝的核心礼器。

至此，我们可以来探讨牙璋这种器物的原有名称究竟是什么了。牙璋一名最早是吴大澂在《古玉图考》中所提出的，吴氏说：

> 此《周礼·典瑞》《考工记·玉人》所谓牙璋也。牙璋，以起军旅，以治兵守，故与戈戌之制略同，首似刀而两旁无刃，世俗以为玉刀，误矣。主璋左右皆正直，此独有旁出之牙，故曰牙璋。郑司农云，"牙璋，琢以为牙。牙齿，兵象，故以牙璋发兵，若今时以铜虎符发兵"。后郑云，"牙璋亦王使之瑞节。兵守，用兵所守，若齐人戍遂，诸侯戍周"。又《玉人》"牙璋中璋"注云，"二璋皆有钼牙之饰于琰侧"。今得是器，可以证康成钼牙之说。②

很显然，吴大澂的牙璋说其实是受汉代经学大师郑众和郑玄的影响，这里面存在着种种不确定性，比如说何以证明《周礼》中的牙璋是真实存在而非经学家向壁虚构的器物？何以证明牙璋的使用可以上溯到夏代？何以证明牙璋就是以牙为饰？所以，仅仅因为某类玉器两侧有牙状突起便称之为"牙璋"，就未免失之主观了。更何况如学者所指出的，"事实上吴大澂《古玉图考》中所录的这件，有可能是件晚期的仿古货，它的本体两侧缘的弧度，与柄部的大小比例，及突牙的造形，都显得

---

① 李伯谦：《文明探源与三代考古论集》前言，北京：文物出版社，2011年，第2页。
② 吴大澂：《古玉图考》，《古玉考释鉴赏丛编》，北京：书目文献出版社，1992年。标点则为引者所加。

有些笨拙，与常制不合"。①

那么，这类被称作"牙璋"的器物究竟为何物？在论定此类器物是夏代核心礼器之后，那么它的真实名称其实也就昭然若揭了，它事实上就是《尚书·禹贡》中所说的"玄圭"。《禹贡》在叙述大禹治水成功，划定九州之后说：

> 东渐于海，西被于流沙，朔南暨，声教讫于四海。禹锡玄圭，告厥成功。

顾颉刚、刘起釪两先生将这段话校译为：

> 我们的大地东边浸在大海中，西边覆盖在辽远的沙漠下，北方和南方以能达到的地境为地境，华夏的声威教化达到四海的尽头。于是上帝赏赐给禹一个玄圭，用以向普天之下宣布他的大功告成。②

《尚书·禹贡》之外，《史记·秦本纪》在叙述秦人祖先功绩时也有天帝赐大禹以玄圭的记载：

> 秦之先，帝颛顼之苗裔孙，曰女修。女修织，玄鸟陨卵，女修吞之，生子大业。大业取少典之子曰女华。女华生大费，与禹平水土，已成，帝锡玄圭。

除上引资料之外，另有两条文献也值得注意：其一，《初学记》引《尚书·璇玑钤》谓禹授启以玄圭，圭上有"延喜之王受德，天赐之佩"的刻文；其二，古本《竹书纪年》记载"后荒即位，元年，以玄圭宾于河，命九东狩于海，获大鸟"。

上引几条材料或失于无征，或失于荒诞，但无疑都是扎根于"禹赐玄圭"这一传说，而正如王国维先生所言，"传说之中亦往往有史实为

---

① 邓淑苹：《也谈华西系统的玉器（二）》，《"故宫"文物月刊》（台北）1993年总第126期。
② 顾颉刚、刘起釪：《尚书校释译论》第二册，北京：中华书局，2005年，第831页。

之素地",①具体到这里,其中所包含的史实素地应当就是玄圭为大禹平治九州,四海会同,膺受天命的象征物,它并发展成为夏代的核心礼器,是夏王朝政权的象征物。

检视龙山晚期至二里头时期的出土玉器,无论在流行时代、分布地域、器形体量以及制作工艺等各个方面,"牙璋"都是最为突出的,其他器类都无法与它相提并论,而这与"玄圭"在夏王朝礼仪生活中的尊崇地位正相吻合。尤须强调的是,这一时期的牙璋多采用一种特殊的玉料制作,有学者形象地描述到,"它们的质地常是不透明且不均匀的灰褐、灰绿色,甚至带有灰蓝色调的某种矿物,若仔细检视,会发现不均匀的颜色常呈不规则的大小团块,有的还分布深深浅浅、波浪般起伏的平行色带。而这种矿物有时深得近乎黑色,但若观察磨薄之处,还是看得出团块或波浪纹理",②很显然,这种深灰色系,甚至"深得近乎黑色"的色泽,正合于"玄圭"之"玄"。

既然所谓的"牙璋"实际上是夏王朝的核心礼器玄圭,而礼器的传播背后又必然蕴含有深刻的历史背景,那么究竟是什么原因使得玄圭集中见于山东、陕北和成都平原三个地区?进一步讲,上述三个地区所见的玄圭是单纯"物"的转移,还是"礼"的传播?这些无疑都是需要加以深入探讨的问题,以下试作分析。

1. 玄圭在山东地区的传播

自傅斯年先生作《夷夏东西说》这一名篇以来,夷夏之间的密切关系即成为学界共识,这同时也为近一个世纪以来的考古工作所证实。如有研究表明,"在仰韶时代,以泰山为中心的海岱地区和以嵩山为中心的中原地区东部,地域毗邻,两个区域之间没有高山大川的阻

---

① 王国维:《古史新证——王国维最后的讲义》,北京:清华大学出版社,1994年,第1页。
② 邓淑苹:《"华西系统玉器"观点形成与研究展望》,《"故宫"学术季刊》(台北)2007年第25期。

隔。……自始至终存在着文化上的往来与交流"。① 此后,在"与二里头文化并行的山东龙山文化晚期遗存中",也同样"发现一些具有明显二里头文化特征的陶器",而到了岳石文化阶段,二里头文化对东方的影响持续增加,"二里头文化陶器直接传播到岳石文化,表现为在岳石文化遗存中能够发现二里头化陶器。这类陶器发现的种类和数量较多,例如,蘑菇钮器盖、扁、绳纹折肩罐、深腹盆、豆、器盖、爵、大口尊、深腹盆、鸡冠耳罐、箍状堆纹缸、花边深腹罐等器类"。②

严格上讲,尽管从陶器上可以看出夏时期中原与山东地区有密切的文化交流,但仍不足以说明为什么玄圭这种具有鲜明夏文化特色的礼器会被同时期海岱地区的居民所接受,因此还需从当时的夷夏关系上作进一步的阐释。

从文献记载来看,夏代的夷夏关系大致可以分为三个阶段:

第一阶段,从禹到太康,夏人居于完全统治地位,夷人臣服于夏,因此在《尚书·禹贡》中今山东及邻近地区被夏人视为兖州、青州和徐州。《左传》哀公七年所谓"禹合诸侯于涂山,执玉帛者万国"以及《国语·鲁语下》所载"昔禹致群神于会稽之山,防风氏后至,禹杀而戮之"都折射出夏王朝建立后天下臣服的史实。

第二阶段,从太康失国到少康中兴,夏王朝对东夷的控制急剧衰减。这一阶段先是因为"禹孙太康淫放失国,夏人立其弟仲康",但"仲康亦微弱",于是就发生了"仲康卒,子相立,羿遂代相,号曰有穷"这一重大事件。③ 虽然在"后羿代夏"期间夷人占了上风,先是后羿"因夏民以代夏政",后有寒浞"灭斟灌及斟寻氏",④但也应该看到在夏后相即

---

① 栾丰实:《试论仰韶时代东方与中原的关系》,《考古》1996 年第 4 期,第 45 页。
② 段天璟:《二里头文化时期的文化格局》,吉林大学考古系博士学位论文,2005 年,第 199 页。
③ 《左传》襄公四年杜预注。
④ 《左传》襄公四年。

位之初,夏王朝也依然有能力对东夷屡加征伐。①

第三阶段,少康中兴至夏桀亡国,夏人又重新主导了夷夏关系,如古本《竹书纪年》记"少康即位,方夷来宾";"柏杼子征于东海及三寿";后芬三年,"九夷来御";后荒元年,"以玄圭宾于河,命九东狩于海,获大鸟";②后泄二十一年,"命畎夷、白夷、赤夷、玄夷、风夷、阳夷";后发元年,"诸夷宾于王门","诸夷入舞"。

由此不难看出,有夏一代,虽然夷夏之间争端不断,但总体上讲夏居主导,而夷居于臣服的地位。而有意思的是,从考古材料上看,从仰韶时代晚期到二里岗下层商文化之初这一漫长历史阶段,"海岱地区对中原地区的文化影响,始终占据主导地位",但在"龙山时代末期一段时间内",却是"中原地区对东方的影响稍占优势"。③ 我们认为,其中所蕴含的史实也正是上文所分析的夷夏关系,至此我们也可以得出结论——诸夷宾服于有夏是夏文化核心礼器玄圭出现在山东地区的历史根源,是夷人接受"夏礼"的具体体现。

除此之外,山东地区出土的玄圭还可能与斟寻、斟灌、有仍和有鬲等与夏人关系密切的部族或方国有关。上述四国中,斟寻和斟灌是夏之同姓,虽然后人对斟寻、斟灌的具体地望有不同说法,但山东说无疑是很重要的意见,如《左传》襄公四年杜预注以及《史记·夏本纪》正义引《括地志》认为斟灌在今山东寿光一带;而《左传》襄公四年杜预注和《汉书·地理志》颜师古注也都把斟寻的地望考定在当时的北海郡平寿县,也即现在山东潍坊一带。有仍是与夏族互为婚姻的部族,夏后相之妃、少康之母后缗即为有仍氏女,据《史记·吴太伯世家》索隐等文

---

① 如古本《竹书纪年》就记载夏后相"元年,征淮夷、畎夷","二年,征风夷及黄夷",而"七年,于夷来宾"。

② 王国维认为此条"九"字后夺一"夷"字,"命九东狩于海"当为"命九夷东狩于海"。说详范祥雍:《古本竹书纪年辑校订补》,上海:上海人民出版社,1962年,第13页。而即便不是"命九夷",但既然能"东狩于海",同样可以证明当时夏人对山东地区的征服。

③ 栾丰实:《试论仰韶时代东方与中原的关系》,《考古》1996年第4期,第57页。

献,它的地望在今山东济宁。有鬲氏则是少康中兴的重要根据地,据《左传》襄公四年,"浞因羿室"之际,夏之遗臣靡逃奔有鬲氏,后来又"自有鬲氏,收二国之烬,以灭浞而立少康",杜预注称,"有鬲,国名。今平原鬲县",也就是现在的山东平原县。从后羿代夏期间这几个方国的具体表现来看,它们都是夏人坚定的盟友,特别是斟寻、斟灌这样的夏之同姓,接受夏礼,使用玄圭自在情理之中。

因此,无论山东地区目前所见的牙璋是出自当地臣服的夷人还是夏之与国,它都是以夏王朝的建立和夏文化的扩张为基础,是夏礼输入山东地区的实物证据。

2. 玄圭在陕北地区的传播

发掘资料和研究表明,在龙山晚期和夏代,在阴山以南,汾河上中游以西,包括内蒙古中南部、陕北、晋中、晋西北的广大地域内文化面貌相对统一,典型陶器有双鋬袋足鬲、敛口袋足甗、敛口和直口斝、敛口袋足盉、罐形盉、大口尊、折肩罐和空三足瓮等,流行凸字形半地穴式和用石块垒砌成围墙的房子。虽然学术界对于这类遗存有"石峁类型""朱开沟文化""大口二期文化"或"寨峁文化"等不同称呼,①但都承认这是一个相对独立的文化圈,该地区流行的双鋬鬲与黄河流域的单把手鬲形成了各具特色的两大传统。②

从居民上看,先秦时期河套及晋陕高原的居民是有别于中原华夏族的戎狄,秦汉以降这片区域为匈奴所占据。自司马迁《史记·匈奴列传》将匈奴的族源上溯到唐虞以上的"山戎、猃狁、荤粥",戎狄—匈奴一体化的观念逐渐形成,特别是王国维在《鬼方昆夷猃狁考》中认为:"我国古史

---

① 吕智荣:《陕晋北部及内蒙古中南部地区龙山时代晚期遗存》,《考古与文物》2002年第3期,第66—70页;张宏彦、孙周勇:《石峁遗存试析》,《考古与文物》2002年第1期,第55—61页;陕西省考古研究所、榆林市文物保护研究所:《神木新华》,北京:科学出版社,2005年,第267—274页。

② 杨建华、赵菊梅:《晋陕高原龙山晚期到商代文化格局的变化及其与中原文化的关系》,载吉林大学边疆考古中心等编:《中国边疆考古学术讨论会论文摘要》,2005年,第75—76页。

有一强梁之外族……见于商周间者曰鬼方、曰昆夷、曰獯鬻;其在宗周之季,则曰猃狁;入春秋后,则始谓之戎,继号曰狄;战国以降,又称之曰胡,曰匈奴。"①戎狄为匈奴远祖的观念更是深入人心。因此,至少从表面上看,华夏族核心礼器玄圭在今陕北地区的大量分布就显得难以理解。

要解决这一困惑,首先是要廓清戎狄—匈奴一体化的迷雾。尽管司马迁和王国维的说法影响很大,但从近代以来,中外学者如徐中舒、拉铁摩尔、江上波夫等人就不断指出此种观点之误,②而林沄先生则依据考古资料对这一问题进行了总结性阐述。③ 近年严文明先生在仔细分析了内蒙古中南部新石器时代至龙山时代的考古材料后也指出,尽管这一地区的史前文化具有鲜明的地域特征,但总体上还应该"划到广义的中原文化区",他并指出早在仰韶时代,"有不少庙底沟类型和泉护一期的农人沿黄河河谷北上,到河套的肥沃地带开发农田,建立居民点"。④ 无独有偶,最新的古人种学研究也支持上述看法,有研究表明"内蒙古中南部地区早在新石器时代就已经出现了'古华北类型'、'古中原类型'两类古代居民的混杂,其中'古华北类型'的居民应该是当地的土著居民,而'古中原类型'的居民应是在仰韶文化繁荣发达时期从中原地区迁徙来的,且这种迁徙现象在内蒙古中南部地区曾经反复地出现"。⑤ 因此,也有学者提出了先秦时期中国北方存在"中原的

---

① 王国维:《鬼方昆夷猃狁考》,《观堂集林》卷十三,北京:中华书局,1959 年,第 583—605 页。

② 相关论述可参看唐晓峰:《先秦时期晋陕北部的戎狄与古代北方的三元人文地理结构》,《地理研究》2003 年第 5 期,第 618—624 页。

③ 林沄:《关于中国的对匈奴族源的考古学研究》,《林沄学术文集》,北京:中国大百科全书出版社,1998 年,第 368—386 页。

④ 严文明:《内蒙古中南部原始文化的有关问题》,《内蒙古中南部原始文化研究文集》,北京:海洋出版社,1991 年,第 3—12 页。

⑤ 张全超、朱泓:《先秦时期内蒙古中南部地区居民的迁徙与融合》,《中央民族大学学报》(哲学社会科学版)2010 年第 3 期,第 87—91 页。

发达农业区、晋陕北部等地的戎狄活跃区以及北方草原地带"三大人文地理地带的观点。①

由此不难看出,从仰韶时代以降,陕北与中原地区之间不仅存在着密切的文化交流,甚至还有更为直接的居民迁徙。到了龙山时代和夏代,依然有考古学证据表明两地之间存在着文化交往,如"龙山后期,随着老虎山文化的扩张,对外影响骤然加强。首先,双鋬鬲向南依次进入临汾盆地、黄河沿岸以至于伊洛流域……对王湾三期文化、雪山二期文化、后岗二期文化以至于龙山文化后期等都产生了程度不同的影响",②而林沄先生则指出二里头遗址ⅢM2出土的柄部带镂空的环首刀以及VIK3出土的铜戚都是北方系青铜器;③反之,在朱开沟遗址第三段遗存中发现有与二里头文化二期相类似的豆、盆、矮领罐等陶器,④而"新华晚期M27出土的1件玉柄形器(M27:1),更具有夏代玉器的典型特征"。⑤

而新近在石峁遗址发现的龙山时代城址更有利于我们理解为什么玄圭在该遗址集中出土。据初步勘探,石峁城址的面积超过400万平方米,堪称同时期城址之最,同时联系到此处出土的大量玉器、涂朱陶器以及石雕等特殊遗物,不难推测在龙山时代晋陕高原曾经有一强大方国存在,而石峁遗址很有可能是其都邑所在,退一步讲,石峁至少也是这一时期晋陕高原地区的文化中心。⑥另据统计,在商代甲骨文中

---

① 唐晓峰:《先秦时期晋陕北部的戎狄与古代北方的三元人文地理结构》,《地理研究》2003年第5期,第621页。

② 韩建业:《中国北方地区新石器时代文化研究》,北京:文物出版社,2003年,第267页。

③ 林沄:《早期北方系青铜器的几个年代问题》,《林沄学术文集》,北京:中国大百科全书出版社,1998年,第289—295页。

④ 内蒙古自治区文物考古研究所、鄂尔多斯博物馆:《朱开沟——青铜时代早期遗址发掘报告》,北京:文物出版社,2000年,第28页。

⑤ 王炜林、孙周勇:《石峁玉器的年代及相关问题》,《考古与文物》2011年第4期,第47页。

⑥ 有关石峁城址的情况由陕西考古研究院孙周勇先生函告笔者。

共见方国157个,而居于殷人西部者居然多达60个,其中至少24个是散布在晋陕高原一带,这也反映出当时晋陕高原地区文化势力之强以及当地与中原交往之密切。①

虽然我们还无法确知以石峁遗址为中心的这一方国的具体称谓及其与中原夏王朝之间的互动关系,但由玄圭在此地的大量出土证明两者必有密切往来。这里尤其需要提到的是,《史记·匈奴列传》开宗明义就说"匈奴,其先祖夏后氏之苗裔也,曰淳维",所以有学者专门探讨过夏文化的北播与匈奴族的关系问题。② 而匈奴为夏人苗裔的观念颇为浓重,据《晋书·赫连勃勃载记》记载,公元5世纪铁弗匈奴首领赫连勃勃就"自以匈奴夏后氏之苗裔",在占据今陕北、宁夏以及内蒙古中南部的朔方地区之后,其所建立政权的即称"大夏"。上文已经提及,司马迁是把战国秦汉以降的匈奴与早期的戎狄视为一体的,认为他们的最早祖先可追溯到夏代,那么司马迁此段记载所暗含的历史资讯或许是晋陕高原夏时期的部分居民是中原华夏族的移民,换言之,石峁城址的建造者或来自华夏,或是早期徙居于此的华夏族的后裔,他们与中原文化本有千丝万缕的联系。如果这一推论不错的话,当中原夏王朝崛起,夏文化进入这一地区,当地居民使用或接受夏人的核心礼器玄圭就不再显得那样突兀了。

3. 玄圭在成都平原的传播

自司马迁在《史记·六国年表》中称"禹兴于西羌"以来,③ 蜀夏关

---

① 宋镇豪主编:《商代史论纲》,北京:中国社会科学出版社,2011年,第273—276页,表6-6"商代方国一览表"。

② 陈立柱:《夏文化北播及其与匈奴关系的初步考察》,《历史研究》1997年第4期,第17—34页。

③ 《史记·六国年表》:"夫作事者必于东南,收功实者常于西北。故禹兴于西羌,汤起于亳,周之王也以丰镐伐殷,秦之帝用雍州兴,汉之兴自蜀汉。"《史记集解》引皇甫谧曰:"孟子称禹生石纽,西夷人也。传曰:'禹生自西羌'是也。"《史记正义》则曰:"禹生于茂州汶川县,本冉駹国,皆西羌。"

系就引起了历代学者的关注,①特别是近年在重庆云阳县发现的东汉景云碑提到景云的先人伯况曾经"术禹石纽、汶川之会",②学者们普遍认为"禹兴于西羌"和"禹生石纽"一类记载应是渊源有自,至少可以上溯到先秦时期。③

"禹兴于西羌"和"禹生石纽"等说法之外,尚有颇多文献揭示古代巴蜀与夏王朝的密切关系,这尤以《华阳国志》最为典型,该书卷一《巴志》开宗明义地写道:

> 昔在唐尧,洪水滔天。鲧功无成,圣禹嗣兴,导江疏河,百川蠲修;封殖天下,因古九囿以置九州。仰禀参伐,俯壤华阳,黑水、江、汉为梁州。

又说:

> 华阳之壤,梁岷之域,是其一囿;囿中之国,则巴蜀矣。其分野:舆鬼、东井。其君,上世未闻。五帝以来,黄帝、高阳之支庶,世为侯伯。及禹治水命周,巴、蜀以属梁州。……禹会诸侯于会稽,执玉帛者万国,巴蜀往焉。

除此之外,古本《竹书纪年》中有关夏桀伐岷山的记载也值得注意,其文曰:

> 后桀伐岷山,岷山女于桀二人,曰琬、曰琰。桀受二女,无子,刻其名于苕华之玉,苕是琬,华是琰。而弃其元妃于洛,曰末喜氏。

---

① 顾颉刚:《古代巴蜀与中原的关系说及其批判》,《顾颉刚古史论文集》卷五,北京:中华书局,2011年,第291—352页。

② 吉林省文物考古研究所、云阳县文物管理所:《重庆云阳旧县坪台基建筑发掘简报》,《文物》2008年第1期,第29—30页。

③ 李绍明:《"禹兴西羌"说新证》,《阿坝师范高等专科学校学报》2006年第3期,第1—3页;李学勤:《在"全国大禹文化研讨会"上的演讲》,《先秦史研究动态》2007年第2期;蒙默:《"禹生石纽"续辨》,《西华大学学报(哲学社会科学版)》2010年第4期,第18—23页。

末喜氏以与伊尹交,遂以间夏。

从近年出土的简牍文字看,古本《纪年》的上述说法在先秦时期是相当流行的,如上博简《容成氏》说桀"不量其力之不足,起师伐岷山氏,娶其两女琰、琬",而清华简《尹至》篇记载伊尹向成汤罗列夏桀的罪恶时,特别提到他"龙(宠)二玉",很显然,夏桀所宠的"二玉"就是指岷山氏两女琬和琰。①

从考古资料来看,夏商时期占据成都平原的是以广汉三星堆遗址第二、三、四期遗存为代表的三星堆文化,②三星堆文化所见诸如封口盉、陶鬶、陶斝、高柄豆、铜牌饰以及牙璋等带有典型二里头文化特色的器物证明当时中原与四川之间存在密切交往。③ 尤其是近年来随着峡江地区考古的迅猛发展,二里头文化经由鄂西、三峡逆长江而上进入成都平原已经成为学界的共识。④ 而有意思的是,在前述商州东龙山、淅川下王岗、荆州汪家屋台以及湖北黄陂钟分卫湾⑤和湖南石门桅岗⑥等遗址均出土有牙璋,大体上已可以勾勒出牙璋由中原往南到达长江中游,进而逆江而上入川的路线图。

如何理解二里头和三星堆文化之间的交流,尤其是如何看待带有诸如牙璋这类带有显著"夏礼"特征的器物在三星堆文化中所占据的突出位置,早已为学术界所重视,如今颇多学者都倾向于认为是夏人的

---

① 李学勤:《清华简九篇综述》,《文物》2010 年第 5 期,第 52 页。
② 江章华、王毅、张擎:《成都平原先秦文化初论》,《考古学报》2002 年第 1 期,第 1—22 页。
③ 孙华、苏荣誉:《神秘的王国——对三星堆文明的初步理解和解释》,成都:巴蜀书社,2003 年,第 129—155 页。
④ 相关论述很多,代表性论述可参看向桃初:《三星堆文化的形成与夏人西迁》,《江汉考古》2005 年第 1 期,第 60—67 页。
⑤ 熊卜发:《湖北孝感地区商周古文化调查》,《考古》1988 年第 4 期,第 301 页。
⑥ 王文建等:《石门县商时期遗存调查——宝塔遗址与桅岗墓葬》,《湖南考古辑刊》4,长沙:湖南大学出版社,1987 年,第 16—17 页。

一支曾经西迁至成都平原而成为三星堆王国的主体,①甚至有学者主张"夏蜀同祖"。② 尽管我们现在还不能确定是否有某支夏人直接进入成都平原,但以三星堆祭祀坑和金沙遗址玄圭的盛行程度来看,这一地区在当时必然是受到夏文化的强烈影响,"禹兴于西羌"与"桀伐岷山"等文献记载的背后当有某种史实的存在,这种史实也就是《尚书·禹贡》把岷江流域和成都平原划为梁州的历史根源。

此外,玄圭在成都平原的持续使用也是一个值得注意的现象。上文已经指出,虽然三星堆祭祀坑出土玄圭数量众多,但真正来源于中原地区的器物仅数件而已,其他绝大多数都是当地的仿制品,尤其是那些利用商式玉戈改制的玄圭,年代下限可以晚至殷墟阶段,而此时在中原地区玄圭早已衰退,代之而起是商式大玉戈。不仅如此,三星堆二号祭祀坑中还发现有铜璋形饰以及"牙璋"造型的金、铜箔饰,③特别是三星堆K2③:325执璋铜人和K2③:201-4这件带有所谓"插璋祀山"图案的璋形玉器更为了解玄圭的具体使用提供了至关重要的线索。④ 很显然,这些器物的大量存在证明了当玄圭及其相关礼仪在其发源地中原地区式微之后,在成都平原却依然保持并一度盛行,这种现象堪称"礼失求诸野"的极佳典范。

最后,我们可将本文的主要结论概括如下:牙璋起源于中原地区,是夏王朝的核心礼器,它的真实名称应是《禹贡》中所说的"玄圭"。它随着夏文化的扩张而向外传播,并集中见于山东、陕北以及成都平原三个地区,其背后都有深刻的历史背景——夷夏长期对峙和交往,所以山

---

① 持这种观点的学者很多,但具体说法略有差别,前引向桃初:《三星堆文化的形成与夏人西迁》对具有代表性的各家意见有所称引,可供参考。

② 林向:《"禹兴于西羌"补证——从考古新发现看夏蜀关系》,《阿坝师范高等专科学校学报》2004年第3期,第7—10页。

③ 四川省文物考古研究所:《三星堆祭祀坑》,第285、320、354页。

④ 同上书,第247、358、361页。

东地区的玄圭或属于被征服的夷人,或属于夏人在当地的盟国;神木石峁城址是龙山时代和夏代晋陕高原地区的文化中心或都邑性遗址,此处发现的玄圭当源于两地的文化交流,但也不排除某支夏人曾经迁居于此并带来夏代礼器的可能性;在成都平原,早期蜀人与夏人关系密切,即便不是夏蜀同祖,但三星堆文化的居民曾经在很深的层面上接受了夏礼,这是玄圭长期盛行于此的主要原因。唯需强调的是,就目前的考古材料而言似乎并不支持牙璋起源于中原说,但作者更愿意相信这是由于考古发现的阙如而非牙璋先起源于中原以外,再传入这一区域所致,当然这一结论正确与否当有待于将来考古资料的验证。

(本文原载陈光祖主编:《金玉交辉——商周考古、艺术与文化论文集》,台北:历史语言研究所,2013年;又载北京大学中国考古学研究中心、玉器与玉文化研究中心编:《玉器考古通讯》2013年第2期)

再论"牙璋"为夏代的"玄圭"

2013年1月笔者曾经以《礼失求诸野——试论"牙璋"的源流与名称》一文(以下简称《源流》)参加史语所在台北举办的"商周考古、艺术与文化学术研讨会",该文的主要论点可概括为:

> 牙璋起源于中原地区,是夏王朝的核心礼器,它的真实名称应是《禹贡》中所说的"玄圭"。它随着夏文化的扩张而向外传播,并集中见于山东、陕北以及成都平原三个地区,其背后都有深刻的历史背景——夷夏长期对峙和交往,所以山东地区的玄圭或属于被征服的夷人,或属于夏人在当地的盟国;神木石峁城址是龙山时代和夏代晋陕高原地区的文化中心或都邑性遗址,此处发现的玄圭当源于两地的文化交流,但也不排除某支夏人曾经迁居于此并带来夏代礼器的可能性;在成都平原,早期蜀人与夏人关系密切,即便不是夏蜀同祖,但三星堆文化的居民曾经在很深的层面上接受了夏礼,这是玄圭长期盛行于此的主要原因。

会议之后,承蒙两位匿名评审人的肯定,该文被允收入会议论文集中。但两位评审人也针对《源流》一文中的主要观点提出了一些不同看法,特别是不同意《源流》所主张的牙璋起源于中原说。如其中一位评审人在肯定拙文"论证目前被通称为'牙璋'的玉器,应该是《尚书·禹贡》中的'玄圭'。此一结论基本可以接受"的同时,也强调"(该文)作者认为牙璋源起于中原地区,随着夏文化的扩张而向外传播,集中见于山东、陕北、成都平原。这一结论审查人并不赞成"。①

另一位评审人则首先把《源流》一文的主要内容概括为四项,即:

1. 梳理中原牙璋起源年代及发展源流;2. 推测中原以外地区牙璋的可能来源;3. 根据古代文献的记载,论证目前被通称为"牙璋"的玉器,应该是《尚书·禹贡》所载夏王朝的大禹用于平治九州、四海会同、膺受天命的"玄圭";4. 根据文献记载及其他考古材料的辅助,说明牙璋如何随着夏文化的扩张而向外传播。

上述概括十分精要,但该评审人又指出,"前述 2 至 4 项内容皆必须以第 1 项为基础,亦即只有在第 1 项结论成立的前提下,其他各项主张才可能成立",而该评审人恰恰认为《源流》的第 1 项结论是难以成立的。②

两位评审人的意见无疑值得重视,事实上也代表了目前学术界关于

---

① 该评审人在评审意见中指出《源流》一文之所以得出上述结论的主要原因是:"(作者)受到中国大陆考古学界的既定观点影响甚深。认为中原文化较为先进,所以牙璋是源起于中原,再向他处传播。……很明显地,公元前第三千纪晚期,中原地区地处华西、华东(或说:第二模式、第一模式)的交接之处,从四周吸收各种文化,以后来居上的态势迅速发展,经过第二千纪,终于演变成为日后历史时期的政治、文化中心。商周以来逐渐发展的华夷观念,使得大部分中国人有着根深蒂固的'中原为天下中心''中原文化高于周围'的成见。但数千年前是不是这样呢? 难道牙璋文化就一定不会是从周边向中原传播,到了中原才得以建立夏王朝的吗?"

② 如评审人在其评审意见中即指出:"无论就数量或形制而言,中原地区出土的牙璋不仅数量不及山东、陕北和成都平原,其形制也不如山东及陕北牙璋之原始。然而作者却舍'数量'而重'持续'及'普遍',舍'原始'而重'成熟'。例如:中原出土牙璋明明只有 7 件,然仅因其分属不同时期墓葬,作者便据以得出'中原地区牙璋的使用是持续的''频繁使用''是当时贵族阶层所普遍拥有'等论断,至于山东、陕北等地牙璋则因多数带有早期风格,因此推断它们在这两个区域中'仅短暂使用'。此外,(中原)迄今所见年代最早的花地嘴牙璋之阑部已经出现对称的牙饰,相较于山东及石峁等地出土的单阑式牙璋在形制上更为成熟。然而作者不仅未能详细思索山东牙璋影响中原地区的可能性,甚且反而认为'花地嘴遗址出土的新砦期牙璋在形制上已经相当成熟',因此'可以推定至少在龙山晚期单阑型牙璋就已经在中原地区出现并流行'。明显反映作者以'中原中心论'为基调的论述逻辑及成见。"

牙璋起源的主流观点。而本人也并非没有考虑到上述问题，所以在《源流》中我首先把各有关遗址出土的 90 余件牙璋的制作年代（非出土单位的年代）排定为三大阶段，即：龙山晚期至二里头文化一期、二里头文化二期至四期、二里岗早商阶段至殷墟一期。然后分析比较各地区出土牙璋的年代，承认"单从年代上讲，中原地区、山东地区和陕北神木一带皆有可能是牙璋的发源地"。最后才罗列了三方面的证据来证明牙璋只能起源于中原而非陕北和山东，其中最主要的一点理由就是：尽管山东和陕北出土的牙璋数量不少，而且形制也很原始，但这些器物无一具有确凿的出土层位，从这些器物上我们观察不到究竟是何时、由哪一个人群、以何种方式使用这些牙璋的。换句话说，虽然陕北和山东出土牙璋的制作年代很早，但这些牙璋的使用年代究竟为何时是无法确定的，以往研究者只是依据牙璋出土地附近有龙山时代的遗存便将它们定为龙山时代的器物，这无疑是缺乏说服力的。而从研究上讲，一件器物使用年代的重要性应当不亚于，甚至要高于其制作年代。反之，在中原地区具有明确出土单位的牙璋虽然只有花地嘴、①下王岗、②东龙山③以及二里头遗址④所见的 7 件，但它们大都是墓葬中的随葬品（仅下王岗 1 件为地层中所出），而且年代跨度大，从而证明这是中原地区贵族阶层曾经长时段、大范围使用的器物，这几件器物对于研究牙璋的源流与性质上的

---

① 郑州市文物考古研究所、北京大学考古文博学院：《河南巩义市花地嘴遗址"新砦期"遗存》，《考古》2005 年第 6 期，第 3—6 页。
② 河南省文物研究所、长江流域规划办公室考古队河南分队：《淅川下王岗》，北京：文物出版社，1989 年，第 299 页，图版 108：9。
③ 陕西省考古研究院、商洛市博物馆：《商洛东龙山》，北京：科学出版社，2011 年，第 89—91、129 页。
④ 中国社会科学院考古研究所：《偃师二里头》，北京：中国大百科全书出版社，1999 年，第 241、250、341 页，彩版 2 - 1，图版 118 - 5；偃师县文化馆：《二里头遗址出土的铜器和玉器》，《考古》1978 年第 4 期，第 270 页；中国社会科学院考古研究所二里头队：《1980 年秋河南偃师二里头遗址发掘简报》，《考古》1983 年第 3 期，第 203 页。

意义要远高于山东和陕北采集到的数十件同类器。

不难看出,我与两位匿名评审人的分歧其实在于:评审人认为山东和陕北地区出土牙璋数量多、形制早,所以这些地区更有可能是牙璋的发源地;而我则主张,固然从现有材料看中原地区的牙璋无论在数量还是形制上均不占优势,但这与其说是因为牙璋是外来因素,倒不如说这是由考古发现的偶然性和局限性所造成的,换句话说,我坚信将来中原地区一定会出土形制更早、数量更多的早期牙璋,而此类情况则未必也会出现在上述其他两地区——比如近些年神木石峁遗址屡遭盗掘,大量玉器流入社会,但其中却无一件牙璋,这就说明牙璋在陕北,即便是石峁这样中心聚落里也不是普遍分布的。而2012年陕西考古研究院发掘了石峁城址的外城东门址,在外瓮城石墙的墙缝间发现数件玉铲和玉璜,这种独特的埋藏方式以及牙璋的缺失,也暗示着牙璋并非此地固有之物;①此外,石峁和新华遗址②出土的玉铲和玉璜等物均以青白玉制作,在质料上与墨绿色的牙璋大异其趣,同样说明这一地区的牙璋当有不同来源。所以我与两位评审人分歧的实质其实是如何看待和使用考古材料的问题,而不是因为我具有"中原文化高于周围"或"中原中心论"的成见。

最近,由于工作的需要,我们又对山东龙山文化玉器进行了系统收集和研究,所得到的一些认识更进一步支持此前的主张,即山东地区不是牙璋的发源地。③ 这里我们从三个方面来加以说明,分别是:山东龙

---

① 陕西省考古研究院、榆林市文物考古勘探工作队、神木县文体局:《陕西神木石峁遗址》,"2012年度全国十大考古新发现终评会"材料。

② 陕西省考古研究所:《陕西神木新华遗址1999年发掘简报》,《考古与文物》2002年第1期,第3—12页;孙周勇:《神木新华遗址出土玉器的几个问题》,《中原文物》2002年第5期,第37—42页。

③ 曹芳芳:《山东龙山文化用玉制度的考古学观察》,北京大学中国考古学研究中心、玉器与玉文化研究中心编:《玉器考古通讯》2013年第2期。关于山东龙山文化用玉制度更为详尽的研究还可参看曹芳芳《龙山时代玉器与用玉传统的嬗变——以黄河流域为中心》,北京大学考古文博学院硕士学位论文,2014年5月。

山文化重要遗址,特别是高等级遗址出土玉器的情况、山东龙山文化用玉的一般状况以及出土牙璋诸遗址的相关情况。

首先来看重要遗址出土玉器的情况,包括:

泗水尹家城遗址:①该遗址包含有大汶口、龙山、岳石、商周和秦汉等不同时期的堆积,但以龙山文化堆积最为丰富。1973—1986年山东大学在此先后进行了5次发掘,共清理各类遗迹数百处,其中墓葬65座。但出土的玉石器数量有限,主要有M139出土的1件玉钺,M109、M117、M144出土的3件石钺,另有22件玉石器出自地层和灰坑中,包括石钺19件、玉斧形器1件、玉锛1件、残鸟形饰(其实应为残牙璧)1件。

临朐西朱封遗址:②1987年和1989年先后在该遗址发掘3座高等级龙山文化大墓,其时代为龙山文化中期偏晚至晚期,共出土玉石器23件(组)。其中M202出土11件(组),包括玉钺2、玉刀1、玉冠饰1组(包括玉冠首饰1、玉笄1)、玉人面笄1、绿松石坠4、绿松石串饰1(18件),在头骨左侧还发现有980多件绿松石薄片。M203出土10件(组),包括玉钺3、玉环1、绿松石坠5、绿松石片95。M1则仅出土绿松石耳坠和玉管各1件。此外在该遗址还采集到玉钺4、牙璧2、玉环1、玉矛1和石铲2件。

潍坊姚官庄遗址:③包含汉代、周代和龙山时期的堆积,但以龙山时代的遗存最为丰富。20世纪60年代初对该遗址进行过正式发掘,

---

① 山东大学历史系考古专业教研室:《泗水尹家城》,北京:文物出版社,1990年。
② 山东省文物考古研究所、临朐县文物保护管理所:《山东临朐县史前遗址普查简报》《临朐县西朱封龙山文化重椁墓的清理》,《海岱考古(第一辑)》,济南:山东大学出版社,1989年;中国社会科学院考古研究所山东工作队:《山东临朐朱封龙山文化墓葬》,《考古》1990年第7期,第587—594页;韩榕:《临朐县朱封龙山文化墓葬出土玉器及相关问题》,邓聪主编:《东亚玉器》I,香港:香港中文大学中国考古艺术中心,1998年,第201—207页。
③ 山东省文物考古研究所、中国社会科学院考古研究所《山东姚官庄遗址发掘报告》,《文物资料丛刊》5,1981年,第1—83页。

发现并清理龙山文化墓葬 12 座,均未出土玉器,只是在地层和灰坑中出土玉雕刻器 1、残石璜 2 和残石环 2 件。

胶县三里河遗址:①该遗址主要为大汶口文化和龙山文化两个时期的堆积。两次发掘共清理龙山时代墓葬 98 座,其中只在 5 座墓葬中出土了 17 件玉石器,分别为玉鸟形饰 4、牙璧 1、半月形玉饰 1、长方形玉饰 1、玉芯 1、玉珠 4、绿松石饰件 2、残玉锥形器 1、石钺 1 以及石璜形坠饰 1 件。

两城镇遗址:②这是山东龙山文化中心聚落之一,面积约 272 万平方米,早在 1936 年梁思永等人即在此进行过发掘,发现并清理了 51 座龙山文化的墓葬,但这批资料未能及时公布。目前经正式发掘并见诸报道的仅见大孤堆 TKTM2 出土的 1 件玉钺,以及 1998—2001 年发掘的 M33 所见的绿松石薄片和小玉珠。其余玉器均系采集,其中有玉钺 9、玉锛 1、玉刀 1、玉锥形器 2、残环形器 1、玉版 2,总计达 16 件。

五莲丹土遗址:③经调查,该遗址面积达 131 万平方米。④ 1995 年、1996 年和 2000 年山东省文物考古研究所等单位对该遗址进行了试

---

① 中国社会科学院考古研究所:《胶县三里河》,北京:文物出版社,1988 年。

② 刘敦愿:《日照两城镇龙山文化遗址调查》,《考古学报》1958 年第 1 期,第 25—42 页;刘敦愿:《记两城镇遗址发现的两件石器》,《考古》1972 年第 4 期,第 56—57 页;日照市图书馆、临沂地区文管会:《山东日照龙山文化遗址调查》,《考古》1986 年第 8 期,第 680—702 页;刘敦愿:《有关日照两城镇玉坑玉器的资料》,《考古》1988 年第 2 期,第 121—123 页;吕常凌:《山东文物精粹》,济南:山东美术出版社,1996 年;山东大学考古系、山东大学博物馆:《山东大学文物精品选》,济南:齐鲁书社,2002 年。

③ 刘敦愿:《山东五莲、即墨县两处龙山文化遗址的调查》,《考古通讯》1958 年第 4 期,第 14—22 页;杨波:《山东五莲县丹土遗址出土的玉器》,《"故宫"文物月刊》(台北)1996 年总第 158 期;刘延常:《五莲县丹土大汶口文化、龙山文化城址》,《山东重大考古新发现(1990—2003)》,济南:山东文化音像出版社,2003 年;郭公仕:《五莲文物荟萃》,济南:齐鲁书社,2011 年。

④ 中美日照地区联合考古队:《鲁东南沿海地区系统考古调查报告》,北京:文物出版社,2012 年,第 142—143 页。

掘、勘探和发掘,发现了大汶口文化晚期、龙山文化早期和中期的三个城圈。出土的玉石器有牙璧、玉串饰、玉管、绿松石耳坠和玉片等物,这些器物的年代大多属于大汶口晚期到龙山早期。另外,在该遗址还采集有玉石器 36 件,包括玉钺 18、玉刀 4、牙璧 2、玉琮 1、玉镯 1、石镯 1、多边形环 2、玉锥形器 1、玉璧 1、玉环 4、玉鸟形饰 1。

根据上述遗址出土的玉器,我们可以归纳出山东龙山文化用玉的一般情况,即大体上可以分为礼器类、工具类、装饰类和丧葬用玉等类。礼器类玉器一般个体较大、做工精美、数量相对较多,主要有钺、玉圭、牙璧和玉刀等物,而牙璋固然器体巨大,制作精美,但却不见于以上任何一处遗址或墓葬之中,当非偶然现象。工具类玉器则有小型的斧、锛、凿、雕刻器等,数量较少。装饰类玉器数量较多,造型各异,常见的有鸟形饰、穿孔玉饰、玉珠、玉簪、玉石笄、石扁琮、玉石镯、玉石环、绿松石片或坠等。丧葬用玉数量较少,最常见的是口含,一般多使用残缺的玉器。

再来看采集到牙璋的几处遗址。如《源流》一文所列,到目前为止山东地区共在临沂大范庄、①海阳司马台、②五莲上万家沟北岭③和沂南罗圈峪④等四处遗址采集到 8 件牙璋。这四处遗址中仅大范庄遗址进行过较大规模发掘并有详细的报道,该遗址位于临沂市东 20 公里沂河和沭河之间的一片高台之上,总面积约 20 万平方米。⑤ 1973 年和 1977

---

① 冯沂:《山东临沂市大范庄遗址调查》,《华夏考古》2004 年第 1 期,第 3—15 页。
② 王洪明:《山东省海阳县史前遗址调查》,《考古》1985 年第 12 期,第 1057—1067 页;烟台市文管会、海阳县博物馆:《山东海阳司马台遗址清理简报》,《海岱考古》第 1 辑,济南:山东大学出版社,1989 年,第 250—253 页。
③ 王永波:《关于刀形端刃器的几个问题》,《"故宫"文物月刊》(台北)1994 年总第 135 期。
④ 于秋伟、赵文俊:《山东沂南县发现一组玉、石器》,《考古》1998 年第 3 期,第 90—92 页。
⑤ 临沂文物工作组:《山东临沂大范庄新石器时代墓葬的发掘》,《考古》1975 年第 1 期,第 13—22 页。

年进行过两次发掘,第一次发掘中清理了墓葬26座,均为龙山文化早期墓葬。这26座墓葬中仅有2座墓葬随葬有玉(石)器,共8件,包括石钺6、石镯1、绿松石佩1,但这些器物实际上基本为石质。①

  从上述分析不难看出,现有的考古资料和现象,如山东龙山文化高等级遗址和墓葬中均不见牙璋,而该区域迄今发现的牙璋又全部是零星采集品,都不支持牙璋起源和曾经大量流行于山东龙山文化的观点。目前的考古材料显然更有利于"牙璋"为夏人的"玄圭"说,它伴随着夏文化的扩张、夏人的迁徙或者文化交流等原因从中原地区大量流传到山东、陕北和成都平原等地,而在中原腹心地带,因为龙山时代高等级遗址和墓葬在目前的缺失反而比较少见,此种现象正是"礼失求诸野"的极佳典范。

  (本文原载《玉魂国魄——中国古代玉器与传统文化学术讨论会文集》[四],杭州:浙江古籍出版社,2014年)

---

① 发掘者把墓葬年代定为大汶口文化晚期,但多数研究者主张应属于龙山文化早期。参看黎家芳、高广仁:《典型龙山文化的来源、发展及社会性质初探》,《文物》1979年第11期,第56—62页;韩榕:《浅谈大汶口文化向龙山文化的过渡》,《庆祝苏秉琦考古五十五年论文集》,北京:文物出版社,1989年,第172—183页;栾丰实:《海岱龙山文化的分期和类型》,《海岱地区考古研究》,济南:山东大学出版社,1997年,第229—282页。

重与句芒：石家河遗址几种玉器的属性及历史内涵

自20世纪50年代以来，在石家河等多处遗址的瓮棺葬中发现了数量不少的玉器。[1] 特别是2015年在石家河古城核心区谭家岭发掘的5座瓮棺葬中，出土了200余件精美玉器，引起了学术界的极大关注。[2] 在这些玉器中，最引人注目的器物和纹饰主要有三类：一是嘴吐獠牙，双耳带环的玉神像，如谭家岭9号瓮棺出土的"玉人头像"；二是具有典型五官模样的玉人像，如谭家岭8号瓮棺的"玉人头像"；三是双翅展开或收拢的玉鸟（学术界通常称之为玉鹰），可以谭家岭遗址8号瓮棺出土的鹰纹玉圆牌和9号瓮棺出土的双鹰玉牌饰为代表（图4-9）。[3]

传世品中也有不少类似风格的玉器，早已引起了学者的注意。邓淑苹将这类神像和人像统称为"神祖面纹"，不仅对相关资料进行了最为详备的收集，而且概述了学术界对于这类玉器的认识：

---

[1] 荆州博物馆：《石家河文化玉器》，北京：文物出版社，2008年。

[2] 湖北省文物考古研究所：《石家河遗址2015年发掘的主要收获》，《江汉考古》2016年第1期，第36—41页。

[3] 在石家河等遗址出土的玉器中还常见虎的题材，也应有独特的含义，但目前尚不能明确辨析，故本文暂不讨论。

图 4-9 谭家岭出土玉器
1.谭家岭 W9 玉神面;2.谭家岭 W8 玉人像;3.谭家岭 W8 鹰纹玉器;4.谭家岭 W9 双鹰玉牌

最早被学术界认知的一件雕有神祖面纹的带刃玉器,是刘敦愿征集山东日照两城镇的玉圭,1972 年首度发表。……两城镇玉圭的公布,甚早就引起了学者们的关注,1979 年林巳奈夫、巫鸿都撰文将之与许多流散品,包括带刃器与嵌饰器串连起来讨论。1985 年巫鸿将之与文献中的"东夷"作了联系,笔者则于 1986 年论文中,广搜相关资料分析其间复杂的演变关系。到了 20 世纪 80 年代末,长江中游石家河文化遗址中出土许多具象与抽象的神祖面嵌饰器或佩饰器(报告中多称之为"玉人头"、"玉兽头"),证明林巳奈夫、巫鸿及笔者论文中所论述的一些早年流散欧美的雕有这类纹饰的嵌饰器,并不是海岱地区的山东龙山文化,而是江汉地区的石家河文化晚期的遗物，因此学界开始有了新的看法。杨建芳于1992年提出移民的观点，认为这是东夷族被蚩尤战败后分裂，其中名号为少昊挚的一支移民到长江中游的结果。①

然而，近年来的发掘表明，尽管这些玉器大多出土于石家河遗址，但实际上它们的年代均属于后石家河文化时期。发掘者指出，在后石家河文化时期，"文化面貌为之一变：大量精美玉器出现，瓮棺葬流行，可以说，后石家河文化与石家河文化之间，不是谱系的延续，而是谱系的巨变，意味着出现了明显的社会和文化转型"。② 而学术界普遍相信，"禹征三苗"则是导致上述巨变的根本原因，这一重大历史事件反映在考古学上就是河南龙山文化煤山类型进入江汉平原，替代了土著的石家河文化而形成了所谓的后石家河文化。③ 这也就是说，这批玉器是中原文化大规模进入江汉平原之后才出现的，因此它们究竟是外来因素还是当地起源，依然是一个需要讨论的问题。

从两城镇玉圭④和临朐朱封龙山墓葬⑤出土的玉冠饰来看，这类神祖纹玉器与山东地区关系密切。早在1979年，巫鸿就提出这些玉器及其纹样反映了东方太皞和少皞部落的鸟图腾信仰。⑥ 这确是一个卓识，但略显笼统，还可以做进一步的细究。

---

① 邓淑苹：《新石器时代神祖面纹研究》，《玉魂国魄——中国古代玉器与传统文化学术讨论会文集》（五），杭州：浙江古籍出版社，2012年，第230—274页。

② 方勤：《三苗与南土——长江中游文明进程的考古学观察》，载《三苗与南土——湖北省文物考古研究所"十二五"期间重要考古收获》，江汉考古编辑部，2016年，第10—14页。

③ 有关"禹征三苗"的考古学研究甚多，代表性成果有：杨新改、韩建业：《禹征三苗探索》，《中原文物》1995年第2期，第46—55页；孟华平：《长江中游史前文化结构》，武汉：长江文艺出版社，1997年，第158—159页；王劲：《后石家河文化定名的思考》，《江汉考古》2007年第1期，第60—72页。

④ 刘敦愿：《记两城镇遗址发现的两件石器》，《考古》1972年第4期，第56—57页。

⑤ 中国社会科学院考古研究所山东工作队：《山东临朐朱封龙山文化墓葬》，《考古》1990年第7期，第587—594页。

⑥ 巫鸿：《一组早期的玉石雕刻》，《美术研究》1979年第1期，第67页。

《左传》昭公十七年载：

> 秋，郯子来朝，公与之宴。昭子问焉，曰："少皞氏鸟名官，何故也？"郯子曰："吾祖也，我知之。昔者黄帝氏以云纪，故为云师而云名；炎帝氏以火纪，故为火师而火名；共工氏以水纪，故为水师而水名；大皞氏以龙纪，故为龙师而龙名。我高祖少皞挚之立也，凤鸟适至，故纪于鸟，为鸟师而鸟名：凤鸟氏，历正也；玄鸟氏，司分者也；伯赵氏，司至者也；青鸟氏，司启者也；丹鸟氏，司闭者也。祝鸠氏，司徒也；鴡鸠氏，司马也；鳲鸠氏，司空也。爽鸠氏，司寇也；鹘鸠氏，司事也。五鸠，鸠民者也。五雉为五工正，利器用、正度量，夷民者也。九扈为九农正，扈民无淫者也。自颛顼以来，不能纪远，乃纪于近。为民师而命以民事，则不能故也。"

据郯子所言，鸟图腾信仰是少皞氏所独有，而且各部落所崇拜的鸟类各有不同。不仅如此，少皞部族中还诞生过一位人面鸟身的大神，这就是五祀之一的句芒。《左传》昭公二十九年所载魏献子和蔡墨的一段对答，揭开了句芒的来历：

> 献子曰："社稷五祀，谁氏之五官也？"对曰："少皞氏有四叔，曰重、曰该、曰修、曰熙，实能金、木及水。使重为句芒，该为蓐收，修及熙为玄冥，世不失职，遂济穷桑，此其三祀也。颛顼氏有子曰犁，为祝融；共工氏有子曰句龙，为后土，此其二祀也。后土为社；稷，田正也，有烈山氏之子曰柱为稷，自夏以上祀之。周弃亦为稷，自商以来祀之。"

据蔡墨所论，可知少皞氏有子名重，因有功德而死后被尊为五祀之一，即句芒。《礼记·月令》称"孟春之月，日在营室，昏参中，旦尾中。其日甲乙。其帝大皞，其神句芒"。春日草木生长，故句芒"盛德在木"，为东方之神。

句芒能降福于人，《墨子·明鬼下》记：

> 昔者秦穆公,当昼日中处乎庙,有神入门而左,鸟身,素服三绝,面状正方。秦穆公见之,乃恐惧奔,神曰:"无惧!帝享女明德,使予锡女寿十年有九,使若国家蕃昌,子孙茂,毋失。"秦穆公再拜稽首曰:"敢问神名?"曰:"予为句芒。"

秦穆公在宗庙见到人面鸟身的句芒,实在不是偶然,因为嬴姓之秦本来就是少皞之后。《史记·秦本纪》载:

> 秦之先,帝颛顼之苗裔孙曰女修。女修织,玄鸟陨卵,女修吞之,生子大业。大业取少典之子,曰女华。女华生大费,与禹平水土。已成,帝锡玄圭。禹受曰:"非予能成,亦大费为辅。"帝舜曰:"咨尔费,赞禹功,其赐尔皂游。尔后嗣将大出。"乃妻之姚姓之玉女。大费拜受,佐舜调驯鸟兽,鸟兽多驯服,是为柏翳。舜赐姓嬴氏。

《史记·秦本纪》正义进一步解释道:

> 《列女传》云:"陶子生五岁而佐禹",曹大家注云:"陶子者,皋陶之子伯益也。"按此,即知大业是皋陶。

大业即皋陶,则大费(柏翳)即皋陶子伯益,他们都是少皞氏的族长,故《史记·秦本纪》索隐云:

> 《左传》郯国,少皞之后,而嬴姓盖其族也,则秦、赵宜祖少皞氏。

秦出于少皞氏,所以秦人先祖中颇有与鸟有关的传说。《史记·秦本纪》记:

> 大费生子二人:一曰大廉,实鸟俗氏;二曰若木,实费氏。……大廉玄孙曰孟戏、中衍,鸟身人言。

秦之先既有鸟俗氏,又有"鸟身能言"者,实际上都反映了少皞氏的鸟崇拜传统。句芒之神本是少皞之子重,而秦出于少皞,属于同族,这就是句芒赐福秦穆公的历史根源。

重既为少皞之子,又为东方之神句芒的这种双重身份,对于正确理解神祖纹玉器具有决定性作用。纵观这类玉器,虽然纹饰和造型多样,但实际上仅有三种母题,即神、人和鸟。而最可注意的是,从两城镇玉圭和台北故宫博物院所藏两件玉圭纹饰来看,玉圭上的主体纹样既可以是神像,也可以是神鸟,这说明神与鸟的母题是可以相互替换的,特别是台北故宫博物院玉圭上神鸟的腹部有一抽象的神像,更进一步证明神与鸟之间有密切关系,它们实际上代表的是同一种神灵(图4-10)。上述玉器上可以相互替换和组合的人、鸟纹饰,让我们很容易地将它们与少皞氏大神句芒联系起来——所谓"人面鸟身",实际上是指句芒的两种面相——它既可以表现为口吐獠牙,略显狰狞的神像,也可以是昂首挺立,羽翼刚健的立鸟。此外,与这些神像和神鸟伴出的母题通常作标准的人形,它们应该就是重的造型,是句芒之神在人间的真实形象。而尤可注意的是,这类玉人像毫无例外均有向后披散的长发,这大概就是《礼记·王制》所谓"东方曰夷,披发文身"的具体表现。重为少皞之子,为普通凡人,故以真实面貌示人;句芒为神,则塑造出狰狞造型或化身为该族所崇拜的鸟形。因此,石家河玉器中人、神、鸟的三种

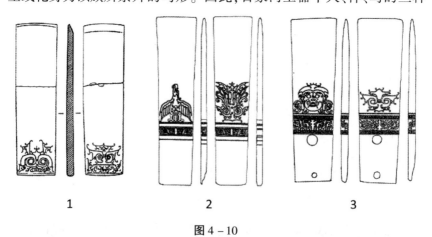

图 4-10
1.两城镇玉圭;2.台北故宫博物院鹰纹玉圭;3.台北故宫博物院神面玉圭

造型实际上分别代表了重、句芒以及句芒的化身(鸟),这类玉器不妨称之为"句芒"类玉器。

除了上述单一母题的器物,在这类玉器中,还有一些是组合母题造型。但有意思的是,组合方式主要有3种,分别是神—人组合、鸟—人组合、神—鸟组合。在洞察了人、神、鸟的真实含义后,这些组合的意蕴也就昭然若揭了:神—人组合与鸟—人组合在本质上是相同的,均是句芒和重的组合,旨在说明句芒与重的重叠身份;而神—鸟组合则用于揭示句芒的两种表现形式,既可以为具象的神面,也可以是抽象的化身。

如果上述理解不错的话,就必须要回答一个问题:少皞之墟远在曲阜;①为何如此众多的少皞族玉器却集中出土在千里之外的江汉平原?我们认为,这一现象正是"禹征三苗"的结果。

在有关这场战争的记载中,有一些关于人面鸟身大神的说法值得格外关注。如《墨子·非攻下》说:

> 昔者三苗大乱,天命殛之,日妖宵出,雨血三朝。龙生于庙,犬哭乎市。夏冰,地坼及泉。五谷变化,民乃大振。高阳乃命玄宫,禹亲把天之瑞令,以征有苗。四电诱祇,有神人面鸟身,若瑾以侍。搤矢有苗之祥,苗师大乱。后乃遂几。禹既已克有三苗,焉磨为山川,别物上下,卿制大极,而神民不违,天下乃静,则此禹之所以征有苗也。

《随巢子》也有类似的记载:

> 昔三苗大乱,天命殛之,夏后受于玄宫。有大神,人面鸟身,降而福之:司禄益食而民不饥,司金益富而国家实,司命益年而民不夭,四方归之。禹乃克三苗,而神民不违,辟土以王。

---

① 《左传》定公四年载鲁国之分封,"因商奄之民,命以伯禽而封于少皞之虚"。《史记·夏本纪》正义:"《帝王纪》云:'皋陶生于曲阜。曲阜偃地,故帝因之而以赐姓曰偃。'"

两条记载虽然有所差异,但都反映了禹在征伐三苗的过程中得到了一个"人面鸟身"大神的鼎力支持。杨宽先生曾经考证这位大神就是秦人始祖伯益,略显曲折,其实倒不如视为句芒更为直接有据。① 那么,作为东夷族神的句芒又缘何会助大禹伐三苗呢?这就需要从夷夏关系以及禹征三苗的过程来理解。

自傅斯年先生提出"夷夏东西说"以来,学术界多注意夷夏之别和夷夏之争。但实际上,通过禅让、通婚等方式,夷夏早已是"一家亲",结成强大的部族联盟,其中属于华夏集团的有尧和夏族,属于东夷的则有舜和皋陶、伯益之族。从族属和地域而言,夷夏确实分立东西,但"夷夏东西"的主流是"夷夏交融",而非"夷夏交胜",一部分夷人如舜与皋陶可能早已华夏化,或者说部分东夷和华夏早已融为一体。② 夷、夏真正的敌人不是对方,而是另有其人——南方的苗蛮集团,"禹征三苗"就是这一史实的具体反映。

《史记·五帝本纪》记载尧在位时:

> 三苗在江淮、荆州数为乱。于是舜归而言于帝,请流共工于幽陵,以变北狄;放𩨹兜于崇山,以变南蛮;迁三苗于三危,以变西戎;殛鲧于羽山,以变东夷。四罪而天下咸服。

《吕氏春秋·召类》也记载:

> 尧战于丹水之浦,以服南蛮。

虽然尧"迁三苗于三危",但只是取得了局部胜利。虞舜在位时,三苗依然是心腹大患,故《左传》昭公元年就把"虞有三苗"与"夏有观、扈,商有姺、邳,周有徐、奄"对举,可见苗蛮集团对夷夏联盟威胁之大。舜在位期间继续对三苗进行征伐,如《吕氏春秋·召类》在记尧伐南蛮之后,紧接着又说:

---

① 杨宽:《中国上古史导论》,上海:上海人民出版社,2016年,第281—282页。
② 可参看拙文:《"夷夏东西"的新认识》,《古代文明研究通讯》总第69期,2016年6月。

> 舜却苗民,更易其俗。

甚至舜之崩也与苗蛮密切相关,《史记·五帝本纪》于此言之凿凿:

> 舜年二十以孝闻,年三十尧举之,年五十摄行天子事,年五十八尧崩,年六十一代尧践帝位。践帝位三十九年,南巡狩,崩于苍梧之野。葬于江南九疑,是为零陵。

"南巡狩"无疑是委婉的说法,《礼记·檀弓下》记"舜葬于苍梧之野",郑玄注就径称"舜征有苗而死,因留葬焉"。如果郑说属实,可以想见当时战争的惨烈程度。今湖南澧县孙家岗也出土类似风格的玉器,在一定程度上反映了中原文化曾经深入洞庭湖地区,文献所谓舜"崩于苍梧之野",并"葬于江南九疑"当有相当的历史依据。①

虽然尧舜持续发动对三苗的征伐,但彻底征服三苗的则是禹。《韩非子·五蠹》称:

> 当舜之时,有苗不服,禹将伐之。舜曰:"不可。上德不厚而行武,非道也。"乃修教三年,执干戚舞,有苗乃服。

所以,虽然文献中通言"禹征三苗",但实际上是历经尧、舜、禹三世的长期奋战才最终压服三苗,或者说,是夷夏联合才压服南方的苗蛮集团,文献中所谓的"禹征三苗"实际上应该是夷夏联军共同创造的。而当禹之时,少皞族首领就是皋陶、伯益父子,他们是辅佐禹的第一功臣,故《史记·夏本纪》记载:

> 帝禹立而举皋陶荐之,且授政焉,而皋陶卒。封皋陶之后于英、六,或在许。而后举益,任之政。十年,帝禹东巡狩,至于会稽而崩。以天下授益。

由此可见少皞族在禹执政时的重要地位。虽然文献中缺乏皋陶、伯益

---

① 湖南省文物考古研究所、澧县文物管理处:《澧县孙家岗新石器时代墓群发掘简报》,《文物》2000年第12期,第35—42页。

曾经参与征三苗之役的确切记载，但也有些线索可供参考，如《尚书·吕刑》称：

> 苗民弗用灵，制以刑，惟作五虐之刑曰法，杀戮无辜。爰始淫为劓、刵、椓、黥，越兹丽刑并制，罔差有辞。

五刑之作与禹征三苗有关，而五刑又与皋陶关系密切。《尚书·尧典》记舜命皋陶"作士以理民"，即为司法之官。《左传》昭公十四年引"夏书曰：昏、墨、贼，杀，皋陶之刑也"，《尚书·皋陶谟》更是记载禹感慨"何迁于有苗"，而皋陶向禹详细解释"天讨有罪，五刑五用"的道理。根据上述记载，可以推断皋陶之族必然参与了对三苗的讨伐，在与三苗的激战中，皋陶之族以某种方式祈求本族族神句芒莅临上空，助其一臂之力，这应该就是《墨子》和《随巢子》所谓禹得"人面鸟身"大神支持的真实状况，禹得句芒之助克三苗，实际上就是夏族和皋陶族合力克三苗。因此，我们进而可以大胆地推测，江汉平原出土的"句芒"类玉器应该就是参与征伐三苗的皋陶族将士的遗留物，①相信日后会在河南龙山文化的分布区内见到更多这类玉器。②。

（本文原载《江汉考古》2017年第5期；又载北京大学中国考古学研究中心、玉器与玉文化研究中心编：《玉器考古通讯》2017年第2期）

---

① 张绪球先生就指出，在肖家屋脊遗址石家河文化晚期遗存中可见山东龙山文化的典型器物白陶鬶和薄胎黑陶杯，足证山东龙山文化因素确实进入到江汉平原地区。见《石家河文化玉器的发现与研究概述》，荆州博物馆：《石家河文化玉器》，北京：文物出版社，2008年，第1—24页。

② 从理论上讲，既然"句芒"类玉器是皋陶族的遗物，那么应该广泛见于中原地区，但目前却集中发现在石家河遗址，这应该与考古发现的局限性有关。除了山东地区，在禹州瓦店遗址的龙山晚期瓮棺中，也出土过同样风格的玉鸟，说明这类器物在中原地区确有分布。参看河南省文物考古研究所：《禹州瓦店》，北京：世界图书出版公司，2004年，第36—37页，彩版八。

附 录

中国古玉研究的新工具——介绍赵朝洪主编的《中国古玉研究文献指南》

还是在1993年,当北京大学考古文博学院受国家文物局委托招收第一届研究生班时,赵朝洪老师就是玉器鉴定方向的导师之一。那一年我刚上研究生,虽非研究生班成员,但也跟着蹭课,所以很早就知道赵老师有意愿编撰一部古玉研究的目录以便教学。2004年元月,我刚从周原参加发掘回到北大,就在第一时间见到这部题为《中国古玉研究文献指南》的目录书(下称《指南》)。从酝酿到出版,这一本《指南》经历了整整十年时间,真正算得上"十年磨一剑"。这十年间,常听到赵老师和参与编撰的几位同学念叨这部书,现在看到它的出版,愿意谈谈个人的切实体会。

编《指南》的初衷,如赵老师在该书后记所言,乃是为了配合"研究生及本科高年级学生开设的《中国古代玉器发展史》和《文物鉴赏与研究》(玉器部分)课程的教学",当然,编者也希望此书的出版能为那些愿意"了解与研究中国古代玉器与玉文化"的"广大读者""提供便利",并"对中国传统文化的研究起到些微推动作用"。

北大考古文博学院开设玉器发展史课程其实是形势所逼。对中国考古学稍有了解的人都知道,在相当长的时间里,玉器是被看作"小件器物"的,它既不能媲美于礼乐文明的象征物青铜器,也不能比肩于考古学赖以分期断代的陶器,所以在传统的考古报告中，玉器总是在"其他"或"杂类"中加以叙述，待遇稍高者顶多单列一个"玉石器"。然而自 20 世纪 80 年代以来，和玉器相关的重大考古发现层出不穷，如果北大的教学再对此熟视无睹，就不能说是"与时俱进"了，而 1993 年国家文物局委托北大招收玉器方面的研究生班其实正是这一学术需求的具体反映。但在北大，从来就没有过以玉器为主题的课程，所以在聘请杨伯达先生给玉器班授课的同时，加强自身研究力量就显得更为紧迫。而白手兴家，从哪里开始便是一个大问题，赵老师选择编撰古玉研究目录指南，这无疑是一个符合学术研究理路的正确抉择。

这部《指南》的主体包括三个部分：一是"报刊、考古报告"，二是"图录"，三为"玉器研究论著"。概括来说，这三部分其实分属于两大门类：前两者是已有的材料，而后者是研究的现状。

"报刊、考古报告"一项是全书的主体，其下又包括两部分内容：考古出土玉器和馆藏玉器。

"考古出土玉器"以时代为纲，地区为目，详细罗列全国各省市出土并见诸报道的史前至清代玉器。这里每一条目所包含的信息丰富，其标准格式为：文章＋作者＋刊物或专著＋页码＋出土玉器种类和数量，而这也是全书著录的基本格式。

"馆藏玉器"一项则以地区为单元，主要对全国各省市公开发表的馆藏玉器报道进行搜集。相比出土玉器而言，这一类报道数量要少得多，故《指南》在编排时不再把不同时代的玉器分列而以地区为纲。此外，在"馆藏玉器"之下另有"海外藏玉"和"私人藏品"两项著录。

"图录"所载不仅有专门的玉器图录，还包括其他著录有玉器的器物图录，而事实上后者所占比重更大。在这一部分中，对于专门的玉器图录，《指南》标明其所收录的玉器总数而不详细罗列，而对于后一类图录，《指南》则详细说明其中所收玉器的名称和数量，这种分别处理的方式无疑是妥当的。

在"玉器研究论著"中有十一个子目录，分别是：通论、分论、其他、纹饰研究、玉雕工艺、玉材研究、铭文及刻符、鉴赏与辨伪、论文集、工具书、书评序言。自"纹饰研究"以下各项主题明确，没有必要细说，这里仅对前三项略作介绍。

所谓的"通论"是指概述中国古玉的相关论作，为方便读者计，《指南》又细分为总论、玉文化、玉器时代、玉器与宗教、装饰用玉与佩玉制度、玉器史话等六个题目；而"分论"则是指对不同时代玉器的论述，《指南》又细分为史前时期、夏商周时期、汉代及汉代以后三部分；而"其他"一项所录者则有器物研究、葬玉、装饰用玉、像生和其他等五类。从标题上看，"总论"和"其他"中均有"装饰用玉"一项，但收录在"总论"中的这类论著是综论各时期"装饰用玉"的，而收录在"其他"之下者，则是专论某一历史时期的"装饰用玉"。

考古学研究是以实物资料为基础的，古玉研究也不例外，因此，在《指南》中，"考古出土玉器"一项所收录的内容占据全书约三分之二的篇幅就不令人意外。平心而论，眼下古玉研究的勃兴，无疑要归功于最近二三十年来令人目不暇给的古玉出土——红山、良渚、石家河和龙山文化玉器的大量出现不仅从根本上改变了学者对史前玉器的认识，而且催生了"玉器时代"这一崭新的概念——且不论反对之声同样不绝于耳；而二里头遗址、殷墟妇好墓、广汉三星堆、新干大洋洲、沣西张家坡、上村岭虢国墓地和天马——曲村晋侯墓地出土玉器则又把夏商周三代玉器研究推上一个新高度；而尽管满城汉墓的发掘已经让人初步领略了汉代玉器的风采，广州西汉南越王墓、徐州狮子山楚王墓等汉代诸侯王陵出土玉器依然令学界震惊。而在迄今所见汉代以后的考古资料中，尚缺乏与上述发现可以相提并论者，这与其说是出土资料的暂时匮乏，倒不如说是中国古代的崇玉文化在汉代以后发生了巨大变革所致——汉代及其之前，玉是主流文化的象征物之一，它是宗教和世俗生活中不可或缺的物品；而在汉代以后，玉器基本丧失了它固有的主流和宗教文化内涵，而更多地成为世俗生活的点缀——用之是锦上添花，不用亦无伤大雅。

收集资料是任何研究的起点。因为我自己的硕士和博士论文都是以玉器为主题的,所以比较能够体会出土资料对于古玉研究的重要性,而当年查资料做卡片的情景也还历历在目。如今有了这份《指南》,对于研究者而言自然可以省了很多翻检之劳,因为其中所录的出土报告无疑是迄今为止最为完整的一份。但我建议读者在使用《指南》时,仍需再看原书,这是因为《指南》的"凡例"之一就是"为保证文献的原始性,文献所载内容包括书名(或文章名)、作者名,以及玉器名称、数量、描述顺序等均与原出版物保持一致,全书不作统一与更改。原数据有误者也维持原状"。很显然,此凡例暗含的意思就是《指南》的编者们已经发现该书所收录的某些出版物中包含有若干错误信息而又未明确指出,那么,读者直接引用《指南》而不对原材料进行核实就成为一件颇为危险的事情。所以我又想,假如《指南》能够好人做到底,索性把相关著作中那些"原数据有误者"统一作一份诸如"校勘记"或"勘误表"的东西,那读者就可以少了患得患失的心理,而更大胆方便地使用了。

其实,比"原数据有误者"更为严重的是各类著作中对玉器名称的各自表述:A报告中的璧,在B报告中可能称为环;A学者所说的璜,在B学者眼中可能是玦。对于器物名称,《指南》"不作统一与更改"恐怕是唯一切实可行的方法,但由此也提醒《指南》的使用者,当你关注那些名称争议较大的器类如璧—瑗—环、璜—玦、圭—璋等器物时,更应该查看原文并依据实物资料来作出你自己的判断。

从本质上讲,"图录"也是"报刊、考古报告"之一种,这是因为"图录"所录的玉器不外乎考古出土资料、馆藏或传世器物这几类。但"图录"所收的器物大抵是那些制作精美或形制特别者,可以反映某一遗址或某一文化乃至某一历史时期玉器制品的总体面貌,所以《指南》将"图录"独立成篇是很有道理的。

如果按目录学的分类,《指南》应属于专题书目一类。编撰此类书目,在中国学术传统上可谓是源远流长,西汉杨仆的《兵录》、东汉郑玄的《三礼目录》就是这一领域的鼻祖。中国传统的目录学,按章学诚的说法,当"辨章学术、考镜源流",《指南》"考古出土玉器"为读者提供了一份翔实的实物资料的家底,而"玉器研究论著"所列的十一个子目录则揭示了古玉研究的学术史和关注焦点。既了解已有的考古资料,又掌握前人的研究成果,读者就比较容易确定自己的研究该朝哪个方向发力了。

编书目其实是一件利人又利己的事情。长时段的资料积累固然是一件艰辛的工作,但对于编者自身的研究却有极大的裨益,我们不妨冒昧地推测此《指南》可能正是赵朝洪老师讲授《中国古代玉器发展史》一课的基础材料之一。编书目和治专门史之间这种相辅相成的关系在学术界屡见不鲜,如远有郑玄的《三礼目录》和《三礼注》,近有王国维的《曲录》和《宋元戏曲史》,胡厚宣的《甲骨学类目》《五十年甲骨学论著目》和《甲骨学商史论丛》《殷商史》等,所以仅从这一层意义上讲,《指南》对于北大考古文博学院古玉研究的贡献可谓大矣。

除了上面介绍的三部分,《指南》还分别列有"日文玉器目录"和"西文玉器目录"两项。我个人并未做过详细的日文和西文玉器研究目录,但凭直觉意识到这两部分内容尚有进一步充实的余地,尤其是后者,其中所录书目均是英文著述,而未含一篇用法、德等其他"西文"所作者,这就很难说是巧合了。但这个问题恐怕也是编者一时难以解决的,一则可供利用的外文图书资料有限,二则眼下的世界是英语的世界,大学里善英文者比比皆是,而通其他语言者则颇寥寥。就我所知,参与编撰《指南》的诸同学都是以英语为第一外语的,所以在检索其他语言的著作时就难免掣肘。这里愿向赵老师建议,将来《指南》出增订版时不妨邀请若干位日本和西方学者或在彼留学的中国留学生对这两部分内容进行补充。但话说回来,虽然这两项所录书目或有遗漏,但现有的资料也足够读者了解东、西洋学者研究中国古玉的现状了。因为材料较少,这两部分书目的编排也有别于前三项,其中日文目录按书名或文章名的首个汉字的汉语发音音序排列,而西文目录则按书名或文章名的字母顺序排列。

《指南》的最后有"附录",其中包括两项:一是征引文献一览,二是著作责任者索引。前者提供了该书所用文献详细的版权信息,便于读者查找原书;而后者不仅为查找某一学者的相关论述提供了极大的便利,同时在很大程度上弥补了目录类书在分类上可能给读者带来的困惑,比如孙机先生《周代的组玉佩》一文,究竟该在"通论"中的"装饰用玉与佩玉制度"中查找,还是在"分论"中的"夏商周时期"或"其他"项的"装饰用玉"中检索,读者通常会束手无策,而根据"著作责任者索引",则可以很容易地在前者当中找到该文。

1982年,香港中文大学出版了杨建芳先生编撰的《中国古玉书目》,作为该校中国文化研究所中国考古艺术研究中心工具书之一种。我上研究生时,从北大图书馆借来该书复印了一册,并常置手边以供检索。杨先生此书所录资料为1981年以前出版者(仅《考古学报》《考古》和《文物》三期刊所用资料至1981年6月),弹指一挥间二十年过去了,而如前文所说,此二十年正是中国古玉大发现及其研究勃兴的二十年,新资料和新成果实有重新梳理之必要。而《指南》将2000年以前所发表出版的相关文献网罗殆尽,它的编撰出版既是学术发展的结果,也适应了学术研究的需求,因此它必然会成为中国古玉研究的新工具。

(本文原载《古代文明研究通讯》第二十期,2004年3月;又载《中国文物报》2004年3月17日第4版)

认识古玉的必备工具——介绍吴棠海《中国古代玉器》

长时期以来,玉器研究一直是中国古代文物研究中的弱项,在考古学研究中更是居于边缘位置。究其原因,主要在于没有形成一套行之有效的研究方法,研究者不得其门而入。从20世纪70年代以来,以满城汉墓、殷墟妇好墓以及南越王墓为代表的一批古代墓葬中出土了大量精美玉器,让学术界顿感震惊;几乎与此同时,随着红山和良渚文化史前玉器的大量出土,认识古代玉器变得更加急迫;进入到20世纪90年代,随着上村岭虢国墓地以及天马——曲村晋侯墓地的发掘,数以千计的周代玉器集中展示在人们面前,令学术界再也无法回避玉器研究了。

1993年,当我作为北京大学考古系的研究生在李伯谦先生的指导下参加晋侯墓地发掘时,李先生即要求我依据新出西周玉器资料撰写硕士论文。同年,国家文物局委托北大考古系举办文物鉴定研究生班,玉器即是其中最主要的研究方向,至今还清楚记得李伯谦先生为师资力量的匮乏而着急。1995年,李老师延请吴棠海先生来北大授课,我是听课的第一班学生,当年所用的讲义,就是这本《中国古代玉器》的最初稿本。

《中国古代玉器》主要包括两大部分内容:玉器工艺篇和玉器时代篇。在玉器工艺篇中,作者主要介绍了玉质特征、制作工具与痕迹、造型制作工序与痕迹、镂空制作工序与痕迹以及纹饰制作工序与痕迹。而在玉器时代篇中，则对红山良渚以降，一直到明清时期玉器均有扼要的叙述。

不难看出，这是一本与众不同的玉器专著。大体而言，该书具有这样几个显著的特点。

第一，该书的宗旨是要告诉读者一条认识古玉的入门途径，而非是对中国古代玉器的方方面面进行综论。因此，该书开宗明义地把玉质玉料及其出土特征，主要琢玉工具以及各种基本琢玉工艺一一罗列，使读者在最短的时间里了解了玉为何物、玉如何成器以及因制作工艺的不同而呈现出鲜明的时代特征。换言之，通过阅读该书的第一章，读者即可以依据单纯的工艺特征而能对一件玉器的时代做出明确判断，这种效用无疑是惊人的。

第二，尽管作者并非考古专业人士，但却在接触玉器之初，"至各地博物馆与考古所参观学习"，以期通过对出土玉器的观察来归纳总结出各时段玉器的制作特征，相应地，在本书所广泛征引材料中尤其突出各地各时代典型器物的重要性，以此为骨干来构建历代古玉的基本序列。正因为如此，本书所得的结论性意见就经得起考古出土品的检验。

第三，作者对于中国古代玉器的细致观察及特征归纳尤其是得益于作者数十年来精心收集的一系列玉器参考品。1995年当我第一次在吴棠海先生的课上见到这些玉器参考品时即被其所折服——这不是一套精美的玉器艺术品，反之，它们中绝大多数是残缺不全的古玉残片，但它们却有着一个共同特征，那就是无一例外带有加工制作的痕迹。吴棠海先生首先通过和出土资料的对比确定了它们的可靠性，然后像侦探一般观察这些玉器参考品上的蛛丝马迹，从中归纳出中国古代琢玉的基本工艺特征，如钻孔、切割、订线打稿、雕琢纹饰、镂空和打磨等，并能依据残留的痕迹确定当时以何种工具打孔、以何种工具切割、又以何种工具镂空。在这种观察方式下，一件玉器不再是一件单一的器物，而是可以看到了它如何从一件玉料变成了一件具有特定功能的器物；更重要的是，玉器与玉器之间的联系也得以窥视，比如两件造型相同的玉璜可能是成形对开的结果、一件C形玉龙则可能是玉璧的芯料加工而成。这种观察的角度是前所未有的，它开启了研究中国古代玉器工业的先河，其意义必将在今后的研究益发凸显出来。

熟悉吴棠海先生的人都知道，吴先生的研究心得可以用"料、工、形、纹"四个字加以概括，这也是他所提倡的"古器物学研究"方法的核心所在，也就是要"以考古材料为基础，具体实物为对象，通过料、工、形、纹四个基础层面的分析还原每件器物所经历的时刻背景"，并强调"此一方法除用于古玉研究之外，也可推及至陶瓷、铜器、佛教文物等品项的鉴定研究之中"。这里以玉器为例，谈谈个人对于这一问题的认识。

中国古代先民均是以美石为玉，所以如何确认出土玉石器中的"玉"其实并不是个容易的问题——尽管在出土资料中透闪石软玉占据着主导地位，但并不能据此形成透闪石软玉才是"真玉"，其他都属于"假玉"这种排他性认识。吴棠海先生注重玉料的鉴别，强调"玉"与"似玉材质"的区分，注意观察因料的不同而导致的制作工艺上的差异，并进而使玉料的优劣成为衡量用玉制度等级的重要标准。也就是说，只有注意到玉料的差异，我们才可以真正理解考古出土物中那些形似而本质迥异的器物，其中最典型者可举西周时期诸侯墓中的玉覆面和战国时期洛阳中州路出土的石覆面，从形制而言，两者类似，但就实质上讲则相差不可以道里计。

工即工法，也就是玉器的制作工艺。在以往的玉器研究中——不论是器物学还是考古学的——似乎无人关注一件玉器是如何被雕琢出来的，至少这不是研究的重心所在，反之，制作工艺研究则是吴棠海先生古玉研究体系的基础所在。其实上，吴先生所做的是通过玉器表面残留的制作痕迹还原该件玉器的制作过程，再通过诸多的个案研究来归纳出时代特征，这也就是为什么仅凭制作工艺就能判断某件玉器的真伪、时代的奥秘所在。如新石器时代玉璧的制作流行"磨方为圆"的制作方法，所以这一时期的玉璧多呈方角圆形，而商周以降，以管状工具切割出玉璧，则此时玉璧形制均规整如圆盘，这就是工法决定形制的极佳例证。再如以商代所流行的"环形分割法"来考察妇好墓出土玉器，就能把同墓所出的凸缘环、玉璧、玉璜、璜形玉龙、璜形玉鱼以及小型蟠龙玉饰等多类器物有机地联系起来。

所谓的形，在本质上近于考古类型学。但以我自己的研究经验来看，常规的类型学研究方法在玉器研究中常常失效，其原因在于材质的特殊性以及制作工艺的特殊性，也就是说，制作玉器是一种"减法"，它与原料特征发生根本变化的陶器和铜器有根本的不同，因此必须要有特殊的类型学研究方法，这就是吴棠海先生所反复强调的玉器造型时刻秉持"因料施工"的原则，即原料的形状在很大程度上决定了这件玉器的形状，其中最典型者就是战国时期的玉龙，在数量众多的出土物中几乎没有完全相同的两件，而是形成了"玉龙百态"的情形，其缘由即在于战国时期的玉龙多利用边角玉料来加工制作，玉工充分利用料的原始形态加以创作加工而成，这既最大限度地利用珍贵的原料，又最大限度地展示了玉工的创造力，从这层意义上讲，战国玉龙具有极高的艺术价值。

纹即纹饰。吴棠海先生从制作工艺出发来理解中国古代玉器上的纹饰，注意线条的粗细、流畅程度所形成的不同纹饰特征。而最为关键的是，通过对纹饰的工艺考察，将文献所载某些纹饰的神秘意味一扫而光，如他对于春秋战国时期由于制作工艺上的不同而导致这一时期从虺龙纹到谷纹再到蒲纹的演变，就具有革命性的意义，从而将文献所载的"六瑞"系统彻底颠覆。

以上所谈，仅仅是个人阅读心得，但毫无疑问，这本《中国古代玉器》是认识古玉的必备工具，是研究中国古代玉器的必读书。

(本文原载《中国文物报》2012年6月29日第4版；又载北京大学中国考古学研究中心、玉器与玉文化研究中心编：《玉器考古通讯》2013年第1期)

后 记

我是在硕士研究生阶段,在李伯谦老师的指导下开始进入玉器研究领域的,迄今已经 30 年了。这些年的研究成果,最主要的是 2008 年出版的《周代用玉制度研究》,另外还有一些单篇论文。现在回过头看,可以说是三十年如一日,即我始终注意从考古材料、传世文献和出土文献三个维度来考察史前和先秦时期的用玉制度,希望由此形成对中国早期玉文化较为完整清晰的理解。

在北京大学人文学部主任申丹教授的一再鼓励和敦促下,我鼓起勇气,把过往的这些论文收罗在一起,重新做了梳理和排序,汇为一编,算是对自己玉器研究的一个阶段性总结。这次出版,基本维持论文原貌,仅对明显的字句错讹做了校订。由于这些文章写作时间相距甚远,个别地方难免有重复的地方,尚请读者见谅。

感谢"北京大学人文学科文库"对本书的出版支持,感谢责任编辑张晗先生的辛勤付出,感谢我的学生许丹阳为本书出版所做的技术支持。

孙庆伟
2022 年 4 月 23 日世界读书日